Bildwörterbuch
Deutsch
als Fremdsprache

Mit Wörterbuch-Download

PONS Langenscheidt GmbH
Stuttgart

INHALT

14 MENSCHEN

36 ZU HAUSE

66 ESSEN UND TRINKEN

102 UNTERWEGS

128 IN DER STADT

146 BILDUNG UND BERUF

170 KOMMUNI- KATION

186 SPORT UND FITNESS

212 FREIZEIT

236 KÖRPER UND GESUNDHEIT

266 NOTFÄLLE

276 ERDE UND NATUR

320 ZAHLEN UND MAßE

332 IN DEUTSCHLAND

346 DIE WICHTIGSTEN SÄTZE DIE VERBEN

394 DEUTSCHE KURZ-GRAMMATIK INDEX

MENSCHEN   14

DIE FAMILIE   16
Der Stammbaum   16

BEZIEHUNGEN   18
Familie und Lebensphasen   18
Begrüßen und verabschieden   19

EREIGNISSE IM LEBEN   20
Feste   20
Wendepunkte   21

MENSCHEN BESCHREIBEN   22
Das Gesicht   22
Das Haar   23
Die äußere Erscheinung   24
Gefühle und Persönlichkeit   25

DIE KLEIDUNG   27
Babysachen   27
Unisex-Kleidung   28
Herrenkleidung   29
Damenkleidung   30
Accessoires   32
Schuhe und Lederwaren   33

DIE KÖRPERPFLEGE   34

DIE SCHMINKSACHEN   35

ZU HAUSE   36

DIE WOHNUNG   38

DAS HAUS   40
Der Eingang   41
Das Wohnzimmer   42
Das Esszimmer   43
Die Küche   44
Küchengeräte   45
Koch- und Backutensilien   46
Das Schlafzimmer   49
Das Kinderzimmer   50
Das Jugendzimmer   51
Das Arbeitszimmer   52
Das Badezimmer   53
Sanitäre Anlagen   54

Im Badezimmer   55
Die Waschküche   56
Reinigungsartikel   57
Die Heimwerkstatt   58
Renovieren   61
Strom und Heizung   62

DER GARTEN   63
Gartengeräte   64
Die Gartenarbeit   65

ESSEN UND TRINKEN   66

TIERISCHE PRODUKTE   68
Fleisch   68
Geflügel   69
Fisch   70
Meeresfrüchte   71
Milchprodukte und Eier   72

GEMÜSE   74
Wurzelgemüse   75
Blattgemüse   76
Fruchtgemüse   77
Hülsenfrüchte   78

OBST   79
Beeren und Steinobst   79
Exotische Früchte   80
Zitrusfrüchte und Melonen   81
Nüsse und Trockenobst   82

KRÄUTER UND GEWÜRZE   83
Kräuter   83
Gewürze   84
Würzmittel und Soßen   85

GETREIDE UND MEHL   86
Brot   88
Brotaufstriche   89

GETRÄNKE   90
Erfrischungsgetränke   90
Heißgetränke   91
Alkoholische Getränke   92

KOCHEN   93
Zubereitung   93

GERICHTE UND MAHLZEITEN 94
Das Frühstück 94
Snacks und Knabbereien 96
Das Fastfood 97
Die Hauptmahlzeit 98
Im Restaurant 99
Geschirr und Besteck 100

DIE ERNÄHRUNG 101

UNTERWEGS 102

STRAßEN UND VERKEHR 104
Verkehrsschilder 106

DAS AUTO 107
Autotypen 107
Das Auto – Außenansicht 108
Das Auto – Innenausstattung 110
Die Tankstelle 111

DER BUS 113

DAS MOTORRAD 114

DAS FAHRRAD 116

DAS LASTKRAFTFAHRZEUG 118

WEITERE FAHRZEUGE 119

DER ZUG 120
Am Bahnhof 121

DAS FLUGZEUG 122
Im Flugzeug 123
Am Flughafen 124

DAS SCHIFF 126
Der Hafen 127

IN DER STADT 128

DIE INNENSTADT 130
Gebäude in der Innenstadt 132
Auf der Straße 133
Das Hotel 134
Die Bank 136

EINKAUFEN 138
Läden und Geschäfte 138
Der Supermarkt 140
Der Kiosk 142

CAFÉS UND BARS 143

SEHENSWÜRDIGKEITEN 144

DIE ARCHITEKTUR 145

BILDUNG UND BERUF 146

DIE SCHULE 148
Das Klassenzimmer 149
Die Schulfächer 150
Im Labor 152
In der Pause 154
Die Sporthalle 155

DIE UNIVERSITÄT 156

DIE ARBEITSWELT 159
Die Bewerbung 159
Berufe 160
Das Organigramm 164

DAS BÜRO 166
Büromöbel 166
Der Bürobedarf 167
Der Besprechungsraum 168
Der Büroalltag 169

KOMMUNIKATION 170

DER COMPUTER 172
Der Desktop-Computer 172
Hardware und Zubehör 173
Am Computer arbeiten 174
Das Internet 176
Mobile Endgeräte 177

DAS TELEFON 178

DIE MEDIEN 179
Das Fernsehen 179
Das Radio 181
Die Printmedien 182

DIE POST 184

SPORT UND FITNESS   186

BALLSPORTARTEN 188
Der Fußball 188
Der Handball 191
Der Volleyball 192
Der Basketball 193

WEITERE BALLSPORTARTEN 194

BALLSPORTARTEN MIT SCHLÄGERN 195
Das Badminton 195
Das Tennis 196
Das Tischtennis 197

DAS GOLF 198

DER WASSERSPORT 200
Das Segeln 200
Das Tauchen 201

DER REITSPORT 202

DAS ANGELN 204

DER WINTERSPORT 206

SONSTIGE SPORTARTEN 208

DIE FITNESS 210

FREIZEIT   212

DAS THEATER 214

DIE MUSIK 216
Das Orchester 216
Die Musikinstrumente 217

HOBBYS 220
Kunst und Basteln 221
Nähen und Stricken 224
Das Kino 227
Fotografieren 228
Spiele 230

FERIEN 232
Am Strand 232
Das Zelten 234

KÖRPER UND GESUNDHEIT   236

DER KÖRPER 238
Die Hand und der Fuß 240
Der Kopf 241
Die Muskeln 242
Das Skelett 243
Die inneren Organe 244
Die Körpersysteme 245
Die Geschlechtsorgane 246

SCHWANGERSCHAFT UND GEBURT 248

DER ARZTBESUCH 250

SYMPTOME UND KRANKHEITEN 251

BEHINDERUNGEN 254

VERLETZUNGEN 255

BEIM ZAHNARZT 256

BEIM AUGENOPTIKER 258

IM KRANKENHAUS 259
Die Chirurgie 260
Die Unfallstation 261

DIE APOTHEKE 262

DIE ALTERNATIVMEDIZIN 264

WELLNESS 265

NOTFÄLLE   266

ERSTE HILFE 268

DIE POLIZEI 270

DIE FEUERWEHR 272

IN DEN BERGEN 273

DAS MEER 274

WEITERE NOTSITUATIONEN 275

ERDE UND NATUR   276

DER WELTRAUM 278

DIE ERDE 281

DIE WELTKARTE 282

UN-MITGLIEDSSTAATEN 285

  Europa 285

  Nord- und Mittelamerika 288

  Südamerika 289

  Afrika 290

  Asien 293

  Ozeanien 296

  Internationale Organisationen 297

DAS WETTER 298

  Naturkatastrophen 300

DIE LANDSCHAFT 301

STEINE UND MINERALIEN 303

  Edel- und Halbedelsteine 304

PFLANZEN 305

  Bäume 305

  Wildpflanzen 306

  Zierblumen 307

  Gartenpflanzen 309

TIERE 310

  Säugetiere 310

  Vögel 314

  Reptilien und Amphibien 316

  Fische 317

  Insekten und Spinnen 318

ZAHLEN UND MAßE   320

DIE ZAHLEN 322

  Die Kardinalzahlen 322

  Die Ordinalzahlen 323

  Die Bruchzahlen 324

  Weitere Zahlwörter 325

DIE ZEIT 326

  Die Uhrzeit 326

  Tag und Nacht 328

  Der Kalender 329

MAßE 330

DAS GEWICHT 331

DIE WÄHRUNG 331

IN DEUTSCHLAND

FESTE UND BRÄUCHE 334

TYPISCHE SPEISEN UND GETRÄNKE 336

REGIONEN UND SEHENSWÜRDIGKEITEN ... 339

NATUR 341

ALLTAG UND FREIZEIT 341

BILDUNG UND BERUF 343

AUF DEM AMT 344

POLITK UND GESELLSCHAFT 345

DIE WICHTIGSTEN SÄTZE   346

DIE VERBEN   351

DEUTSCHE KURZGRAMMATIK   394

INDEX   417

LEICHTER LERNEN MIT BILDERN –
WARUM IST DAS SO?

Liebe Leserin, lieber Leser,

wie wichtig die Bedeutung von Bildern ist, wenn es um das Merken von Begriffen geht, wissen wir seit Jahren aus der Lernpsychologie. Kennen Sie das? Wenn Sie ein Bild zu einem Wort sehen, bleibt das Wort viel schneller im Gedächtnis haften, als wenn es nur geschrieben dasteht. Und wenn es darum geht, in einer fremden Sprache Wortschatz nicht nur nachzuschlagen, sondern auch zu verstehen und ihn sich zu merken, unterstützen die Bilder Sie dabei, sich die Wörter schneller und besser einzuprägen. Das hat ganz einfache Gründe:

→ **Bilder wirken schneller und direkter als reiner Text.** Schon als kleine Kinder denken wir in Bildern und können sie ganz intuitiv entschlüsseln, interpretieren und aufnehmen. Sind Bilder mit Wörtern verknüpft, bilden sie eine Einheit, die unser Gehirn mit hoher Effizienz verarbeitet und abspeichert.

→ **Bilder erleichtern und unterstützen das Verständnis.** Sie vermitteln Zusammenhänge und liefern uns deutlich mehr Informationen als nur Text alleine.

→ **Bilder sind emotional.** Sie wecken unser Interesse, steigern unsere Motivation und bleiben besser im Gedächtnis haften als einzelne Wörter.

→ **Bilder machen Freude.** Wo viel Text abschreckt, sorgen Bilder dafür, dass uns das Lernen Spaß macht, und wir bleiben länger bei der Sache.

Gesehen, verstanden und schon gemerkt – so leicht kann das visuelle Lernen sein. Überzeugen Sie sich selbst!

Ihre

PONS-Redaktion

DIE DEUTSCHE PHONETIK

a	hat	ɪ	bitte	œ	Löffel
a:	bahn	i	Vitamin	ɔy	träumen
ɐ	bitter	i:	Fliege	p	Paar
ɐ̯	Uhr	i̯	Familie	r	Rad
ã	Halbpension	j	Jahr	s	gans, groß
ã:	Abonnement	k	Computer, Kohl	ʃ	Chef, Schule
ai	heiß	kv	bequem	t	Tisch
au	Haus	l	Lippe	tʃ	Tschüss
au̯	Download	l̩	Nebel	u	Cousine
b	ball	m	Mittel	u:	Hut
ç	ich	n	nicht	u̯	Jaguar
d	dunkel	n̩	sprechen	ʊ	Nuss
dʒ	Gin, jobben	ŋ	Onkel, Ring	v	wann
e	Etage	ɲ	Lasagne	x	machen
e:	Mehl, Steak	o	Orange	ks	Lachs, Taxi
ɛ	Enkel, Wäsche	o:	Boot, Sohn	y	neun
ɛ:	Säge, wählen	ọ	Foyer	y:	grün
ɛ̃:	Teint	ɔ	Post	ỹ	Hyazinthe
ə	Tante	õ	Concierge	ʏ	füllen
f	fett, viel	õ:	Bronzer	z	Nase, sauer
g	Geld	ø	Service	ʒ	Garage
h	Hut	ø:	Öl, schön		

ʔ	Knacklaut
:	Längezeichen
ˈ	Hauptbetonung
ˌ	Nebenbetonung

SO ARBEITEN SIE EFFIZIENT MIT DEM BILDWÖRTERBUCH

die Erdbeere –n
['eːɐ̯tbeːrə]

die Brombeere –n
['brɔmbeːrə]

die Himbeere –n
['hɪmbeːrə]

die Heidelbeere –n
['haidl̩beːrə]

Ganz gleich, ob Sie erst anfangen, Deutsch zu lernen, oder ob Sie bereits über gute Sprachkenntnisse verfügen: Dieses Wörterbuch ist Ihr idealer Begleiter. Rund 8.000 Begriffe decken alle Bereiche des Alltags ab und die Kombination von Wort und Bild ermöglicht Ihnen, Wörter schnell nachzuschlagen, zu übersetzen und sich mühelos einzuprägen. Hier die wichtigsten Tipps, wie Sie den größten Nutzen aus diesem Wörterbuch ziehen:

1. Wörter im Zusammenhang lernen

Wörter werden schneller gemerkt, wenn man sie im Kontext lernt. Aus diesem Grund ist dieses Wörterbuch nach Themenfeldern aus dem Alltagsleben gegliedert. Ganz gleich, in welches Thema Sie eintauchen – ob Einkaufen, Kleidung, Lebensmittel oder Familie – betrachten Sie beim Lernen das Thema als Ganzes und versuchen Sie, möglichst viele Wörter aus dem Themenbereich aufzunehmen. Sie werden erstaunt sein, wie viel Wortschatz Sie sich in kürzester Zeit merken können.

2. Aktiv lernen

Wer schreibt, lernt schneller. Damit Sie Platz haben, bei der Erfassung des Wortschatzes eigene Eintragungen zu machen, steht bei jedem Stichwort eine Schreiblinie. Gehen Sie aktiv mit dem Wörterbuch um und nutzen Sie die Linie, um alles festzuhalten, was Sie beim Lernen unterstützt: Tragen Sie die Übersetzung eines Worts in Ihrer Muttersprache ein, fügen Sie Gedächtnisstützen hinzu, oder ergänzen Sie weiteren Wortschatz aus demselben Themenfeld. Kurze Hinweise auf typische Wortverbindungen sowie auf Stolpersteine wie eine knifflige Rechtschreibung oder eine schwer erschließbare Bedeutung finden ebenfalls hier Platz. Wie von selbst wird das Bildwörterbuch zu Ihrem ganz persönlichen, zweisprachigen Nachschlagewerk.

SO ARBEITEN SIE EFFIZIENT MIT DEM BILDWÖRTERBUCH

Herzlichen Glückwunsch! [ˈhɛrtslɪçn̩ ˈɡlʏkvʊnʃ]
Alles Gute zum Geburtstag! [aləs ˈɡuːtə tsʊm ɡəˈbuːɐ̯tstaːk]

Wie viel Uhr ist es? [ˈviː fiːl ˈuːɐ̯ ɪst ɛs]
Es ist zwei Uhr. [ɛs ɪst ˈtsvai ˈuːɐ̯]

Guten Appetit! [ˈɡuːtn̩ apeˈtiːt]
Zum Wohl! [tsʊm ˈvoːl]

①   ②

3. Die wichtigsten Schlüsselsätze auf einen Blick

Ob Sie auf Deutsch nach der Uhrzeit fragen, oder zum Geburtstag gratulieren: In den 13 thematisch sortierten Kapiteln finden Sie neben der reinen Wort-Bild-Zuordnung die wichtigsten Sätze für die häufigsten Situationen ①. Prägen Sie sich diese Schlüsselsätze gut ein und schon haben Sie den Grundstein für eine erfolgreiche Kommunikation gelegt.

4. Richtig aussprechen

Damit Sie jedes Wort richtig aussprechen, haben wir allen Wörtern und Sätzen eine Lautschrift beigefügt ②. Eine Übersicht über die verwendeten phonetischen Zeichen finden Sie auf Seite 9.

5. Noch mehr Sprache

Für die ersten Schritte liefern Ihnen die Extras im Anhang des Bildwörterbuchs praktische Unterstützung: Mit den wichtigsten Sätzen auf Deutsch sind Sie für den gelungenen Einstieg gewappnet. Und wenn es darum geht, eigene Sätze zu bilden, hilft Ihnen unsere ausführliche Verbliste, wo Sie auch abstrakte Verben, die sich nicht abbilden lassen, nachschlagen können.

6. Land und Leute

Einen visuellen und sprachlichen Eindruck der kulturellen Besonderheiten Deutschlands liefern Ihnen 12 Sonderseiten im letzten Kapitel **In Deutschland**. Hier werden die wichtigsten Begriffe aus dem Alltagsleben in Deutschland, typische Speisen sowie einige der beliebtesten Sehenswürdigkeiten gesondert abgebildet und beschrieben. So wird Ihnen das Fremde schnell vertraut erscheinen.

SO ARBEITEN SIE EFFIZIENT MIT DEM BILDWÖRTERBUCH

DEUTSCHE KURZGRAMMATIK	**394**
INDEX	**417**

③

glutenfrei
[gluˈteːnfrai]

laktosefrei
[lakˈtoːzəfrai]

④

7. Die grammatischen Grundlagen meistern

Wie spreche ich im Deutschen über die Vergangenheit? Und wie lautet die 3. Person Singular von „küssen"? Antworten auf diese Fragen und viele weitere finden Sie in der deutschen Grammatik ab Seite 394.

8. Schnell übersetzen

Sie suchen ein bestimmtes Wort? Wenn es einfach schnell gehen muss, schlagen Sie im Anhang im Stichwortverzeichnis nach ③. Dort ist jedes Stichwort in alphabetischer Reihenfolge aufgeführt und im Nu gefunden.

Das besondere Extra: Kostenlose Wörterbuch-Downloads in zehn Sprachen stehen online für Sie bereit. Gehen Sie einfach auf die Seite www.pons.de/bildwörterbuch-deutsch und wählen Sie zwischen den Sprachen Englisch, Französisch, Italienisch, Russisch, Spanisch, Türkisch, Arabisch, Rumänisch, Persisch und Polnisch. Ganz egal wie Sie nachschlagen möchten – ob passend zum Buch nach Kapiteln oder einfach von A bis Z: Hier finden Sie alle Übersetzungen in Ihrer Muttersprache.

9. Für den Notfall

Bilder sind eine universelle Sprache, die von allen Kulturen verstanden werden. Sollten Ihnen doch mal die Worte fehlen, zeigen Sie einfach auf das entsprechende Bild ④. Ob im Hotel, Restaurant oder auf der Straße – so können Sie sich überall auf der Welt ganz ohne Sprache verständigen.

SO ARBEITEN SIE EFFIZIENT MIT DEM BILDWÖRTERBUCH

die **Bankkauffrau** –en
['baŋkkauffrau]

der **Lehrer** –
['le:rɐ]

die **Ingenieurin** –nen
[ɪnʒe'njø:rɪn]

der **Kellner** –
['kɛlnɐ]

10. Genus und Pluralform gleich mitlernen

Um noch besser auf Deutsch zu kommunizieren, lohnt es sich, sich zusätzlich zum Stichwort auch ein paar Grundregeln einzuprägen. So können Sie mit den gelernten Wörtern richtige Sätze bilden. Daher finden Sie im Wörterbuch bei jedem Substantiv die folgenden Angaben:

Das Genus (Geschlecht) des Stichworts wird durch den Artikel ausgedrückt:
der = Maskulinum
die = Femininum
das = Neutrum

Die Pluralform steht unmittelbar neben dem Stichwort. Um Platz zu sparen, haben wir diese bei regelmäßigen Pluralformen abgekürzt angegeben (**Tomate** -n = Tomaten), bei unregelmäßigen Fällen steht sie voll ausgeschrieben (**Apfel** Äpfel). Außerdem haben wir mit den folgenden Abkürzungen gearbeitet:

- = Die Pluralform ist mit der Singularform identisch
kein Pl = Das Wort ist nur im Singular gebräuchlich
Pl = Das Wort ist nur im Plural gebräuchlich

Die Stichwörter in diesem Wörterbuch stehen immer in der Singularform, es sei denn sie werden in der Regel nur in der Pluralform verwendet.

Das sollten Sie noch wissen

Es war uns wichtig, bei Funktions- und Berufsbezeichnungen Männer und Frauen gleichermaßen und gleichberechtigt zu berücksichtigen. Da wir aber aus Platzgründen nicht immer beide Geschlechter gleichzeitig abbilden können, haben wir uns immer für eines entscheiden müssen. Dabei orientiert sich das Geschlecht des Worts immer am Geschlecht der abgebildeten Figur.

MENSCHEN

DIE FAMILIE
Der Stammbaum

der **Schwiegervater** -väter
[ˈʃviːɡɛfaːtɐ]

die **Schwiegermutter** -mütter
[ˈʃviːɡɛmʊtɐ]

die **Schwägerin** -nen
[ˈʃvɛːɡərɪn]

der **Schwager** Schwäger
[ˈʃvaːɡɐ]

der **Ehemann** -männer
[ˈeːəman]

die **Ehefrau** -en
[ˈeːəfrau]

der **Schwiegersohn** -söhne
[ˈʃviːɡɛzoːn]

die **Tochter** Töchter
[ˈtɔxtɐ]

der **Sohn** Söhne
[zoːn]

der **Enkel** -
[ˈɛŋkl̩]

die **Enkelin** -nen
[ˈɛŋkəlɪn]

DIE FAMILIE

Der Stammbaum

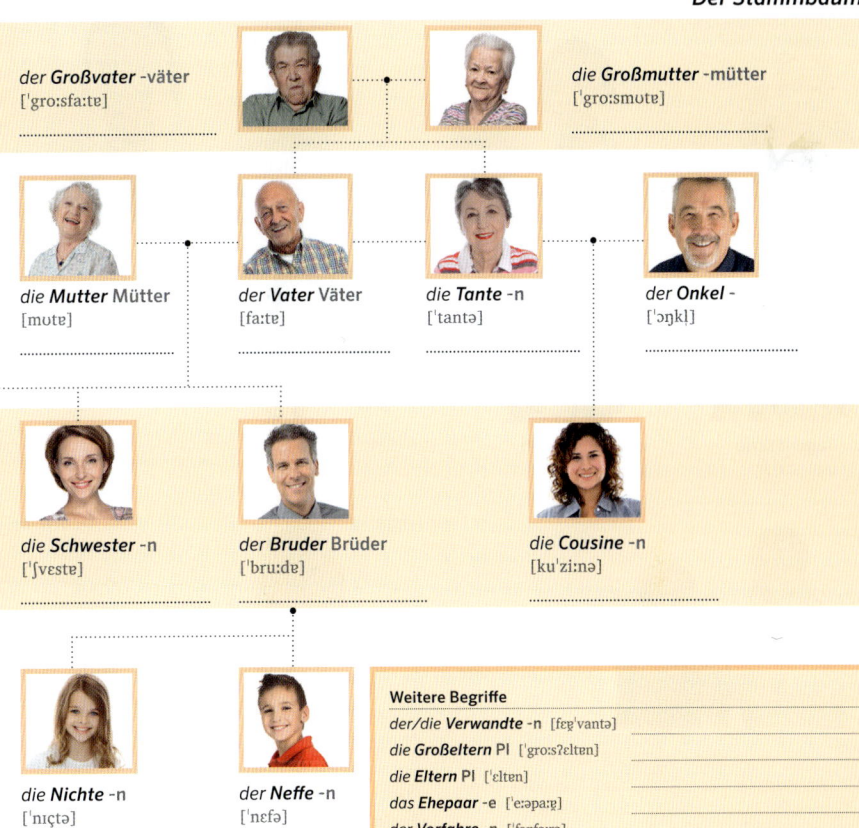

der **Großvater** -väter
['groːsfaːtɐ]

die **Großmutter** -mütter
['groːsmʊtɐ]

die **Mutter** Mütter
[mʊtɐ]

der **Vater** Väter
[faːtɐ]

die **Tante** -n
['tantə]

der **Onkel** -
['ɔŋkl̩]

die **Schwester** -n
['ʃvɛstɐ]

der **Bruder** Brüder
['bruːdɐ]

die **Cousine** -n
[kuˈziːnə]

die **Nichte** -n
['nɪçtə]

der **Neffe** -n
['nɛfə]

Weitere Begriffe

der/die **Verwandte** -n [fɛɐ̯ˈvantə]
die **Großeltern** Pl ['groːsʔɛltɐn]
die **Eltern** Pl ['ɛltɐn]
das **Ehepaar** -e ['eːəpaːɐ̯]
der **Vorfahre** -n ['foːɐ̯faːrə]
ledig ['leːdɪç]
verheiratet [fɛɐ̯ˈhairaːtət]
geschieden [gəˈʃiːdn̩]
verlobt [fɛɐ̯ˈloːbt]
verwitwet [fɛɐ̯ˈvɪtvət]
verwandt [fɛɐ̯ˈvant]

BEZIEHUNGEN

Familie und Lebensphasen

das **Baby** -s
[ˈbeːbi]

....

das **Kind** -er
[kɪnt]

....

Herr ...
[hɛr]

....

der **Mann** Männer
[man]

....

die **Jugendliche** -n
[ˈjuːɡn̩tlɪçə]

....

die **Zwillinge** Pl
[ˈtsvɪlɪŋə]

....

die **Frau** Frauen
[frau]

....

Frau ...
[frau]

....

der **Junge** -n
[ˈjʊŋə]

....

das **Mädchen** -
[ˈmɛːtçən]

der/die **Bekannte** -n
[bəˈkantə]

....

die **Freunde** Pl
[ˈfrɔyndə]

....

das **Paar** -e
[paːɐ̯]

....

die **Freundin** -nen
[ˈfrɔyndɪn]

....

der **Freund** -e
[ˈfrɔynt]

....

Weitere Begriffe	
die **Geschwister** Pl [ɡəˈʃvɪstɐ]	
der **Patenonkel** - [ˈpaːtn̩ɔŋkl̩]	
die **Patentante** -n [ˈpaːtn̩tantə]	
der **Stiefvater** -väter [ˈʃtiːffaːtɐ]	
die **Stiefmutter** -mütter [ˈʃtiːfmʊtɐ]	
der **Stiefbruder** -brüder [ˈʃtiːfbruːdɐ]	
die **Stiefschwester** -n [ˈʃtiːfʃvɛstɐ]	
der **Nachbar** -n [ˈnaxbaːɐ̯]	
die **Nachbarin** -nen [ˈnaxbaːrɪn]	

BEZIEHUNGEN

Begrüßen und verabschieden

jemanden vorstellen
[jeːmandn̩ ˈfɔɐ̯ʃtɛlən]

jemanden begrüßen
[jeːmandn̩ bəˈgryːsn̩]

sich die Hand geben
[zɪç diː ˈhant geːbn̩]

sich verbeugen
[zɪç fɛɐ̯ˈbɔygn̩]

sich umarmen
[zɪç ʊmˈʔarmən]

lachen
[ˈlaxn̩]

weinen
[ˈvainən]

sich verabschieden
[zɪç fɛɐ̯ˈʔapʃiːdn̩]

einen Knicks machen
[ainən ˈknɪks maxn̩]

winken
[ˈvɪŋkn̩]

jemandem einen Kuss geben [jeːmandəm
ainən ˈkʊs geːbn̩]

jemanden anrufen
[jeːmandn̩ ˈanruːfn̩]

Weitere Begriffe

Hallo! [haˈloː]

Guten Tag! [guːtn̩ ˈtaːk]

Guten Morgen! [guːtn̩ ˈmɔrgn̩]

Guten Abend! [guːtn̩ ˈaːbn̩t]

Wie heißt du? [viː ˈhaist duː]

Wie heißen Sie? [viː ˈhaisn̩ ziː]

Ich heiße ... [ɪç ˈhaisə]

Tschüss! [tʃyːs]

Auf Wiedersehen! [auf ˈviːdɐzeːən]

*das **kleine Geschenk***
[klainə gəˈʃɛŋk]

EREIGNISSE IM LEBEN
Feste

die **Hochzeit** -en
[ˈhɔxtsait]

der **Geburtstag** -e
[gəˈbuːɐ̯tstaːk]

das **Weihnachten** -
[ˈvainaxtn̩]

der **Valentinstag** -e
[ˈvaːlɛntiːnstaːk]

das **Thanksgiving** -s
[θæŋksˈɡɪvɪŋ]

das **Halloween** -s
[hɛloˈviːn]

der/das **Silvester** -
[zɪlˈvɛstɐ]

das **Ostern** -
[ˈoːstɐn]

die **Hanukkah** -s
[hanʊˈkaː]

das **Wesakfest** -e
[ˈveːzakfɛst]

das **Ramadanfest** -e
[ramaˈdaːnfɛst]

das **chinesische Neujahr**
[çineːzɪʃə ˈnɔyjaːɐ̯]

der **Karneval** -e; -s
[ˈkarnəval]

Weitere Begriffe
das **Diwalifest** -e [diˈvaːlifɛst]
das **Passah** -s [ˈpasa]
die **Feier** -n [ˈfaiɐ]
der **Feiertag** -e [ˈfaiɐtaːk]
der **Muttertag** -e [ˈmʊtɐtaːk]
der **Vatertag** -e [ˈfaːtɐtaːk]
die **Taufe** -n [ˈtaufə]
Herzlichen Glückwunsch! [ˈhɛrtslɪçn̩ ˈɡlʏkvʊnʃ]
Alles Gute zum Geburtstag! [aləs ɡuːtə tsʊm gəˈbuːɐ̯tstaːk]

EREIGNISSE IM LEBEN
Wendepunkte

die Geburt -en
[gə'buːɐ̯t]

der Kindergarten
-gärten ['kɪndɐgartn̩]

die Einschulung -en
['aɪnʃuːlʊŋ]

der Schulabschlussball
-bälle [ʃuːlʔapʃlʊsbal]

sich verloben
[zɪç fɛɐ̯'loːbn̩]

sich verlieben
[zɪç fɛɐ̯'liːbn̩]

der Berufseinstieg -e
[bə'ruːfsʔaɪnʃtiːk]

der Studienabschluss
-schlüsse ['ʃtuːdjənʔapʃlʊs]

heiraten
['haɪraːtn̩]

die Schwangerschaft
-en ['ʃvaŋɐʃaft]

umziehen
['ʊmtsiːən]

in Rente gehen
[ɪn 'rɛntə geːən]

die Beerdigung -en
[bə'ʔeːɐ̯dɪgʊŋ]

Weitere Begriffe

volljährig werden ['fɔljɛːrɪç veːɐ̯dn̩]

jemandem einen Heiratsantrag machen
[jeːmandəm aɪnən 'haɪraːtsantraːk maxn̩]

die **Braut** Bräute [braʊt]

der **Bräutigam** -e ['brɔʏtɪgam]

eine Familie gründen [aɪnə fa'miːljə grʏndn̩]

die **Scheidung** -en ['ʃaɪdʊŋ]

sich scheiden lassen [zɪç 'ʃaɪdn̩ lasn̩]

sterben ['ʃtɛrbn̩]

MENSCHEN BESCHREIBEN

Das Gesicht

das **Haar** -e
[haːɐ̯]

die **Stirn** -en
[ʃtɪrn]

die **Schläfe** -n
[ˈʃlɛːfə]

das **Ohr** -en
[oːɐ̯]

die **Wange** -n
[ˈvaŋə]

der **Unterkiefer** -
[ˈʊntɐkiːfɐ]

die **Augenbraue** -n
[ˈaugn̩brauə]

die **Wimper** -n
[ˈvɪmpɐ]

das **Auge** -n
[ˈaugə]

die **Nase** -n
[ˈnaːzə]

das **Nasenloch** -löcher
[ˈnaːzn̩lɔx]

der **Zahn** Zähne
[tsaːn]

das **Kinn** -e
[kɪn]

der **Mund** Münder
[mʊnt]

die **Lippe** -n
[ˈlɪpə]

eine Grimasse schneiden
[ainə griˈmasə ʃnaidn̩]

Weitere Begriffe	
die **Haut** Häute [haut]	
die **Falte** -n [ˈfaltə]	
das **Muttermal** -e [ˈmʊtɐmaːl]	
das **Grübchen** - [ˈgryːpçən]	
die **Sommersprossen** Pl [ˈzɔmɐʃprɔsn̩]	
die **Pore** -n [ˈpoːrə]	

MENSCHEN BESCHREIBEN

Das Haar

gewellt
[gə'vɛlt]

rothaarig
['roːthaːrɪç]

....

der Dutt -e; -s
[dʊt]

....

brünett
[bry'nɛt]

....

grau meliert
[grau me'liːɐ̯t]

....

der Kurzhaarschnitt -e
['kʊrtshaːɐ̯ʃnɪt]

....

die Perücke -n
[pe'rʏkə]

....

der Stufenschnitt -e
['ʃtuːfn̩ʃnɪt]

....

der Pony -s
['pɔni]

....

die Strähnchen Pl
['ʃtrɛːnçən]

....

die Bobfrisur -en
['bɔpfrizuːɐ̯]

....

glatt
[glat]

....

blond
[blɔnt]

....

dunkel
['dʊŋkl̩]

....

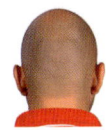

die Glatze -n
['glatsə]

....

der Pferdeschwanz
-schwänze [pfeːɐ̯dəʃvants]

....

lockig
['lɔkɪç]

....

der Zopf Zöpfe
[tsɔpf]

....

MENSCHEN BESCHREIBEN

Die äußere Erscheinung

der **Bart** Bärte
[baːɐ̯t]

der **Schnurrbart** -bärte
[ˈʃnʊrbaːɐ̯t]

jung
[jʊŋ]

alt
[alt]

muskulös
[mʊskuˈløːs]

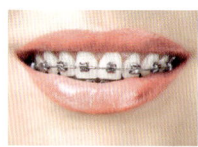

die **Zahnspange** -n
[ˈtsaːnʃpaŋə]

blass
[blas]

sonnengebräunt
[ˈzɔnəngəbrɔy̯nt]

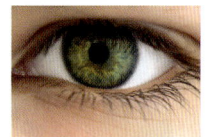

die **grünen Augen**
[gryːnən ˈau̯gn̩]

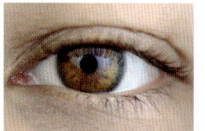

die **braunen Augen**
[brau̯nən ˈau̯gn̩]

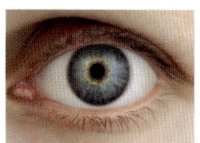

die **grauen Augen**
[grau̯ən ˈau̯gn̩]

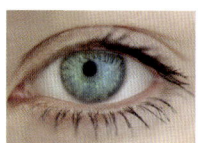

die **blauen Augen**
[blau̯ən ˈau̯gn̩]

Weitere Begriffe

attraktiv [atrakˈtiːf]

hübsch [hʏpʃ]

hässlich [ˈhɛslɪç]

schön [ʃøːn]

schlank [ʃlaŋk]

dick [dɪk]

groß [groːs]

klein [klai̯n]

jemanden nach dem Äußeren beurteilen
[jeːmandn̩ naːx deːm ˈɔy̯sərən bəˈʔurtai̯lən]

MENSCHEN BESCHREIBEN

Gefühle und Persönlichkeit

glücklich
['glʊklɪç]

stolz
[ʃtɔlts]

überrascht
[y:bɐˈraʃt]

aufgeregt
['aufɡəreːkt]

verlegen
[fɛɐˈleːɡn̩]

verwirrt
[fɛɐˈvɪrt]

schüchtern
['ʃʏçtɐn]

nachdenklich
['naːxdɛŋklɪç]

neugierig
['nɔygiːrɪç]

niedlich
['niːtlɪç]

verliebt
[fɛɐˈliːpt]

selbstbewusst
['zɛlpstbəvʊst]

Weitere Begriffe

offen ['ɔfn̩]

geduldig [ɡəˈdʊldɪç]

freundlich ['frɔyntlɪç]

sympathisch [zʏmˈpaːtɪʃ]

nett [nɛt]

lächeln ['lɛçl̩n]

Ich bin verärgert/froh/traurig.
[ɪç bɪn fɛɐˈʔɛrɡɐt/froː/ˈtraʊrɪç]

MENSCHEN BESCHREIBEN

Gefühle und Persönlichkeit

traurig
[ˈtraurɪç]

....

gestresst
[gəˈʃtrɛst]

....

verärgert
[fɛɐ̯ˈɛrgɛrt]

....

wütend
[ˈvyːtənt]

....

eifersüchtig
[ˈaifɐzʏçtɪç]

....

verängstigt
[fɛɐ̯ˈʔɛŋstɪkt]

....

nervös
[nɛrˈvøːs]

....

müde
[ˈmyːdə]

....

angeekelt
[ˈangəʔeːklt]

....

dickköpfig
[ˈdɪkkœpfɪç]

....

gelangweilt
[gəˈlaŋvailt]

....

sauer
[ˈzauɐ]

....

Weitere Begriffe

die Stirn runzeln [diː ˈʃtɪrn rʊntsl̩n]

bestürzt [bəˈʃtʏrtst]

unsympathisch [ˈʊnzʏmpaːtɪʃ]

verzweifelt [fɛɐ̯ˈtsvaifl̩t]

neidisch [ˈnaidɪʃ]

ungeduldig [ˈʊngəduldɪç]

arrogant [aroˈgant]

intolerant [ˈɪntolerant]

DIE KLEIDUNG

Babysachen

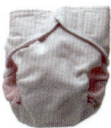

die Stoffwindel -n
[ˈʃtɔfvɪndl̩]

die Wegwerfwindel -n
[ˈvɛkvɛrfvɪndl̩]

der Body -s
[ˈbɔdi]

der Schneeanzug
-anzüge [ˈʃneːʔantsuːk]

der Babyschlafsack
-säcke [ˈbeːbiʃlaːfzak]

die Rassel -n
[ˈrasl̩]

der Strampler -
[ˈʃtramplɐ]

der Babyfäustling -e
[ˈbeːbifɔystlɪŋ]

die Mütze -n
[ˈmʏtsə]

das Babyschühchen -
[ˈbeːbiʃyːçən]

der Sonnenhut -hüte
[ˈzɔnənhuːt]

das Söckchen -
[ˈzœkçən]

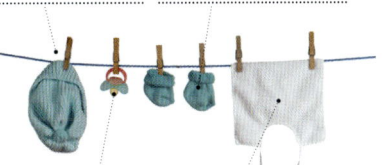

der Schnuller -
[ˈʃnʊlɐ]

das Lätzchen -
[ˈlɛtsçən]

das Latzhöschen -
[ˈlatshøːsçən]

die Babydecke -n
[ˈbeːbidɛkə]

Weitere Begriffe

das Babyfläschchen - [ˈbeːbiflɛʃçən]

aus Kunstfaser [aus ˈkʊnstfaːzɐ]

DIE KLEIDUNG

Unisex-Kleidung

der Trainingsanzug
-anzüge
[ˈtrɛːnɪŋsʔantsuːk]

....

der Kapuzenpullover -
[kaˈpuːtsn̩pʊloːvɐ]

....

der Turnschuh -e
[ˈtʊrnʃuː]

....

der Schlafanzug
-anzüge
[ˈʃlaːfʔantsuːk]

....

der Hausschuh -e
[ˈhausʃuː]

....

der Bademantel
-mäntel [ˈbaːdəmantl̩]

....

der Wintermantel
-mäntel [ˈvɪntɐmantl̩]

....

die Regenjacke -n
[ˈreːgn̩jakə]

....

die Schneehose -n
[ˈʃneːhoːzə]

....

Weitere Begriffe

Könnte ich das mal anprobieren?
[ˈkœntə ɪç das maːl ˈanproobiːrən]

Haben Sie das auch eine Nummer größer/kleiner?
[ˈhaːbn̩ ziː das aux ainə nʊmɐ ˈgrøːsɐ/ˈklainɐ]

eng/weit [ɛŋ/vait]

kurz/lang [kʊrts/laŋ]

klein/groß [klain/groːs]

Das passt gut, ich nehme es. [das past ˈguːt, ɪç ˈneːmə ɛs]

mit kurzen/langen Ärmeln [mɪt kʊrtsən/laŋən ˈʔɛrml̩n]

der Knopf Knöpfe [knɔpf]

DIE KLEIDUNG

Herrenkleidung

der Anzug
Anzüge
[ˈantsuːk]
....

der Kragen -; Krägen
[ˈkraːgən]
....

die Krawatte -n
[kraˈvatə]
....

das Hemd -en
[hɛmt]
....

der/das Sakko -s
[ˈzako]
....

die Hose -n
[ˈhoːzə]
....

das T-Shirt -s
[ˈtiːʃøːɐ̯t]
....

das Polohemd -en
[ˈpoːlohɛmt]
....

der Rollkragenpullover -
[ˈrɔlkraːgn̩pʊloːvɐ]
....

die Weste -n
[ˈvɛstə]
....

der Pullunder -
[pʊˈlʊndɐ]
....

die Fliege -n
[ˈfliːgə]
....

die kurze Hose
[kʊrtsə ˈhoːzə]
....

die Boxershorts Pl
[ˈbɔksɐʃoːɐ̯ts]
....

die Unterhose -n
[ˈʊntɐhoːzə]
....

die Badehose -n
[ˈbaːdəhoːzə]
....

DIE KLEIDUNG

Damenkleidung

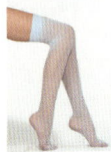

der Strumpf Strümpfe
[ʃtrʊmpf]

die Strumpfhose -n
[ˈʃtrʊmpfhoːzə]

die Leggings Pl
[ˈlɛgɪŋs]

der Slip -s
[slɪp]

der Bikini -s
[biˈkiːni]

der Badeanzug -anzüge
[ˈbaːdəʔantsuːk]

der Sport-BH -s
[ˈʃpɔrtbeːhaː]

der Büstenhalter/BH -/-s
[ˈbʏstənhaltɐ/beːˈhaː]

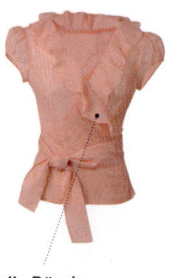

die Rüsche -n
[ˈryːʃə]

Weitere Begriffe	
die Umstandsmode -n [ˈʊmʃtantsmoːdə]	
die Naht Nähte [naːt]	
der Ärmel - [ˈɛrml]	
der Saum Säume [zaum]	
die Seide -n [ˈzaidə]	
die Spitze -n [ˈʃpɪtsə]	
die Größe -n [ˈgrøːsə]	
der Ausschnitt -e [ˈausʃnɪt]	
trägerlos [ˈtrɛːɡəloːs]	
tailliert [ta(l)ˈjiːɐt]	
leger [leˈʒeːɐ]	
schick [ʃɪk]	
bequem [bəˈkveːm]	
modisch [ˈmoːdɪʃ]	

DIE KLEIDUNG
Damenkleidung

die Schleife -n
[ˈʃlaifə]

das Kleid -er
[klait]

das Trägertop -s
[ˈtrɛːgɐtɔp]

die Bluse -n
[ˈbluːzə]

die Strickjacke -n
[ˈstrɪkjakə]

der Rock Röcke
[rɔk]

die Shorts Pl
[ʃoːɐts]

die Röhrenhose -n
[ˈrøːrənhoːzə]

die Schlaghose -n
[ˈʃlaːkhoːzə]

die leicht ausgestellte Hose
[laiçt ausgəʃtɛltə ˈhoːzə]

das Schulterpolster -
[ˈʃʊltɐpɔlstɐ]

der Blazer -
[ˈbleːzɐ]

das Oberteil -e
[ˈoːbɐtail]

die Jeans -
[dʒiːns]

die Stiefelette -n
[ʃtiːfəˈlɛtə]

DIE KLEIDUNG

Accessoires

der Sonnenhut
-hüte [ˈzɔnənhuːt]

der Hut Hüte
[huːt]

die Brille -n
[ˈbrɪlə]

die Sonnenbrille -n
[ˈzɔnənbrɪlə]

der Rucksack
-säcke [ˈrʊkzak]

die Krawattennadel
-n [kraˈvatənnaːdl̩]

der Regenschirm
-e [ˈreːgn̩ʃɪrm]

die Uhr -en
[uːɐ̯]

die Hosenträger Pl
[ˈhoːzn̩trɛːgɐ]

der Ring -e
[rɪŋ]

der Handschuh -e
[ˈhantʃuː]

die Mütze -n
[ˈmʏtsə]

der Schal -s; -e
[ʃaːl]

der Ohrring -e
[ˈoːɐ̯rɪŋ]

die Halskette -n
[ˈhalskɛtə]

der Manschettenknopf
-knöpfe
[manˈʃɛtn̩knɔpf]

Weitere Begriffe
der Reißverschluss -verschlüsse [ˈraisfɛɐ̯ʃlʊs]
der Klettverschluss -verschlüsse [ˈklɛtfɛɐ̯ʃlʊs]
die Handytasche -n [ˈhɛndɪtaʃə]
der Koffer - [ˈkɔfɐ]

DIE KLEIDUNG

Schuhe und Lederwaren

der Pumps -
[pœmps]

die Sandale -n
[zanˈdaːlə]

der Ballerina -s
[baləˈriːna]

der Gummistiefel -
[ˈgʊmiʃtiːfl̩]

der Flip-Flop® -s
[ˈflɪpflɔp]

der hohe Stiefel
[hoːə ˈʃtiːfl̩]

die Handtasche -n
[ˈhanttaʃə]

das Portemonnaie
-s [pɔrtmɔˈneː]

die Brieftasche -n
[ˈbriːftaʃə]

die Aktentasche -n
[ˈaktn̩taʃə]

der Gürtel -
[ˈgʏrtl̩]

die Lederjacke -n
[ˈleːdɐjakə]

der Schnürschuh -e
[ˈʃnyːɐ̯ʃuː]

der Wanderstiefel -
[ˈvandɐʃtiːfl̩]

die Socke -n
[ˈzɔkə]

Weitere Begriffe

der Schnürsenkel - [ˈʃnyːɐ̯zɛŋkl̩]
die Gürtelschlaufe -n [ˈgʏrtl̩ʃlaufə]
der Absatz Absätze [ˈapzats]
die Sohle -n [ˈzoːlə]
der Riemen - [ˈriːmən]
die Schnalle -n [ˈʃnalə]

die Trekkingsandale
-n [ˈtrɛkɪŋzandaːlə]

der Turnschuh -e
[ˈtʊrnʃuː]

DIE KÖRPERPFLEGE

die Zahnpasta -pasten [ˈtsaːnpasta]

das Parfüm -e; -s [parˈfyːm]

das Deo -s [ˈdeːo]

die Gesichtscreme -s [gəˈzɪçtskreːm]

der Kamm Kämme [kam]

das Duschgel -e [ˈduːʃgeːl]

das Shampoo -s [ˈʃampu]

die Spülung -en [ˈʃpyːlʊŋ]

die Seife -n [ˈzaifə]

die Haarbürste -n [ˈhaːɐ̯byrstə]

die Sonnencreme -s [ˈzɔnənkreːm]

der Kulturbeutel - [kʊlˈtuːɐ̯bɔytl̩]

die Pinzette -n [pɪnˈtsɛtə]

die Nagelschere -n [ˈnaːglʃeːrə]

die Nagelfeile -n [ˈnaːglfailə]

die Haarspange -n [ˈhaːɐ̯ʃpaŋə]

Weitere Begriffe

die Feuchtigkeitscreme -s [ˈfɔyçtɪçkaitskreːm]

sich die Augenbrauen zupfen [zɪç diː ˈaugn̩brauən tsʊpfn̩]

die Enthaarung -en [ɛntˈhaːrʊŋ]

der Nagellackentferner - [ˈnaːgllakɛntfɛrnɐ]

das Haarprodukt -e [ˈhaːɐ̯produkt]

sich die Haare föhnen [zɪç diː ˈhaːrə føːnən]

der/das Haargummi -s [ˈhaːɐ̯gumi]

DIE SCHMINKSACHEN

die Grundierung -en
[grʊnˈdiːrʊŋ]

der Lippenstift -e
[ˈlɪpn̩ʃtɪft]

die Abdeckcreme -s
[ˈapdɛkkreːm]

die Wimperntusche -n
[ˈvɪmpɐntʊʃə]

der Spiegel -
[ˈʃpiːgl̩]

die Farbpalette -n
[ˈfarppalɛtə]

der Lidschatten -
[ˈliːtʃatn̩]

die Puderdose -n
[ˈpuːdɐdoːzə]

der Nagellack -e
[ˈnaːgl̩lak]

der Bronzer -s
[ˈbrõːsɐ]

das Rouge -s
[ruːʒ]

Weitere Begriffe
der Kajalstift -e [kaˈjaːlʃtɪft]
der/das Lipgloss -[e] [ˈlɪpglɔs]
die Wimpernzange -n [ˈvɪmpɐntsaŋə]

ZU HAUSE

DIE WOHNUNG

der Hausschlüssel -
[ˈhausʃlʏsl̩]

die Sprechanlage -n
[ˈʃprɛçʔanlaːɡə]

die Hausnummer -n
[ˈhausnʊmɐ]

die Türklingel -n
[ˈtyːɐ̯klɪŋl̩]

das Türschloss
-schlösser [ˈtyːɐ̯ʃlɔs]

der Fußabtreter -
[ˈfuːsaptreːtɐ]

der Briefkasten
-kästen [ˈbriːfkastn̩]

das Einfamilienhaus
-häuser
[ˈainfamiːli̯ənhaus]

das Doppelhaus
-häuser [ˈdɔpl̩haus]

das Reihenhaus
-häuser [ˈraiənhaus]

das Mehrfamilienhaus
-häuser
[ˈmeːɐ̯famiːli̯ənhaus]

der Bungalow -s
[ˈbʊŋɡaloː]

der Schirmständer -
[ˈʃɪrmʃtɛndɐ]

Weitere Begriffe
die Eigentumswohnung -en [ˈaiɡn̩tuːmsvoːnʊŋ]
die Mietwohnung -en [ˈmiːtvoːnʊŋ]
der Hof Höfe [hoːf]
das Eigentum -e [ˈaiɡn̩tuːm]
das Grundstück -e [ˈɡrʊntʃtʏk]
der Umbau -bauten [ˈʊmbau]
der Anbau -bauten [ˈanbau]

DIE WOHNUNG

der Dachboden
-böden [ˈdaxboːdn̩]

der Keller -
[ˈkɛlɐ]

der Flur -e
[fluːɐ̯]

der Aufzug Aufzüge
[ˈaʊftsuːk]

der Grundriss -e
[ˈɡrʊntrɪs]

die Garage -n
[ɡaˈraːʒə]

der Carport -s
[ˈkaːɐ̯poːɐ̯t]

der Altbau -bauten
[ˈaltbaʊ]

der Hausmeister -
[ˈhaʊsmaɪstɐ]

die Wendeltreppe -n
[ˈvɛndl̩trɛpə]

der Rauchmelder -
[ˈraʊxmɛldɐ]

das Treppenhaus
-häuser [ˈtrɛpn̩haʊs]

Weitere Begriffe

mieten [ˈmiːtn̩]
die Miete -n [ˈmiːtə]
vermieten [fɛɐ̯ˈmiːtn̩]
der Vermieter - [fɛɐ̯ˈmiːtɐ]
die Vermieterin -nen [fɛɐ̯ˈmiːterɪn]
der Mieter - [ˈmiːtɐ]
die Mieterin -nen [ˈmiːterɪn]

der Mietvertrag
-verträge [ˈmiːtfɛɐ̯traːk]

DAS HAUS

das Dachfenster -
['daxfɛnstɐ]

der Schornstein -e
['ʃɔrnʃtain]

die Dachrinne -n
['daxrɪnə]

der Dachziegel -
['daxtsiːgl̩]

die Dachgaube -n
['daxgaubə]

der erste Stock
['eːɐ̯stə ʃtɔk]

das Dach Dächer
[dax]

der Balkon -s; -e
[balˈkɔŋ]

die Türschwelle -n
['tyːɐ̯ʃvɛlə]

die Haustür -en
['haustyːɐ̯]

das Fenster -
['fɛnstɐ]

das Erdgeschoss -e
['eːɐ̯tgəʃɔs]

die Terrasse -n
[tɛˈrasə]

Weitere Begriffe

das Einzelhaus -häuser ['aintslhaus]

der Neubau -bauten ['nɔybau]

die Dreizimmerwohnung -en [drai'tsɪmɐvoːnʊŋ]

möbliert [møˈbliːɐ̯t]

das Stockwerk -e ['ʃtɔkvɛrk]

der Eigentümer - ['aigntyːmɐ]

die Eigentümerin -nen ['aigntyːmɛrɪn]

DAS HAUS
Der Eingang

die Diele -n
['di:lə]

der Spiegel -
['ʃpi:gl̩]

der Sessel -
['zɛsl̩]

der Ablagetisch -e
['apla:gətɪʃ]

die Wohnungstür -en
['vo:nʊŋsty:ɐ̯]

der Garderobenständer -
[gardə'ro:bn̩ʃtɛndɐ]

der Schirmständer -
['ʃɪrmʃtɛndɐ]

das Treppengeländer -
['trɛpn̩gəlɛndɐ]

die Treppe -n
['trɛpə]

der Treppenabsatz -absätze
['trɛpn̩ʔapzats]

die Treppenstufe -n
['trɛpn̩ʃtu:fə]

das Schlüsselbrett -er
['ʃlʏsl̩brɛt]

der Kleiderhaken -
['klaidɐha:kn̩]

der Kleiderbügel -
['klaidɐby:gl̩]

der Schuhlöffel -
['ʃu:lœfl̩]

DAS HAUS

Das Wohnzimmer

der Spiegel - [ˈʃpiːgl̩]   **der Ventilator** -en [vɛntiˈlaːtoːɐ̯]   **der Bilderrahmen** - [ˈbɪldɐraːmən]

der Vorhang Vorhänge [ˈfoːɐ̯haŋ]   **die Decke** -n [ˈdɛkə]   **das Gemälde** - [gəˈmɛːldə]

das Sofa -s
[ˈzoːfa]

die Lampe -n
[ˈlampə]

das Sofakissen -
[ˈzoːfakɪsn̩]

der Beistellschrank
-schränke
[ˈbaiʃtɛlʃraŋk]

der Kaminsims -e
[kaˈmiːnzɪms]

der gepolsterte Hocker
[gəpɔlstɐtə ˈhɔkɐ]

der Teppichboden -böden
[ˈtɛpɪçboːdn̩]

der Kamin -e
[kaˈmiːn]

der Sessel -
[ˈzɛsl̩]

der Couchtisch -e
[ˈkautʃtɪʃ]

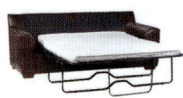

die Schlafcouch -en; -s
[ˈʃlaːfkautʃ]

die Vitrine -n
[viˈtriːnə]

die Fernsehbank -bänke
[ˈfɛrnzeːbaŋk]

das Bücherregal -e
[ˈbyːçeregaːl]

DAS HAUS

Das Esszimmer

das Rollo -s
[ˈrɔlo]

der Kronleuchter -
[ˈkroːnlɔyçtɐ]

die Vitrine -n
[viˈtriːnə]

die Zimmerpflanze -n
[ˈtsɪmɐpflantsə]

das Fensterbrett -er
[ˈfɛnstɐbrɛt]

der Tischläufer -
[ˈtɪʃlɔyfɐ]

die Kerze -n
[ˈkertsə]

der Stuhl Stühle
[ʃtuːl]

der Esstisch -e
[ˈɛstɪʃ]

die Tischdekoration -en
[ˈtɪʃdekoratsi̯oːn]

der Holzboden -böden
[ˈhɔltsboːdn̩]

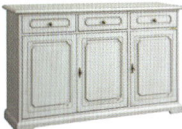

die Blumenvase -n
[ˈbluːmənvaːzə]

die Anrichte -n
[ˈanrɪçtə]

die Wanduhr -en
[ˈvantʔuːɐ̯]

der Hochstuhl -stühle
[ˈhoːxʃtuːl]

DAS HAUS

Die Küche

die Einbauküche -n
['ainbaukyçə]

der Hängeschrank -schränke
['hɛŋəʃraŋk]

die Dunstabzugshaube -n
['dʊnstʔaptsu:kshaubə]

der Herd -e
[he:ɐ̯t]

die Arbeitsplatte -n
['arbaitsplatə]

die Einbauleuchte -n
['ainbaulɔyçtə]

der Backofenschalter -
['bakʔo:fn̩ʃaltɐ]

der Backofen -öfen
['bakʔo:fn̩]

das Spülbecken -
['ʃpy:lbɛkn̩]

der Küchenhocker -
['kʏçn̩hɔkɐ]

die Schublade -n
['ʃu:pla:də]

der Kühlschrank -schränke
['ky:lʃraŋk]

die Frühstückstheke -n
['fry:ʃtʏkste:kə]

die Spülmaschine -n
['ʃpy:lmaʃi:nə]

der Gefrierschrank -schränke
[gə'fri:ɐ̯ʃraŋk]

das Geschirrtuch -tücher
[gə'ʃɪrtu:x]

Weitere Begriffe
der Mülleimer -   ['mʏlʔaimɐ]
die Mülltrennung -en   ['mʏltrɛnʊŋ]
die Verpackung -en   [fɛɐ̯'pakʊŋ]
das Altglas -gläser   ['altgla:s]
den Ofen vorheizen   [de:n 'o:fn̩ foɐ̯haitsn̩]
das Essen auftauen   [das 'ɛsn̩ auftauən]
das Geschirr abtropfen lassen   [das gə'ʃɪr ʔaptrɔpfn̩ lasn̩]

DAS HAUS

Küchengeräte

der Pürierstab -stäbe
[pyˈriːɐ̯ʃtaːp]

....

der Mixer -
[ˈmɪksɐ]

....

die Küchenmaschine -n
[ˈkʏçn̩maʃiːnə]

....

die Mikrowelle -n
[ˈmiːkʁovɛlə]

....

das Handrührgerät -e
[ˈhantryːɐ̯ɡəʁɛːt]

....

der Wasserkocher -
[ˈvasɐkɔxɐ]

....

das Waffeleisen -
[ˈvaflʔaizn̩]

....

der Elektrogrill -s
[eˈlɛktʁoɡʁɪl]

....

der Toaster -
[ˈtoːstɐ]

....

die Küchenwaage -n
[ˈkʏçn̩vaːɡə]

....

der Schnellkochtopf
-töpfe
[ˈʃnɛlkɔxtɔpf]

....

der Sandwichgrill -s
[ˈzɛntvɪtʃɡʁɪl]

....

die Kaffeemaschine -n
[ˈkafemaʃiːnə]

....

der Dampfgarer -
[ˈdampfɡaːʁɐ]

....

der Raclettegrill -s
[raˈklɛtɡʁɪl]

....

der Reiskocher -
[ˈraiskɔxɐ]

....

DAS HAUS
Koch- und Backutensilien

der Küchenwecker -
[ˈkʏçnvɛkɐ]

....

das Ausstechförmchen -
[ˈausʃtɛçfœrmçən]

....

das Küchenpapier -e
[ˈkʏçnpapiːɐ]

....

die Schürze -n
[ˈʃʏrtsə]

....

das Muffinförmchen -
[ˈmafɪnfœrmçən]

....

die Törtchenform -en
[ˈtœrtçənfɔrm]

....

die Springform -en
[ˈʃprɪŋfɔrm]

....

das Backblech -e
[ˈbakblɛç]

....

der Messerschärfer -
[ˈmɛsɐʃɛrfɐ]

....

das Teigrad -räder
[ˈtaikrat]

....

der Topfhandschuh -e
[ˈtɔpfhantʃuː]

....

das Tablett -s; -e
[taˈblɛt]

....

die Sanduhr -en
[ˈzantʔuːɐ]

....

Weitere Begriffe
das Backpapier -e [ˈbakpapiːɐ]
die Frischhaltefolie -n [ˈfrɪʃhaltəfoːljə]
der Putzlappen - [ˈpʊtslapn̩]
das Kuchengitter - [ˈkuːxŋɡɪtɐ]
die Alufolie -n [ˈaːlufoːljə]
der Gefrierbeutel - [ɡəˈfriːɐbɔytl̩]
die Rührschüssel -n [ˈryːɐʃʏsl̩]

DAS HAUS
Koch- und Backutensilien

der Schäler -
[ˈʃɛːlɐ]

....

die Reibe -n
[ˈraibə]

....

das Hackmesser -
[ˈhakmɛsɐ]

....

das Küchenmesser -
[ˈkʏçnmɛsɐ]

....

das Küchensieb -e
[ˈkʏçnziːp]

....

das Abtropfsieb -e
[ˈaptrɔpfziːp]

....

der Kartoffelstampfer -
[karˈtɔflʃtampfɐ]

....

die Knoblauchpresse -n
[ˈknoːplauxprɛsə]

....

die Schöpfkelle -n
[ˈʃœpfkɛlə]

....

der Schneebesen -
[ˈʃneːbeːzn̩]

....

der Spieß -e
[ʃpiːs]

....

der Dosenöffner -
[ˈdoːznœfnɐ]

....

Weitere Begriffe

der Mörser - [ˈmœrzɐ]

der Stößel - [ˈʃtøːsl]

der Messerblock -blöcke [ˈmɛsɐblɔk]

der Fleischklopfer - [ˈflaiʃklɔpfɐ]

der Eisportionierer - [ˈaispɔrtsjoːniːrɐ]

die Thermoskanne® -n [ˈtɛrmɔskanə]

der Spüllappen - [ˈʃpyːllapn̩]

das Schneidebrett -er
[ˈʃnaidəbrɛt]

....

DAS HAUS

Koch- und Backutensilien

der Korkenzieher -
[ˈkɔrkn̩tsiːɐ]

....

der Backpinsel -
[ˈbakpɪnzl̩]

....

das Nudelholz -hölzer
[ˈnuːdl̩hɔlts]

....

der Pfannenwender -
[ˈpfanənvɛndɐ]

....

die Küchenzange -n
[ˈkʏçntsaŋə]

....

der Teigschaber -
[ˈtaikʃaːbɐ]

....

der Servierlöffel -
[zɛrˈviːɐlœfl̩]

....

der Kochlöffel -
[ˈkɔxlœfl̩]

....

die Bratpfanne -n
[ˈbraːtpfanə]

....

der Wok -s
[vɔk]

....

der Kochtopf -töpfe
[ˈkɔxtɔpf]

....

der Schmortopf -töpfe
[ˈʃmoːɐtɔpf]

....

das Auflaufförmchen -
[ˈauflauffœrmçən]

....

Weitere Begriffe	
die Bratengabel -n [ˈbraːtŋɡaːbl̩]	
der Untersetzer - [ˈʊntɐzɛtsɐ]	
der Messbecher - [ˈmɛsbɛçɐ]	
der Trichter - [ˈtrɪçtɐ]	
der Messlöffel - [ˈmɛslœfl̩]	
der Abtropfständer - [ˈaptrɔpfʃtɛndɐ]	
der Flaschenöffner - [ˈflaʃn̩œfnɐ]	

DAS HAUS

Das Schlafzimmer

der Bettbezug -bezüge
[ˈbɛtbətsuːk]

die Bettdecke -n
[ˈbɛtdɛkə]

das Kopfteil -e
[ˈkɔpftail]

das Doppelbett -en
[ˈdɔpl̩bɛt]

das Kopfkissen -
[ˈkɔpfkɪsn̩]

der Kissenbezug -bezüge
[ˈkɪsn̩bətsuːk]

die Nachttischlampe -n
[ˈnaxttɪʃlampə]

die Kommode -n
[kɔˈmoːdə]

das Bettgestell -e
[ˈbɛtgəʃtɛl]

das Laken -
[ˈlaːkn̩]

der Teppich -e
[ˈtɛpɪç]

der Hocker -
[ˈhɔkɐ]

die Matratze -n
[maˈtratsə]

der Nachttisch -e
[ˈnaxttɪʃ]

Weitere Begriffe	
der Kleiderschrank -schränke [ˈklaidɐʃraŋk]	
der Wecker - [ˈvɛkɐ]	
den Wecker stellen [deːn ˈvɛkɐ ʃtɛlən]	
die Wärmflasche -n [ˈvɛrmflaʃə]	
die Heizdecke -n [ˈhaitsdɛkə]	
die Tagesdecke -n [ˈtaːgəsdɛkə]	
die Schlafbrille -n [ˈʃlaːfbrɪlə]	

DAS HAUS
Das Kinderzimmer

der Ball Bälle
[bal]

die Puppe -n
[ˈpʊpə]

das Gitterbettchen -
[ˈgɪtɛbɛtçən]

die Flauschdecke -n
[ˈflaʊʃdɛkə]

das Mobile -s
[ˈmoːbilə]

der Gitterstab -stäbe
[ˈgɪtɛʃtaːp]

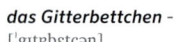

die Wickeltasche -n
[ˈvɪkl̩taʃə]

der Kinderwagen -
[ˈkɪndɛvaːgn̩]

der Teddy -s
[ˈtɛdi]

der Wickeltisch -e
[ˈvɪkl̩tɪʃ]

das Kuscheltier -e
[ˈkʊʃəltiːɐ̯]

die Wickelauflage -n
[ˈvɪkl̩aʊflaːgə]

das Babyfon® -e
[ˈbeːbifoːn]

der Laufstall -ställe
[ˈlaʊfʃtal]

das Spielzeug -e
[ˈʃpiːltsɔyk]

das Töpfchen -
[ˈtœpfçən]

die Babytragetasche -n
[ˈbeːbitraːgətaʃə]

der Schulranzen -
[ˈʃuːlrantsn̩]

das Bauklötzchen -
[ˈbaʊklœtsçən]

DAS HAUS
Das Jugendzimmer

das Einzelbett -en
['aɪntslbɛt]

die Hängelampe -n
['hɛŋəlampə]

der Schreibtisch -e
['ʃraiptɪʃ]

das Bücherregal -e
['byːçɐregaːl]

die Schreibtischlampe
-n ['ʃraiptɪʃlampə]

der Stuhl Stühle
[ʃtuːl]

der Teppichboden
-böden ['tɛpɪçboːdn̩]

die Fensterbank -bänke
['fɛnstɐbaŋk]

die Schublade -n
['ʃuːplaːdə]

Weitere Begriffe	
das Etagenbett -en [e'taːʒənbɛt]	*tief schlafen* [tiːf 'ʃlaːfn̩]
schnarchen ['ʃnarçn̩]	*aufwachen* ['aufvaxn̩]
wach sein ['vax zain]	*ausschlafen* ['ausʃlaːfn̩]
träumen ['trɔymən]	*aufstehen* ['aufʃteːən]
schlafen ['ʃlaːfn̩]	*das Bett machen* [das 'bɛt maxn̩]
einschlafen ['ainʃlaːfn̩]	*ins Bett gehen* [ins 'bɛt geːən]
	der Albtraum -träume ['alptraum]

DAS HAUS

Das Arbeitszimmer

der Bilderrahmen -
['bɪldɐraːmən]

die Verandatür -en
[veˈrandatyːɐ̯]

der Bücherschrank -schränke
['byːçɐʃraŋk]

die Zimmerpflanze -n
['tsɪmɐpflantsə]

das Foto -s
['foːto]

das Tageslicht kein Pl
['taːgəslɪçt]

der/das Laptop -s
['lɛptɔp]

die Rückenlehne -n
['rʏknleːnə]

der Sessel -
['zɛsl]

der Schreibtisch -e
['ʃraiptɪʃ]

der Rollcontainer -
['rɔlkɔnteːnɐ]

der Drehstuhl -stühle
['dreːʃtuːl]

die Armlehne -n
['armleːnə]

Weitere Begriffe

die Unterlage -n ['ʊntɐlaːgə]

arbeiten ['arbaitn̩]

sich konzentrieren [zɪç kɔntsɛnˈtriːrən]

die Überstunde -n ['yːbɐʃtʊndə]

von zu Hause arbeiten [fɔn tsu ˈhauzə arbaitn̩]

eine Pause machen [ainə ˈpauzə maxn̩]

selbstständig sein ['zɛlpʃtɛndɪç zain]

DAS HAUS

Das Badezimmer

die Duschkabine -n
[ˈduːʃkabiːnə]

der Spiegel -
[ˈʃpiːgl̩]

das Waschbecken -
[ˈvaʃbɛkn̩]

die Dusche -n
[ˈduːʃə]

der Handtuchhalter -
[ˈhanttuːxhaltɐ]

der Seifenspender -
[ˈzaifn̩ʃpɛndɐ]

das Handtuch -tücher
[ˈhanttuːx]

der Wasserhahn
-hähne [ˈvasɐhaːn]

**der Waschbecken-
unterschrank**
-schränke
[ˈvaʃbɛkn̩ʔuntɐʃraŋk]

die Badewanne -n
[ˈbaːdəvanə]

die Toilette -n
[toaˈlɛtə]

die Toilettenspülung -en
[toaˈlɛtn̩ʃpyːluŋ]

der Toilettendeckel -
[toaˈlɛtn̩dɛkl̩]

der Spülkasten -kästen
[ˈʃpyːlkastn̩]

die Toilettenbrille -n
[toaˈlɛtn̩brɪlə]

auf die Toilette gehen
[auf diː toaˈlɛtə geːən]

die Kloschüssel -n
[ˈkloːʃʏsl̩]

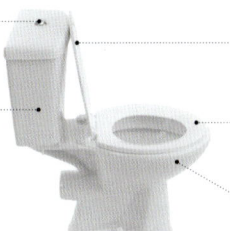

die Klobürste -n
[ˈkloːbʏrstə]

das Toilettenpapier -e
[toaˈlɛtn̩papiːɐ]

der Raumduft -düfte
[ˈraumduft]

der Klostein -e
[ˈkloːʃtain]

DAS HAUS

Sanitäre Anlagen

der Elektroboiler -
[eˈlɛktrobɔylɐ]

....

der Behälter -
[bəˈhɛltɐ]

....

das Thermostat -e; -en
[tɛrmoˈstaːt]

....

*der Warmwasserab-
lauf* -abläufe
[ˈvarmvasɐaplauf]

....

der Kaltwasserzulauf
-zuläufe
[ˈkaltvasɐtsuːlauf]

....

das Gas-Wandheizgerät -e
[ˈgaːsvanthaitsgɐrɛːt]

....

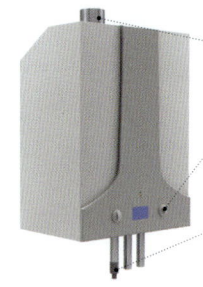

das Sicherheitsventil -e
[ˈzɪçɐhaitsvɛntiːl]

....

der Regler -
[ˈreːglɐ]

....

der Überlauf -läufe
[ˈyːbɐlauf]

....

das Waschbecken -
[ˈvaʃbɛkn̩]

....

die Zuleitung -en
[ˈtsuːlaitʊŋ]

....

der Absperrhahn
-hähne
[ˈapʃpɛrhaːn]

....

der Abfluss Abflüsse
[ˈapflʊs]

....

der Siphon -s
[ˈziːfo]

....

der Spülkasten -kästen
[ˈʃpyːlkastn̩]

....

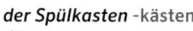

die Heberglocke -n
[ˈheːbɐglɔkə]

....

der Überlauf -läufe
[ˈyːbɐlauf]

....

DAS HAUS

Im Badezimmer

das Wattepad -s
['vatəpɛt]

....

der Duschschwamm
-schwämme ['duːʃʃvam]

....

der Lockenstab -stäbe
['lɔknʃtaːp]

....

das Glätteisen -
['glɛtʔaizn̩]

....

der Rasierapparat -e
[raˈziːɐʔapaˌraːt]

....

das Schwammtuch
-tücher ['ʃvamtuːx]

....

die Zahnseide -n
['tsaːnzaidə]

....

die Zahnbürste -n
['tsaːnbʏrstə]

....

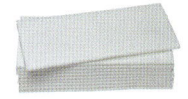

das Taschentuch -tücher
['taʃn̩tuːx]

....

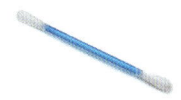

das Wattestäbchen -
['vatəʃtɛːpçən]

....

der Föhn
-e [føːn]

....

der Rasierschaum
-schäume [raˈziːɐʃaum]

....

der Rasierer -
[raˈziːrɐ]

....

Weitere Begriffe

der Waschlappen - ['vaʃlapn̩]

das Mundwasser - ['mʊntvasɐ]

sich rasieren [zɪç raˈziːrən]

sich frisch machen [zɪç 'frɪʃ maxn̩]

sich schminken [zɪç 'ʃmɪŋkn̩]

sich die Zähne putzen [zɪç diː 'tsɛːnə pʊtsn̩]

das Rasierwasser -; -wässer [raˈziːɐvasɐ]

der Duschkopf -köpfe ['duːʃkopf]

der Duschvorhang -vorhänge ['duːʃfoːɐhaŋ]

die Badematte -n ['baːdəmatə]

sich waschen [zɪç 'vaʃn̩]

baden ['baːdn̩]

duschen ['duːʃn̩]

DAS HAUS
Die Waschküche

die Waschmaschine -n
['vaʃmaʃiːnə]

der Wäschekorb -körbe
['vɛʃəkɔrp]

die zusammengelegte Wäsche
[tsuzaməngəleːgtə 'vɛʃə]

die Waschmittelkammer -n
['vaʃmɪtl̩kamɐ]

der Frontlader -
['frɔntlaːdɐ]

der Fleckenentferner -
['flɛkn̩ɛntfɛrnɐ]

der Weichspüler -
['vaiçʃpyːlɐ]

die Wäscheleine -n
['vɛʃəlainə]

die Wäscheklammer -n
['vɛʃəklamɐ]

das Bleichmittel -
['blaiçmɪtl̩]

das Waschpulver -
['vaʃpʊlvɐ]

das Bügeleisen -
['byːgl̩ʔaizn̩]

das Bügelbrett -bretter
['byːgl̩brɛt]

Weitere Begriffe

die Waschmaschine füllen [diː 'vaʃmaʃiːnə fʏlən]

die Wäsche waschen [diː 'vɛʃə vaʃn̩]

die Wäsche schleudern [diː 'vɛʃə ʃlɔydɐn]

der Wäscheständer - ['vɛʃəʃtɛndɐ]

der Wäschetrockner - ['vɛʃətrɔknɐ]

der Schmutzwäschekorb -körbe ['ʃmʊtsvɛʃəkɔrp]

bügeln ['byːgl̩n]

DAS HAUS
Reinigungsartikel

das Reinigungsmittel -
[ˈraɪnɪɡʊŋsmɪtl̩]

....

das Spülmittel -
[ˈʃpyːlmɪtl̩]

....

die Bürste -n
[ˈbʏrstə]

....

die Sprühflasche -n
[ˈʃpryːflaʃə]

....

der Gummiwischer -
[ˈɡʊmivɪʃɐ]

....

die Kehrschaufel -n
[ˈkeːɐ̯ʃaufl̩]

....

der Handfeger -
[ˈhantfeːɡɐ]

....

der Wischmopp -s
[ˈvɪʃmɔp]

....

der Schwamm
Schwämme
[ʃvam]

....

**der Gummihand-
schuh** -e
[ˈɡʊmihantʃuː]

....

der Eimer -
[ˈaimɐ]

....

der WC-Reiniger -
[veːˈtseː raɪnɪɡɐ]

....

Weitere Begriffe	
schrubben [ˈʃrʊbn̩]	
fegen [ˈfeːɡn̩]	
polieren [poˈliːrən]	
putzen [ˈpʊtsn̩]	
abwischen [ˈapvɪʃn̩]	
der Staubsauger - [ˈʃtaupzauɡɐ]	
Staub saugen [ˈʃtaup zauɡn̩]	

die Wurzelbürste -n
[ˈvʊrtsl̩bʏrstə]

....

DAS HAUS
Die Heimwerkstatt

die Handsäge -n
['hantzɛːɡə]
....

die Schere -n
['ʃeːrə]
....

die Schraube -n
['ʃraubə]
....

die Mutter -n
['mʊtɐ]
....

der Schraubenschlüssel -
['ʃraubnʃlʏsl]
....

der Holzhammer
-hämmer ['hɔltshamɐ]
....

die Rohrzange -n
['roːɐ̯tsaŋə]
....

das Maßband -bänder
['maːsbant]
....

der Nagel Nägel
['naːɡl]
....

der Hammer Hämmer
['hamɐ]
....

das Schleifpapier -e
['ʃlaifpapiːɐ̯]
....

die Wasserwaage -n
['vasɐvaːɡə]
....

die Kombizange -n
['kɔmbitsaŋə]
....

der Schraubenzieher -
['ʃraubn̩tsiːɐ̯]
....

die Bügelsäge -n
['byːɡl̩zɛːɡə]
....

das Teppichmesser -
['tɛpɪçmɛsɐ]
....

DAS HAUS
Die Heimwerkstatt

der Akkubohrer -
[ˈakuboːʀɐ]
....

der Akku -s
[ˈaku]
....

der Bohrer -
[ˈboːʀɐ]
....

der Elektrobohrer -
[eˈlɛktroboːʀɐ]
....

Weitere Begriffe

das Stemmeisen - [ˈʃtɛmʔaizn̩]

die Nietenzange -n [ˈniːtn̩tsaŋə]

der Seitenschneider - [ˈzaitn̩ʃnaidɐ]

das Sägeblatt -blätter [ˈzɛːgəblat]

schrauben [ˈʃraubn̩]

löten [ˈløːtn̩]

messen [ˈmɛsn̩]

abschmirgeln [ˈapʃmɪrgln̩]

sägen [ˈzɛːgn̩]

schneiden [ˈʃnaidn̩]

bohren [ˈboːrən]

hämmern [ˈhɛmɐn]

feilen [ˈfailən]

ausstemmen [ˈausʃtɛmən]

nieten [ˈniːtn̩]

streichen [ˈʃtraiçn̩]

hobeln [ˈhoːbl̩n]

die Klebepistole -n
[ˈkleːbəpɪstoːlə]
....

die Stichsäge -n
[ˈʃtɪçzɛːgə]
....

der Bandschleifer -
[ˈbantʃlaifɐ]
....

die Kreissäge -n
[ˈkraiszɛːgə]
....

DAS HAUS
Die Heimwerkstatt

der Müllbeutel -
[ˈmʏlbɔytl̩]

das Mikrofasertuch
-tücher
[ˈmiːkrofaːzetuːx]

der Dichtstoff -e
[ˈdɪçtʃtɔf]

die Kartuschenpistole -n
[karˈtʊʃnpɪstoːlə]

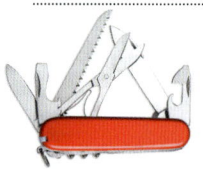

das Taschenmesser -
[ˈtaʃn̩mɛse]

der Werkzeugkasten
-kästen
[ˈvɛrktsɔykkastn̩]

die Werkbank -bänke
[ˈvɛrkbaŋk]

der Inbusschlüssel -
[ˈɪnbʊsʃlʏsl̩]

der Besen -
[ˈbeːzn̩]

die Schutzbrille -n
[ˈʃʊtsbrɪlə]

der Lötkolben -
[ˈløːtkɔlbn̩]

das Lötzinn kein Pl
[ˈløːttsɪn]

Weitere Begriffe

das Sperrholz -hölzer [ˈʃpɛrhɔlts]

der Lack -e [lak]

das Metall -e [meˈtal]

der rostfreie Stahl [rɔstfraiə ˈʃtaːl]

der Kunststoff -e [ˈkʊnstʃtɔf]

der Draht Drähte [draːt]

das Holzbrett -er [ˈhɔltsbrɛt]

DAS HAUS
Renovieren

der Acryllack -e
[aˈkryːllak]

der Flachpinsel -
[ˈflaxpɪnzl]

der Farbroller -
[ˈfarprɔlɐ]

der Handwerker -
[ˈhantvɛrkɐ]

die Leiter -n
[ˈlaitɐ]

die Latzhose -n
[ˈlatshoːzə]

die Farbwanne -n
[ˈfarpvanə]

das Verdünnungsmittel -
[fɛɐˈdʏnʊŋsmɪtl̩]

der/die Spachtel -
[ˈʃpaxtl̩]

die Farbdose -n
[ˈfarpdoːzə]

tapezieren
[tapeˈtsiːrən]

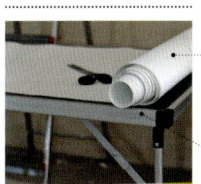

die Tapetenrolle -n
[taˈpeːtn̩rɔlə]

der Tapeziertisch -e
[tapeˈtsiːɐtɪʃ]

die Farbe -n
[ˈfarbə]

das Abdeckband
-bänder [ˈapdɛkbant]

Weitere Begriffe	
kacheln [ˈkaxl̩n]	
verputzen [fɛɐˈpʊtsn̩]	
spachteln [ˈʃpaxtl̩n]	
die Tapete entfernen [diː taˈpeːtə ɛntfɛrnən]	
die Abdeckfolie -n [ˈapdɛkfoːljə]	
die Spachtelmasse -n [ˈʃpaxtl̩masə]	
das Versiegelungsmittel - [fɛɐˈziːglʊŋsmɪtl̩]	

das Farbmuster -
[ˈfarpmʊstɐ]

DAS HAUS

Strom und Heizung

der Stromzähler -
[ˈʃtroːmtsɛːlɐ]

....

die Sicherung -en
[ˈzɪçərʊŋ]

....

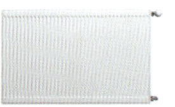

der Heizkörper -
[ˈhaitskœrpɐ]

....

der Kaminofen -öfen
[kaˈmiːnʔoːfn̩]

....

die Energiesparlampe -n
[enɛrˈgiːʃpaːɐlampə]

....

die Glühbirne -n
[ˈglyːbɪrnə]

....

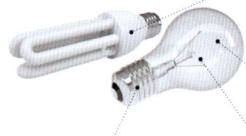

der Stecker -
[ˈʃtɛkɐ]

....

die Steckdose -n
[ˈʃtɛkdoːzə]

....

der Lampensockel -
[ˈlampn̩zɔkl̩]

....

der Glühfaden -fäden
[ˈglyːfaːdn̩]

....

das Verlängerungs-kabel - [fɛɐˈlɛŋərʊŋskaːbl̩]

....

der Schalter -
[ˈʃaltɐ]

....

die Mehrfachsteckdose -n
[ˈmeːɐfaxʃtɛkdoːzə]

....

Weitere Begriffe

der Luftkanal -kanäle [ˈlʊftkanaːl]

die Heizung anschalten/ausschalten
[diː ˈhaitsʊŋ anʃaltn̩/ausʃaltn̩]

die erneuerbare Energie [ɛɐnɔyɐbaːrə enɛrˈgiː]

das Stromnetz -e [ˈʃtroːmnɛts]

die Stromstärke kein Pl [ˈʃtroːmʃtɛrkə]

die Spannung kein Pl [ˈʃpanʊŋ]

die Solarheizung -en [zoˈlaːɐhaitsʊŋ]

die Zentralheizung -en [tsɛnˈtraːlhaitsʊŋ]

die Fußbodenheizung -en [ˈfuːsboːdn̩haitsʊŋ]

der Sicherungskasten -kästen [ˈzɪçərʊŋskastn̩]

die Leitung -en [ˈlaitʊŋ]

das Ampere - [ˈampeɐ]

das Watt - [vat]

das Volt - [vɔlt]

die Erdung -en [ˈeːɐdʊŋ]

DER GARTEN

die Terrasse -n
[tɛˈrasə]

....

der Gartenteich -e
[ˈgartn̩taiç]

....

der Gartenweg -e
[ˈgartn̩veːk]

....

der Gemüsegarten
-gärten [gəˈmyːzəgartn̩]

....

die Küchenkräuter Pl
[ˈkyçn̩krɔytɐ]

....

das Gewächshaus
-häuser [gəˈvɛkshaus]

....

das Gartenhaus
-häuser [ˈgartn̩haus]

....

das Blumenbeet -e
[ˈbluːmənbeːt]

....

die Gartenbank
-bänke [ˈgartn̩baŋk]

....

die Gartenmöbel Pl
[ˈgartn̩møːbl̩]

....

die Gartenmauer -n
[ˈgartn̩mauɐ]

....

der Dachgarten
-gärten [ˈdaxgartn̩]

....

der Komposter -
[kɔmˈpɔstɐ]

....

der Steingarten
-gärten [ˈʃtaingartn̩]

....

der Gartenzaun
-zäune [ˈgartn̩tsaun]

....

die Hecke -n
[ˈhɛkə]

....

DER GARTEN

Gartengeräte

die Topfpflanze -n
[ˈtɔpfpflantsə]

der Handrechen -
[ˈhantrɛçn̩]

die Blumenkelle -n
[ˈbluːmənkɛlə]

die Rosenschere -n
[ˈroːzn̩ʃeːrə]

der Gartenschlauch
-schläuche
[ˈgartn̩ʃlaux]

der Laubrechen -
[ˈlaupreçn̩]

der Spaten -
[ˈʃpaːtn̩]

die Gießkanne -n
[ˈgiːskanə]

der Gartenhandschuh -e
[ˈgartn̩hantʃuː]

der Rasenmäher -
[ˈraːzn̩mɛːɐ]

der Rasentrimmer -
[ˈraːzn̩trɪmɐ]

der Rechen -
[ˈreçn̩]

die Mistgabel -n
[ˈmɪstgaːbl̩]

die Schubkarre -n
[ˈʃuːpkarə]

die Heckenschere -n
[ˈhɛknʃeːrə]

die Hacke -n
[ˈhakə]

der Rasensprenger -
[ˈraːzn̩ʃprɛŋɐ]

DER GARTEN
Die Gartenarbeit

Rollrasen verlegen
['rɔlraːzn̩ fɛɐ̯leːgn̩]
....

den Rasen sprengen
[deːn 'raːzn̩ ʃprɛŋən]
....

das Laub rechen
[das 'laup rɛçn̩]
....

pflanzen
['pflantsn̩]
....

stutzen
['ʃtʊtsn̩]
....

den Rasen mähen
[deːn 'raːzn̩ mɛːən]
....

Unkraut jäten
['ʊnkraut jɛːtn̩]
....

umgraben
['ʊmgraːbn̩]
....

zurückschneiden
[tsu'rʏkʃnaidn̩]
....

pflücken
['pflʏkn̩]
....

säen
['zɛːən]
....

spritzen
['ʃprɪtsn̩]
....

Weitere Begriffe

düngen ['dʏŋən] ....

ernten ['ɛrntn̩] ....

züchten ['tsʏçtn̩] ....

vermehren [fɛɐ̯'meːrən] ....

gießen ['giːsn̩] ....

der Sämling -e ['zɛːmlɪŋ] ....

der Dünger - ['dʏŋɐ] ....

eintopfen
['aintɔpfn̩]
....

ESSEN UND TRINKEN

TIERISCHE PRODUKTE

Fleisch

das Lammfleisch
kein Pl [ˈlamflaɪʃ]

....

das Rindfleisch kein Pl
[ˈrɪntflaɪʃ]

....

das Steak -s
[steːk]

....

das Schweinefleisch
kein Pl [ˈʃvaɪnəflaɪʃ]

....

das Filet -s
[fiˈleː]

....

das Kalbfleisch kein Pl
[ˈkalpflaɪʃ]

....

die Keule -n
[ˈkɔylə]

....

das Kotelett -s
[kɔtˈlɛt]

....

die Leber -n
[ˈleːbɐ]

....

die Niere -n
[ˈniːrə]

....

das Kaninchen -
[kaˈniːnçən]

....

der Schinken -
[ˈʃɪŋkn̩]

....

das Hackfleisch kein Pl
[ˈhakflaɪʃ]

....

die Wurst Würste
[vʊrst]

....

der Aufschnitt -e
[ˈaufʃnɪt]

....

die Salami [-s]
[zaˈlaːmi]

....

TIERISCHE PRODUKTE
Geflügel

das Hähnchen -
['hɛ:nçən]

der Schenkel -
['ʃɛŋkl̩]

die Brust Brüste
[brʊst]

der Flügel -
['fly:gl̩]

die Hähnchenkeule -n
['hɛnçənkɔylə]

die Ente -n
['ɛntə]

das Entenfleisch kein Pl
['ɛntn̩flaiʃ]

die Gans Gänse
['gans]

das Gänsefleisch kein Pl
['gɛnzəflaiʃ]

die Wachtel -n
['vaxtl̩]

das Wachtelfleisch kein Pl
['vaxtl̩flaiʃ]

die Pute -n
['pu:tə]

das Putenfleisch
kein Pl ['pu:tn̩flaiʃ]

Weitere Begriffe

das Bioprodukt -e ['bi:oprodʊkt]
die Innereien Pl [ɪnə'raiən]
mariniert [mari'ni:ɐt]
geräuchert [gə'rɔyçɐt]
braten ['bra:tn̩]
schmoren ['ʃmo:rən]
grillen ['grɪlən]

aus Freilandhaltung
[aus 'frailanthaltʊŋ]

TIERISCHE PRODUKTE

Fisch

die Forelle -n
[foˈrɛlə]

der Karpfen -
[ˈkarpfn̩]

der Zander -
[ˈtsandɐ]

der Seeteufel -
[ˈzeːtɔyfl̩]

die Makrele -n
[maˈkreːlə]

die Seezunge -n
[ˈzeːtsʊŋə]

die Sardine -n
[zarˈdiːnə]

die Scholle -n
[ˈʃɔlə]

der Aal -e
[aːl]

der Thunfisch -e
[ˈtuːnfɪʃ]

der Kabeljau -e; -s
[ˈkaːbl̩jau]

der Seebarsch -e
[ˈzeːbarʃ]

der Lachs -e
[laks]

der Heilbutt -e
[ˈhailbʊt]

der Fischrogen -
[ˈfɪʃroːgn̩]

das Fischsteak -s
[ˈfɪʃsteːk]

TIERISCHE PRODUKTE
Meeresfrüchte

die Garnele -n
[gar'ne:lə]

der Hummer -
[ˈhʊmɐ]

der Krebs -e
[kre:ps]

der Flusskrebs -e
[ˈflʊskre:ps]

die Miesmuschel -n
[ˈmi:smʊʃl̩]

die Kammmuschel -n
[ˈkammʊʃl̩]

die Venusmuschel -n
[ˈve:nʊsmʊʃl̩]

die Herzmuschel -n
[ˈhɛrtsmʊʃl̩]

die Auster -n
[ˈaustɐ]

der Tintenfisch -e
[ˈtɪntn̩fɪʃ]

der Krake -n
[ˈkra:kə]

der Räucherfisch -e
[ˈrɔyçɐfɪʃ]

Weitere Begriffe

das Filet -s [fiˈle:]
geräuchert [gəˈrɔyçɐt]
die Gräte -n [ˈgrɛ:tə]
die Schuppe -n [ˈʃʊpə]
abschuppen [ˈapʃʊpn̩]
tiefgefroren [ˈti:fgəfro:rən]
frisch [frɪʃ]

der Dosenfisch -e
[ˈdo:zn̩fɪʃ]

TIERISCHE PRODUKTE
Milchprodukte und Eier

die Sahne kein Pl
[ˈzaːnə]

die Milch kein Pl
[mɪlç]

der Hüttenkäse -
[ˈhʏtn̩kɛːzə]

der Ziegenkäse -
[ˈtsiːɡn̩kɛːzə]

der Quark kein Pl
[kvark]

der Joghurt -[s]
[ˈjoːɡʊrt]

der Brie -s
[briː]

der Gorgonzola -s
[ɡɔrɡɔnˈtsoːla]

der Feta kein Pl
[ˈfeta]

das Hühnerei -er
[ˈhyːnɐʔai]

die Eierschale -n
[ˈaiɐʃaːlə]

das Eiweiß -e; -
[ˈaivais]

das Eigelb -e; -
[ˈaiɡɛlp]

das Wachtelei -er
[ˈvaxtl̩ʔai]

das Gänseei -er
[ˈɡɛnzəʔai]

TIERISCHE PRODUKTE
Milchprodukte und Eier

der Eierkarton -s
['aiɐkartɔŋ]
....

die Butter kein Pl
['bʊtɐ]
....

der Parmesan kein Pl
[parme'zaːn]
....

der Emmentaler -
['ɛməntaːlɐ]
....

der Cheddar kein Pl
['tʃɛdɐ]
....

der Raclettekäse -
['raklɛtkɛːzə]
....

der Camembert -s
['kaməmbɛːɐ̯]
....

der Gouda -s
['gauda]
....

der Mozzarella -s
[mɔtsa'rɛla]
....

der geriebene Käse
[gə'riːbənə 'kɛːzə]
....

die Buttermilch kein Pl
['bʊtɐmɪlç]
....

der Frischkäse -
['frɪʃkɛːzə]
....

Weitere Begriffe

die Kuhmilch kein Pl ['kuːmɪlç] ....

die Ziegenmilch kein Pl ['tsiːgnmɪlç] ....

die laktosefreie Milch [lak'toːzəfraiə 'mɪlç] ....

die Sojamilch kein Pl ['zoːjamɪlç] ....

homogenisiert [homogeni'ziːɐ̯t] ....

pasteurisiert [pastøri'ziːɐ̯t] ....

fettarm ['fɛtʔarm] ....

die Kondensmilch
kein Pl [kɔn'dɛnsmɪlç]
....

GEMÜSE

die/der Trüffel -n; -
[ˈtryfl̩]

der Champignon -s
[ˈʃampɪnjɔŋ]

der Steinpilz -e
[ˈʃtainpɪlts]

der Pfifferling -e
[ˈpfɪfɐlɪŋ]

der Spargel -
[ˈʃpargl̩]

der Kohlrabi -
[koːˈlˈraːbi]

der Rhabarber -
[raˈbarbɐ]

der Mangold kein Pl
[ˈmaŋɡɔlt]

der Fenchel kein Pl
[ˈfɛnçl̩]

der/die Stangensellerie -[s] [ˈʃtaŋənzɛləri]

die Artischocke -n
[artiˈʃɔkə]

die Kresse -n
[ˈkrɛsə]

die Brunnenkresse -n
[ˈbrʊnənkrɛsə]

Weitere Begriffe	
das Blatt Blätter [blat]	
der Strunk Strünke [ʃtrʊŋk]	
das Röschen - [ˈrøːsçən]	
das Herz -en [hɛrts]	
die Spitze -n [ˈʃpɪtsə]	
das gedämpfte Gemüse [ɡəˈdɛmpftə ɡəˈmyːzə]	
aus biologischem Anbau [aus biːoˈloːɡɪʃəm ˈanbau]	

GEMÜSE
Wurzelgemüse

die Süßkartoffel -n
[ˈzyːskartɔfl̩]

die Karotte -n
[kaˈrɔtə]

die Kartoffel -n
[karˈtɔfl̩]

die Schalotte -n
[ʃaˈlɔtə]

die rote Zwiebel
[roːtə ˈtsviːbl̩]

die Pastinake -n
[pastiˈnaːkə]

der Knoblauch kein Pl
[ˈknoːblaux]

die Rübe -n
[ˈryːbə]

die Zwiebel -n
[ˈtsviːbl̩]

das Radieschen -
[raˈdiːsçən]

die Frühlingszwiebel -n
[ˈfryːlɪŋstsviːbl̩]

die Rote Bete
[roːtə ˈbeːtə]

Weitere Begriffe

die Knoblauchzehe -n [ˈknoːblauxtseːə]

die Knoblauchknolle -n [ˈknoːblauxknɔlə]

die Wurzel -n [ˈvʊrtsl̩]

bitter [ˈbɪtɐ]

roh [roː]

mehligkochend [ˈmeːlɪçkɔxn̩t]

festkochend [ˈfɛstkɔxn̩t]

der Lauch -e
[laux]

GEMÜSE

Blattgemüse

Brokkoli Pl
[ˈbrɔkoli]

der Rotkohl kein Pl
[ˈroːtkoːl]

der Wirsing kein Pl
[ˈvɪrzɪŋ]

der Rosenkohl kein Pl
[ˈroːznkoːl]

der Blumenkohl
kein Pl [ˈbluːmənkoːl]

der Weißkohl kein Pl
[ˈvaiskoːl]

der Kopfsalat -e
[ˈkɔpfzalaːt]

der Eisbergsalat -e
[ˈaisbɛrkzalaːt]

der Römersalat -e
[ˈrøːmɐzalaːt]

der/die Chicorée
kein Pl [ˈʃikore]

der Feldsalat -e
[ˈfeltzalaːt]

der Spinat kein Pl
[ʃpiˈnaːt]

der Rucola kein Pl
[ˈrukoːla]

der Endiviensalat -e
[ɛnˈdiːviə̯nzalaːt]

GEMÜSE
Fruchtgemüse

der/die Paprika -[s]
['paprika]

....

die Zucchini -
[tsʊˈkiːniː]

....

die Aubergine -n
[obɛrˈʒiːnə]

....

die Tomate -n
[toˈmaːtə]

....

die Kirschtomate -n
['kɪrʃtomaːtə]

....

die Olive -n
[oˈliːvə]

....

die Okraschote -n
['okraʃoːtə]

....

die Chilischote -n
['tʃiːliʃoːtə]

....

die Avocado -s
[avoˈkaːdo]

....

die Gurke -n
['gʊrkə]

....

der Kürbis Kürbisse
['kʏrbɪs]

....

der Butternusskürbis
-kürbisse
['bʊtenʊskʏrbɪs]

....

Weitere Begriffe

schälen ['ʃɛːlən]	
schneiden ['ʃnaidn]	
roh [roː]	
gekocht [gəˈkɔxt]	
gegart [gəˈgaːɐt]	
püriert [pyˈriːɐt]	
braten ['braːtn]	

der Mais kein Pl
[mais]

....

GEMÜSE

Hülsenfrüchte

die grüne Linse
[gryːnə ˈlɪnzə]

die Ackerbohne -n
[ˈakɐboːnə]

die schwarze Bohne
[ʃvartsə ˈboːnə]

die Gartenerbse -n
[ˈgartn̩ʔɛrpsə]

die Kichererbse -n
[ˈkɪçɐʔɛrpsə]

die rote Linse
[roːtə ˈlɪnzə]

die grüne Bohne
[gryːnə ˈboːnə]

die Zuckererbse -n
[ˈtsʊkɐʔɛrpsə]

die Kidneybohne -n
[ˈkɪtniboːnə]

die Limabohne -n
[ˈliːmaboːnə]

die Tellerlinse -n
[ˈtɛlɐlɪnzə]

Weitere Begriffe
die Hülse -n [ˈhʏlzə]
der Kern -e [kɛrn]
die Schote -n [ˈʃoːtə]
der Samen - [ˈzaːmən]
die Sojasprossen Pl [ˈzoːjaʃprɔsn̩]
die Sojabohne -n [ˈzoːjaboːnə]
die Mungobohne -n [ˈmʊŋgoboːnə]

OBST

Beeren und Steinobst

die Erdbeere -n
['eːɐ̯tbeːrə]

die Brombeere -n
['brɔmbeːrə]

die Himbeere -n
['hɪmbeːrə]

die Heidelbeere -n
['haidlbeːrə]

die roten Johannisbeeren
[roːtn̩ joˈhanɪsbeːrən]

die schwarzen Johannisbeeren
[ʃvartsn̩ joˈhanɪsbeːrən]

die Weintraube -n
['vaintraubə]

die Stachelbeere -n
['ʃtaxlbeːrə]

die Preiselbeere -n
['praizlbeːrə]

die Kirsche -n
['kɪrʃə]

die Holunderbeere -n
[hoˈlʊndɐbeːrə]

der Pfirsich -e
['pfɪrzɪç]

die Nektarine -n
[nɛktaˈriːnə]

die Zwetschge -n
['tsvɛtʃgə]

die Aprikose -n
[apriˈkoːzə]

der Apfel Äpfel
['apfl̩]

die Birne -n
['bɪrnə]

die Quitte -n
['kvɪtə]

OBST

Exotische Früchte

die Feige -n
['faigə]

die Birnenmelone -n
['bɪrnənmeloːnə]

die Physalis -;
Physalen [fyˈzaːlɪs]

die Litschi -s
['lɪtʃi]

die Sternfrucht
-früchte [ʃtɛrnfrʊxt]

die Ananasguave -n
['ananasɡ̊uaːvə]

die Papaya -s
[paˈpaːja]

die Cherimoya -s
[tʃɛriˈmoːja]

die Passionsfrucht
-früchte [paˈsi̯oːnsfrʊxt]

die Mangostanfrucht
-früchte
[maŋɡ̊ɔsˈtaːnfrʊxt]

der Granatapfel -äpfel
[ɡ̊raˈnaːtapfl̩]

die Kiwano -s
[kiˈvaːno]

die Rambutan -s
[ramˈbuːtaːn]

die Drachenfrucht
-früchte ['draxn̩frʊxt]

die Ananas -; -se
['ananas]

die Guave -n
['ɡ̊uaːvə]

die Banane -n
[baˈnaːnə]

die Kiwi -s
['kiːvi]

die Mango -s
['maŋɡo]

die Kokosnuss -nüsse
['koːkɔsnʊs]

OBST

Zitrusfrüchte und Melonen

die Orange -n
[oˈrã:ʒə]

die Limette -n
[liˈmɛtə]

geschält
[gəˈʃɛ:lt]

die Clementine -n
[klemɛnˈti:nə]

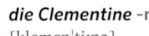

die Grapefruit -s
[ˈgre:pfru:t]

die Zitrone -n
[tsiˈtro:nə]

der Schnitz -e
[ʃnɪts]

die Schale -n
[ˈʃa:lə]

die Zuckermelone -n
[ˈtsʊkɐmelo:nə]

die Honigmelone -n
[ˈho:nɪçmelo:nə]

die Wassermelone -n
[ˈvasɐmelo:nə]

die Blutorange -n
[ˈblu:tʔorã:ʒə]

Weitere Begriffe	
kernlos [ˈkɛrnlo:s]	
saftig [ˈzaftɪç]	
knackig [ˈknakɪç]	
sauer [ˈzauɐ]	
reif [raif]	
frisch [frɪʃ]	
faulig [ˈfaulɪç]	

die Kumquat -s
[ˈkʊmkvat]

OBST

Nüsse und Trockenobst

der Cashewkern -e
[ˈkɛʃuːkɛrn]

die Mandel -n
[ˈmandl̩]

die Kastanie -n
[kasˈtaːni̯ə]

die Walnuss -nüsse
[ˈvalnʊs]

die Haselnuss -nüsse
[ˈhaːzl̩nʊs]

die Erdnuss -nüsse
[ˈeːɐ̯tnʊs]

die Pekannuss -nüsse
[ˈpeːkannʊs]

die Macadamianuss
-nüsse
[makaˈdaːmi̯anʊs]

der Pinienkern -e
[ˈpiːni̯ənkɛrn]

die Rosine -n
[roˈziːnə]

die Sultanine -n
[zʊltaˈniːnə]

die Backpflaume -n
[ˈbakpflaumə]

die Dattel -n
[ˈdatl̩]

Weitere Begriffe
die Paranuss -nüsse [ˈpaːranʊs]
die Pistazie -n [pɪsˈtaːtsi̯ə]
geröstet [ɡəˈrœstət]
gesalzen [ɡəˈzaltsn̩]
der Nussknacker - [ˈnʊsknakɐ]
die Nussschale -n [ˈnʊsʃaːlə]
eine Nuss knacken [ainə ˈnʊs knakn̩]

KRÄUTER UND GEWÜRZE

Kräuter

der Lavendel -
[laˈvɛndl̩]

der Estragon kein Pl
[ˈɛstragɔn]

der Oregano kein Pl
[oˈreːgano]

das/der Liebstöckel -
[ˈliːpʃtœkl̩]

der Salbei kein Pl
[ˈzalbaɪ]

die Minze -n
[ˈmɪntsə]

der Majoran -e
[ˈmaːjoran]

der Rosmarin kein Pl
[ˈroːsmariːn]

das Basilikum kein Pl
[baˈziːlikʊm]

die Petersilie -n
[petɐˈziːljə]

der Thymian -e
[ˈtyːmjaːn]

der Koriander -
[koriˈandɐ]

der Schnittlauch
kein Pl [ˈʃnɪtlaux]

der Fenchel kein Pl
[ˈfɛnçl̩]

der Dill -e
[dɪl]

die Zitronenmelisse -n
[tsiˈtroːnənmelɪsə]

KRÄUTER UND GEWÜRZE

Gewürze

der Sternanis -e
[ˈʃtɛrnʔaniːs]

das Lorbeerblatt
-blätter [ˈlɔrbeːɐ̯blat]

der Koriander -
[koˈrjandɐ]

die Zimtrinde -n
[ˈtsɪmtrɪndə]

die Kurkuma
Kurkumen [ˈkʊrkuma]

das Currypulver -
[ˈkœripʊlvɐ]

der Paprika kein Pl
[ˈpaprika]

der Pfeffer -
[ˈpfɛfɐ]

die Muskatnuss
-nüsse [mʊsˈkaːtnʊs]

der/das Kardamom
kein Pl [kardaˈmoːm]

die Nelken Pl
[ˈnɛlkn̩]

der Ingwer kein Pl
[ˈɪŋvɐ]

die Chiliflocken Pl
[ˈtʃiːliflɔkn̩]

die Chilischote -n
[ˈtʃiːliʃoːtə]

der Fenchel kein Pl
[ˈfɛnçl̩]

das Garam masala
kein Pl [gaːram maˈsaːla]

KRÄUTER UND GEWÜRZE

Würzmittel und Soßen

der Pfeffer -
[ˈpfɛfɐ]

das Salz -e
[zalts]

der Essig -e
[ˈɛsɪç]

das Olivenöl -e
[oˈliːvṇʔøːl]

die Pfeffermühle -n
[ˈpfɛfɐmyːlə]

die Salsa -s
[ˈzaltsa]

der/das Ketchup -s
[ˈkɛtʃap]

der Senf -e
[zɛnf]

die Mayonnaise -n
[majɔˈnɛːzə]

Weitere Begriffe	
zerstoßen [tsɛrˈʃtoːsn̩]	
gemahlen [gəˈmaːlən]	
geraspelt [gəˈraspl̩t]	
der Salzstreuer - [ˈzaltsʃtrɔʏɐ]	
würzen [ˈvʏrtsn̩]	
anmachen [ˈanmaxn̩]	
marinieren [mariˈniːrən]	

die Sojasoße -n
[ˈzoːjazoːsə]

GETREIDE UND MEHL

der Dinkel kein Pl
[ˈdɪŋkl̩]

die Kürbiskerne Pl
[ˈkʏrbɪskɛrnə]

***die Sonnenblumen-
kerne*** Pl
[ˈzɔnənbluːmənkɛrnə]

die Quinoa kein Pl
[kviˈnoːa]

der Wildreis kein Pl
[ˈvɪltrais]

der Hafer -
[ˈhaːfɐ]

die Gerste -n
[ˈgɛrstə]

der Naturreis kein Pl
[naˈtuːɐ̯rais]

der Mais kein Pl
[mais]

die Hirse -n
[ˈhɪrzə]

der Weizen -
[ˈvaitsn̩]

der/das Couscous -
[ˈkʊskʊs]

der Buchweizen -
[ˈbuːxvaitsn̩]

der Basmatireis
kein Pl [basˈmaːtirais]

der Bulgur kein Pl
[ˈbʊlgʊr]

der Reis kein Pl
[rais]

GETREIDE UND MEHL

die Spaghetti Pl
[ʃpaˈgɛti]

die Penne Pl
[ˈpɛnə]

die Tagliatelle Pl
[taljaˈtɛlə]

die Ravioli Pl
[raˈvi̯oːli]

die Fusilli Pl
[fuˈzili]

die Rigatoni Pl
[rigaˈtoːni]

die Tortellini Pl
[tɔrtɛˈliːni]

das Weizenmehl -e
[ˈvaitsn̩meːl]

das Maismehl -e
[ˈmaismeːl]

die Hefe -n
[ˈheːfə]

der Teig -e
[taik]

Weitere Begriffe

das Backpulver - [ˈbakpʊlvɐ]

das glutenfreie Mehl [gluˈteːnfrai̯ə ˈmeːl]

das Vollkornmehl -e [ˈfɔlkɔrnmeːl]

sieben [ˈziːbn̩]

kneten [ˈkneːtn̩]

verrühren [fɛɐ̯ˈryːrən]

backen [ˈbakn̩]

die Reisnudeln Pl
[ˈraisnuːdl̩n]

GETREIDE UND MEHL

Brot

die Brezel -n
[ˈbreːtsl̩]

das Croissant -s
[kroaˈsãː]

das/die Baguette -s
[baˈgɛt]

das Schwarzbrot -e
[ˈʃvartsbroːt]

das Weißbrot -e
[ˈvaisbroːt]

das Vollkornbrot -e
[ˈfɔlkɔrnbroːt]

das Mehrkornbrot -e
[ˈmeːɐ̯kɔrnbroːt]

das Graubrot -e
[ˈgraubroːt]

das Fladenbrot -e
[ˈflaːdn̩broːt]

die Tortilla -s
[tɔrˈtɪlja]

das Toastbrot -e
[ˈtoːstbroːt]

das Sauerteigbrot -e
[ˈzauɐtaikbroːt]

das Brötchen -
[ˈbrøːtçən]

der Bagel -s
[ˈbeɪgl̩]

das belegte Brötchen
[bəˈleːgtə ˈbrøːtçən]

das Knäckebrot -e
[ˈknɛkəbroːt]

GETREIDE UND MEHL

Brotaufstriche

das Glas Gläser
[gla:s]

der Honig -e
['ho:nɪç]

der flüssige Honig
['flʏsɪgə 'ho:nɪç]

der Zitronenaufstrich -e
[tsi'tro:nənʔaufʃtrɪç]

die Marmelade -n
[marmə'la:də]

der Waldhonig -e
['valtho:nɪç]

die Konfitüre -n
[kɔnfi'ty:rə]

der Ahornsirup -e
['a:hɔrnzi:rʊp]

die Erdnussbutter
kein Pl ['e:ɐtnʊsbʊtɐ]

der Schokoladenauf-strich -e
[ʃoko'la:dn̩ʔaufʃtrɪç]

die Margarine -n
[marɡa'ri:nə]

der Laib -e
[laip]

die Scheibe -n
['ʃaibə]

das Paniermehl **kein Pl**
[pa'ni:ɐme:l]

das Sandwich -[e]s
['zɛntvɪtʃ]

GETRÄNKE

Erfrischungsgetränke

das Wasser kein Pl
['vasɐ]
....

das Tonicwater -
['tɔnɪkwɔːtə]
....

der Orangensaft -säfte
[oˈrãːʒn̩zaft]
....

der Tomatensaft -säfte
[toˈmaːtn̩zaft]
....

das alkoholfreie Bier
[alkoˈhoːlfraɪə biːɐ̯]
....

der Karottensaft
-säfte [kaˈrɔtn̩zaft]
....

die/das Cola -s
['koːla]
....

die Limonade -n
[limoˈnaːdə]
....

der Eiskaffee -s
['aiskafe]
....

die Eisschokolade -n
['aisʃokolaːdə]
....

der Eistee -s
['aisteː]
....

die Apfelschorle -n
['apfl̩ʃɔrlə]
....

der Milchshake -s
['mɪlçʃeːk]
....

Weitere Begriffe

die Saftpresse -n ['zaftprɛsə]
....

das Tafelwasser -; -wässer ['taːflvasɐ]
....

das Leitungswasser kein Pl ['laitʊŋsvasɐ]
....

das Mineralwasser mit Kohlensäure
[mineˈraːlvasɐ mɪt ˈkoːlənzɔyrə]
....

das stille Mineralwasser ['ʃtɪlə mineˈraːlvasɐ]
....

der Apfelsaft -säfte ['apfl̩zaft]
....

der Johannisbeersaft -säfte [joˈhanɪsbeːɐ̯zaft]
....

GETRÄNKE

Heißgetränke

der Espresso -s; Espressi
[ɛsˈprɛso]

die Kaffeebohnen Pl
[ˈkafebo:nən]

der Amaretto Amaretti
[amaˈrɛto]

der Kaffee zum Mitnehmen
[ˈkafe tsʊm ˈmɪtne:mən]

der Deckel -
[ˈdɛkl]

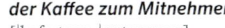

der Becher -
[ˈbɛçɐ]

der Milchschaum
kein Pl [ˈmɪlçʃaum]

der Teebeutel -
[ˈte:bɔytl]

die Teeblätter Pl
[ˈte:blɛtɐ]

die Teekanne -n
[ˈte:kanə]

der Schwarztee -s
[ˈʃvartste:]

der/die Latte macchiato
Latte macchiatos
[ˈlatə maˈkia:to]

der Kaffee -s
[ˈkafe]

der Cappuccino -s
[kapʊˈtʃi:no]

der Milchkaffee -s
[ˈmɪlçkafe]

der Minztee -s
[ˈmɪntste:]

der Kamillentee -s
[kaˈmɪlənte:]

der Kräutertee -s
[ˈkrɔytɐte:]

der Glühwein -e
[ˈgly:vain]

GETRÄNKE

Alkoholische Getränke

mit Eis
[mɪt ˈais]
....

der Cocktail -s
[ˈkɔkteːl]
....

die Sangria -s
[zaŋˈgriːa]
....

der Whisky -s
[ˈvɪski]
....

der Gin Tonic -s
[dʒɪn ˈtɔnɪk]
....

der Rum -s
[rʊm]
....

das Bier -e
[biːɐ̯]
....

das Pils -
[pɪls]
....

das dunkle Bier
[ˈdʊŋklə ˈbiːɐ̯]
....

der Wodka -s
[ˈvɔtka]
....

der Roséwein -e
[roˈzeːvain]
....

der Weißwein -e
[ˈvaisvain]
....

der Rotwein -e
[ˈroːtvain]
....

der Sekt -e
[zɛkt]
....

der Tequila -s
[teˈkila]
....

Weitere Begriffe

der Weinbrand -brände [ˈvainbrant]

der Schnaps Schnäpse [ʃnaps]

der Sherry -s [ˈʃeri]

der Likör -e [liˈkøːɐ̯]

der Cidre -s [ˈsiːdrə]

die Weinschorle -n [ˈvainʃɔrlə]

das Hefeweizen - [ˈheːfəvaitsn̩]

der Champagner - [ʃamˈpanjɐ]

KOCHEN
Zubereitung

schälen
[ˈʃɛːlən]

....

schneiden
[ˈʃnaidn̩]

....

schlagen
[ˈʃlaːgn̩]

....

reiben
[ˈraibn̩]

....

zerstoßen
[tsɛɐ̯ˈʃtoːsn̩]

....

glasieren
[glaˈziːrən]

....

sieben
[ˈziːbn̩]

....

stampfen
[ˈʃtampfn̩]

....

klopfen
[ˈklɔpfn̩]

....

ausrollen
[ˈausrɔlən]

....

salzen
[ˈzaltsn̩]

....

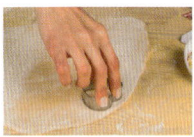

ausstechen
[ˈausʃtɛçən]

....

Weitere Begriffe

rösten [ˈrœstn̩]	
kochen [ˈkɔxn̩]	
köcheln lassen [ˈkœçln lasn̩]	
grillen [ˈgrɪlən]	
anbraten [ˈanbraːtn̩]	
braten [ˈbraːtn̩]	
frittieren [frɪˈtiːrən]	

streuen
[ˈʃtrɔyən]

....

GERICHTE UND MAHLZEITEN
Das Frühstück

das Brot -e
[broːt]

der Orangensaft -säfte
[oˈrãːʒnzaft]

das Brötchen -
[ˈbrøːtçən]

die Milch kein Pl
[mɪlç]

der Käse -
[ˈkɛːzə]

die Marmelade -n
[marməˈlaːdə]

der Cappuccino -s
[kapʊˈtʃiːno]

das gekochte Ei
[gəkɔxtə ˈai]

das Müsli -[s]
[ˈmyːsli]

die Melone -n
[meˈloːnə]

der Schinken -
[ˈʃɪŋkn̩]

die Butter kein Pl
[ˈbʊtɐ]

die Frühstücksflocken Pl
[ˈfryːʃtʏksflɔkn̩]

das Croissant -s
[krɔaˈsãː]

die Cornflakes Pl
[ˈkoːɐ̯nfleːks]

der Früchtejoghurt -[s]
[ˈfrʏçtəjoːgʊrt]

das frische Obst
[ˈfrɪʃə ˈoːpst]

der Müsliriegel -
[ˈmyːsliriːgl̩]

die Weizenkeime Pl
[ˈvaitsn̩kaimə]

GERICHTE UND MAHLZEITEN

Das Frühstück

das Toastbrot -e
['to:stbro:t]

....

die gegrillte Tomate
[gə'grɪltə to'ma:tə]

....

die gebackenen Bohnen Pl
[gə'bakənən 'bo:nən]

....

die Rösti Pl
['rœsti]

....

die Blutwurst kein Pl ['blu:tvʊrst]   **der Speck** kein Pl [ʃpɛk]   **die Pilze** Pl ['pɪltsə]   **die Wurst** Würste [vʊrst]   **das Spiegelei** -er ['ʃpi:gl̩ʔai]

....

das Rührei -er
['ry:ɐ̯ʔai]

....

das Omelett -e; -s
[ɔm(ə)'lɛt]

....

armer Ritter
[armɐ 'rɪtɐ]

....

die Waffel -n
['vafl̩]

....

der Pfannkuchen -
['pfanku:xn̩]

....

der Haferbrei kein Pl
['ha:fɐbrai]

....

der Fruchtshake -s
['frʊxtʃe:k]

....

die heiße Schokolade
['haisə ʃoko'la:də]

....

GERICHTE UND MAHLZEITEN
Snacks und Knabbereien

die Chips Pl
[tʃips]

....

die Salzbrezel -n
[ˈzaltsbreːtsl̩]

....

das Popcorn kein Pl
[ˈpɔpkɔrn]

....

das/der Bonbon -s
[bɔŋˈbɔŋ]

....

das Gummibärchen -
[ˈgʊmibɛːɐ̯çən]

....

die Lakritze -n; -e
[laˈkrɪtsə]

....

der/das Kaugummi -s
[ˈkaugʊmi]

....

der Lutscher -
[ˈlʊtʃɐ]

....

die weiße Schokolade
[ˈvaisə ʃokoˈlaːdə]

....

der Schokoriegel -
[ˈʃokoriːgl̩]

....

*die Zartbitterschoko-
lade* -n
[ˈtsaːɐ̯bɪtɐʃokolaːdə]

....

die Milchschokolade -n
[ˈmɪlçʃokolaːdə]

....

der Eislutscher -
[ˈaislʊtʃɐ]

....

der Frozen Yogurt -s
[ˈfrəʊzən ˈjəʊgət]

....

der Keks -e
[keːks]

....

die Praline -n
[praˈliːnə]

....

GERICHTE UND MAHLZEITEN

Das Fastfood

das Stück Pizza Stücke Pizza [ʃtʏk ˈpɪtsa]

....

die Pizza -s; Pizzen [ˈpɪtsa]

....

der Hamburger - [ˈhambʊrɡɐ]

....

die Pommes frites Pl [pɔm ˈfrɪt]

....

die Tortilla-Chips Pl [tɔrˈtɪljatʃips]

....

der Taco -s [ˈtako]

....

die gebratenen Nudeln [ɡəˈbraːtənən ˈnuːdln]

....

das Sushi -s [ˈzuːʃi]

....

der/das Hot Dog -s [ˈhɔt dɔk]

....

der Döner - [ˈdøːnɐ]

....

der Wrap -s [rɛp]

....

der Fisch mit Pommes -e [ˈfɪʃ mɪt ˈpɔməs]

....

Weitere Begriffe

Ich würde gerne etwas zum Mitnehmen bestellen.
[ɪç vʏrdə ˈɡɛrnə ɛtvas tsʊm ˈmɪtneːmən bəˈʃtɛlən]

Eine Portion Pommes rot-weiß, bitte.
[ainə pɔrtsjoːn ˈpɔməs roːt vais bɪtə]

klein/mittelgroß/groß [klain/ˈmɪtlɡroːs/ɡroːs]

süß [zyːs]

salzig [ˈzaltsɪç]

bestellen [bəˈʃtɛlən]

liefern [ˈliːfɐn]

das Nugget -s [ˈnaɡɪt]

....

GERICHTE UND MAHLZEITEN

Die Hauptmahlzeit

die Suppe -n
[ˈzʊpə]

....

die Frikadelle -n
[frikaˈdɛlə]

....

das Steak -s
[steːk]

....

der Beilagensalat -e
[ˈbaila:gn̩zala:t]

....

die Lasagne -
[laˈzanjə]

....

die Spaghetti bolognese Pl
[ʃpaˈɡɛti bolɔnˈjeːzə]

....

die Kartoffelspalten Pl
[karˈtɔflʃpaltn̩]

....

das Brathähnchen -
[ˈbraːthɛːnçən]

....

das panierte Schnitzel
[paˈniːɐ̯tə ˈʃnɪtsəl]

....

die Bratkartoffeln Pl
[ˈbraːtkartɔfln̩]

....

der Eintopf -töpfe
[ˈaintɔpf]

....

der Auflauf -läufe
[ˈauflauf]

....

die Pastete -n
[pasˈteːtə]

....

die Quiche -s
[kiʃ]

....

das Curry -s
[ˈkœri]

....

GERICHTE UND MAHLZEITEN
Im Restaurant

① der Gast Gäste
[gast]

② der Kellner -
[ˈkɛlnɐ]

③ der Tisch für zwei Personen
[ˈtɪʃ fyːɐ̯ tsvai pɛrˈzoːnən]

die Vorspeise -n
[ˈfoːɐ̯ʃpaizə]

der Nachtisch -e
[ˈnaːxtɪʃ]

④ das Rotweinglas -gläser
[ˈroːtvainglaːs]

⑤ die Speisekarte -n
[ˈʃpaizəkartə]

die Beilage -n
[ˈbailagə]

die Suppe -n
[ˈzʊpə]

⑥ die Bestellung -en [bəˈʃtɛlʊŋ]

das Hauptgericht -e [ˈhauptɡərɪçt]

der Aperitif -s; -e
[aperiˈtiːf]

der/das Sorbet -s
[ˈzɔrbɛt, zɔrˈbeː]

der Salat -e
[zaˈlaːt]

der Käseteller -
[ˈkɛːzətɛlɐ]

der Kaffee -s
[ˈkafe]

der Likör -e
[liˈkøːɐ̯]

das Käsemesser -
[ˈkɛːzəmɛsɐ]

das Stäbchen -
[ˈʃtɛːpçən]

GERICHTE UND MAHLZEITEN
Geschirr und Besteck

die Serviette -n
[zɛrˈvi̯ɛtə]

der Brotteller -
[ˈbroːtɛlɐ]

die Gabel -n
[ˈɡaːbl̩]

die Tischdecke -n
[ˈtɪʃdɛkə]

der Essteller -
[ˈɛstɛlɐ]

das Wasserglas -gläser
[ˈvasɐɡlaːs]

das Weinglas -gläser
[ˈvainɡlaːs]

der Dessertlöffel -
[dɛˈseːɐ̯lœfl̩]

der Suppenlöffel -
[ˈzʊpn̩lœfl̩]

das Messer -
[ˈmɛsɐ]

die Schüssel -n
[ˈʃʏsl̩]

die Karaffe -n
[kaˈrafə]

das Steakmesser -
[ˈsteːkmɛsɐ]

der Zahnstocher -
[ˈtsaːnʃtɔxɐ]

Weitere Begriffe

Könnten Sie uns bitte die Weinkarte bringen?
[ˈkœntən ziː ʊns bɪtə diː ˈvainkartə brɪŋən]

Guten Appetit! [ˈɡuːtn̩ apeˈtiːt]

Zum Wohl! [tsʊm ˈvoːl]

Als Vorspeise/Hauptgericht/Nachtisch nehme ich ...
[als ˈfoːɐ̯ʃpaizə/ˈhauptɡərɪçt/ˈnaːxtɪʃ neːmə ɪç ...]

Ich hätte gerne die Rechnung, bitte. [ɪç hɛtə ɡɛrnə diː ˈrɛçnʊŋ bɪtə]

die Bezahlung -en [bəˈtsaːlʊŋ]

das Trinkgeld -er [ˈtrɪŋkɡɛlt]

DIE ERNÄHRUNG

das Fett -e
[fɛt]

....

der Zucker kein Pl
[ˈtsʊkɐ]

....

das Kohlenhydrat -e
[ˈkoːlənhydraːt]

....

das Eiweiß -e
[ˈaivais]

....

ohne Eier
[oːnə ˈaiɐ]

....

zuckerfrei
[ˈtsʊkɐfrai]

....

glutenfrei
[gluˈteːnfrai]

....

laktosefrei
[lakˈtoːzəfrai]

....

die Ballaststoffe Pl
[ˈbalastʃtɔfə]

....

das Cholesterin kein Pl
[kolɛsteˈriːn]

....

vegetarisch
[vegeˈtaːrɪʃ]

....

vegan
[veˈgaːn]

....

Weitere Begriffe

die Lebensmittelintoleranz -en [ˈleːbn̩smɪtl̩ɪntolerants]

die Fruktose kein Pl [frʊkˈtoːzə]

die Glukose kein Pl [gluˈkoːzə]

die Kalorien Pl [kaloˈriːən]

der Geschmacksverstärker – [gəˈʃmaksfɛɐʃtɛrkɐ]

die gesunde Ernährung [gəˈzʊndə ɛɐˈnɛːrʊŋ]

fasten [ˈfastn̩]

die Diät -en
[diˈɛːt]

....

UNTERWEGS

STRAßEN UND VERKEHR

① *die Straßenlaterne* -n [ˈʃtraːsn̩latɛrnə]

② *die Einbahnstraße* -n [ˈainbaːnʃtraːsə]

③ *die Fußgängerampel* -n [ˈfuːsɡɛŋɐʔampl̩]

④ *der Bürgersteig* -e [ˈbʏrɡɐʃtaik]

⑤ *der Bordstein* -e [ˈbɔrtʃtain]

⑥ *die Ampel* -n [ˈampl̩]

⑦ *das geparkte Auto* [ɡəˈparktə ˈauto]

⑧ *die Fahrspur* -en [ˈfaːɐ̯ʃpuːɐ̯]

⑨ *die Straßenmarkierung* -en [ˈʃtraːsn̩markiːrʊŋ]

⑩ *der Rinnstein* -e [ˈrɪnʃtain]

der Tunnel -; -s [ˈtʊnl̩]

der Parkscheinautomat -en [ˈparkʃainautomaːt]

der Fahrradweg -e [ˈfaːɐ̯raːtveːk]

der Behindertenparkplatz -plätze [bəˈhɪndɐtn̩parkplats]

die Brücke -n [ˈbrʏkə]

der Kreisverkehr -e [ˈkraisfɛɐ̯keːɐ̯]

der Zebrastreifen - [ˈtseːbraʃtraifn̩]

die Notrufsäule -n [ˈnoːtruːfzɔylə]

STRAßEN UND VERKEHR

das Autobahnkreuz -e
[ˈautobaːnkrɔyts]

....

die Autobahn -en
[ˈautobaːn]

....

der Berufsverkehr
kein Pl [bəˈruːfsfɛɐ̯keːɐ̯]

....

① *der Mittelstreifen* -
[ˈmɪtl̩ʃtraifn̩]

....

② *die Überholspur*
-en [yːbɐˈhoːlʃpuːɐ̯]

....

③ *die Überführung*   ④ *die Kurve*   ⑤ *die Unterführung*   ⑥ *die Einfahrt*   ⑦ *die Ausfahrt*
-en [yːbɐˈfyːrʊŋ]   -n [ˈkʊrvə]   -en [ʊntɐˈfyːrʊŋ]   -en [ˈainfaːɐ̯t]   -en [ˈausfaːɐ̯t]

....

der Verkehrspolizist
-en [fɛɐ̯ˈkeːɐ̯spolitsɪst]

....

der Strafzettel -
[ˈʃtraːftsɛtl̩]

....

die Mautstelle -n
[ˈmautʃtɛlə]

....

abschleppen
[ˈapʃlɛpn̩]

....

Weitere Begriffe

die Kreuzung -en [ˈkrɔytsʊŋ]

die Vorfahrt **kein Pl** [ˈfoːɐ̯faːɐ̯t]

anhalten [ˈanhaltn̩]

der Standstreifen - [ˈʃtantʃtraifn̩]

die Raststätte -n [ˈrastʃtɛtə]

die Entfernungstafel -n [ɛntˈfɛrnʊŋstaːfl̩]

rückwärtsfahren [ˈrʏkvɛrtsfaːrən]

der Stau -s
[ʃtau]

....

STRAßEN UND VERKEHR

Verkehrsschilder

Einfahrt verboten
[ˈainfaːɐ̯t fɛɐ̯ˈboːtn̩]

....

das Halteverbot -e
[ˈhaltəfɛɐ̯boːt]

....

die Baustelle -n
[ˈbauʃtɛlə]

....

der Tunnel -; -s
[ˈtʊnl̩]

....

das Parkverbot -e
[ˈparkfɛɐ̯boːt]

....

der Stau -s
[ʃtau]

....

das Gefälle -
[gəˈfɛlə]

....

der Kreisverkehr -e
[ˈkraisfɛɐ̯keːɐ̯]

....

**die Geschwindigkeits-
begrenzung** -en
[gəˈʃvɪndɪçkaits-
bəgrɛntsʊŋ]

....

Vorfahrt gewähren!
[ˈfɔɐ̯faːɐ̯t gəˈvɛːrən]

....

die Einbahnstraße -n
[ˈainbaːnʃtraːsə]

....

der Gegenverkehr
kein Pl [ˈgeːgn̩fɛɐ̯keːɐ̯]

....

**Einbiegen nach rechts
verboten**
[ˈainbiːgn̩ naːx rɛçts
fɛɐ̯ˈboːtn̩]

....

**Einbiegen nach links
verboten**
[ˈainbiːgn̩ naːx lɪŋks
fɛɐ̯ˈboːtn̩]

....

Wenden verboten
[ˈvɛndn̩ fɛɐ̯ˈboːtn̩]

....

**die Schnee- oder
Eisglätte** kein Pl
[ˈʃneː oːdɐ ˈaisglɛtə]

....

DAS AUTO
Autotypen

die Stretchlimousine -n
[ˈstrɛtʃlimuziːnə]

....

das Cabrio -s
[ˈkaːbrio]

....

die Fließhecklimousine
-n [ˈfliːshɛklimuziːnə]

....

der Sportwagen -
[ˈʃpɔrtvaːgn̩]

....

der Kleinstwagen -
[ˈklainstvaːgn̩]

....

der Kleinwagen -
[ˈklainvaːgn̩]

....

der Oldtimer -
[ˈoːlttaimɐ]

....

die Limousine -n
[limuˈziːnə]

....

der Kombiwagen -
[ˈkɔmbivaːgn̩]

....

der Pick-up -s
[pɪkˈʔap]

....

der Kleintransporter -
[ˈklaintranspɔrtɐ]

....

Weitere Begriffe

die Klimaanlage -n [ˈkliːmaʔanlaːgə]
die Sitzheizung -en [ˈzɪtshaitsʊŋ]
die Automatikschaltung -en [autoˈmaːtɪkʃaltʊŋ]
die Handschaltung -en [ˈhantʃaltʊŋ]
die Zündung -en [ˈtsʏndʊŋ]
zweitürig [ˈtsvaityːrɪç]
dreitürig [ˈdraityːrɪç]

der Geländewagen -
[gəˈlɛndəvaːgn̩]

....

DAS AUTO

Das Auto – Außenansicht

die Beifahrerseite -n
['baifa:rezaitə]

das Dach Dächer
[dax]

die Windschutzscheibe
-n ['vɪntʃʊtsʃaibə]

die Fahrerseite -n
['fa:rezaitə]

die Begrenzungsleuchte
-n [bə'grɛntsʊŋslɔyçtə]

der Rückspiegel -
['rʏkʃpi:gl]

die Blinkleuchte -en
['blɪŋklɔyçtə]

das Rad Räder
[ra:t]

der Scheibenwischer -
['ʃaibn̩vɪʃɐ]

der Kühlergrill -s
['ky:lɐgrɪl]

die Stoßstange -n
['ʃto:sʃtaŋə]

das Nummernschild -er
['nʊmɐnʃɪlt]

das Markenemblem -e
['markn̩ɛmble:m]

der Nebelscheinwerfer -
['ne:bl̩ʃainvɛrfɐ]

das Reifenprofil -e
['raifn̩profi:l]

Weitere Begriffe

der Ölmessstab -stäbe ['ø:lmɛsʃta:p]

der Luftfilter - ['lʊftfɪltɐ]

der Bremsflüssigkeitsbehälter -
['brɛmsflʏsɪçkaitsbəhɛltɐ]

die Antenne -n [an'tɛnə]

das Abblendlicht -er ['apblɛntlɪçt]

das Fernlicht -er ['fɛrnlɪçt]

DAS AUTO

Das Auto – Außenansicht

① *der Seitenspiegel* -
['zaitnʃpi:gl]

② *die B-Säule* -n
['be:zɔylə]

③ *der Kofferraum*
-räume ['kɔferaum]

④ *die Heckscheibe* -n
['hɛkʃaibə]

⑤ *die Motorhaube* -n
['mo:to:ɐhaubə]

⑥ *das Seitenfenster* -
['zaitnfɛnstɐ]

⑦ *die Autotür* -en
['autoty:ɐ]

⑧ *die Radkappe* -n
['ra:tkapə]

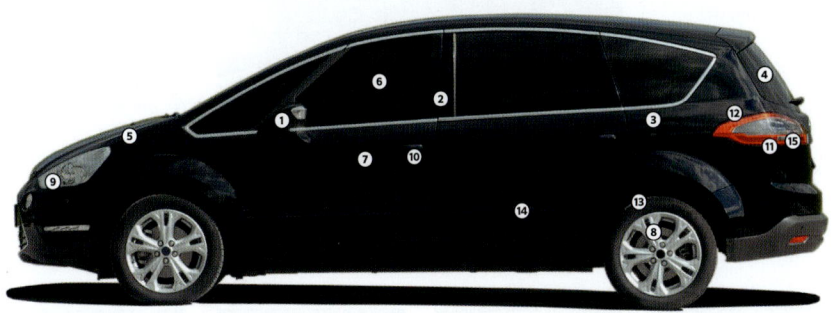

⑨ *der Scheinwerfer* -
['ʃainvɛrfɐ]

⑩ *der Türgriff* -e
['ty:ɐgrɪf]

⑪ *die Bremsleuchte*
-n ['brɛmslɔyçtə]

⑫ *die Rückleuchte* -n
['rʏklɔyçtə]

⑬ *der Reifen* -
['raifn]

⑭ *die Seitenschutzleiste* -n
['zaitnʃutslaistə]

⑮ *der Rückfahrscheinwerfer* -
['rʏkfa:ɐʃainvɛrfɐ]

Weitere Begriffe

der Motor -en ['mo:to:ɐ]
der Benzintank -s [bɛn'tsi:ntaŋk]
das Getriebe - [gə'tri:bə]
der Kühler - ['ky:lɐ]
der Ventilator -en [vɛnti'la:to:ɐ]
die Batterie -n [batə'ri:]
das Auspuffrohr -e ['auspufro:ɐ]

die Felge -n
['fɛlgə]

DAS AUTO

Das Auto – Innenausstattung

① **der Seitenspiegel** -
['zaitn̩ʃpiːgl̩]

② **das Lenkrad** -räder
['lɛŋkraːt]

③ **das Armaturenbrett** -er
[armaˈtuːrənbrɛt]

④ **der Türöffner** -
['tyːɐ̯ʔœfnɐ]

⑤ **der Fahrersitz** -e
['faːrɐzɪts]

⑥ **die Mittelkonsole**
-n ['mɪtl̩kɔnzoːlə]

⑦ **die Handbremse** -n
['hantbrɛmzə]

⑧ **der Heizungsreg-
ler** - ['haitsʊŋsreːglɐ]

⑨ **das Handschuhfach**
-fächer ['hantʃuːfax]

⑩ **der Schalthebel** -
['ʃaltheːbl̩]

⑪ **der Beifahrersitz** -e
['baifaːrɐzɪts]

**der Warnblink-
schalter** -
['varnblɪŋkʃaltɐ]

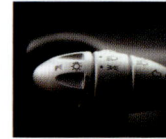

die Stereoanlage -n
['ʃteːreoʔanlaːgə]

der Blinkerhebel -
['blɪŋkɐheːbl̩]

**der Zigaretten-
anzünder** -
[tsigaˈrɛtn̩ʔantsʏndɐ]

das Navigationsgerät -e
[navigaˈtsjoːnsgərɛːt]

Weitere Begriffe

das Kupplungspedal -e ['kʊplʊŋspedaːl]

das Bremspedal -e ['brɛmspedaːl]

das Gaspedal -e ['gaːspedaːl]

der Sicherheitsgurt -e ['zɪçɐhaitsgʊrt]

die Kopfstütze -n ['kɔpfʃtʏtsə]

der Airbag -s ['ɛːɐ̯bɛk]

die Hupe -n ['huːpə]

DAS AUTO
Die Tankstelle

die Preisanzeige -n
['prais?antsaigə]

die Literanzeige -n
['li:tɐ?antsaigə]

der Feuerlöscher -
['fɔyɐlœʃɐ]

die Zapfsäule -n
['tsapfzɔylə]

das Reifenfüllgerät -e
['raifnfʏlgəɾɛːt]

das Rauchverbot -e
['rauxfɐɐbo:t]

das Benzin kein Pl
[bɛn'tsi:n]

der Diesel kein Pl
['di:zl̩]

bleifrei
['blaifrai]

verbleit
[fɛɐ̯'blait]

der Zapfschlauch
-schläuche ['tsapfʃlaux]

die Zapfpistole -n
['tsapfpɪsto:lə]

der Tankdeckel -
['taŋkdɛkl̩]

der Wagenheber -
['va:gnhe:bɐ]

Weitere Begriffe

(das) Öl wechseln [(das) 'ø:l vɛksl̩n]

der Reifendruck -drücke ['raifndrʊk]

der Keilriemen - ['kailri:mən]

die Lichtmaschine -n ['lɪçtmaʃi:nə]

der Sommerreifen - ['zɔmɐraifn̩]

der Winterreifen - ['vɪntɐraifn̩]

der Allwetterreifen - [al'vɛtɐraifn̩]

die Schneekette -n ['ʃne:kɛtə]

tanken
['taŋkn̩]

DAS AUTO

Die Tankstelle

⑦ *die Kühlmitteltemperaturanzeige* -n
[ˈkyːlmɪtl̩tɛmpəraˈtuːɐ̯ʔantsaɪɡə]

① *die Tankanzeige* -n [ˈtaŋkʔantsaɪɡə]

② *die Tankleuchte* -n [ˈtaŋklɔʏçtə]

③ *der/das Tachometer* - [taxoˈmeːtɐ]

④ *die Geschwindigkeit* -en [ɡəˈʃvɪndɪçkaɪt]

⑤ *der Kilometerstand* –stände
[kiloˈmeːtɐʃtant]

⑥ *der Drehzahlmesser* - [ˈdreːtsaːlmɛsɐ]

---

den Reifen wechseln
[deːn ˈraɪfn̩ vɛksl̩n]

der Radmutternschlüssel -
[ˈraːtmʊtɐnʃlʏsl̩]

das Reserverad -räder
[reˈzɛrvəraːt]

die Reifenpanne -n
[ˈraɪfn̩panə]

Weitere Begriffe

Ich habe eine Panne. [ɪç haːbə aɪnə ˈpanə]

Könnten Sie bitte den Pannendienst anrufen?
[kœntn̩ ziː bɪtə deːn ˈpanəndiːnst ˈanruːfn̩]

Der Motor springt nicht an. [deːɐ̯ ˈmoːtoːɐ̯ ʃprɪŋt nɪçt an]

das Starthilfekabel - [ˈʃtarthɪlfəkaːbl̩]

Könnten Sie mir Starthilfe geben?
[kœntn̩ ziː miːɐ̯ ˈʃtarthɪlfə ɡeːbn̩]

der Ersatzreifen - [ɛɐ̯ˈzatsraɪfn̩]

Könnten Sie mir beim Reifenwechseln helfen?
[kœntn̩ ziː miːɐ̯ baim ˈraɪfn̩vɛksl̩n hɛlfn̩]

DER BUS

der Doppeldecker -
[ˈdɔpldɛkɐ]

....

die Liniennummer -n
[ˈliːni̯ənnʊmɐ]

....

das Fahrziel -e
[ˈfaːɐ̯tsiːl]

....

der Reisebus -busse
[ˈraizəbʊs]

....

die Bushaltestelle -n
[ˈbʊshaltəʃtɛlə]

....

die Automatiktür -en
[autoˈmaːtɪktyːɐ̯]

....

der Gepäckraum
-räume [gəˈpɛkraum]

....

der Fahrplan
-pläne [ˈfaːɐ̯plaːn]

....

das Wartehäuschen -
[ˈvartəhɔysçən]

....

der Schulbus -busse
[ˈʃuːlbʊs]

....

der Halteknopf
-knöpfe [ˈhaltəknɔpf]

....

Weitere Begriffe

der Busbahnhof -bahnhöfe [ˈbʊsbaːnhoːf]

der Linienbus -busse [ˈliːni̯ənbʊs]

der Kleinbus -busse [ˈklainbʊs]

die Monatskarte -n [ˈmoːnatskartə]

der Fahrpreis -e [ˈfaːɐ̯prais]

die Fahrkarte -n [ˈfaːɐ̯kartə]

der Fahrkartenautomat -en [ˈfaːɐ̯kartn̩ʔautomaːt]

die Halteschlaufe -n
[ˈhaltəʃlaufə]

....

DAS MOTORRAD

die Rennmaschine -n
[ˈrɛnmaʃiːnə]

das Cockpit -s
[ˈkɔkpɪt]

der Kupplungshebel -
[ˈkʊplʊŋsheːbl̩]

der Fahrersitz -e
[ˈfaːrɛzɪts]

der Rückspiegel -
[ˈrʏkʃpiːɡl̩]

der Lenkergriff -e
[ˈlɛŋkɐɡrɪf]

der Soziussitz -e
[ˈzoːtsjʊszɪts]

das Schutzblech -e
[ˈʃʊtsblɛç]

der Seitenständer -
[ˈzaitn̩ʃtɛndɐ]

die Fußraste -n
[ˈfuːsrastə]

die Rückleuchte -n
[ˈrʏklɔyçtə]

das Getriebe -
[ɡəˈtriːbə]

der Fußschalthebel -
[ˈfuːsʃaltheːbl̩]

die Radaufhängung -en
[ˈraːtʔaufhɛŋʊŋ]

der Motorroller -
[ˈmoːtoːɡrɔlɐ]

das Quad -s
[kvat]

das Geländemotorrad
-räder
[ɡəˈlɛndəmoːtoːɡraːt]

der Chopper -[s]
[ˈtʃɔpɐ]

DAS MOTORRAD

der Motorradhelm -e
['mo:to:ɐ̯ra:thɛlm]

die Lederjacke -n
['le:dɐjakə]

die Motorradkombi -s
['mo:to:ɐ̯ra:tkɔmbi]

der Lederhandschuh -e
['le:dɐhantʃu:]

das Visier -e
[vi'zi:ɐ̯]

der Lufteinlass
-einlässe ['lʊft?ainlas]

der Reflektorstreifen -
[re'flɛkto:ɐ̯ʃtraifn̩]

der/das Tachometer -
[taxo'me:tɐ]

der Lenker -
['lɛŋkɐ]

der Tankdeckel -
['taŋkdɛkl̩]

der Benzintank -s
[bɛn'tsi:ntaŋk]

der Blinker -
['blɪŋkɐ]

**der Bremshebel für die
Vorderradbremse** -
['brɛmshe:bl̩ fy:ɐ̯ di:
'fɔrdɐra:tbrɛmzə]

der Gasdrehgriff -e
['ga:sdre:grɪf]

das Motorradgespann -e
['mo:to:ɐ̯ra:tgəʃpan]

der Tourer -
['tu:rɐ]

der Beiwagen -
['beiva:gn̩]

DAS FAHRRAD

die Felgenbremse -n
['fɔlgn̩brɛmzə]

der Sattel Sättel
['zatl̩]

die Sattelstütze -n
['zatl̩ʃtʏtsə]

der Lenker -
['lɛŋkɐ]

der Fahrradkorb
-körbe ['faːɐ̯atkɔrp]

der Gepäckträger -
[gə'pɛktrɛːgɐ]

das Hinterrad -räder
['hɪntɐaːt]

der Reflektor -en
[re'flɛktoːɐ̯]

die Gabel -n
['gaːbl̩]

der Reifen -
['raifn̩]

die Felge -n
['fɔlgə]

das Vorderrad -räder
['fɔrdɐaːt]

die Speiche -n
['ʃpaiçə]

der Kettenschutz -e
['kɛtn̩ʃʊts]

die Kette -n
['kɛtə]

das Pedal -e
[pe'daːl]

das Zahnrad -räder
['tsaːnraːt]

das Schutzblech -e
['ʃʊtsblɛç]

Weitere Begriffe

der Schalthebel - ['ʃaltheːbl̩]

der Bremshebel - ['brɛmsheːbl̩]

die Luftpumpe -n ['lʊftpʊmpə]

der Fahrradhelm -e ['faːɐ̯athɛlm]

der Dynamo -s [dy'naːmo]

in die Pedale treten [ɪn di: pe'daːlə treːtn̩]

bremsen ['brɛmzn̩]

in einen höheren/niedrigeren Gang schalten

[ɪn ainən 'høːərən/'niːdrɪgərən 'gaŋ ʃaltn̩]

einen Fahrradschlauch flicken [ainən 'faːɐ̯atʃlaux flɪkn̩]

DAS FAHRRAD

der Kindersitz -e
['kɪndezɪts]

das Einrad -räder
['ainraːt]

das Tandem -s
['tandɛm]

das BMX-Rad -Räder
[beːʔɛmˈʔɪksraːt]

das Rennrad -räder
['rɛnraːt]

das Tourenfahrrad
-räder ['tuːrənfaːɐaːt]

das Mountainbike -s
['mauntn̩baik]

das Elektrofahrrad
-räder [eˈlɛktrofaːɐaːt]

das Liegerad -räder
['liːgəraːt]

das Dreirad -räder
['draidraːt]

das Fahrradschloss
-schlösser ['faːɐaːtʃlɔs]

das Flickzeug -e
['flɪktsɔyk]

das Leihfahrrad -räder
['laifaːɐaːt]

der Kinderanhänger -
['kɪndɐʔanhɛŋɐ]

die Satteltasche -n
['zatl̩taʃə]

der Fahrradständer -
['faːɐaːtʃtɛndɐ]

DAS LASTKRAFTFAHRZEUG

der Sattelschlepper -
[ˈzatlʃlɛpɐ]

....

die Kühlerhaube -n
[ˈkyːlɐhaubə]

....

der Kühlergrill -s
[ˈkyːlɐgrɪl]

....

der Scheinwerfer -
[ˈʃainvɛrfɐ]

....

das Auspuffrohr -e
[ˈauspufroːɐ̯]

....

die Schlafkabine -n
[ˈʃlaːfkabiːnə]

....

das Lufthorn -hörner
[ˈlufthɔrn]

....

der Stauraum -räume
[ˈʃtauraum]

....

der Stoßfänger -
[ˈʃtoːsfɛŋɐ]

....

die Windschutzscheibe
-n [ˈvɪntʃʊtsʃaibə]

....

die Trittstufe -n
[ˈtrɪtʃtuːfə]

....

der Kraftstofftank -s
[ˈkraftʃtɔftaŋk]

....

der Autotransporter -
[ˈautotranspɔrtɐ]

....

die Schneefräse -n
[ˈʃneːfrɛːzə]

....

*die Straßenkehr-
maschine* -n
[ˈʃtraːsŋkeːɐ̯maʃiːnə]

....

der Müllwagen -
[ˈmʏlvaːgŋ]

....

der Tankwagen -
[ˈtaŋkvaːgŋ]

....

der Sattelzug -züge
[ˈzatl̩tsuːk]

....

der Auflieger -
[ˈaufliːgɐ]

....

der Flachbettauflieger -
[ˈflaxbɛtaufliːgɐ]

....

WEITERE FAHRZEUGE

der Bagger -
[ˈbagɐ]

der Radlader -
[ˈraːtˈlaːdɐ]

der Betonmischer -
[beˈtɔŋmɪʃɐ]

der Kipper -
[ˈkɪpɐ]

der Wohnwagen -
[ˈvoːnvaːgn̩]

das Wohnmobil -e
[ˈvoːnmobiːl]

der Gabelstapler -
[ˈgaːbl̩ʃtaːplɐ]

**das Feuerwehrfahr-
zeug** -e
[ˈfɔyɐveːɐ̯faːɐ̯tsɔyk]

der Anhänger -
[ˈanhɛŋɐ]

der Traktor -en
[ˈtraktoːɐ̯]

der Polizeiwagen -
[poliˈtsaivaːgn̩]

das Taxi -s
[ˈtaksi]

der Abschleppwagen -
[ˈapʃlɛpvaːgn̩]

**der Fahrzeugkran
-kräne** [ˈfaːɐ̯tsɔykkraːn]

der Taxistand -stände
[ˈtaksiʃtant]

ein Taxi herbeiwinken
[ain ˈtaksi hɛɐ̯baivɪŋkn̩]

DER ZUG

der Zug Züge
['tsuːk]

der Führerstand
-stände ['fyːrɛʃtant]

das Kleinabteil -e
['klainʔaptail]

die Gepäckablage -n
[gəˈpɛkʔaplaːgə]

die Schiene -n
['ʃiːnə]

der Waggon -s
[vaˈgɔŋ]

die Armlehne -n
['armleːnə]

der Sitz -e
[zɪts]

die Kopflehne -n
['kɔpfleːnə]

der Güterzug -züge
['gyːtɐtsuːk]

die Straßenbahn -en
['ʃtraːsn̩baːn]

die U-Bahn -en
['uːbaːn]

die Einschienenbahn
-en ['ainʃiːnənbaːn]

die Dampflok -s
['dampflɔk]

Weitere Begriffe

der Hochgeschwindigkeitszug -züge ['hoːxgəʃvɪndɪçkaitstsuːk]

das Großraumabteil -e ['groːsraumʔaptail]

die Oberleitung -en ['oːbɐlaitʊŋ]

die erste Klasse ['eːɐ̯stə klasə]

die zweite Klasse ['tsvaitə klasə]

der Klapptisch -e ['klaptɪʃ]

die Sitzplatzreservierung -en ['zɪtsplatsrezɛrviːrʊŋ]

DER ZUG
Am Bahnhof

der Bahnsteig -e
['baːnʃtaik]

einsteigen
['ainʃtaign̩]

aussteigen
['ausʃtaign̩]

das Geländer -
[gə'lɛndɐ]

die Gleisnummer -n
['glaisnʊmɐ]

der Wegweiser -
['veːkvaizɐ]

der Reisende -n
['raizn̩də]

die Rolltreppe -n
['rɔltrɛpə]

die Bahnhofshalle -n
['baːnhoːfshalə]

**der Fahrkarten-
schalter** -
['faːɐ̯kartn̩ʃaltɐ]

**der Fahrkarten-
automat** -en
['faːɐ̯kartn̩ʔautomaːt]

die Schaffnerin -nen
['ʃafnərɪn]

Weitere Begriffe

die Verspätung -en [fɛɐ̯'ʃpɛːtʊŋ]

pünktlich ['pʏŋktlɪç]

umsteigen ['ʊmʃtaign̩]

schwarzfahren ['ʃvartsfaːrən]

das Schienennetz -e ['ʃiːnənnɛts]

Ist dieser Platz noch frei? [ɪst 'diːzɐ plats nɔx 'frai]

Eine einfache Fahrt nach …, bitte. [ainə 'ainfaxə faːɐ̯t naːx … bɪtə]

der Kofferkuli -s
['kɔfɛkuːli]

DAS FLUGZEUG

das Verkehrsflugzeug -e
[fɛɐ̯ˈkeːɐ̯sfluːktsɔyk]

das Fenster -
[ˈfɛnstɐ]

der Rumpf Rümpfe
[rʊmpf]

der Bug -e
[buːk]

das Heck -e; -s
[hɛk]

die Tragfläche -n
[ˈtraːkflɛçə]

die Flugzeugtür -en
[ˈfluːktsɔyktyːɐ̯]

das Seitenleitwerk -e
[ˈzaitn̩laitvɛrk]

der Frachtraum
-räume [ˈfraxtraum]

das Fahrwerk -e
[ˈfaːɐ̯vɛrk]

das Cockpit -s
[ˈkɔkpɪt]

das Höhenleitwerk -e
[ˈhøːhənlaitvɛrk]

das Querruder -
[ˈkveːɐ̯ruːdɐ]

das Triebwerk -e
[ˈtriːpvɛrk]

das Bugfahrwerk -e
[ˈbuːkfaːɐ̯vɛrk]

der Windsack -säcke
[ˈvɪntzak]

Weitere Begriffe

Ihr Flug ist jetzt zum Einsteigen bereit.
[iːɐ̯ ˈfluːk ɪst jɛtst tsʊm ˈainʃtaign̩ bərait]

die Fluggesellschaft -en [ˈfluːkɡəzɛlʃaft]

der Pilot -en [piˈloːt]

die Pilotin -nen [piˈloːtɪn]

die erste Klasse [ˈeːɐ̯stə klasə]

die Businessklasse -n [ˈbɪznɪsklasə]

die Economyklasse -n [ɪˈkɔnəmiklasə]

DAS FLUGZEUG

Im Flugzeug

die Sicherheitsanweisung -en
['zɪçɐhaits?anvaizʊŋ]

....

die Luftdüse -n
['lʊftdy:zə]

....

die Flugbegleiterin -nen
['flu:kbəglaitərɪn]

....

der Sitzplatz -plätze
['zɪtsplats]

....

das Gepäckfach -fächer
[gə'pɛkfax]

....

die Sitznummer -n
['zɪtsnʊmɐ]

....

der Nichtraucherflug
-flüge ['nɪçtrauxɐflu:k]

....

die Leselampe -n
['le:zəlampə]

....

das Handgepäck
kein Pl ['hantgəpɛk]

....

der Gang Gänge
[gaŋ]

....

der Notausgang
-gänge ['no:t?ausgaŋ]

....

der Sitzabstand -ab-
stände ['zɪts?apʃtant]

....

Weitere Begriffe

die Sitzreihe -n ['zɪtsraiə]
der Sicherheitsgurt -e ['zɪçɐhaitsgʊrt]
sich anschnallen [zɪç 'anʃnalən]
die Start- und Landebahn -en
['ʃtart ʊnt 'landəba:n]
fliegen ['fli:gn̩]
starten ['ʃtartn̩]
landen ['landn̩]
die Turbulenzen Pl [tʊrbu'lɛntsn̩]
die Sauerstoffmaske -n ['zauɐʃtɔfmaskə]

**der Bildschirm für das
Bordprogramm**
['bɪltʃɪrm fy:ɐ̯ das
'bɔrtprogram]

....

DAS FLUGZEUG

Am Flughafen

**der Check-in-Automat
-en**
['tʃɛk?ɪn?automaːt]

der Check-in-Schalter -
['tʃɛk?ɪnʃaltɐ]

die Bordkarte -n
['bɔrtkartə]

der Reisepass -pässe
['raizəpas]

die Ankunft Ankünfte
['ankʊnft]

der Abflug Abflüge
['apfluːk]

das Terminal -s
['tøɐminl]

der Zoll kein Pl
[tsɔl]

**die Sicherheits-
kontrolle** -n
['zɪçɐhaitskɔntrɔlə]

die Ticketkontrolle -n
['tɪkətkɔntrɔlə]

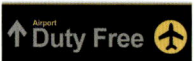

der Duty-free-Laden
-Läden
['djuːtiˈfriːlaːdn̩]

die Fluggasttreppe -n
['fluːkgasttrɛpə]

der Flugsteig -e
['fluːkʃtaik]

die Fluggastbrücke -n
['fluːkgastbrʏkə]

der Kontrollturm
-türme [kɔnˈtrɔltʊrm]

der Fluglotse -n
['fluːkloːtsə]

DAS FLUGZEUG

Am Flughafen

① *die Anzeigetafel* -n
['antsaigətaːfl̩]

② *das Reiseziel* -e
['raizətsiːl]

der Langstreckenflug
-flüge ['laŋʃtrɛkn̩fluːk]

der Auslandsflug
-flüge ['auslantsfluːk]

der Inlandsflug -flüge
['ɪnlantsfluːk]

① ✈ D E P A R T U R E S		
Time	Destination ②	Flight
19:30	BEIJING	R4 4509
19:30	ATLANTA	EB 7134
19:45	LONDON	DN 0045
19:40	NEW YORK	OD 7158
19:50	FRANKFURT	NP 6890
20:05	DUBAI	UC 1207
20:10	CHICAGO	EB 3436
20:20	TOKYO	R4 4581
20:45	PARIS	NP 1976

der Rollkoffer -
['rɔlkɔfɐ]

das Übergepäck
kein Pl ['yːbɐgəpɛk]

das Gepäckband
-bänder [gə'pɛkbant]

der Fahrsteig -e
['faːɐ̯ʃtaik]

Weitere Begriffe

die Zwischenlandung -en ['tsvɪʃn̩landʊŋ]

einen Flug buchen [ainən 'fluːk buːxn̩]

der/das Online-Check-in -s ['ɔnlaintʃɛk?ɪn]

die Buchungsnummer -n ['buːxʊŋsnʊmɐ]

das Visum Visa; Visen ['viːzʊm]

die Gepäckkontrolle -n [gə'pɛkkɔntrɔlə]

der Währungsumtausch kein Pl ['vɛːrʊŋs?ʊmtausch]

der Rucksack -säcke
['rʊkzak]

DAS SCHIFF

das Kreuzfahrtschiff -e
[ˈkrɔytsfaːɐ̯tʃɪf]

die Radarantenne -n
[ˈradaːʔantɛnə]

das Deck -s
[dɛk]

die Kabine -n
[kaˈbiːnə]

der Schornstein -e
[ˈʃɔrnʃtain]

die Funkantenne -n
[ˈfʊŋkʔantɛnə]

die Backbordseite -n
[ˈbakbɔrtzaitə]

der Rumpf Rümpfe
[rʊmpf]

das Bullauge -n
[ˈbʊlʔaugə]

die Steuerbordseite -n
[ˈʃtɔyɐbɔrtzaitə]

der Bug -e
[buːk]

das Rettungsboot -e
[ˈrɛtʊŋsboːt]

der Bugwulst -wülste
[ˈbuːkvʊlst]

das Segelboot -e
[ˈzeːɡlboːt]

die Motorjacht -en
[ˈmoːtoːɐ̯jaxt]

das Motorboot -e
[ˈmoːtoːɐ̯boːt]

der Katamaran -e
[katamaˈraːn]

DAS SCHIFF

der Containerhafen -häfen
[kɔnˈteːnɐhaːfn̩]

Der Hafen

das Containerlager -
[kɔnˈteːnɐlaːgɐ]

die Fracht -en
[fraxt]

der Kai -s
[kai]

der Kran Kräne
[kraːn]

das Containerschiff -e
[kɔnˈteːnɐʃɪf]

der Leuchtturm -türme
[ˈlɔyçttʊrm]

die Vertäuung -en
[fɛɐ̯ˈtɔyʊŋ]

der Poller -
[ˈpɔlɐ]

die Boje -n
[ˈboːjə]

Weitere Begriffe

den Anker werfen/lichten [deːn ˈaŋkɐ vɛrfn̩/lɪçtn̩]

die Küstenwache -n [ˈkʏstn̩vaxə]

anlegen [ˈanleːgn̩]

auslaufen [ˈauslaufn̩]

an Bord gehen [an ˈbɔrt geːən]

von Bord gehen [fɔn ˈbɔrt geːən]

der Landungssteg -e [ˈlandʊŋsʃteːk]

die Fähre -n
[ˈfɛːrə]

IN DER STADT

DIE INNENSTADT

das Geschäftsviertel -
[gəˈʃɛftsfɪrtl̩]

die Vorstadt
-städte [ˈfɔɐ̯ʃtat]

die Brücke -n
[ˈbrʏkə]

der Fluss
Flüsse [flʊs]

die Straße -n
[ˈʃtraːsə]

der Fernsehturm
-türme [ˈfɛrnzeːtʊrm]

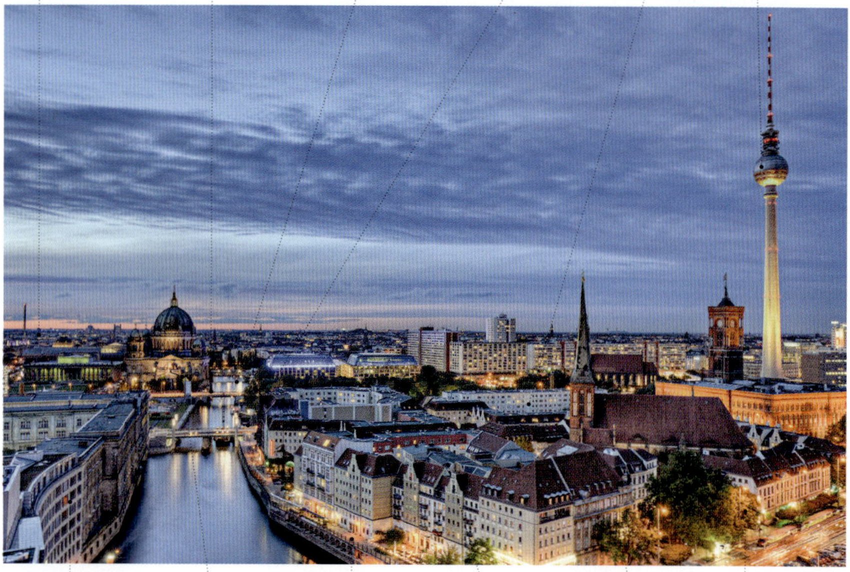

der Wohnblock
-blöcke [ˈvoːnblɔk]

der Dom -e
[doːm]

der Gehweg -e
[ˈgeːveːk]

die Altstadt
-städte [ˈaltʃtat]

der Turm
Türme [tʊrm]

die Straßenbeleuchtung -en
[ˈʃtraːsn̩bəlɔyçtʊŋ]

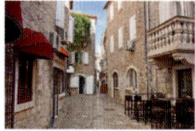

die Seitenstraße -n
[ˈzaitn̩ʃtraːsə]

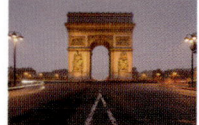

der Boulevard -s
[buləˈvaːɐ̯]

die Treppe -n
[ˈtrɛpə]

die Gasse -n
[ˈgasə]

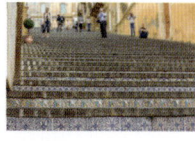

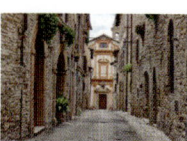

DIE INNENSTADT

der Park -s
[park]
....

der Kanal Kanäle
[kaˈnaːl]
....

das Ausgehviertel -
[ˈausgeːfɪrtl]
....

der Platz Plätze
[plats]
....

das Einkaufsviertel -
[ˈainkaufsfɪrtl]
....

das Industriegebiet -e
[ɪndʊsˈtriːgəbiːt]
....

das Wohngebiet -e
[ˈvoːngəbiːt]
....

das Rathaus -häuser
[ˈraːthaus]
....

die Universität -en
[univɛrziˈtɛːt]
....

die Schule -n
[ˈʃuːlə]
....

die Post kein Pl
[pɔst]
....

die Feuerwache -n
[ˈfɔyɐvaxə]
....

die Polizeiwache -n
[poliˈtsaivaxə]
....

das Krankenhaus
-häuser [ˈkraŋknhaus]
....

die Bibliothek -en
[biblioˈteːk]
....

das Gerichtsgebäude -
[gəˈrɪçtsgəbɔydə]
....

DIE INNENSTADT
Gebäude in der Innenstadt

der Wolkenkratzer -
[ˈvɔlkn̩kratsɐ]

die Burg -en
[bʊrk]

das Schloss Schlösser
[ʃlɔs]

die Kirche -n
[ˈkɪrçə]

die Moschee -n
[moˈʃeː]

die Synagoge -n
[zynaˈgoːgə]

der Tempel -
[ˈtɛmpl̩]

die Ruine -n
[ruˈiːnə]

das Bürogebäude -
[byˈroːgəbɔydə]

das Theater -
[teˈatɐ]

das Kino -s
[ˈkiːno]

die Fabrik -en
[faˈbriːk]

die Botschaft -en
[ˈboːtʃaft]

das Opernhaus
-häuser [ˈoːpɐnhaus]

das Museum Museen
[muˈzeːʊm]

die Kunsthalle -n
[ˈkʊnsthalə]

DIE INNENSTADT
Auf der Straße

die Straßenlaterne -n
['ʃtraːsn̩latɛrnə]

die Fußgängerampel -n
['fuːsɡɛŋɐ?ampl̩]

die Ampel -n
['ampl̩]

das Denkmal -mäler
['dɛŋkmaːl]

der Abfalleimer -
['apfal?aimɐ]

der Kanaldeckel -
[ka'naːldɛkl̩]

der Hydrant -en
[hy'drant]

der Friedhof -höfe
['friːthoːf]

die Bushaltestelle -n
['bʊshaltəʃtɛlə]

der Kiosk -e
['kiːɔsk]

die Tiefgarage -n
['tiːfɡaraːʒə]

die Fußgängerzone -n
['fuːsɡɛŋɐtsoːnə]

Weitere Begriffe

Entschuldigen Sie bitte, wie komme ich nach …?
[ɛntˈʃʊldɪɡn̩ ziː bɪtə ˈviː kɔmə ɪç naːx …]

Könnten Sie mir das bitte auf der Karte zeigen?
['kOentn̩ ziː miːɐ das bɪtə auf deːɐ 'kartə tsaign]

an der Ecke [an deːɐ 'ɛkə]

rechts/links abbiegen [rɛçts/lɪŋks 'apbiːɡn̩]

auf der rechten/linken Seite [auf deːɐ 'rɛçtn̩/'lɪŋkn̩ 'zaitə]

in der Nähe (von) [ɪn deːɐ 'nɛːə (fɔn)]

DIE INNENSTADT
Das Hotel

die Rezeption -en
[retsɛp'tsjoːn]

....

die Lobby -s
['lɔbi]

die Empfangsdame -n
[ɛm'pfaŋsdaːmə]

....

die Bar -s
[baːɐ̯]

die Schlüsselkarte -n
['ʃlʏsl̩kartə]

....

das Restaurant -s
[rɛsto'rãː]

die Hotelanlage -n
[ho'tɛlʔanlaːgə]

die Klingel -n
['klɪŋl̩]

....

das Doppelzimmer -
['dɔpl̩tsɪmɐ]

....

das Zweibettzimmer -
['tsvaibɛttsɪmɐ]

....

das Einzelzimmer -
['aintsl̩tsɪmɐ]

....

der Fitnessraum
-räume ['fɪtnɛsraum]

....

der Pool -s
[puːl]

....

Weitere Begriffe

Ich habe ein Zimmer unter dem Namen ... gebucht.
[ɪç haːbə ain 'tsɪmɐ ʊntɐ deːm naːmən ... gəbuːxt]

Was kostet das Zimmer, bitte?
['vas kɔstət das 'tsɪmɐ bɪtə]

Ich hätte gerne ein Doppelzimmer für eine Nacht.
[ɪç 'hɛtə gɛrnə ain 'dɔpl̩tsɪmɐ fyːɐ̯ 'ainə naxt]

Haben Sie ein Zimmer frei? [haːbn̩ ziː ain 'tsɪmɐ frai]

DIE INNENSTADT
Das Hotel

der/die Concierge -s
[kõˈsi̯ɛrʃ]

der Koﬀerwagen -
[ˈkɔfɐvaːgn̩]

der Türanhänger
„Bitte nicht stören"
[ˈtyːɐ̯ʔanhɛŋɐ ˈbɪtə nɪçt
ˈʃtøːrən]

die Gepäckablage -n
[gəˈpɛkʔaplaːgə]

der Zimmerservice -s
[ˈtsɪmɐzøɐ̯vɪs]

das Zimmermädchen -
[ˈtsɪmɐmɛːtçən]

die Suite -n
[ˈsviːtə]

die Toilettenartikel Pl
[tɔaˈlɛtnʔartɪkl̩]

die Minibar -s
[ˈmɪnibaːɐ̯]

die Zimmernummer -n
[ˈtsɪmɐnʊmɐ]

das Frühstücksbuﬀet
-s; -e [ˈfryːʃtʏksbʏfeː]

Weitere Begriﬀe

das Drei-/Vier-Sterne-Hotel -s [draiˈfiːɐ̯ˈʃtɛrnəhotɛl]

das Familienzimmer - [faˈmiːli̯əntsɪmɐ]

ein-/auschecken [ˈain-/ˈaustʃɛkn]

die Halbpension -en [ˈhalppãzi̯oːn]

die Vollpension -en [ˈfɔlpãzi̯oːn]

das Zimmer mit Frühstück [ˈtsɪmɐ mɪt ˈfryːʃtʏk]

das Zustellbett -en [ˈtsuːʃtɛlbɛt]

der Weckanruf -e [ˈvɛkʔanruːf]

der Tresor -e
[treˈzoːɐ̯]

DIE INNENSTADT
Die Bank

das Chipkartenterminal -s
['tʃipkartn̩tøɐ̯minl̩]

der Schalter -
['ʃaltɐ]

die Kassiererin -nen
[ka'siːrərɪn]

die EC-Karte -n
[eːˈtseːkartə]

das Tastenfeld -er
['tastn̩fɛlt]

das Onlinebanking
kein Pl ['ɔnlainbɛŋkɪŋ]

der Geldautomat -en
['ɡɛltʔautomaːt]

Geld abheben
['ɡɛlt apheːbn̩]

Geld einzahlen
['ɡɛlt aintsaːlən]

einen Scheck ausstellen
[ainən 'ʃɛk ausʃtɛlən]

Weitere Begriffe

die Kontoüberziehung -en ['kɔntoʔyːbɐtsiːʊŋ]
das Girokonto -konten ['ʒiːrokɔnto]
das Sparkonto -konten ['ʃpaːɐ̯kɔnto]
die PIN-Nummer -n ['pɪnnʊmɐ]
der Zinssatz -sätze ['tsɪnszats]
das Darlehen - ['daːɐ̯leːən]
die Kontonummer -n ['kɔntonʊmɐ]

DIE INNENSTADT

Die Bank

der Geldschein -e
['gɛltʃain]

die Münze -n
['mʏntsə]

die Währung -en
['vɛːrʊŋ]

das Wertpapier -e
['veːɐ̯papiːɐ̯]

der Wechselkurs -e
['vɛksl̩kʊrs]

das Bankschließfach
-fächer ['baŋkʃliːsfax]

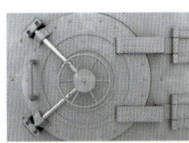

der Tresor -e
[tre'zoːɐ̯]

die Kreditkarte -n
[kre'diːtkartə]

die Börse -n
['bœrzə]

der Börsenkurs -e
['bœrzn̩kʊrs]

der Finanzberater -
[fi'nantsbəraːtɐ]

die Rechnung -en
['rɛçnʊŋ]

Weitere Begriffe

Könnten Sie mir das bitte wechseln?
[kœntn̩ ziː miːɐ̯ das bɪtə 'vɛksln̩]

Wie ist der aktuelle Wechselkurs?
['viː ɪst deːɐ̯ aktu̯ɛlə 'vɛkslkʊrs]

Ich möchte gerne ein Konto eröffnen.
[ɪç mœçtə gɛrnə ain 'kɔnto ɛɐ̯ʔœfnən]

der Reisescheck -s ['raizəʃɛk]

das Eigenkapital -e; -ien ['aignkapitaːl]

die Provision -en [provi'zi̯oːn]

die Wechselstube -n ['vɛkslʃtuːbə]

der Überweisungs-
schein -e
[yːbɐ'vaizʊŋsʃain]

EINKAUFEN

Läden und Geschäfte

der Markt Märkte
[markt]

der Marktstand
-stände ['markt∫tant]

das Schaufenster -
['∫aufɛnstɐ]

die Tierhandlung -en
['tiːɐ̯handlʊŋ]

der Gemüseladen
-läden [gə'myːzəlaːdn̩]

die Metzgerei -en
[mɛtsgə'rai]

die Bäckerei -en
[bɛkə'rai]

die Konditorei -en
[kɔndito'rai]

der Supermarkt
-märkte ['zuːpɐmarkt]

das Fischgeschäft -e
['fɪ∫gə∫ɛft]

die Weinhandlung -en
['vainhandlʊŋ]

der Blumenladen
-läden ['bluːmənlaːdn̩]

das Lebensmittel-
geschäft -e
['leːbn̩smɪtlgə∫ɛft]

der Bioladen -läden
['biːolaːdn̩]

das Schreibwaren-
geschäft -e
['∫raipvaːrəngə∫ɛft]

der Tante-Emma-
Laden -Läden
[tantə'ʔɛmalaːdn̩]

EINKAUFEN
Läden und Geschäfte

der Buchladen -läden
['buːxlaːdn̩]

die Drogerie -n
[drogə'riː]

die Boutique -n
[bʊ'tiːk]

der Antiquitätenladen
-läden [antikvi'tɛːtn̩laːdn̩]

der Spielzeugladen
-läden ['ʃpiːltsɔykla:dn̩]

das Juweliergeschäft
-e [juve'liːɐɡəʃɛft]

das Möbelgeschäft -e
['møːbl̩ɡəʃɛft]

der Elektrofachmarkt
-märkte
[e'lɛktroːfaxmarkt]

das Schuhgeschäft -e
['ʃuːɡəʃɛft]

der Friseursalon -s
[fri'zøːɐzalɔŋ]

die Schneiderei -en
[ʃnaidə'rai]

die Parfümerie -n
[parfymə'riː]

der Baumarkt -märkte
['baumarkt]

der Geschenkeladen
-läden [ɡə'ʃɛŋkəlaːdn̩]

die Apotheke -n
[apo'teːkə]

der Optiker -
['ɔptikɐ]

EINKAUFEN
Der Supermarkt

der Kassierer -
[kaˈsiːrɐ]

die Kundin -nen
[ˈkʊndɪn]

die Ware -n
[ˈvaːrə]

**das Warentransport-
band** -bänder
[vaːrəntransˈpɔrtbant]

das Warenregal -e
[ˈvaːrənregaːl]

der Einkaufswagen -
[ˈainkaufsvaːgn̩]

die Kasse -n
[ˈkasə]

der Scanner -
[ˈskɛnɐ]

die Käsetheke -n
[ˈkɛːzəteːkə]

die Fleischtheke -n
[ˈflaiʃteːkə]

die Einkaufsliste -n
[ˈainkaufslɪstə]

der Gang Gänge
[gaŋ]

der Einkaufskorb
-körbe [ˈainkaufskɔrp]

der Strichcode -s
[ˈʃtrɪçkoːt]

das Sonderangebot -e
[ˈzɔndɐʔangəboːt]

**die Selbstbedienungs-
kasse** -n
[ˈzɛlpstbədiːnʊŋskasə]

EINKAUFEN

Der Supermarkt

das Kühlregal -e
[ˈkyːlreɡaːl]

die Milchprodukte Pl
[ˈmɪlçprodʊktə]

die Tiefkühlkost
kein Pl [ˈtiːfkyːlkɔst]

das Obst und Gemüse
[ˈoːpst ʊnt ɡəˈmyːzə]

das Fleisch und
Geflügel
[ˈflaɪʃ ʊnt ɡəˈflyːgl̩]

die Konserven Pl
[kɔnˈzɛrvn̩]

die Feinkost kein Pl
[ˈfaɪnkɔst]

der Kassenzettel -
[ˈkasn̩tsɛtl̩]

die Babyartikel Pl
[ˈbeːbiʔartɪkl̩]

die Frühstücksflocken
Pl [ˈfryːʃtʏksflɔkn̩]

die Backwaren Pl
[ˈbakvaːrən]

die Fischtheke -n
[ˈfɪʃteːkə]

Weitere Begriffe
die Getränke Pl [ɡəˈtrɛŋkə]
die Süßigkeiten Pl [ˈzyːsɪçkaitn̩]
das Tierfutter kein Pl [ˈtiːɐ̯fʊtɐ]
bezahlen [bəˈtsaːlən]
das Kleingeld kein Pl [ˈklaingɛlt]
der Preis -e [prais]
das Preisschild -er [ˈpraisʃɪlt]

die Reinigungsmittel
Pl [ˈrainɪgʊŋsmɪtl̩]

EINKAUFEN

Der Kiosk

die Zeitung -en
[ˈtsaitʊŋ]

die Zeitschrift -en
[ˈtsaitʃrɪft]

das Notizbuch -bücher
[noˈtiːtsbuːx]

der/das Comic -s
[ˈkɔmɪk]

das Zeitschriftenregal
-e [ˈtsaitʃrɪftn̩regaːl]

die Grußkarte -n
[ˈgruːskartə]

der Lottoschein -e
[ˈlɔtoʃain]

das Buch Bücher
[buːx]

der/das Kaugummi -s
[ˈkaugʊmi]

**der/das Pfefferminz-
bonbon** -s
[pfɛfɐˈmɪntsbɔŋbɔŋ]

der Schokoriegel -
[ˈʃoːkoriːgl̩]

der Tabak kein Pl
[ˈtabak]

die Zigarette -n
[tsigaˈrɛtə]

die Pfeife -n
[ˈpfaifə]

das Feuerzeug -e
[ˈfɔyɐtsɔyk]

die Zigarre -n
[tsiˈgarə]

CAFÉS UND BARS

das Straßencafé -s
[ˈʃtraːsŋkafe]

....

die Sonnenterrasse -n
[ˈzɔnənterasə]

....

die Theke -n
[ˈteːkə]

....

die Kaffeemaschine -n
[ˈkafemaʃiːnə]

....

das Tablett -s; -e
[taˈblɛt]

....

der Zapfhahn -hähne
[ˈtsapfhaːn]

....

der Barkeeper -
[ˈbaːɐ̯kiːpɐ]

....

der Barista -s
[baˈrɪsta]

....

der Barhocker -
[ˈbaːɐ̯hɔkɐ]

....

der Korkenzieher -
[ˈkɔrkŋtsiːɐ̯]

....

der Cocktailshaker -
[ˈkɔkteːlʃeːkɐ]

....

der Weinkühler -
[ˈvainkyːlɐ]

....

Weitere Begriffe

die Rechnung übernehmen [diː ˈrɛçnʊŋ yːbɐneːmən]

sich auf einen Kaffee treffen [zɪç auf ainən ˈkafe trɛfn̩]

Wo sind bitte die Toiletten? [voː zɪnt bɪtə diː tɔaˈlɛtn̩]

Ich hätte gern ... [ɪç ˈhɛtə gɛrn ...]

Bitte ein Glas ... [ˈbɪtə ain glaːs ...]

Bitte eine Tasse ... [ˈbɪtə ainə tasə ...]

Das Gleiche noch einmal. [das ˈglaiçə nɔx ˈainmaːl]

der Aschenbecher -
[ˈaʃnbɛçɐ]

....

SEHENSWÜRDIGKEITEN

der Stadtplan -pläne
[ˈʃtatplaːn]

*die Touristen-
information* -en
[tuˈrɪstn̩ʔɪnfɔrmatsi̯oːn]

der Reiseführer -
[ˈraizəfyːrɐ]

das Souvenir -s
[zuvəˈniːɐ̯]

die Stadtbesichtigung
-en [ˈʃtatbəzɪçtɪɡʊŋ]

die Stadtrundfahrt -en
[ˈʃtatrʊntfaːɐ̯t]

die Flussfahrt -en
[ˈflʊsfaːɐ̯t]

das Aquarium
Aquarien [aˈkvaːri̯ʊm]

die Aussichtsplattform
-en [ˈauszɪçtsplatfɔrm]

die Ausstellung -en
[ˈausʃtɛlʊŋ]

der Straßenmusiker -
[ˈʃtraːsn̩muːzikɐ]

der Straßenkünstler -
[ˈʃtraːsn̩kʏnstlɐ]

die Warteschlange -n
[ˈvartəʃlaŋə]

Weitere Begriffe

der Fremdenführer - [ˈfrɛmdn̩fyːrɐ]

die Fremdenführerin -nen [ˈfrɛmdn̩fyːrərɪn]

die Öffnungszeiten Pl [ˈœfnʊŋstsaitn̩]

geöffnet [ɡəˈœfnət]

geschlossen [ɡəˈʃlɔsn̩]

das Eintrittsgeld -er [ˈaintrɪtsɡɛlt]

die Ermäßigung -en [ɛɐ̯ˈmɛːsɪɡʊŋ]

DIE ARCHITEKTUR

klassizistisch
[klasiˈtsɪstɪʃ]

....

gotisch
[ˈgoːtɪʃ]

....

barock
[baˈrɔk]

....

romanisch
[roˈmaːnɪʃ]

....

die Renaissance -n
[rənɛˈsãːs]

....

der/das Art déco
kein Pl [aːɐ̯ ˈdeːko]

....

der Jugendstil kein Pl
[ˈjuːgn̩tstiːl]

....

das Rokoko kein Pl
[ˈrɔkoko]

....

das Bauhaus kein Pl
[ˈbauhaus]

....

die Säule -n
[ˈzɔylə]

....

der Bogen Bögen
[ˈboːgn̩]

....

die Kuppel -n
[ˈkʊpl̩]

....

Weitere Begriffe

die Fassade -n [faˈsaːdə]

der Flügel - [ˈflyːgl̩]

das Gewölbe - [gəˈvœlbə]

das Grabmal -mäler [ˈgraːpmaːl]

die Stadtmauer -n [ˈʃtatmauɐ]

die Katakomben Pl [kataˈkɔmbn̩]

die Gedenkstätte -n [gəˈdɛŋkʃtetə]

das Wahrzeichen -
[ˈvaːɐ̯tsaiçn̩]

....

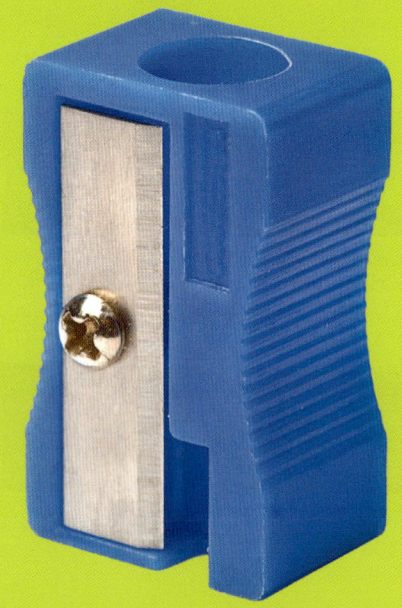

BILDUNG UND BERUF

DIE SCHULE

der Kindergarten
-gärten
[ˈkɪndɐgartn̩]

die Vorschule -n
[ˈfoːɐ̯ʃuːlə]

die Grundschule -n
[ˈgrʊntʃuːlə]

**die weiterführende
Schule**
[ˈvaitɐfyːrəndə ˈʃuːlə]

das Gymnasium
Gymnasien
[gʏmˈnaːzjʊm]

die Klasse -n
[ˈklasə]

die Prüfung -en
[ˈpryːfʊŋ]

die Aula Aulen
[ˈaula]

der Computerraum
-räume [kɔmˈpjuːtɐraum]

die Schulleiterin -nen
[ˈʃuːllaitərɪn]

die Lehrerin -nen
[ˈleːrərɪn]

der Sportplatz -plätze
[ˈʃpɔrtplats]

die Schuluniform -en
[ˈʃuːlʔʊnifɔrm]

Weitere Begriffe

der Aufsatz -sätze [ˈaufzats]

die Klassenarbeit -en [ˈklasn̩ʔarbait]

die Note -n [ˈnoːtə]

der mittlere Schulabschluss
[ˈmɪtlərə ˈʃuːlʔapʃlʊs]

die Privatschule -n [priˈvaːtʃuːlə]

das Abitur kein Pl [abiˈtuːɐ̯]

das Internat -e [ɪntɐˈnaːt]

DIE SCHULE

Das Klassenzimmer

das Lehrerpult -e
['le:rəpʊlt]

die Tafel -n
['ta:fl̩]

der Schüler -
['ʃy:lɐ]

die Schülerin -nen
['ʃy:lərɪn]

der Winkelmesser -
['vɪŋkl̩mɛsɐ]

das Zeichendreieck -e
['tsaiçn̩drai?ɛk]

der Bleistift -e
['blaiʃtɪft]

das Lineal -e
[line'a:l]

das Federmäppchen -
['fe:dɐmɛpçən]

das Schulheft -e
['ʃu:lhɛft]

Weitere Begriffe

die Schultasche -n ['ʃu:ltaʃə]

das Wörterbuch -bücher ['vœrtɐbu:x]

die Kreide -n ['kraidə]

das Schulbuch -bücher ['ʃu:lbu:x]

der Füller - ['fʏlɐ]

die Tintenpatrone -n ['tɪntn̩patro:nə]

der Marker - ['ma:rkɐ]

der Taschenrechner -
['taʃnrɛçnɐ]

DIE SCHULE

Die Schulfächer

die Biologie kein Pl
[bioloˈgiː]

die Mathematik kein Pl
[matemaˈtiːk]

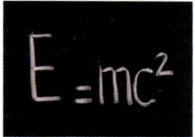

die Physik kein Pl
[fyˈziːk]

die Chemie kein Pl
[çeˈmiː]

der Religionsunterricht kein Pl
[reliˈgɪoːnsʔʊntɐrɪçt]

der Ethikunterricht kein Pl
[ˈeːtɪkʔʊntɐrɪçt]

die Kunst kein Pl
[kʊnst]

die Erdkunde kein Pl
[ˈeːɐ̯tkʊndə]

die Fremdsprachen Pl
[ˈfrɛmtʃpraːxn̩]

die Geschichte kein Pl
[gəˈʃɪçtə]

der Sport kein Pl
[ʃpɔrt]

die Musik kein Pl
[muˈziːk]

das Drama kein Pl
[ˈdraːma]

die Informatik kein Pl
[ɪnfɔrˈmaːtɪk]

der Werkunterricht kein Pl
[ˈvɛrkʔʊntɐrɪçt]

die Gemeinschaftskunde kein Pl
[gəˈmaɪnʃaftskʊndə]

DIE SCHULE
Die Schulfächer

das technische Zeichnen
[ˈtɛçnɪʃə ˈtsaiçnən]
....

die Hauswirtschaft
kein Pl [ˈhausvɪrtʃaft]
....

schreiben
[ˈʃraibn̩]
....

rechnen
[ˈrɛçnən]
....

buchstabieren
[buːxʃtaˈbiːrən]
....

lesen
[ˈleːzn̩]
....

sich melden
[zɪç ˈmɛldn̩]
....

die Klassenfahrt -en
[ˈklasn̩faːɐ̯t]
....

der Stundenplan
-pläne [ˈʃtʊndn̩plaːn]
....

der Abschlussball
-bälle [ˈapʃlʊsbal]
....

die Hausaufgabe -n
[ˈhausʔaufgaːbə]
....

das Sportfest -e
[ˈʃpɔrtfɛst]
....

Weitere Begriffe

zeichnen [ˈtsaiçnən]
....
zählen [ˈtsɛːlən]
....
die **Übung** -en [ˈyːbʊŋ]
....
der **Elternabend** -e [ˈɛltɐnʔaːbn̩t]
....
das **Zeugnis** -se [ˈtsɔyknɪs]
....
der **Lehrplan** -pläne [ˈleːɐ̯plaːn]
....
das **Schulfach** -fächer [ˈʃuːlfax]
....

die Ferien Pl
[ˈfeːri̯ən]
....

DIE SCHULE

Im Labor

der Versuch -e
[fɛɐ̯ˈzuːx]

die Schutzbrille -n
[ˈʃʊtsbrɪlə]

der Kittel -
[ˈkɪtl̩]

das Reagenzglas -gläser
[reaˈɡɛntsglaːs]

der Chemikalienhandschuh -e
[çemiˈkaːli̯ənhantʃuː]

die Laborausrüstung -en
[laˈboːɐ̯ʔausrʏstʊŋ]

die Pinzette -n
[pɪnˈtsetə]

das Skalpell -e
[skalˈpɛl]

die Lupe -n
[ˈluːpə]

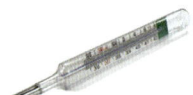

das Thermometer -
[tɛrmoˈmeːtɐ]

die Laborwaage -n
[laˈboːɐ̯vaːɡə]

die Stoppuhr -en
[ˈʃtɔpʔuːɐ̯]

der Magnet -e[n]
[maˈɡneːt]

die Batterie -n
[batəˈriː]

DIE SCHULE

Im Labor

das Mikroskop -e
[mikroˈskoːp]
....

das Einstellrad -räder
[ˈainʃtɛlraːt]
....

das Stativ -e
[ʃtaˈtiːf]
....

die Objektklemme -n
[ɔpˈjɛktklɛmə]
....

der Objekttisch -e
[ɔpˈjɛkttɪʃ]
....

der Fuß Füße
[fuːs]
....

das Okular -e
[okuˈlaːɐ̯]
....

der Tubus Tuben
[ˈtuːbʊs]
....

der Objektivrevolver -
[ɔpjɛkˈtiːfrevɔlvɐ]
....

das Objektiv -e
[ɔpjɛkˈtiːf]
....

der Objektträger -
[ɔpˈjɛkttrɛːgɐ]
....

die Lampe -n
[ˈlampə]
....

die Pipette -n
[piˈpɛtə]
....

die Petrischale -n
[ˈpeːtriʃaːlə]
....

das Drahtnetz -e
[ˈdraːtnɛts]
....

der Dreifuß -füße
[ˈdraifuːs]
....

der Bunsenbrenner -
[ˈbʊnznbrɛnɐ]
....

DIE SCHULE

In der Pause

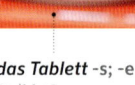

die Mittagspause -n
[ˈmɪtaːkspauzə]

....

das Tablett -s; -e
[taˈblɛt]

....

die Butterbrotdose -n
[ˈbʊtɐbroːtdoːzə]

....

das Pausenbrot -e
[ˈpauzn̩broːt]

....

die Schulglocke -n
[ˈʃuːlɡlɔkə]

....

der Spind -e
[ʃpɪnt]

....

die Pause -n
[ˈpauzə]

....

der Schulhof -höfe
[ˈʃuːlhoːf]

....

Himmel und Hölle spielen
[ˈhɪml̩ ʊnt ˈhœlə ʃpiːlən]

....

der Speisesaal -säle
[ˈʃpaizəzaːl]

....

das Lunchpaket -e
[ˈlanʃpakeːt]

....

die Essensausgabe -n
[ˈɛsn̩sʔausɡaːbə]

....

DIE SCHULE
Die Sporthalle

der Volleyball -bälle
['vɔlibal]

der Basketball -bälle
['baːskətbal]

der Handball -bälle
['hantbal]

der Fußball -bälle
['fuːsbal]

der Baseball -bälle
['bəɪsboːl]

der Federball -bälle
['fɛdɐbal]

der Tennisball -bälle
['tɛnɪsbal]

der Football -bälle
['fʊtboːl]

der Puck -s
[pʊk]

der Basketballkorb -körbe
['baːskətbalkɔrp]

die Strickleiter -n
['ʃtrɪklaitɐ]

das Trampolin -e
['trampoliːn]

die Sprossenwand -wände
['ʃprɔsn̩vant]

das Korbbrett -er
['kɔrpbrɛt]

die Ringe Pl
['rɪŋə]

das Springseil -e
['ʃprɪŋzail]

DIE UNIVERSITÄT

der Campus -
[ˈkampʊs]

der Hörsaal -säle
[ˈhøːɐ̯zaːl]

die Politikwissenschaft
-en [poliˈtiːkvɪsn̩ʃaft]

die Kunstgeschichte
kein Pl [ˈkʊnstɡəʃɪçtə]

*die Rechtswissen-
schaft* -en
[ˈrɛçtsvɪsn̩ʃaft]

*die Betriebswirt-
schaftslehre* -n
[bəˈtriːpsvɪrtʃaftsleːrə]

*die Geisteswissen-
schaften* Pl
[ˈɡaɪstəsvɪsn̩ʃaftn̩]

*die Naturwissen-
schaften* Pl
[naˈtuːɐ̯vɪsn̩ʃaftn̩]

das Ingenieurwesen -
[ɪnʒeˈni̯øːɐ̯veːzn̩]

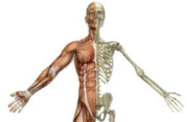

die Medizin kein Pl
[mediˈtsiːn]

die Pädagogik kein Pl
[pɛdaˈɡoːɡɪk]

der Professor -en
[proˈfɛsoːɐ̯]

die Dozentin -nen
[doˈtsɛntɪn]

Weitere Begriffe

das Diplom -e [diˈploːm]

der Bachelor -s [ˈbɛtʃələ]

der Master - [ˈmaːstɐ]

die Dissertation -en [dɪsɛrtaˈtsi̯oːn]

die Promotion -en [promoˈtsi̯oːn]

die Habilitation -en [habilitaˈtsi̯oːn]

die Forschung -en [ˈfɔrʃʊŋ]

das Forschungsinstitut -e [ˈfɔrʃʊŋsɪnstituːt]

DIE UNIVERSITÄT

ein Referat halten
[ain refeˈraːt haltn̩]

das Seminar -e
[zemiˈnaːɐ̯]

die Vorlesung -en
[ˈfoːɐ̯leːzʊŋ]

die Klausur -en
[klauˈzuːɐ̯]

der Lesesaal -säle
[ˈleːzəsaːl]

die Ausleihe -n
[ˈauslaiə]

das Bücherregal -e
[ˈbyːçɐregaːl]

die mündliche Prüfung
[ˈmʏntlɪçə ˈpryːfʊŋ]

sein Studium abschließen
[zain ˈʃtuːdiʊm apʃliːsn̩]

das Studentenwohnheim -e
[ʃtuˈdɛntn̩voːnhaim]

die Mensa Mensen
[ˈmɛnza]

die Bibliothek -en
[biblioˈteːk]

der Student -en
[ʃtuˈdɛnt]

Weitere Begriffe

der Bibliothekar -e [biblioteˈkaːɐ̯]
die Bibliothekarin -nen [biblioteˈkaːrɪn]
der Bibliotheksausweis -e [biblioˈteːksʔausvais]
ausleihen [ˈauslaiən]
verlängern [fɛɐ̯ˈlɛŋɐn]
vorbestellen [ˈfoːɐ̯bəʃtɛlən]
das Rückgabedatum -daten [ˈrʏkgaːbədaːtʊm]

DIE UNIVERSITÄT

die Lerngruppe -n
[ˈlɛrngrʊpə]
....

lernen
[ˈlɛrnən]
....

das Praxissemester -
[ˈpraksɪszemɛstɐ]
....

das Praktikum Praktika
[ˈpraktikʊm]
....

das Volontariat -e
[volɔntaˈrɪaːt]
....

das freie Jahr
[ˈfraɪə ˈjaːɐ̯]
....

jobben
[ˈdʒɔbn̩]
....

das schwarze Brett
[ʃvartsə ˈbrɛt]
....

die Ausbildung -en
[ˈausbɪldʊŋ]
....

die Berufsfachschule -n
[bəˈruːfsfaxʃuːlə]
....

die Kunsthochschule -n
[ˈkʊnsthoːxʃuːlə]
....

die Musikhochschule -n
[muˈziːkhoːxʃuːlə]
....

die Akademie für darstellende Künste
[akadeˈmiː fyːɐ̯ ˈdaːɐ̯ʃtɛləndə ˈkʏnstə]
....

Weitere Begriffe

der Studentenausweis -e [ʃtuˈdɛntn̩ʔausvais]
....

der Kurs -e [kʊrs]
....

das Semester - [zeˈmɛstɐ]
....

die Semesterferien Pl [zeˈmɛstɐfeːrjən]
....

die Hausarbeit -en [ˈhausʔarbait]
....

der Hochschulabschluss -abschlüsse [ˈhoːxʃuːlʔapʃlʊs]
....

das Stipendium Stipendien [ʃtiˈpɛndjʊm]
....

DIE ARBEITSWELT

Die Bewerbung

das Bewerbungs-gespräch -e
[bəˈvɛrbʊŋsgəʃprɛːç]

die Personalreferentin -nen
[pɛrzoˈnaːlreferɛntɪn]

der Lebenslauf -läufe
[ˈleːbn̩slauf]

die Bewerbungsunterlagen Pl
[bəˈvɛrbʊŋsʔʊntɐlaːgn̩]

die Bewerberin -nen
[bəˈvɛrbərɪn]

die Stellenanzeige -n
[ˈʃtɛlənʔantsaigə]

die Zeitarbeit kein Pl
[ˈtsaitʔarbait]

die Festanstellung -en
[ˈfɛstʔanʃtɛlʊŋ]

die Karriere -n
[kaˈrɪ̯eːrə]

Weitere Begriffe

sich um eine Stelle bewerben [zɪç ʊm ainə ˈʃtɛlə bəˈvɛrbn̩]

die Arbeitsbedingungen Pl [ˈarbaitsbədɪŋʊŋən]

die Schichtarbeit kein Pl [ˈʃɪçtʔarbait]

die Teilzeit kein Pl [ˈtailtsait]

die Vollzeit kein Pl [ˈfɔltsait]

die Qualifikation –en [kvalifikaˈtsi̯oːn]

die Berufserfahrung -en [bəˈruːfsʔɛɐfaːrʊŋ]

jemanden einstellen
[jeːmandn̩ ˈainʃtɛlən]

DIE ARBEITSWELT

Berufe

der Arzt Ärzte
[aːʀtst]

der Chirurg -en
[çiˈrʊrk]

der Krankenpfleger -
[ˈkraŋknpfleːgɐ]

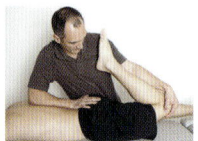

der Physiotherapeut -en
[fyzi̯oteraˈpɔyt]

der Orthopäde -n
[ɔrtoˈpɛːdə]

der Zahnarzt -ärzte
[ˈtsaːnʔaːʀtst]

die Psychologin -nen
[psyçoˈloːgɪn]

die Apothekerin -nen
[apoˈteːkərɪn]

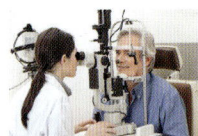

die Optikerin -nen
[ˈɔptikərɪn]

der Tierarzt -ärzte
[ˈtiːɐ̯ʔaːʀtst]

die Empfangsdame -n
[ɛmˈpfaŋsdaːmə]

der Rechtsanwalt
-anwälte
[ˈrɛçtsʔanvalt]

die Richterin -nen
[ˈrɪçtərɪn]

der Wirtschaftsprüfer -
[ˈvɪrtʃaftspryːfɐ]

die Unternehmens-
beraterin -nen
[ʊntɐˈneːmənsbəratərɪn]

der Informatiker -
[ɪnfɔrˈmaːtɪkɐ]

DIE ARBEITSWELT
Berufe

der Architekt -en
[arçiˈtɛkt]

die Ingenieurin -nen
[ɪnʒeˈnjøːrɪn]

der Schreiner -
[ˈʃrainɐ]

der Elektriker -
[eˈlɛktrikɐ]

der Klempner -
[ˈklɛmpnɐ]

der Dachdecker -
[ˈdaxdɛkɐ]

der Maler -
[ˈmaːlɐ]

der Müllmann -männer
[ˈmʏlman]

die Kfz-Mechanikerin
-nen
[kaːɛfˈtsɛtmeça:nɪkərɪn]

der Landwirt -e
[ˈlantvɪrt]

die Soldatin -nen
[zɔlˈdaːtɪn]

die Briefträgerin -nen
[ˈbriːftrɛːgərɪn]

der Bauarbeiter -
[ˈbauʔarbaitɐ]

der Gebäudereiniger -
[gəˈbɔydərainɪgɐ]

**der Landschafts-
gärtner** -
[ˈlantʃaftsgɛrtnɐ]

der Fischer -
[ˈfɪʃɐ]

DIE ARBEITSWELT

Berufe

der Pilot -en
[piˈloːt]

die Flugbegleiterin -nen
[ˈfluːkbəglaɪtərɪn]

der Koch Köche
[kɔx]

der Kellner -
[ˈkɛlnɐ]

der Bäcker -
[ˈbɛkɐ]

die Metzgerin -nen
[ˈmɛtsgərɪn]

der Verkäufer -
[fɛɐˈkɔyfɐ]

die Friseurin -nen
[friˈzøːrɪn]

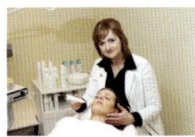

die Kosmetikerin -nen
[kɔsˈmeːtɪkərɪn]

der Gärtner -
[ˈgɛrtnɐ]

**die Immobilien-
maklerin** -nen
[ɪmoˈbiːljənmaːklərɪn]

die Bürokauffrau -en
[byˈroːkauffrau]

der Sanitäter -
[zaniˈtɛːtɐ]

der Busfahrer -
[ˈbʊsfaːrɐ]

der Taxifahrer -
[ˈtaksifaːrɐ]

der Paketzusteller -
[paˈkeːttsuʃtɛlə]

DIE ARBEITSWELT

Berufe

die Journalistin -nen
[ʒʊrnaˈlɪstɪn]
....

der Wissenschaftler -
[ˈvɪsn̩ʃaftlɐ]
....

die Grafikerin -nen
[ˈgraːfikərɪn]
....

der Profisportler -
[ˈproːfiʃpɔrtlɐ]
....

die Moderatorin -nen
[moderaˈtoːrɪn]
....

die Schauspielerin -nen
[ˈʃauʃpiːlərɪn]
....

die Sängerin -nen
[ˈzɛŋərɪn]
....

der Tänzer -
[ˈtɛntsɐ]
....

die Kunstmalerin -nen
[ˈkʊnstmaːlərɪn]
....

der Fotograf -en
[fotoˈgraːf]
....

die Musikerin -nen
[ˈmuziːkərɪn]
....

die Schneiderin -nen
[ˈʃnaidərɪn]
....

der Bildhauer -
[ˈbɪlthauɐ]
....

die Bankkauffrau -en
[ˈbaŋkkauffrau]
....

der Bibliothekar -e
[biblioteˈkaːɐ̯]
....

der Lehrer -
[ˈleːrɐ]
....

DIE ARBEITSWELT

Das Organigramm

das Sekretariat -e
[zekretaˈrịaːt]

der kaufmännische Bereich
[ˈkaufmɛnɪʃə bəˈraiç]

die kaufmännische Leitung
[ˈkaufmɛnɪʃə ˈlaitʊŋ]

die IT-Leitung -en
[aɪˈtiːlaitʊŋ]

die Buchhaltung -en [ˈbuːxhaltʊŋ]

das Controlling kein Pl [kənˈtroʊlɪŋ]

das sekundäre Geschäftsfeld
[zekʊnˈdɛːrə gəˈʃɛftsfɛlt]

die Geschäftsführung -en
[gəˈʃɛftsfyːrʊŋ]

das primäre Geschäftsfeld
[priˈmɛːrə gəˈʃɛftsfɛlt]

die Geschäftsführung -en
[gəˈʃɛftsfyːrʊŋ]

das Team -s [tiːm]

die Teamleitung -en
[ˈtiːmlaitʊŋ]

der Angestellte -n [ˈangəʃtɛltə]

die Zweigstelle -n
[ˈtsvaikʃtɛlə]

der Manager -
[ˈmɛnɪʤɐ]

Weitere Begriffe

die Aktiengesellschaft (AG) -en [ˈaktsjəngəzɛlʃaft]

der Aktionär -e [aktsjoˈnɛːɐ̯]

die Aktionärin -nen [aktsjoˈnɛːrɪn]

die Gesellschaft mit beschränkter Haftung (GmbH)

[gəˈzɛlʃaft mɪt bəˈʃrɛŋktɐ ˈhaftʊŋ]

die Kommanditgesellschaft (KG) -en [kɔmanˈditgəzɛlʃaft]

die offene Handelsgesellschaft (OHG) [ˈɔfənə ˈhandlsgəzɛlʃaft]

der Konzern -e [kɔnˈtsɛrn]

der Vorstand -stände
['fɔɐ̯ʃtant]

der Gesellschafter -
[gə'zɛlʃaftɐ]

die Geschäftsführung -nen
[gə'ʃɛftsfy:rʊŋ]

die stellvertretende Geschäftsführung
['ʃtɛlfɛɐ̯tre:tn̩də gə'ʃɛftsfy:rʊŋ]

der Prokurist -en
[proku'rɪst]

die Personalabteilung -en
[pɛrzo'na:l?aptaɪlʊŋ]

die Personalleitung -en
[pɛrzo'na:llaɪtʊŋ]

die Rechtsabteilung -en
['rɛçts?aptaɪlʊŋ]

die Marketingabteilung -en
['ma:rkətɪŋ?aptaɪlʊŋ]

die Marketingleitung -en
['ma:rkətɪŋlaɪtʊŋ]

die PR-Abteilung -en
[pe:'ɛr?aptaɪlʊŋ]

die Produktion -en
[prodʊk'tsi̯o:n]

die Produktionsleitung -en
[prodʊk'tsi̯o:nslaɪtʊŋ]

der Betriebsrat -räte
[bə'tri:psra:t]

der Vertrieb -e
[fɛɐ̯'tri:p]

die Vertriebsleitung -en
[fɛɐ̯'tri:pslaɪtʊŋ]

das Key-Account-Management -s
['ki:?ɛkauntmɛnɪtʃmənt]

der Außendienst -e
['ausn̩di:nst]

der Innendienst -e
['ɪnəndi:nst]

der Kundendienst -e
['kʊndn̩di:nst]

die Kundenakquise -n
['kʊndn̩akvizə]

DAS BÜRO

Büromöbel

der Arbeitsplatz -plätze
[ˈarbaitsplats]

die Ablage -n
[ˈaplaːgə]

die Schublade -n
[ˈʃuːplaːdə]

die Büromöbel Pl
[byˈroːmøːbl̩]

der Schreibtisch -e
[ˈʃraiptɪʃ]

die Schreibunterlage -n
[ˈʃraipʔʊntɐlaːgə]

der Bürostuhl -stühle
[byˈroːʃtuːl]

der Safe -s
[seːf]

der Aktenschrank
-schränke
[ˈaktn̩ʃraŋk]

der Wasserspender -
[ˈvasɐʃpɛndɐ]

die Schreibtisch-
lampe -n
[ˈʃraiptɪʃlampə]

die Pinnwand -wände
[ˈpɪnvant]

der Papierkorb -körbe
[paˈpiːɐ̯kɔrp]

Weitere Begriffe

der Terminkalender -   [tɛrˈmiːnkalɛndɐ]

die Akte -n [ˈaktə]

der Aktenvernichter - [ˈaktn̩fɛɐ̯nɪçtɐ]

das Postfach -fächer [ˈpɔstfax]

der Termin -e [tɛrˈmiːn]

die Hauspost kein Pl [ˈhauspɔst]

die Teeküche -n [ˈteːkʏçə]

DAS BÜRO
Der Bürobedarf

die Schere -n
['ʃeːrə]

der Textmarker -
['tɛkstmaːrkɐ]

der Stiftehalter -
['ʃtɪftəhaltɐ]

das Notizbuch -bücher
[noˈtiːtsbuːx]

die Haftnotiz -en
['haftnotiːts]

der Haftstreifen -
['haftʃtraifn̩]

der Bleistiftspitzer -
['blaiʃtɪftʃpɪtsɐ]

der Bleistift -e
['blaiʃtɪft]

der Radiergummi -s
[raˈdiːɐɡʊmi]

der Kugelschreiber -
['kuːɡl̩ʃraibɐ]

die Büroklammer -n
[byˈroːklamɐ]

die Reißzwecke -n
['raistsvɛkə]

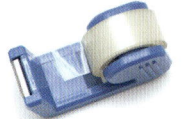

der Tesafilm® -e
['teːzafɪlm]

der Tacker -
['takɐ]

der Locher -
['lɔxɐ]

das Hängeregister -
['hɛŋəreɡɪstɐ]

der Briefumschlag
-schläge
['briːfʔʊmʃlaːk]

das Tipp-Ex® kein Pl
['tɪpɛks]

der Ordner -
['ɔrdnɐ]

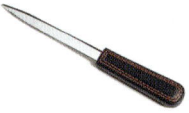

der Brieföffner -
['briːfʔœfnɐ]

DAS BÜRO

Der Besprechungsraum

die Sitzung -en
['zɪtsʊŋ]

....

der Teamleiter -
['tiːmlaitɐ]

....

die Tagesordnung -en
['taːgəsʔɔrdnʊŋ]

....

protokollieren
[protokɔ'liːrən]

....

der Teilnehmer -
['tailneːmɐ]

....

**der Besprechungs-
tisch** -e
[bə'ʃprɛçʊŋstɪʃ]

....

die Präsentation -en
[prɛzɛnta'tsi̯oːn]

....

der Beamer -
['biːmɐ]

....

das Balkendiagramm -e
['balkn̩diagram]

....

das Tortendiagramm -e
['tɔrtn̩diagram]

....

die Folie -n
['foːli̯ə]

....

Weitere Begriffe

die Besprechung -en   [bə'ʃprɛçʊŋ]

der Bericht -e   [bə'rɪçt]

das Protokoll -e   [proto'kɔl]

der Vertrag Verträge   [fɛɐ̯'traːk]

der Geschäftsmann -männer   [gə'ʃɛftsman]

die Geschäftsfrau -en   [gə'ʃɛftsfrau]

die Geschäftsreise -n   [gə'ʃɛftsraizə]

DAS BÜRO
Der Büroalltag

der Arbeitgeber -
['arbaitgeːbɐ]

....

① **die Assistentin** -nen
[asɪsˈtɛntɪn]

....

② **der Kollege** -n
[kɔˈleːgə]

....

③ **der Arbeitnehmer** -
['arbaitneːmɐ]

....

④ **die Kollegin** -nen
[kɔˈleːgɪn]

....

⑤ **die Managerin** -nen
['mɛnɪʤərɪn]

....

⑥ **der Chef** -s
[ʃɛf]

....

die Visitenkarte -n
[viˈziːtn̩kartə]

....

entlassen werden
[ɛntˈlasn̩ veːɐ̯dn̩]

....

das Personal kein Pl
[pɛrzoˈnaːl]

....

die Elternzeit -en
['ɛltɐntsait]

....

Weitere Begriffe

die Vertretung -en [fɛɐ̯ˈtreːtʊŋ]

der Jahresurlaub -e ['jaːrəsʔuːɐ̯laup]

das Gehalt Gehälter [gəˈhalt]

die Beförderung -en [bəˈfœrdərʊŋ]

jemandem kündigen [jeːmandəm ˈkʏndɪgn̩]

seine Stelle kündigen [zainə ˈʃtɛlə ˈkʏndɪgn̩]

verdienen [fɛɐ̯ˈdiːnən]

der Mutterschutz -e
['mʊtɐʃʊts]

....

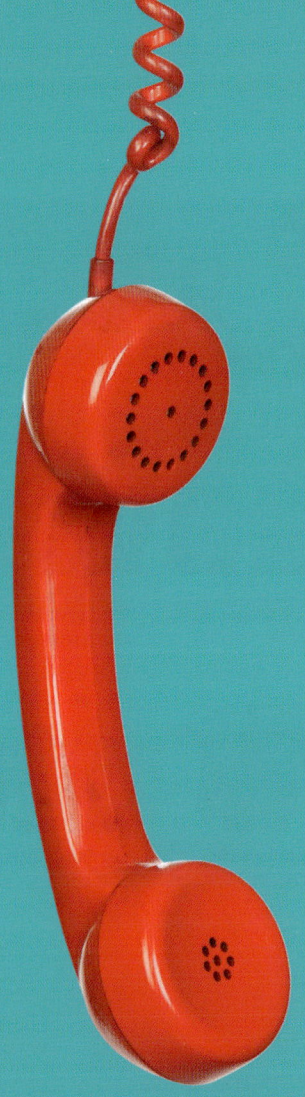

KOMMUNI-KATION

DER COMPUTER

Der Desktop-Computer

der Desktop-Computer -
[ˈdɛsktɔp kɔmpjuːtɐ]

der Ein/Aus-Schalter -
[ˈaɪn/ˈaʊsʃaltɐ]

die USB-Schnittstelle -n
[uːʔɛsˈbeːʃnɪtʃtɛlə]

das CD/DVD-Laufwerk -e
[tseːˈdeː/deːfaʊˈdeːlaʊfvɛrk]

das Computergehäuse -
[kɔmˈpjuːtɐgəhɔɪzə]

die Tastatur -en   **der Bildschirm** -e   **die Maus** Mäuse   **das Scrollrad** -räder
[tastaˈtuːɐ]   [ˈbɪltʃɪrm]   [maʊs]   [ˈskrɔlraːt]

die Tastatur -en
[tastaˈtuːɐ]

die Escapetaste -n
[ɪsˈkeːptastə]

die Tabulatortaste -n
[tabuˈlaːtoːɐtastə]

die Feststelltaste -n
[ˈfɛstʃtɛltastə]

die Rücklöschtaste -n
[ˈrʏklœʃtastə]

die Eingabetaste -n
[ˈaɪngaːbətastə]

die Umschalttaste -n   **die Steuerungstaste** -n   **die Leertaste** -n
[ˈʊmʃalttastə]   [ˈʃtɔɪərʊŋstastə]   [ˈleːɐtastə]

DER COMPUTER
Hardware und Zubehör

der Lautsprecher -
[ˈlautʃprɛçɐ]

der/das Laptop -s
[ˈlɛptɔp]

das Stromkabel -
[ˈˈʃtroːmkaːbl̩]

die Laptoptasche -n
[ˈlɛptɔptaʃə]

der Prozessor -en
[proˈtsɛsoːɐ]

*die (externe) Fest-
platte* -n
[(ɛksˈtɛrnə) ˈfɛstplatə]

der Arbeitsspeicher -
[ˈarbaɪtsʃpaɪçɐ]

die Webcam -s
[ˈwɛbkɛm]

die CD-ROM -s
[tseːdeːˈrɔm]

der USB-Stick -s
[uːʔɛsˈbeːstɪk]

der Scanner -
[ˈskɛnɐ]

*der Tintenstrahl-
drucker* -
[ˈtɪntənʃtraːldrʊkɐ]

der Laserdrucker -
[ˈleːzɐdrʊkɐ]

die Tintenpatrone -n
[ˈtɪntənpatroːnə]

die Tonerkartusche -n
[ˈtoːnɐkartʊʃə]

das Mauspad -s
[ˈmauspɛt]

DER COMPUTER
Am Computer arbeiten

tippen
['tɪpən]

....

klicken
['klɪkən]

....

scrollen
['skrɔlən]

....

ausschneiden
['ausʃnaɪdən]

....

kopieren
[koˈpiːrən]

....

einfügen
['ainfyːgn̩]

....

eine Datei ausdrucken
[aɪnə daˈtaɪ ausdrʊkən]

....

speichern
['ʃpaɪçɐn]

....

eine Datei öffnen
[aɪnə daˈtaɪ œfnən]

....

löschen
['lœʃn̩]

....

der Ordner -
['ɔrdnɐ]

....

der Papierkorb -körbe
[paˈpiːɐ̯kɔrp]

....

suchen
['zuːxn̩]

....

Weitere Begriffe

eingeben ['aɪngeːbn̩]

....

eine Datei verschieben [aɪnə daˈtaɪ fɛɐ̯ˈʃiːbən]

....

markieren [marˈkiːrən]

....

sich einloggen [zɪç 'aɪnlɔgn]

....

sich ausloggen [zɪç 'auslɔgn]

....

der Neustart -s ['nɔɪʃtart]

....

(die) Bytes Pl [baɪts]

....

DER COMPUTER

Am Computer arbeiten

rückgängig machen
[ˈrʏkɡɛnɪç ˈmaxn̩]

wiederherstellen
[viːdɐˈheːɐ̯ʃtɛln̩]

die Einstellungen Pl
[ˈaɪnʃtɛlʊŋən]

die Schriftart -en
[ˈʃrɪftart]

die Fehlermeldung -en
[ˈfeːlɐmɛldʊŋ]

der Mauszeiger -
[ˈmaustsaɪɡɐ]

die Sanduhr -en
[ˈzantʔuːɐ]

der Lautstärkeregler -
[ˈlautʃtɛrkɐreːɡlɐ]

ein Fenster minimieren
[aɪn ˈfɛnstɐ miniˈmiːrən]

**eine CD/DVD
auswerfen**
[aɪnə tseːˈdeː/deːfauˈdeː
ausvɛrfən]

**den Rechner
hochfahren**
[deːn ˈrɛçnɐ ˈhoːxfaːrən]

**den Rechner
herunterfahren**
[deːn ˈrɛçnɐ
hɛˈrʊntɐfaːrən]

Weitere Begriffe

die Datei -en [daˈtaɪ]

der Scrollbalken - [ˈskrɔlbalkən]

ein Programm installieren [aɪn proˈɡram ɪnstaˈliːrən]

ein Programm deinstallieren [aɪn proˈɡram ˈdeːɪnstaliːrən]

das Betriebssystem -e [bəˈtriːpszʏsˈteːm]

die Taskleiste -n [ˈtaːsklaɪstə]

der Fortschrittsbalken - [ˈfɔrtʃrɪtsbalkən]

das Fenster -
[ˈfɛnstɐ]

DER COMPUTER
Das Internet

das WLAN -s
[ˈveːlan]

der Router -
[ˈruːtɐ]

das LAN-Kabel -
[ˈlankaːbl̩]

der Browser -
[ˈbrauzɐ]

das Lesezeichen -
[ˈleːzətsaiçn̩]

der Download -s
[ˈdaʊnloʊd]

die Nachricht -en
[ˈnaːxrɪçt]

die Social Media Pl
[ˈsoʊʃəl ˈmiːdiɐ]

der Online-Einkauf
-käufe
[ˈɔnlainainkauf]

die Verschlüsselung -en
[fɛɐ̯ˈʃlʏsəlʊŋ]

die E-Mail-Adresse -n
[ˈiːmeːladrɛsə]

der Anhang Anhänge
[ˈanhaŋ]

eine Mail weiterleiten
[aɪnə ˈmeːl ˈvaitɐlaitn̩]

Weitere Begriffe
senden [ˈzɛndn̩]
empfangen [ɛmˈpfaŋən]
der Posteingang -eingänge [ˈpɔstaingaŋ]
der Postausgang -ausgänge [ˈpɔstausgaŋ]
die Abwesenheitsnotiz -en [ˈapveːzənhaitsnotiːts]
die Spammail -s [ˈspɛmmeːl]
im Internet surfen [ɪm ˈɪntɐnɛt ˈsɐːfən]

DER COMPUTER
Mobile Endgeräte

der Tablet-Computer -
['tɛblɛtkɔmpjuːtɐ]

der E-Book-Reader -
['iːbʊkriːdɐ]

der MP3-Player -
[ɛmpeˈdraɪpleːɐ]

das Bluetooth®-Headset -s
['bluːtuːθhɛtsɛt]

die App -s
[ɛp]

die SIM-Karte -n
['zimkartə]

die Handytasche -n
['hænditaʃə]

das Handy -s
['hɛndi]

der Surfstick -s
['zøːɐfstɪk]

wischen
['vɪʃn]

die SMS -
[ɛsʔɛmˈɛs]

das Smartphone -s
['smaːɐtfoːn]

der Touchscreen -s
['tatʃskriːn]

Weitere Begriffe
die Software -s ['sɔftvɛːɐ]
das Funkloch -löcher ['fʊŋklɔx]
die Flatrate -s ['flɛtreɪt]
die Prepaidkarte -n ['priːpeːtkartə]
das Guthaben - ['guːthaːbn̩]
der Klingelton -töne ['klɪŋl̩toːn]
der Akku -s ['aku]

DAS TELEFON

das Display -s
[dɪsˈpleː]

....

das Telefonbuch -bücher
[teːləˈfoːnbuːx]

....

der Anrufbeantworter -
[ˈanruːfbəʔantvɔrtɐ]

....

das Tastenfeld -er
[ˈtastn̩felt]

das schnurlose Telefon
[ˈʃnuːɐ̯loːzə ˈteːləfoːn]

....

der Telefonhörer -
[teːləˈfoːnhøːɐ]

das Kabel -
[ˈkaːbl̩]

....

der Hörer -
[ˈhøːɐ]

....

der Kopfhörer -
[ˈkɔpfhøːɐ]

....

abheben
[ˈapheːbn̩]

....

auflegen
[ˈaufleːgn̩]

....

die Basisstation -en
[ˈbaːzɪsʃtatsi̯oːn]

....

das Mikrofon -e
[mikroˈfoːn]

....

das Faxgerät -e
[ˈfaksɡərɛːt]

....

Weitere Begriffe

jemanden anrufen
[ˈjeːmandn̩ ˈanruːfn̩]

wählen [ˈvɛːlən]

klingeln [ˈklɪŋl̩n]

Ich möchte bitte ... sprechen.
[ɪç ˈmœçtə ˈbɪtə ... ˈʃprɛçn̩]

Entschuldigung, ich habe mich verwählt.
[ɛntˈʃʊldɪɡʊŋ ɪç ˈhaːbə mɪç fɛɐ̯ˈvɛːlt]

Ich stelle Sie durch. [ɪç ˈʃtɛlə ziː ˈdʊrç]

Können Sie mich bitte zurückrufen?
[ˈkœnən ziː mɪç ˈbɪtə tsuˈrʏkruːfn̩]

DIE MEDIEN

Das Fernsehen

die Fernbedienung -en
['fɛrnbədi:nʊŋ]

die Lautstärke -n
['lautʃtɛrkə]

stumm schalten
['ʃtʊm ʃaltn̩]

zurückspulen
[tsuˈrʏkʃpu:lən]

abspielen
['apʃpi:lən]

umschalten
['ʊmʃaltn̩]

aufnehmen
['aufne:mən]

vorspulen
['fo:ɐ̯ʃpu:lən]

die Stopptaste -n
['ʃtɔptastə]

die Pausetaste -n
['pauzətastə]

der DVD-Player -
[de:fauˈde:ple:ɐ̯]

das Videospiel -e
['vi:deoʃpi:l]

der Fernseher -
['fɛrnze:ɐ̯]

der Digitalempfänger -
[digiˈta:lɛmˈpfɛŋɐ̯]

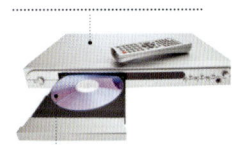

die DVD -s
[de:fauˈde:]

Weitere Begriffe

das Kabelfernsehen kein Pl ['ka:bl̩fɛrnze:ən]	
das Free-TV kein Pl ['fri:ti:vi:]	
das Bezahlfernsehen kein Pl [bəˈtsa:lfɛrnze:ən]	
fernsehen ['fɛrnze:ən]	
die Fernsehserie -n ['fɛrnze:ze:rjə]	
die Folge -n ['fɔlgə]	
der Raumklang -klänge ['raumklaŋ]	

die Satellitenschüssel -n
[zatɛˈli:tn̩ʃʏsl̩]

DIE MEDIEN

Das Fernsehen

• **das Set** -s
[sɛt]

....

der Teleprompter® -
[ˈteːlɛprɔmptɐ]

....

das Interview -s
[ˈɪntɐvjuː]

....

der Interviewpartner -
[ˈɪntɐvjuːpartnɐ]

....

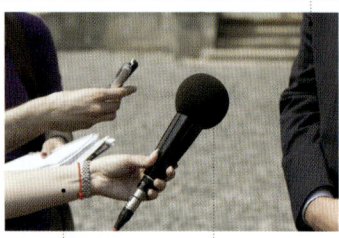

die Nachrichtensprecherin -nen
[ˈnaːxrɪçtn̩ʃprɛçərɪn]

....

die Nachrichten Pl
[ˈnaːxrɪçtn̩]

....

die Reporterin -nen
[reˈpɔrtərɪn]

....

das Mikrofon -e
[mikroˈfoːn]

....

die Szene -n
[ˈstseːnə]

....

der Schauspieler -
[ˈʃauʃpiːlɐ]

....

die Livesendung -en
[ˈlaifzɛndʊŋ]

....

das Publikum kein Pl
[ˈpuːblikʊm]

....

die Klappe -n
[ˈklapə]

....

Weitere Begriffe
die Talkshow -s [ˈtɔːkʃoː]
die Reportage -n [repɔrˈtaːʒə]
die Quizshow -s [ˈkvɪsʃoː]
der Moderator -en [modeˈraːtoɐ]
die Moderatorin -nen [moderaˈtoːrɪn]
der Teilnehmer - [ˈtailneːmɐ]
die Teilnehmerin -nen [ˈtailneːmərɪn]

DIE MEDIEN
Das Radio

der DJ -s
['diːdʒeɪ]

die Tonaufnahme -n
['toːnaufnaːmə]

das Radio -s
['raːdjo]

die Antenne -n
[an'tɛnə]

der Radiosender -
['raːdjozɛndɐ]

der Wetterbericht -e
['vɛtɐbərɪçt]

die Frequenz -en
[fre'kvɛnts]

die Verkehrsnach-richten Pl
[fɛɐ'keːɐsnaːxrɪçtn̩]

die Hitparade -n
['hɪtparaːdə]

das Hörspiel -e
['høːɐʃpiːl]

die Liveaufzeichnung -en
['laifauftsaiçnʊŋ]

Weitere Begriffe

die Sendung -en ['zɛndʊŋ]	
der Berichterstatter - [bə'rɪçtɐʃtatɐ]	
die Berichterstatterin -nen [bə'rɪçtɐʃtatərɪn]	
der Werbespot -s ['vɛrbəspɔt]	
senden ['zɛndn̩]	
die Langwelle -n ['laŋvɛlə]	
die Kurzwelle -n ['kʊrtsvɛlə]	

DIE MEDIEN

Die Printmedien

die Zeitung -en
[ˈtsaitʊŋ]

das Tabloidformat -e
[ˈtɛblɔɪdfɔrmaːt]

das Bild -er
[bɪlt]

der Artikel -
[arˈtiːkl̩]

die Titelseite -n
[ˈtiːtl̩zaitə]

die Schlagzeile -n
[ˈʃlaːktsailə]

der Vorspann
Vorspänne [ˈfoːɐʃpan]

die Zeitungsspalte -n
[ˈtsaitʊŋsʃpaltə]

die großformatige Zeitung
[ˈgroːsfɔrmaːtɪgə ˈtsaitʊŋ]

der Stellenmarkt -märkte
[ˈʃtɛlənmarkt]

der Werbeprospekt -e
[ˈvɛrbəprospɛkt]

die Anzeige -n
[ˈantsaigə]

das Abonnement -s
[abɔnəˈmãː]

Weitere Begriffe

der Leitartikel - [ˈlaitartiːkl̩]

die Todesanzeige -n [ˈtoːdəsantsaigə]

die Qualitätszeitung -en [kvaliˈtɛːtstsaitʊŋ]

die Boulevardzeitung -en [buləˈvaːɐtsaitʊŋ]

die Wochenzeitung -en [ˈvɔxəntsaitʊŋ]

die Tageszeitung -en [ˈtaːgəstsaitʊŋ]

die Kolumne -n [koˈlʊmnə]

DIE MEDIEN
Die Printmedien

das gebundene Buch
[gə'bʊndənə 'bu:x]
....

der Einband Einbände
['aɪnbant]
....

der Buchdeckel -
['bu:xdɛkl̩]
....

der Buchrücken -
['bu:xrʏkn̩]
....

der Schutzumschlag -umschläge
['ʃʊts?ʊmʃla:k]
....

das Taschenbuch -bücher
['taʃənbu:x]
....

die Seite -n
['zaitə]
....

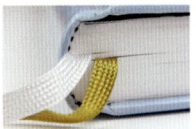

das Lesebändchen -
['le:zəbɛntçən]
....

in einem Buch blättern
[ɪn aɪnəm 'bu:x blɛtɐn]
....

das Sachbuch -bücher
['zaxbu:x]
....

der Roman -e
[ro'ma:n]
....

Weitere Begriffe

die Seitenzahl -en ['zaitn̩tsa:l]
....

der Index -e; Indizes ['ɪndɛks]
....

das Kinderbuch -bücher ['kɪndɐbu:x]
....

die Erzählliteratur kein Pl [ɛɐ'tsɛːllɪtəratuːɐ]
....

die Sachliteratur kein Pl ['zaxlɪtəratuːɐ]
....

das Inhaltsverzeichnis -se ['ɪnhaltsfɐtsaiçnɪs]
....

das Kapitel - [ka'pɪtl̩]
....

der Bildband -bände
['bɪltbant]
....

DIE POST

der Briefumschlag
-umschläge
['bri:f?ʊmʃla:k]

....

die Briefmarke -n
['bri:fmarkə]

....

der Empfänger -
[ɛm'pfɛŋɐ]

....

die Adresse -n
[a'drɛsə]

....

der Absender -
['apzɛndɐ]

....

die Postleitzahl -en
['pɔstlaittsa:l]

....

der Poststempel -
['pɔstʃtɛmpl]

....

das Postfach -fächer
['pɔstfax]

....

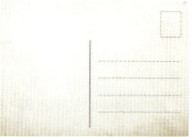

die Postkarte -n
['pɔstkartə]

....

die Empfangsbestäti-
gung unterschreiben
[di: ɛm'pfaŋsbəʃtɛːtɪgʊŋ
ʊntɐʃraibn̩]

....

der Briefkasten -kästen
['bri:fkastn̩]

....

einen Brief einwerfen
[aɪnən 'bri:f ainvɛrfn̩]

das Paket -e
[pa'ke:t]

....

Weitere Begriffe

der Brief -e [bri:f]

der Eilbrief -e ['ailbri:f]

portofrei ['pɔrtofrai]

das Einschreiben - ['ainʃraibn̩]

einen Brief erhalten [aɪnən 'bri:f 'ɛɐhaltn̩]

einen Brief beantworten [aɪnən 'bri:f bə'antvɔrtn̩]

jemandem einen Brief schicken [je:mandəm aɪnən 'bri:f 'ʃɪkn̩]

DIE POST

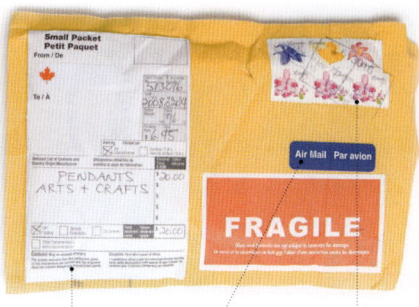

das Klebeband -bänder
['kle:bəbant]

die Styroporflocken Pl
[ʃtyro'po:ɐ̯flɔkn̩]

das Päckchen -
['pɛkçən]

per Luftpost
[pɛr 'lʊftpɔst]

das Porto -s;
Porti ['pɔrto]

zerbrechlich
[tseɐ̯'brɛçlɪç]

vor Nässe schützen
[fɔɐ̯ 'nɛsə 'ʃʏtsn̩]

oben
['o:bn̩]

die Zustellung -en
['tsu:ʃtɛlʊŋ]

Weitere Begriffe

liefern ['li:fɐn]

die Leerungszeiten Pl ['le:rʊŋstsaitn̩]

versandkostenfrei [fɛɐ̯'zantkɔstn̩frai]

das Gewicht -e [gə'vɪçt]

die Waage -n ['va:gə]

der Hausbriefkasten -kästen ['hausbri:fkastn̩]

Nicht knicken! ['nɪçt 'knɪkn̩]

der Kurierdienst -e
[ku'ri:ɐ̯di:nst]

SPORT UND FITNESS

BALLSPORTARTEN

Der Fußball

das Spielfeld -er
[ˈʃpiːlfɛlt]

....

der Mittelkreis -e
[ˈmɪtlkraɪs]

....

der Anstoßpunkt -e
[ˈanʃtoːspʊŋkt]

....

der Strafraum -räume
[ˈʃtraːfraum]

....

der Eckbogen -bögen
[ˈɛkboːgn̩]

....

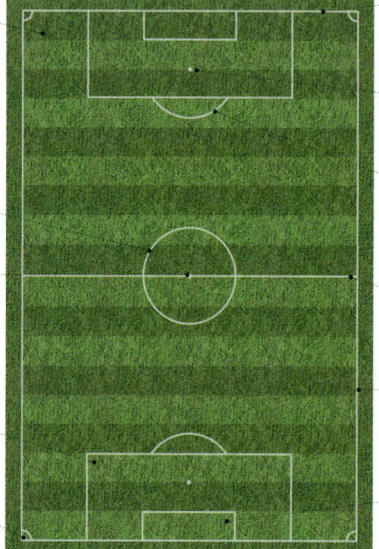

die Torlinie -n
[ˈtoːɐ̯liːnjə]

....

der Elfmeterpunkt -e
[ɛlfˈmeːtɐpʊŋkt]

....

der Teilkreis am Strafraum
[ˈtailkraɪs am ˈʃtraːfraum]

....

die Mittellinie -n
[ˈmɪtl̩liːnjə]

....

die Seitenlinie -n
[ˈzaitn̩liːnjə]

....

der Torraum -räume
[ˈtoːɐ̯raum]

....

das Stadion Stadien
[ˈʃtaːdjɔn]

....

die Zuschauer Pl
[ˈtsuːʃauɐ]

....

die Zuschauertribüne -n
[ˈtsuːʃauɐtribyːnə]

....

der Platzverweis -e
[ˈplatsfɛɐ̯vais]

....

die rote Karte
[ˈroːtə ˈkartə]

....

der Schiedsrichter -
[ˈʃiːtsrɪçtɐ]

....

BALLSPORTARTEN

Der Fußball

die Mannschaftsaufstellung -en
['manʃaftsaufʃtɛlʊŋ]

....

der Mittelstürmer -
['mɪtlʃtʏrmɐ]

....

der Libero -s
['li:bero]

....

der Innenverteidiger -
['ɪnənfɛɐ̯taidɪgɐ]

....

der Torwart -e
['to:ɐ̯vaːɐ̯t]

....

der Außenstürmer -
['ausnʃtʏrmɐ]

....

der Mittelfeldspieler -
['mɪtlfɛltʃpi:lɐ]

....

der Außenverteidiger -
['ausnfɛɐ̯taidɪgɐ]

....

angreifen
['angraifn]

....

der Eckstoß -stöße
['ɛkʃto:s]

....

der Freistoß -stöße
['fraiʃto:s]

....

der Einwurf -würfe
['ainvʊrf]

....

Weitere Begriffe

die Liga Ligen ['li:ga]

die Meisterschaft -en ['maistɐʃaft]

der Pokal -e [po'ka:l]

die gelbe Karte ['gɛlbə 'kartə]

einen Spieler sperren [ainən 'ʃpi:lɐ 'ʃpɛrən]

das Foul -s [faul]

die Verteidigung -en [fɛɐ̯'taidɪgʊŋ]

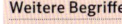

das Tor -e
[to:ɐ̯]

....

BALLSPORTARTEN
Der Fußball

der Fußball -bälle
['fu:sbal]

der Fußballschuh -e
['fu:sbalʃu:]

der Stollen -
['ʃtɔlən]

das Trikot -s
[tri'ko:]

die Hose -n
['ho:zə]

der Schienbeinschoner -
['ʃi:nbainʃo:nɐ]

der Stutzen -
['ʃtʊtsn̩]

den Ball halten
[de:n 'bal haltn̩]

das Tornetz -e
['to:ɐ̯nɛts]

der Torpfosten -
['to:ɐ̯pfɔstn̩]

der Torwarthandschuh -e
['to:ɐ̯va:ɐ̯thantʃu:]

schießen
['ʃi:sn̩]

Weitere Begriffe

die Halbzeit -en ['halptsait]
das Unentschieden - ['ʊn?ɛntʃi:dn̩]
die Verlängerung -en [fɛɐ̯'lɛŋərʊŋ]
der Elfmeter - [ɛlf'me:tɐ]
das Abseits - ['apzaits]
köpfen ['kœpfn̩]
kicken ['kɪkn̩]

BALLSPORTARTEN

Der Handball

der Ersatzspieler -
[ɛɐ̯ˈzatsʃpiːlɐ]

die Auswechselbank -bänke
[ˈausvɛksl̩baŋk]

der Torraum -räume
[ˈtoːɐ̯raum]

der Zeitnehmer -
[ˈtsaitneːmɐ]

die Torraumlinie -n
[ˈtoːɐ̯raumliːni̯ə]

die Auswechsellinie -n
[ˈausvɛksl̩liːni̯ə]

der Abwehrspieler -
[ˈapveːɐ̯ʃpiːlɐ]

die Feldspieler -
[ˈfɛltʃpiːlɐ]

der Angriffsspieler -
[ˈangrɪfsʃpiːlɐ]

die Freiwurflinie -n
[ˈfraivʊrfliːni̯ə]

die 7-Meter-Linie -n
[ziːbn̩ˈmeːtɐliːni̯ə]

die Torwartgrenzlinie -n
[ˈtoːɐ̯vaːɐ̯tgrɛntsliːni̯ə]

der Sprungwurf -würfe
[ˈʃprʊŋvʊrf]

Weitere Begriffe

der linke Flügel [ˈlɪŋkə ˈflyːgl̩]	
der rechte Flügel [ˈrɛçtə ˈflyːgl̩]	
der Schlagwurf -würfe [ˈʃlaːkvʊrf]	
die Zeitstrafe -n [ˈtsaitʃtraːfə]	
die Auszeit -en [ˈaustsait]	
die Verwarnung -en [fɛɐ̯ˈvarnʊŋ]	
der Siebenmeter - [ziːbn̩ˈmeːtɐ]	

BALLSPORTARTEN

Der Volleyball

die Angriffszone -n
['angrɪfstso:nə]

der Außenangreifer -
['ausn̩ʔangraifɐ]

der Mittelangreifer -
['mɪtl̩ʔangraifɐ]

**die Verteidigungs-
zone** -n
[fɛɐ̯'taidɪgʊŋtso:nə]

die Netzkante -n
['nɛtskantə]

das Netz -e
['nɛts]

die Angriffslinie -n
['angrɪfsli:niə]

der Freiraum -räume
['frairaum]

der Libero -s
['li:bero]

die Grundlinie -n
['grʊntli:niə]

der Abwehrspieler -
['apveːɐ̯ʃpiːlɐ]

die Seitenlinie -n
['zaitn̩li:niə]

der Linienrichter -
['li:niənrɪçtɐ]

die Reservebank
-bänke
[re'zɛrvəbaŋk]

der Beachvolleyball
kein Pl
['bi:tʃvɔlibal]

schmettern
['ʃmɛtɐn]

blocken
['blɔkn̩]

der Aufschlag -schläge
['aufʃla:k]

baggern
['bagɐn]

pritschen
['prɪtʃn̩]

die Hechtabwehr kein Pl
['hɛçtʔapveːɐ̯]

BALLSPORTARTEN

Der Basketball

die Seitenlinie -n
['zaitn̩li:ni̯ə]

die Drei-Punkte-Linie -n
[drai'pʊŋktəli:ni̯ə]

die begrenzte Zone
[bə'grɛntstə 'tso:nə]

die Grundlinie -n
['grʊntli:ni̯ə]

im Aus sein
[ɪm 'ʔaus zain]

die Freiwurflinie -n
['fraivʊrfli:ni̯ə]

die Mittellinie -n
['mɪtl̩li:ni̯ə]

der Mittelkreis -e
['mɪtl̩krais]

der Dunk -s
[daŋk]

das Korbbrett -er
['kɔrpbrɛt]

der Korbring -e
['kɔrprɪŋ]

das Netz -e
[nɛts]

der Korb Körbe
[kɔrp]

Weitere Begriffe

der Korbleger - ['kɔrple:gɐ]

das Doppeldribbling -s ['dɔpl̩drɪblɪŋ]

der Sprungball -bälle ['ʃprʊŋbal]

fangen ['faŋən]

werfen ['vɛrfn̩]

zielen ['tsi:lən]

decken ['dɛkn̩]

WEITERE BALLSPORTARTEN

das Hockey kein Pl
[ˈhɔki]

das Eishockey kein Pl
[ˈaishɔki]

der Hockeyschläger -
[ˈhɔkiʃlɛːgɐ]

der Puck -s
[pʊk]

der Softball kein Pl
[ˈsɔftbɔːl]

der Baseball kein Pl
[ˈbɛɪsbɔːl]

der Baseballschläger -
[ˈbɛɪsbɔːlʃlɛːgɐ]

der Baseballhandschuh -e
[ˈbɛɪsbɔːlhantʃuː]

der American Football kein Pl
[ɛmɛrikn ˈfʊtbɔːl]

das Rugby kein Pl
[ˈrakbi]

das Kricket kein Pl
[ˈkrɪkət]

das Schlagholz -hölzer
[ˈʃlaːkhɔlts]

die Trillerpfeife -n
[ˈtrɪlɐpfaifə]

Weitere Begriffe

die Mannschaft -en [ˈmanʃaft]	
der Sieger - [ˈziːgɐ]	
der Verlierer - [fɛɐˈliːrɐ]	
der Weltmeister - [ˈvɛltmaistɐ]	
das Turnier -e [tʊrˈniːɐ]	
der Spielstand -stände [ʃpiːlʃtant]	
der Trainer - [ˈtrɛːnɐ]	
die Trainerin -nen [ˈtrɛːnərɪn]	

BALLSPORTARTEN MIT SCHLÄGERN

Das Badminton

der Badmintonplatz -plätze
['bɛtmɪntn̩plats]

das linke Aufschlagfeld
['lɪŋkə 'aufʃlaːkfɛlt]

das rechte Aufschlagfeld
['rɛçtə 'aufʃlaːkfɛlt]

die hintere Aufschlaglinie Einzel
['hɪntərə 'aufʃlaːkliːniə 'aintsl̩]

die hintere Aufschlaglinie Doppel
['hɪntərə 'aufʃlaːkliːniə 'dɔpl̩]

die vordere Aufschlaglinie
['fɔrdərə 'aufʃlaːkliːniə]

die Seitenlinie Doppel
['zaitn̩liːniə 'dɔpl̩]

die Seitenlinie Einzel
['zaitn̩liːniə 'aintsl̩]

die Mittellinie -n
['mɪtl̩liːniə]

das Squash kein Pl
[skvɔʃ]

der Racquetball kein Pl
['rɛkətbal]

der Badmintonschläger -
['bɛtmɪntn̩ʃlɛːgɐ]

der Rahmen -
['raːmən]

die Bespannung -en
[bə'ʃpanʊŋ]

der Griff -e
[grɪf]

der Schaft Schäfte
[ʃaft]

der Federball -bälle
['feːdɐbal]

BALLSPORTARTEN MIT SCHLÄGERN

Das Tennis

der Balljunge -n
[ˈbaljʊŋə]

die Grundlinie -n
[ˈɡrʊntliːni̯ə]

die Aufschlaglinie -n
[ˈaufʃlaːkliːni̯ə]

das Halbfeld -er
[ˈhalpfɛlt]

die Aufschlagmittellinie -n
[aufʃlaːkˈmɪtl̩liːni̯ə]

das Netz -e
[nɛts]

die Seitenlinie für das Einzelspiel
[ˈzaitn̩liːni̯ə fyːɐ̯ das ˈaintsl̩ʃpiːl]

die Seitenlinie für das Doppelspiel
[ˈzaitn̩liːni̯ə fyːɐ̯ das ˈdɔpl̩ʃpiːl]

der Tennisball -bälle
[ˈtɛnɪsbal]

der Tennisschläger -
[ˈtɛnɪsʃleːɡɐ]

die Vorhand kein Pl
[ˈfoːɐ̯hant]

Weitere Begriffe	
das Einzel - [ˈaintsl̩]	
das Doppel - [ˈdɔpl̩]	
der/das Tiebreak -s [ˈtaibreːk]	
der Einstand kein Pl [ˈainʃtant]	
der Fehler - [ˈfeːlɐ]	
das Ass -e [as]	
der Satz Sätze [zats]	
der Schiedsrichter - [ˈʃiːtsrɪçtɐ]	
die Schiedsrichterin -nen [ˈʃiːtsrɪçtərɪn]	
der Linienrichter - [ˈliːni̯ənrɪçtɐ]	
die Linienrichterin -nen [ˈliːni̯ənrɪçtərɪn]	

BALLSPORTARTEN MIT SCHLÄGERN

Das Tischtennis

der Tischtennistisch -e
[ˈtɪʃtɛnɪstɪʃ]

die Netzoberkante -n
[nɛtsˈʔoːbɐkantə]

der Netzhalter -
[ˈnɛtshaltɐ]

die Seitenlinie -n
[ˈzaitn̩liːnjə]

das Netz -e
[nɛts]

die Maschen Pl
[ˈmaʃn̩]

die Mittellinie -n
[ˈmɪtl̩liːnjə]

die Grundlinie -n
[ˈgrʊntliːnjə]

der Tischtennisschläger -
[ˈtɪʃtɛnɪsʃlɛːgɐ]

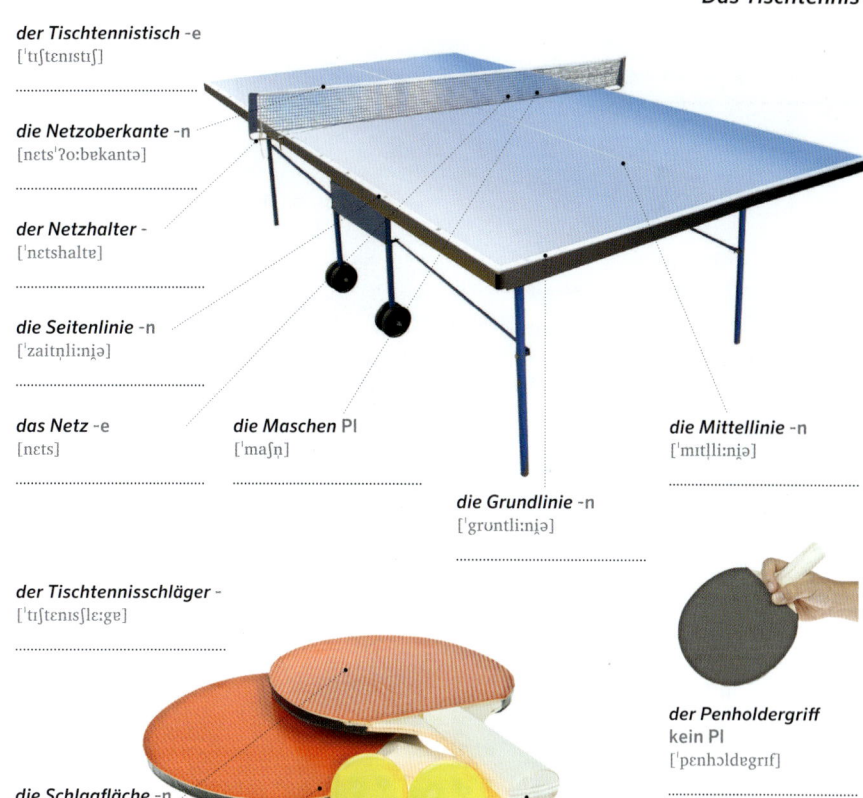

die Schlagfläche -n
[ˈʃlaːkflɛçə]

der Belag Beläge
[bəˈlaːk]

der Penholdergriff
kein Pl
[ˈpɛnhɔldɐgrɪf]

der Tischtennisball -bälle
[ˈtɪʃtɛnɪsbal]

der Griff -e
[grɪf]

der Shakehandgriff
kein Pl
[ˈʃeːkhɛndgrɪf]

DAS GOLF

der Golfplatz -plätze
[ˈɡɔlfplats]

das Wasserhindernis
-se
[ˈvasɐhɪndɛnɪs]

der Bunker -
[ˈbʊŋkɐ]

das Fairway -s
[ˈfɛːɐ̯veː]

das Rough -s
[rʌf]

der Abschlag Abschläge
[ˈapʃlaːk]

die Haltung -en
[ˈhaltʊŋ]

einlochen
[ˈainlɔxn̩]

die Fahne -n
[ˈfaːnə]

das Tee -s
[teː]

der Golfball -bälle
[ˈɡɔlfbal]

das Loch Löcher
[lɔx]

das Grün -s
[ɡryːn]

DAS GOLF

der Golfschläger -
['gɔlfʃlɛːgɐ]

das Holz Hölzer
[hɔlts]

das Eisen -
['aizn̩]

der Wedge -s
[wɛʤ]

der Putter -
['pʊtɐ]

die Golftasche -n
['gɔlftaʃə]

driven
['draivn̩]

der Golfspieler -
['gɔlfʃpiːlɐ]

der Caddie -s
['kɛdi]

der Golftrolley -s
['gɔlftrɔli]

der Durchschwung
-schwünge
['dʊrçʃvʊŋ]

Weitere Begriffe

schwingen ['ʃvɪŋən]
chippen ['tʃɪpən]
das Par -s [paːr]
das Birdie -s ['bœrdi]
das Bogey -s ['boːgi]
das Handicap -s ['hɛndikɛp]
das Hole-in-one Hole-in-ones [hoːlʔɪnˈwʌn]

das Golfcart -s
['gɔlfkart]

DER WASSERSPORT

Das Segeln

der Mast -en
[mast]

die Takelage -n
[takəˈlaːʒə]

das Großsegel -
[ˈgroːszeːgl̩]

die Fock -en
[fɔk]

der Bug -e
[buːk]

der Rumpf Rümpfe
[rʊmpf]

das Heck -e; -s
[hɛk]

der Rettungsring -e
[ˈrɛtʊŋsrɪŋ]

die Leuchtrakete -n
[ˈlɔyçtrakeːtə]

der Segler -
[ˈzeːglɐ]

der Baum Bäume
[baum]

das Cockpit -s
[ˈkɔkpɪt]

die Pinne -n
[ˈpɪnə]

Weitere Begriffe

der Seegang -gänge [ˈzeːgaŋ]
der Wind -e [vɪnt]
der Anker - [ˈaŋkɐ]
die Crew -s [kruː]
das Ruder - [ˈruːdɐ]
kentern [ˈkɛntɐn]
kreuzen [ˈkrɔytsn̩]
der Jachthafen -häfen [ˈjaxthaːfn̩]
das Rettungsboot -e [ˈrɛtʊŋsboːt]
der Katamaran -e [katamaˈraːn]

DER WASSERSPORT

Das Tauchen

der Tauchanzug -anzüge
['taux?antsu:k]

die Druckluftflasche -n
['druklʊftflaʃə]

der Lungenautomat -en
['lʊŋənautoma:t]

die Taschenlampe -n
['taʃnlampə]

der Tiefenmesser -
['ti:fnmɛsɐ]

die Schwimmflosse -n
['ʃvɪmflɔsə]

der Tauchstiefel -
['tauxʃti:fl̩]

der Schnorchel -
['ʃnɔrçl̩]

die Tauchmaske -n
['tauxmaskə]

das Finimeter -
[fi:ni'me:tɐ]

der/das Kajak -s
['ka:jak]

das Doppelpaddel -
['dɔpl̩padl̩]

der Kanadier -
[ka'na:dịɐ]

das Stechpaddel -
['ʃtɛçpadl̩]

der Vordersteven -
['fɔrdɐʃte:vn̩]

der Sitz -e
[zɪts]

das Heck -e; -s
[hɛk]

der Bug -e
[bu:k]

der Bootsrumpf -rümpfe
['bo:tsrʊmpf]

der Achtersteven -
['axtɐʃte:vn̩]

DER REITSPORT

der Reithelm -e
[ˈraithɛlm]

die Reiterin -nen
[ˈraitərɪn]

der Sattel
Sättel
[ˈzatl̩]

die Reithose -n
[ˈraithoːzə]

die Mähne -n
[ˈmɛːnə]

das Pferd -e
[pfeːɐ̯t]

der Stirnriemen -
[ˈʃtɪrnriːmən]

das Zaumzeug -e
[ˈtsaumtsɔyk]

der Nasenriemen -
[ˈnaːzn̩riːmən]

die Kandare -n
[kanˈdaːrə]

der Zügel -
[ˈtsyːɡl̩]

der Steigbügel -
[ˈʃtaikbyːɡl̩]

der Sattelgurt -e
[ˈzatl̩ɡʊrt]

der Huf -e
[huːf]

der Sprung Sprünge
[ˈʃprʊŋ]

der Hinterzwiesel -; -n
[ˈhɪntɐtsviːzl̩]

der Reitstiefel -
[ˈraitʃtiːfl̩]

der Vorderzwiesel -; -n
[ˈfɔrdɐtsviːzl̩]

DER REITSPORT

das Pferderennen -
['pfe:ɐ̯dərɛnən]

das Rennpferd -e
['rɛnpfe:ɐ̯t]

der Jockey -s
['dʒɔke]

das Dressurreiten
kein Pl
[drɛ'su:ɐ̯raitn̩]

der Ausritt -e
['ausrɪt]

der Trabrennsport
kein Pl
['tra:prɛnʃpɔrt]

das Jagdrennen -
['ja:ktrɛnən]

ohne Sattel reiten
[o:nə 'zatl̩ raitn̩]

der Stall Ställe
[ʃtal]

der/das Rodeo -s
[ro'de:o]

das Polo kein Pl
['po:lo]

das Springreiten kein Pl
['ʃprɪŋraitn̩]

Weitere Begriffe

das Hufeisen - ['hu:fʔaizn̩]
die Reitgerte -n ['raitgɛrtə]
die Koppel -n ['kɔpl̩]
der Kanter - ['kantɐ]
der Galopp -e; -s [ga'lɔp]
der Schritt kein Pl [ʃrɪt]
das Flachrennen - ['flaxrɛnən]

der Pferdepfleger -
['pfe:ɐ̯dəpfle:gɐ]

DAS ANGELN

der Angler -
[ˈaŋlɐ]

die Angel -n
[ˈaŋl̩]

die Angelrute -n
[ˈaŋlruːtə]

die Anglerweste -n
[ˈaŋlɛvɛstə]

einen Fisch fangen
[ainən ˈfɪʃ faŋən]

der Unterfangkescher -
[ˈʊntɐfaŋkɛʃɐ]

der Watstiefel -
[ˈvaːtʃtiːfl̩]

die Spule -n
[ˈʃpuːlə]

die Angelrolle -n
[ˈaŋlrɔlə]

die Kurbel -n
[ˈkʊrbl̩]

die Angelausrüstung -en
[ˈaŋlʔausrʏstʊŋ]

die Angelschnur -schnüre
[ˈaŋlʃnuːɐ̯]

die Pose -n
[ˈpoːzə]

die Kunstfliege -n
[ˈkʊnstfliːgə]

der Angelhaken -
[ˈaŋlhaːkn̩]

die Öse -n
[ˈøːzə]

der Widerhaken -
[ˈviːdɐhaːkn̩]

DAS ANGELN

das Brandungsangeln
kein Pl
['brandʊŋs?aŋln]

....

mit dem Netz fangen
[mɪt deːm 'nɛts faŋən]

....

das Hochseeangeln
kein Pl
['hoːxzeˑ?aŋln]

....

das Süßwasserangeln
kein Pl
['zyːsvaseˑ?aŋln]

....

das Speerfischen kein Pl
['ʃpeːɐ̯fɪʃn̩]

....

einholen
['ainhoːlən]

....

das Fliegenfischen kein Pl
['fliːgn̩fɪʃn̩]

....

fangen
['faŋən]

....

freilassen
['frailasn̩]

....

der Köder -
['køːdɐ]

....

der Fang kein Pl
[faŋ]

....

die Hummerfalle -n
['hʊmɐfalə]

....

Weitere Begriffe

der Angelschein -e ['aŋlʃain]

anbeißen ['anbaisn̩]

der Erdspeer -e ['eːɐ̯tʃpeːɐ̯]

der Wobbler - ['vɔblə]

die Harpune -n [har'puːnə]

die Angel auswerfen [diː 'aŋl ausvɛrfn̩]

einen Fisch einholen [ainən 'fɪʃ einhoːlən]

der Spinnerkasten
-kästen
['ʃpɪnɐkastn̩]

....

DER WINTERSPORT

der Sturzhelm -e
['ʃtʊrtshɛlm]

der Pulverschnee kein Pl
['pʊlvɐʃneː]

der Stockteller -
['ʃtɔktɛlɐ]

der Skistock -stöcke
['ʃiːʃtɔk]

der Skianzug -anzüge
['ʃiːʔantsuːk]

die Seilbahn -en
['zailbaːn]

die Spitze -n
['ʃpɪtsə]

der Ski -er; -
[ʃiː]

der Skiläufer -
['ʃiːlɔyfɐ]

die Skipiste -n
['ʃiːpɪstə]

die Kante -n
['kantə]

der Skistiefel -
['ʃiːʃtiːfl]

der Slalom -s
['slaːlɔm]

der Abfahrtslauf
-läufe
['apfaːɐ̯tslauf]

das Skispringen -
['ʃiːʃprɪŋən]

abseits der Piste
['apzaits deːɐ̯ 'pɪstə]

der Skihang -hänge
['ʃiːhaŋ]

das Biathlon -s
['biːatlɔn]

der Langlauf -läufe
['laŋlauf]

die Langlaufloipe -n
['laŋlauflɔypə]

DER WINTERSPORT

die Skibrille -n
['ʃiːbrɪlə]

**der Snowboard-
fahrer** -
['snoːboːɐ̯tfaːrɐ]

die Halfpipe -s
['haːfpaip]

das Rail -s
[reːl]

das Snowboard -s
['snoːboːɐ̯t]

die Bindung -en
['bɪndʊŋ]

Schlitten fahren
['ʃlɪtn̩ faːrən]

das Rennrodeln kein Pl
['rɛnroːdl̩n]

der Bobsport kein Pl
['bɔpʃpɔrt]

das Curling kein Pl
['køːɐ̯lɪŋ]

Schlittschuh laufen
['ʃlɪtʃuː laufn̩]

der Eisschnelllauf -läufe
['aisʃnɛllauf]

Weitere Begriffe

das Skifahren kein Pl ['ʃiːfaːrən]

das Snowboarding kein Pl ['snoːboːɐ̯dɪŋ]

der Winter-Fünfkampf -kämpfe
['vɪntɐfʏnfkampf]

der Freistil kein Pl ['fraiʃtiːl]

das Schneeschuhwandern kein Pl
['ʃneːʃuːvandɛn]

das Après-Ski kein Pl [apʁɛ'ʃiː]

die Skihütte -n ['ʃiːhʏtə]

der Eiskunstlauf -läufe
['aiskʊnstlauf]

SONSTIGE SPORTARTEN

das Klettern kein Pl
[ˈklɛtɐn]

das Wandern kein Pl
[ˈvandɐn]

der Radsport kein Pl
[ˈraːtʃpɔrt]

das Mountainbiken
kein Pl
[ˈmauntn̩baikn̩]

das Abseilen kein Pl
[ˈapzailən]

das Bungeespringen
kein Pl
[ˈbandʒiʃprɪŋən]

das Drachenfliegen
kein Pl
[ˈdraxn̩fliːgn̩]

das Fallschirmspringen
kein Pl
[ˈfalʃɪrmʃprɪŋən]

das Rallyefahren
kein Pl
[ˈrɛlifaːrən]

die Formel 1® kein Pl
[fɔrml̩ ˈains]

das Motocross kein Pl
[ˈmotokrɔs]

das Motorradrennen -
[moˈtoːɐ̯ratrɛnən]

das Skateboardfahren
kein Pl
[ˈskeːtboːɐ̯tfaːrən]

das Longboardfahren
kein Pl
[ˈlɔŋboːɐ̯tfaːrən]

das Inlineskaten
kein Pl
[ˈɪnlainskeːtn̩]

das Offroadfahren
kein Pl
[ˈɔfroʊdfaːrən]

SONSTIGE SPORTARTEN

das Fechten kein Pl
['fɛçtn̩]

das Bowling kein Pl
['boːlɪŋ]

das Bogenschießen
kein Pl
['boːgn̩ʃiːsn̩]

die Jagd -en
[jaːkt]

das Darts kein Pl
[daːɐ̯ts]

das Poolbillard -e
['puːlbɪljart]

das Snooker kein Pl
['snuːkɐ]

das Lacrosse kein Pl
[laˈkrɔs]

die rhythmische Sport-
gymnastik
['rʏtmɪʃə 'ʃpɔrtɡʏmnastɪk]

das Frisbee® -s
['frɪsbi]

das Triathlon -s
['triːatlɔn]

der Australian Foot-
ball kein Pl
[ɔsˈtreɪliən 'fʊtbɔːl]

die/das Boule kein Pl
[buːl]

das Ballett -e
[baˈlɛt]

das Krocket -s
['krɔkət]

der/das Parkour
kein Pl [parˈkuːɐ̯]

DIE FITNESS

das Fitnessstudio -s
['fɪtnɛsʃtuːdi̯o]

das Krafttraining kein Pl
['krafttrɛːnɪŋ]

die Langhantel -n
['laŋhantl̩]

die Bizepsübung -en
['biːtsɛpsʔyːbʊŋ]

die Gewichtsscheibe -n
[gə'vɪçtsʃaibə]

die Kurzhantel -n
['kʊrtshantl̩]

die Bank Bänke
[baŋk]

das Bankdrücken kein Pl
['baŋkdrʏkn̩]

trainieren
[trɛ'niːrən]

der Ergometer -
[ɛrgo'meːtɐ]

der Crosstrainer -
['krɔstrɛːnɐ]

das Laufband -bänder
['laufbant]

das Rudergerät -e
['ruːdɐgərɛːt]

der Fitnessball -bälle
['fɪtnɛsbal]

die Matte -n
['matə]

DIE FITNESS

der Ausfallschritt -e
[ˈausfalʃrɪt]

....

die Rumpfbeuge -n
[ˈrʊmpfbɔʏɡə]

....

der Liegestütz -e
[ˈliːɡəʃtʏts]

....

der Sit-up -s
[ˈsɪtʔap]

....

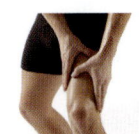

der Muskelkater kein Pl
[ˈmʊskl̩kaːtɐ]

....

der Klimmzug -züge
[ˈklɪmtsuːk]

....

die Kniebeuge -n
[ˈkniːbɔʏɡə]

....

das Pilates kein Pl
[piˈlaːtəs]

....

das Spinning® kein Pl
[ˈspɪnɪŋ]

....

die Pulsuhr -en
[ˈpʊlsuːɐ]

....

das Aerobic kein Pl
[ɛˈroːbɪk]

....

das Steppbrett -er
[ˈʃtɛpbrɛt]

....

der Turnschuh -e
[ˈtʊrnʃuː]

....

Weitere Begriffe

sich aufwärmen [zɪç ˈaufvɛrmən]

sich abkühlen [zɪç ˈapkyːlən]

das Zirkeltraining -s [ˈtsɪrkltreːnɪŋ]

die Sauna -s; Saunen [ˈzauna]

die Umkleidekabine -n
[ˈʊmklaidəkabiːnə]

die Dehnung -en [ˈdeːnʊŋ]

Kalorien verbrennen [kaloˈriːən fɛɐˈbrɛnən]

FREIZEIT

DAS THEATER

① *der Balkon* -s, -e
[balˈkɔŋ]

② *der zweite Rang*
[ˈtsvaitə raŋ]

③ *die Loge* -n
[ˈloːʒə]

④ *der erste Rang*
[ˈeːɐ̯stə raŋ]

⑤ *die Sitzreihe* -n
[ˈzɪtsraiə]

⑥ *die Kulisse* -n [kuˈlɪsə]   ⑦ *die Bühne* -n [ˈbyːnə]   ⑧ *das Foyer* -s [foaˈjeː]

⑨ *das Parkett* kein Pl [parˈkɛt]   ⑩ *der Sitzplatz* -plätze [ˈzɪtsplats]   ⑪ *der Vorhang* Vorhänge [ˈfoːɐ̯haŋ]

das Varieté -s
[varieˈteː]

das Freilufttheater -
[ˈfrailʊftteatɐ]

das Ballett -e
[baˈlɛt]

die Aufführung -en
[ˈaʊffyːrʊŋ]

der Zauberkünstler -
[ˈtsaubɐkʏnstlɐ]

der Komiker -
[ˈkoːmikɐ]

die Tragödie -n
[traˈɡøːdiə]

die Komödie -n
[koˈmøːdiə]

DAS THEATER

das Theaterstück -e
[teˈatɐʃtʏk]

....

① **das Bühnenbild** -er
[ˈbyːnənbɪlt]

....

② **die Besetzung** -en
[bəˈzɛtsʊŋ]

....

③ **das Theaterkostüm** -e
[teˈatɐkɔstyːm]

....

④ **der Applaus** kein Pl [aˈplaus]   ⑤ **das Publikum** kein Pl [ˈpuːblikʊm]

....

die Probe -n
[ˈproːbə]

....

⑥ **der Schauspieler** -
[ˈʃauʃpiːlɐ]

....

⑦ **die Schauspielerin** -nen
[ˈʃauʃpiːlərɪn]

....

⑧ **der Regisseur** -e
[reʒɪˈsøːɐ̯]

....

Weitere Begriffe

die Premiere -n   [prəˈmjeːrə]
die Pause -n   [ˈpauzə]
die Generalprobe -n   [genəˈraːlproːbə]
der Platzanweiser -   [ˈplatsʔanvaizɐ]
die Platzanweiserin -nen   [ˈplatsʔanvaizərɪn]
die Theaterkasse -n   [teˈatɐkasə]
die Eintrittskarte -n   [ˈaintrɪtskartə]

die Künstlergarderobe -n
[ˈkʏnstlɐgardəroːbə]

....

DIE MUSIK

Das Orchester

das Sinfonieorchester -
[zɪnfoˈniːˈʔɔrkɛstɐ]

der Gong -s
[gɔŋ]

die kleine Trommel
[ˈklainə ˈtrɔml̩]

die große Trommel
[ˈgroːsə ˈtrɔml̩]

die Pauke -n
[ˈpaukə]

das Xylophon -e
[ksyloˈfoːn]

die Röhrenglocken Pl
[ˈrøːrənglɔkn̩]

das Dirigentenpult -e
[diriˈgɛntn̩pʊlt]

der Notenständer -
[ˈnoːtn̩ʃtɛndɐ]

der Dirigent -en
[diriˈgɛnt]

der Taktstock -stöcke
[ˈtaktʃtɔk]

die Solistin -nen
[ˈzoːlɪstɪn]

die Opernsängerin -nen
[ˈoːpɐnzɛŋərɪn]

die Noten Pl
[ˈnoːtn̩]

Weitere Begriffe

die Ouvertüre -n [uverˈtyːrə]

die Sonate -n [zoˈnaːtə]

die Tonhöhe -n [ˈtoːnhøːə]

ein Instrument stimmen [ain ɪnstruˈmɛnt ˈʃtɪmən]

der Orchestergraben -gräben [ɔrˈkɛstɐgraːbn̩]

der Chor Chöre [koːɐ̯]

die Oper -n [ˈoːpɐ]

DIE MUSIK
Die Musikinstrumente

das Cello -s; Celli
[ˈtʃɛlo]

der Bogen -; Bögen
[ˈboːgn̩]

die Geige -n
[ˈgaigə]

die akustische Gitarre
[aˈkʊstɪʃə giˈtarə]

die Harfe -n
[ˈharfə]

die elektrische Gitarre
[eˈlɛktrɪʃə giˈtarə]

die Bassgitarre -n
[ˈbasgitarə]

die Tuba Tuben
[ˈtuːba]

die Posaune -n
[poˈzaunə]

das Fagott -e
[faˈgɔt]

die Oboe -n
[oˈboːə]

das Horn Hörner
[hɔrn]

die Trompete -n
[trɔmˈpeːtə]

die Pikkoloflöte -n
[ˈpɪkoloˌfløːtə]

das Saxofon -e
[ˈzaksofoːn]

die Klarinette -n
[klariˈnɛtə]

die Querflöte -n
[ˈkveːɐ̯fløːtə]

DIE MUSIK
Die Musikinstrumente

das Tamburin -e
['tamburiːn]

das Becken -
['bɛkn̩]

die/das Hi-Hat -s
['haihɛt]

das Schlagzeug -e
['ʃlaːktsɔyk]

die/der/das Triangel
-; -n
['triːaŋl̩]

die Rassel -n
['rasl̩]

die Bongos Pl
['bɔŋgos]

die Kesselpauke -n
['kɛslpaukə]

die Kastagnetten Pl
[kastan'jɛtn̩]

die Schellenrassel -n
['ʃɛlənrasl̩]

die Panflöte -n
['paːnfløːtə]

der Schlagzeugstock
-stöcke ['ʃlaːktsɔykʃtɔk]

die Mundharmonika -s
['mʊntharmoːnika]

der Dudelsack -säcke
['duːdl̩zak]

das Akkordeon -s
[a'kɔrdeɔn]

der Flügel -
['flyːgl̩]

DIE MUSIK

die Notation -en
[notaˈtsi̯oːn]

der Violinschlüssel -
[vi̯oˈliːnʃlʏsl̩]

die Notenlinie -n
[ˈnoːtn̩liːni̯ə]

der Bassschlüssel -
[ˈbasʃlʏsl̩]

das Vorzeichen -
[ˈfoːɐ̯tsaiçn̩]

die Taktangabe -n
[ˈtaktʔanɡaːbə]

die Note -n
[ˈnoːtə]

das Kreuz -e
[krɔyts]

der Taktstrich -e
[ˈtaktʃtrɪç]

die klassische Musik
[ˈklasɪʃə muˈziːk]

das Heavy Metal kein Pl
[ˈhɛviˈmɛtl̩]

der Rap kein Pl
[rɛp]

der Hip-Hop kein Pl
[ˈhɪphɔp]

Weitere Begriffe

der Reggae kein Pl [ˈrɛɡe]
die Popmusik kein Pl [ˈpɔpmuziːk]
die Countrymusik kein Pl [ˈkantrimuziːk]
der Blues - [bluːs]
der/das Techno kein Pl [ˈtɛkno]
der Soul kein Pl [soːl]
die Disko -s [ˈdɪsko]

der Jazz kein Pl
[dʒɛs]

der Rock kein Pl
[rɔk]

HOBBYS

gravieren
[ɡraˈviːrən]
....

schnitzen
[ˈʃnɪtsn̩]
....

Briefmarken sammeln
[ˈbriːfmarkn̩ zaml̩n]
....

die Modelleisenbahn -en
[moˈdɛlʔaizn̩baːn]
....

modellieren
[modɛˈliːrən]
....

die Bildhauerei kein Pl
[ˈbɪlthauərai]
....

töpfern
[ˈtœpfɐn]
....

Mosaik legen
[mozaˈiːk leːɡn̩]
....

der Modellbau kein Pl
[moˈdɛlbau]
....

Schmuck herstellen
[ˈʃmʊk heːɐ̯ʃtɛlən]
....

lesen
[ˈleːzn̩]
....

kochen
[ˈkɔxn̩]
....

gärtnern
[ˈɡɛrtnɐn]
....

Weitere Begriffe

das Origami kein Pl   [oriˈɡami]

das Scrapbooking kein Pl [ˈskrɛpbuːkɪŋ]

Möbel restaurieren [ˈmøːbl̩ restauriˈrən]

im Chor singen [ɪm ˈkoːɐ̯ zɪŋən]

Filme drehen [ˈfɪlmə dreːən]

Vögel beobachten [ˈføːɡl̩ bəʔoːbaxtn̩]

das kreative Schreiben [kreaˈtiːvə ˈʃraibn̩]

HOBBYS
Kunst und Basteln

der Buntstift -e
['bʊntʃtɪft]

....

die Wasserfarbe -n
['vasɐfarbə]

....

der Wachsmalstift -e
['vaksma:lʃtɪft]

....

die Lackfarbe -n
['lakfarbə]

....

die Ölkreide -n
['ø:lkraidə]

....

die Kreide -n
['kraidə]

....

die Ölfarbe -n
['ø:lfarbə]

....

die Acrylfarbe -n
[a'kry:lfarbə]

....

die Pastellkreide -n
[pas'tɛlkraidə]

....

der Filzstift -e
['fɪltsʃtɪft]

....

die Tusche -n
['tʊʃə]

....

die Zeichenkohle -n
['tsaiçnko:lə]

....

die Gouache kein Pl
[gu'a:ʃ]

....

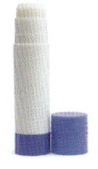

der Klebstoff -e
['kle:pʃtɔf]

....

der Pinsel -
['pɪnzl̩]

....

die Palette -n
[pa'lɛtə]

....

HOBBYS
Kunst und Basteln

die Aquarellmalerei -en
[akvaˈrɛlmalərai]

....

die Ölmalerei -en
[ˈøːlmalərai]

....

die Collage -n
[kɔˈlaːʒə]

....

die Wandmalerei -en
[ˈvantmalərai]

....

die Tuschezeichnung -en
[ˈtʊʃətsaiçnʊŋ]

....

die abstrakte Malerei
[apˈstraktə maləˈrai]

....

***die Landschafts-
malerei*** -en
[ˈlantʃaftsmalərai]

....

die Porträtmalerei -en
[pɔrˈtrɛːmalərai]

....

die Bleistiftzeichnung -en
[ˈblaiʃtɪfttsaiçnʊŋ]

....

das Stillleben -
[ˈʃtɪlleːbn̩]

....

das Graffiti -s
[graˈfiːti]

....

der Siebdruck -e
[ˈziːpdrʊk]

....

die Skizze -n
[ˈskɪtsə]

....

die Aktmalerei -en
[ˈaktmalərai]

....

die Leinwand -wände
[ˈlainvant]

....

der Karton -s
[karˈtɔŋ]

....

die Farbe -n
['farbə]

das Schwarz kein Pl
[ʃvarts]

das Grau kein Pl
[grau]

das Schwarzbraun kein Pl
['ʃvartsbraun]

das Braun kein Pl
[braun]

das Hellbraun kein Pl
['hɛlbraun]

das Olivgrün kein Pl
[o'li:fgry:n]

das Smaragdgrün kein Pl
[sma'raktgry:n]

das Grün kein Pl
[gry:n]

das Gelbgrün kein Pl
['gɛlpgry:n]

das Cyan kein Pl
[tsy'a:n]

das Blau kein Pl
[blau]

das Dunkelblau kein Pl
['dʊŋkl̩blau]

das Violett kein Pl
[vi̯o'lɛt]

das Lila kein Pl
['li:la]

das Blutrot kein Pl
['blu:tro:t]

das Pink kein Pl
[pɪŋk]

das Rosa kein Pl
['ro:za]

das Rot kein Pl
[ro:t]

das Gelborange kein Pl
['gɛlp?orã:ʒə]

das Ocker kein Pl
['ɔkɐ]

das Orange kein Pl
[o'rã:ʒə]

das Gelb kein Pl
[gɛlp]

das Hellgelb kein Pl
['hɛlgɛlp]

das Weiß kein Pl [vais]

HOBBYS

Nähen und Stricken

der Kopf Köpfe
[kɔpf]

der Fadenhebel -
[ˈfaːdn̩heːbl̩]

der Garnrollenstift -e
[ˈgarnrɔlənʃtɪft]

die Nähmaschine -n
[ˈnɛːmaʃiːnə]

der Spuler -
[ˈʃpuːlɐ]

der Stichbreitenwähler -
[ˈʃtɪçbraitn̩vɛːlɐ]

das Handrad -räder
[ˈhantraːt]

der Stichwähler -
[ˈʃtɪçvɛːlɐ]

der Nähfußdruckregler -
[ˈnɛːfuːsdrʊkreːglɐ]

die Rückwärtsnäh-taste -n
[ˈrʏkvɛrtsnɛːtastə]

die Nadel -n
[ˈnaːdl̩]

der Nähfuß -füße
[ˈnɛːfuːs]

die Stichplatte -n
[ˈʃtɪçplatə]

die Fadenführung -en
[ˈfaːdn̩fyːrʊŋ]

die Overlock -s
[ˈoːvɐlɔk]

das Maßband -bänder
[ˈmaːsbant]

die Spule -n
[ˈʃpuːlə]

das Nähgarn -e
[ˈnɛːgarn]

HOBBYS
Nähen und Stricken

die Schneiderpuppe -n
[ˈʃnaidɐpʊpə]

die Schere -n
[ˈʃeːrə]

das Nähkästchen -
[ˈnɛːkɛstçən]

das Nadelkissen -
[ˈnaːdl̩kɪsn̩]

das Schnittmuster -
[ˈʃnɪtmʊstɐ]

die Nähnadel -n
[ˈnɛːnaːdl̩]

die Stecknadel -n
[ˈʃteknaːdl̩]

die Sicherheitsnadel -n
[ˈzɪçɐhaitsnaːdl̩]

der Stoff -e
[ʃtɔf]

der Knopf Knöpfe
[knɔpf]

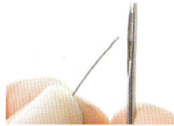

einen Faden einfädeln
[ainən ˈfaːdn̩ ˈainfɛːdl̩n]

der Einfädler -
[ˈainfɛːdlɐ]

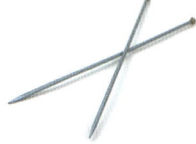

die Stricknadel -n
[ˈʃtrɪknaːdl̩]

die Wolle -n
[ˈvɔlə]

der Fingerhut -hüte
[ˈfɪŋɐhuːt]

der Nahtauftrenner -
[ˈnaːtʔauftrɛnɐ]

HOBBYS
Nähen und Stricken

nähen
[ˈnɛːən]

....

schneiden
[ˈʃnaidn̩]

....

das Patchwork -s
[ˈpɛtʃwøːɐ̯k]

....

häkeln
[ˈhɛːkl̩n]

....

der Kreuzstich -e
[ˈkrɔytsʃtɪç]

....

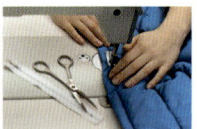

wattieren
[vaˈtiːrən]

....

stricken
[ˈʃtrɪkn̩]

....

stopfen
[ˈʃtɔpfn̩]

....

weben
[ˈveːbn̩]

....

Spitze klöppeln
[ˈʃpɪtsə klœpl̩n]

....

einen Teppich knüpfen
[ainən ˈtɛpɪç knypfn̩]

....

der Reißverschluss
-veschlüsse
[ˈraisfɛɐ̯ʃlʊs]

....

auftrennen
[ˈauftrɛnən]

....

Weitere Begriffe

sticken [ˈʃtɪkn̩]

das Leinen - [ˈlainən]

die Seide -n [ˈzaidə]

das Nylon® kein Pl [ˈnailɔn]

die Baumwolle -n [ˈbaumvɔlə]

der Polyester - [polyˈɛstɐ]

der Stich -e [ʃtɪç]

HOBBYS
Das Kino

der Kinosaal -säle
['kiːnozaːl]

die Snackbar -s
['snɛkbaːɐ̯]

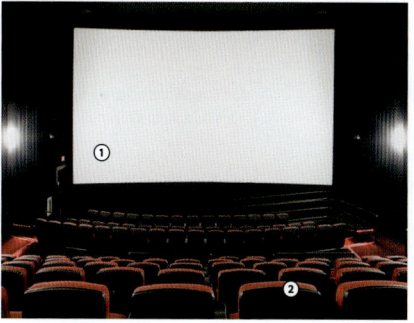

① **die Kinoleinwand**
-leinwände
['kiːnolainvant]

② **die Sitzreihe** -n
['zɪtsraiə]

das Getränk -e
[gəˈtrɛŋk]

das Popcorn kein Pl
['pɔpkɔrn]

die Kinokasse -n
['kiːnokasə]

die Komödie -n
[koˈmøːdjə]

der Horrorfilm -e
['hɔroːɐ̯fɪlm]

der Liebesfilm -e
['liːbəsfɪlm]

Weitere Begriffe

der Zeichentrickfilm -e ['tsaiçn̩trɪkfɪlm]

der Western - ['vɛstɐn]

die Voraufführung -en ['foːɐ̯ʔauffyːrʊŋ]

die Premiere -n [prəˈmjeːrə]

der Thriller - ['θrɪlɐ]

der Science-Fiction-Film -e [saiənsˈfɪkʃn̩fɪlm]

jugendfrei ['juːgntfrai]

der 3D-Film -e
[draiˈdeːfɪlm]

HOBBYS

Fotografieren

die Programmwählscheibe -n
[pro'gramvɛ:lʃaibə]

die Spiegelreflexkamera -s
['ʃpi:glreflɛkskamərə]

der Blitzschuh -e
['blɪtsʃu:]

der (ausklappbare) Blitz
[('ausklapba:rɐ) 'blɪts]

der/das Zoom -s
[zu:m]

das Objektiv -e
[ɔpjɛk'ti:f]

der Auslöser -
['auslø:zɐ]

das Kameragehäuse -
['kaməragəhɔyzə]

der Blendenregler -
['blɛndn̩re:glɐ]

das Selbstauslöser-Lichtsignal -e
['zɛlpstʔauslø:zɐ-'lɪçtzɪgna:l]

die Einwegkamera -s
['ainve:kkamərə]

die Sofortbildkamera -s
[zo'fɔrtbɪltkamərə]

die Analogkamera -s
[ana'lo:kkamərə]

die Digitalkamera -s
[digi'ta:lkamərə]

das Stativ -e
[ʃta'ti:f]

der Aufsteckblitz -e
['aufʃtɛkblɪts]

der Filter -
['fɪltɐ]

der Objektivdeckel -
[ɔpjɛk'ti:fdɛkl̩]

HOBBYS
Fotografieren

der Film -e
[fɪlm]

das Fotostudio -s
[ˈfoːtoʃtuːdɪo]

ein Foto machen
[ain ˈfoːto maxn̩]

die Bildbearbeitung -en
[ˈbɪltbəʔarbaitʊŋ]

die Compact-Flash-Karte -n
[kɔmˈpɛktfleʃkartə]

sich fotografieren lassen
[zɪç fotograˈfiːrən lasn̩]

die Kameratasche -n
[ˈkamərataʃə]

die Dunkelkammer -n
[ˈdʊŋkl̩kamɐ]

die Speicherkarte -n
[ˈʃpaiçɐkartə]

unscharf
[ˈʊnʃarf]

überbelichtet
[ˈyːbɐbəlɪçtət]

unterbelichtet
[ˈʊntɐbəlɪçtət]

Weitere Begriffe

das Hochformat -e [ˈhoːxfɔrmaːt]

das Querformat -e [ˈkveːɐfɔrmaːt]

die Vergrößerung -en [fɛɐˈɡrøːsərʊŋ]

der Rote-Augen-Effekt -e [roːtəˈʔaugn̩ʔɛfɛkt]

matt [mat]

glänzend [ˈɡlɛntsn̩t]

das Fotoalbum -alben [ˈfoːtoʔalbʊm]

der digitale Bilderrahmen
[digiˈtaːlə ˈbɪldɐraːmən]

HOBBYS

Spiele

die Spielkarte -n
[ˈʃpiːlkartə]

der Joker -
[ˈdʒoːkɐ]

der König -e
[ˈkøːnɪç]

das Karo kein Pl
[ˈkaːro]

das Herz kein Pl
[hɛrts]

das Ass -e
[as]

das Pik kein Pl
[piːk]

das Kreuz kein Pl
[krɔyts]

die Dame -n
[ˈdaːmə]

der Bube -n
[ˈbuːbə]

die Karten mischen
[di ˈkartn̩ mɪʃn̩]

geben
[ˈgeːbn̩]

das Blatt kein Pl
[blat]

Poker spielen
[ˈpoːkɐ ʃpiːlən]

der Dominostein -e
[ˈdoːminoʃtain]

das Backgammon kein Pl
[bækˈgæmən]

das Damespiel kein Pl
[ˈdaːməʃpiːl]

das Puzzle -s
[ˈpʊzl̩, ˈpazl̩]

HOBBYS
Spiele

das Schach kein Pl
[ʃax]

das weiße Feld
[ˈvaisə ˈfɛlt]

das schwarze Feld
[ˈʃvartsə ˈfɛlt]

der König -e
[ˈkøːnɪç]

die Dame -n
[ˈdaːmə]

der Läufer -
[ˈlɔyfɐ]

der Springer -
[ˈʃprɪŋɐ]

der Turm Türme
[tʊrm]

das Schachbrett -er
[ˈʃaxbrɛt]

der Bauer -n
[ˈbauɐ]

der Zug Züge
[tsuːk]

das Brettspiel -e
[ˈbrɛtʃpiːl]

das Monopoly® kein Pl
[moˈnoːpoli]

das Mensch ärgere dich nicht® kein Pl
[mɛnʃ ˈɛrgərə dɪç nɪçt]

Weitere Begriffe	
würfeln [ˈvʏrfln]	
das Glück kein Pl [glʏk]	
das Pech kein Pl [pɛç]	
Wer ist dran? [ˈveːɐ ɪst ˈdran]	
Du bist dran. [ˈduː bɪst ˈdran]	
gewinnen [gəˈvɪnən]	
verlieren [fɛɐˈliːrən]	

das Jenga® kein Pl
[ˈjɛŋga]

der Würfel -
[ˈvʏrfl]

FERIEN

Am Strand

der Strand Strände
[ʃtrant]

die Stranddüne -n
[ˈʃtrantdyːnə]

der Sonnenuntergang
-untergänge
[ˈzɔnənʊntɐɡaŋ]

das Meer -e
[meːɐ̯]

der Strandkorb -körbe
[ˈʃtrantkɔrp]

der Sand kein Pl
[zant]

die Küste -n
[ˈkʏstə]

die Strandpromenade -n
[ˈʃtrantpromənaːdə]

der Liegestuhl -stühle
[ˈliːɡəʃtuːl]

der Wasserball -bälle
[ˈvasɐbal]

das Strandtuch -tücher
[ˈʃtranttuːx]

die Kinderschaufel -n
[ˈkɪndɐʃaufl̩]

der Flip-Flop® -s
[ˈflɪpflɔp]

der Eimer -
[ˈaimɐ]

FERIEN
Am Strand

der Sonnenschirm -e
['zɔnənʃɪrm]

der Steinstrand -strände
['ʃtainʃtrant]

die Strandmuschel -n
['ʃtrantmʊʃl]

die Sandburg -en
['zantbʊrk]

der Seetang -e
['ze:taŋ]

die Sonnencreme -s
['zɔnənkrɛ:m]

das Strandresort -s
['ʃtrantrɪzɔrt]

der Steg -e
[ʃte:k]

das Kreuzworträtsel -
['krɔytsvɔrtrɛ:tsl]

das Sudoku -s
[zu'do:ku]

das Strandhäuschen -
['ʃtranthɔysçən]

die Strandbar -s
['ʃtrantba:ɐ̯]

Weitere Begriffe

die Ebbe -n ['ɛbə]	
die Flut -en [flu:t]	
die Strömung -en ['ʃtrø:mʊŋ]	
das Strandgut kein Pl ['ʃtrantgu:t]	
schnorcheln ['ʃnɔrçln]	
der Sonnenbrand -brände ['zɔnənbrant]	
die Brandung -en ['brandʊŋ]	

sich sonnen
[zɪç 'zɔnən]

FERIEN

Das Zelten

das Wohnmobil -e
[ˈvoːnmobiːl]

der Wohnwagen -
[ˈvoːnvaːgn̩]

der Campingbus -se
[ˈkɛmpɪŋbʊs]

das Indianerzelt -e
[ɪnˈdiaːnɐtsɛlt]

der Campingstuhl
-stühle
[ˈkɛmpɪŋʃtuːl]

der Gasbrenner -
[ˈgaːsbrɛnɐ]

der Grillrost -e
[ˈgrɪlrɔst]

die Lagerfeuerstelle -n
[ˈlaːgɐfɔyɐʃtɛlə]

der Campingplatz -plätze
[ˈkɛmpɪŋplats]

das Taschenmesser -
[ˈtaʃn̩mɛsɐ]

die Hängematte -n
[ˈhɛŋəmatə]

das Zelt -e
[tsɛlt]

der Zeltplatz -plätze
[ˈtsɛltplats]

Weitere Begriffe
die Gasflasche -n [ˈgaːsflaʃə]
das Propangas kein Pl [proˈpaːngaːs]
der Stromanschluss -anschlüsse
[ˈʃtroːmʔanʃlʊs]
die Duschen und Toiletten Pl
[ˈduːʃn̩ ʊnt toaˈlɛtn̩]
der Feueranzünder - [ˈfɔyɐʔantsʏndɐ]
die Holzkohle -n [ˈhɔltskoːlə]
der/das Insektenspray -s
[ɪnˈzɛktn̩ʃpreː]

FERIEN
Das Zelten

der Schlafsack -säcke
['ʃlaːfzak]

der Zelteingang -eingänge
['tsɛltʔaingaŋ]

das Außenzelt -e
['ausn̩tsɛlt]

das Innenzelt -e
['ɪnəntsɛlt]

die Zeltstange -n
['tsɛltʃtaŋə]

der Zeltboden -böden
['tsɛltboːdn̩]

der Reißverschluss -verschlüsse
['raisfɛɐ̯ʃlʊs]

der Rucksack -säcke
['rʊkzak]

die Isomatte -n
['iːzomatə]

der Trekkingstock -stöcke
['trɛkɪŋʃtɔk]

der Wanderschuh -e
['vandəʃuː]

die Luftmatratze -n
['lʊftmatratsə]

der Hering -e
['heːrɪŋ]

die Taschenlampe -n
['taʃnlampə]

Weitere Begriffe
die Luftpumpe -n ['lʊftpʊmpə]
die Campingtoilette -n ['kɛmpɪŋtoalɛtə]
die Entsorgungsstation -en [ɛnt'zɔrgʊŋsʃtatsi̯oːn]
die Regenhaut® kein Pl ['reːgn̩haut]
die Thermowäsche kein Pl ['tɛrmoveʃə]
das Moskitonetz -e [mos'kiːtonɛts]
ein Zelt aufschlagen [ain 'tsɛlt aufʃlaːgn̩]
Kann ich hier mein Zelt aufschlagen?
[kan ɪç hiːɐ̯ main 'tsɛlt aufʃlaːgn̩]

der Wasserkanister -
['vasɐkanɪstɐ]

KÖRPER UND GESUNDHEIT

DER KÖRPER

der Mann Männer
[man]

die Frau -en
[frau]

der Kopf Köpfe
[kɔpf]

der Hals Hälse
[hals]

das Kinn -e
[kɪn]

die Schulter -n
[ˈʃʊltɐ]

der Brustkorb -körbe
[ˈbrʊstkɔrp]

die Achselhöhle -n
[ˈaksl̩høːlə]

der Arm -e
[arm]

die Brust Brüste
[brʊst]

der Bauch Bäuche
[baux]

die Brustwarze -n
[ˈbrʊstvartsə]

die Hüfte -n
[ˈhʏftə]

der Bauchnabel -
[ˈbauxnaːbl̩]

die Leiste -n
[ˈlaistə]

die Schamgegend -en
[ˈʃaːmɡeːɡnt]

der Oberschenkel -
[ˈoːbɐʃɛŋkl̩]

das Bein -e
[bain]

das Knie -
[kniː]

der Unterschenkel -
[ˈʊntɐʃɛŋkl̩]

das Schienbein -e
[ˈʃiːnbain]

der Fuß Füße
[fuːs]

DER KÖRPER

die Frau -en
[frau]

der Mann Männer
[man]

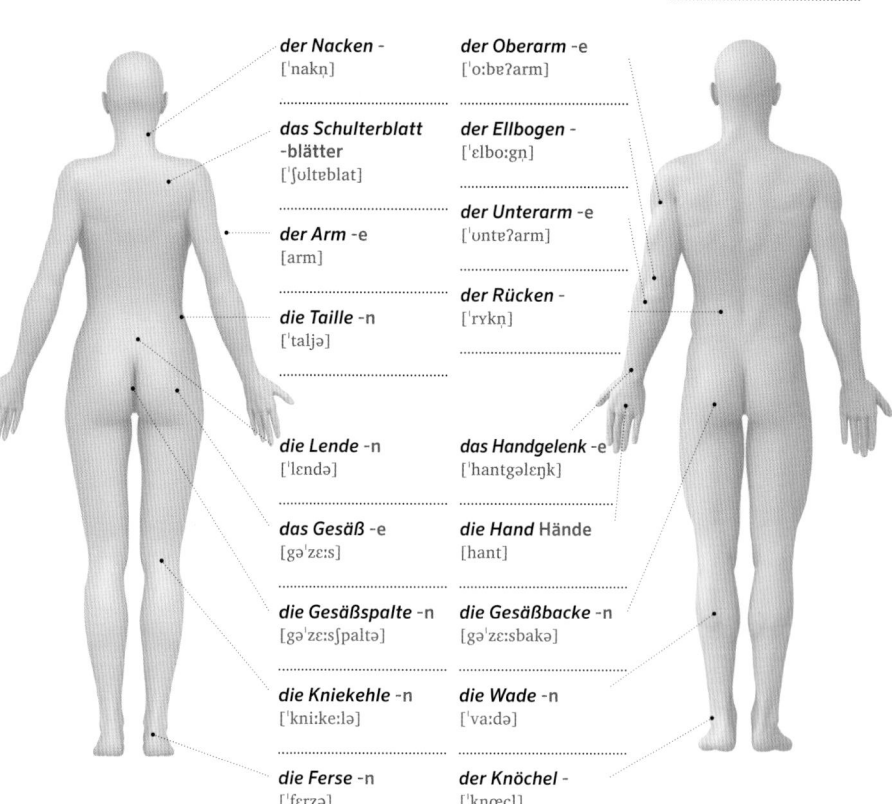

der Nacken -
[ˈnakn̩]

der Oberarm -e
[ˈoːbɐʔarm]

das Schulterblatt
-blätter
[ˈʃʊltɐblat]

der Ellbogen -
[ˈɛlboːɡn̩]

der Arm -e
[arm]

der Unterarm -e
[ˈʊntɐʔarm]

die Taille -n
[ˈtaljə]

der Rücken -
[ˈrʏkn̩]

die Lende -n
[ˈlɛndə]

das Handgelenk -e
[ˈhantɡəlɛŋk]

das Gesäß -e
[ɡəˈzɛːs]

die Hand Hände
[hant]

die Gesäßspalte -n
[ɡəˈzɛːsʃpaltə]

die Gesäßbacke -n
[ɡəˈzɛːsbakə]

die Kniekehle -n
[ˈkniːkeːlə]

die Wade -n
[ˈvaːdə]

die Ferse -n
[ˈfɛrzə]

der Knöchel -
[ˈknœçl̩]

DER KÖRPER

Die Hand und der Fuß

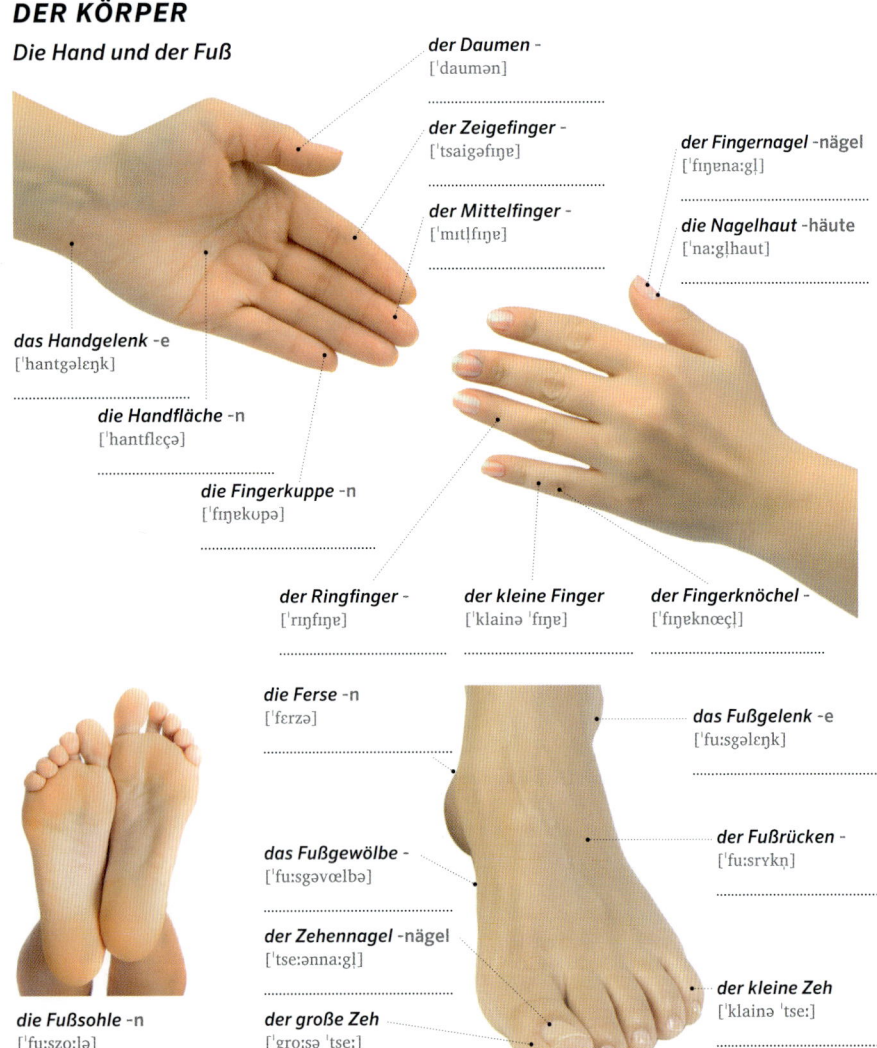

der Daumen -
[ˈdaumən]

der Zeigefinger -
[ˈtsaigəfɪŋɐ]

der Mittelfinger -
[ˈmɪtlfɪŋɐ]

der Fingernagel -nägel
[ˈfɪŋɐnaːgl]

die Nagelhaut -häute
[ˈnaːglhaut]

das Handgelenk -e
[ˈhantgələŋk]

die Handfläche -n
[ˈhantflɛçə]

die Fingerkuppe -n
[ˈfɪŋɐkʊpə]

der Ringfinger -
[ˈrɪŋfɪŋɐ]

der kleine Finger
[ˈklainə ˈfɪŋɐ]

der Fingerknöchel -
[ˈfɪŋɐknœçl]

die Ferse -n
[ˈfɛrzə]

das Fußgelenk -e
[ˈfuːsgələŋk]

das Fußgewölbe -
[ˈfuːsgəvœlbə]

der Fußrücken -
[ˈfuːsrʏkn]

der Zehennagel -nägel
[ˈtseːənnaːgl]

die Fußsohle -n
[ˈfuːszoːlə]

der große Zeh
[ˈgroːsə ˈtseː]

der kleine Zeh
[ˈklainə ˈtseː]

DER KÖRPER

Der Kopf

das Gehirn -e
[gəˈhɪrn]

....

das Großhirn -e
[ˈgroːshɪrn]

....

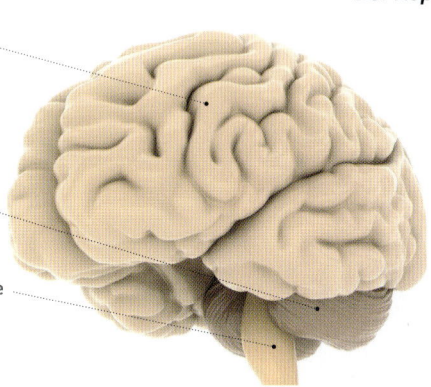

das Kleinhirn -e
[ˈklainhɪrn]

....

der Hirnstamm -stämme
[ˈhɪrnʃtam]

....

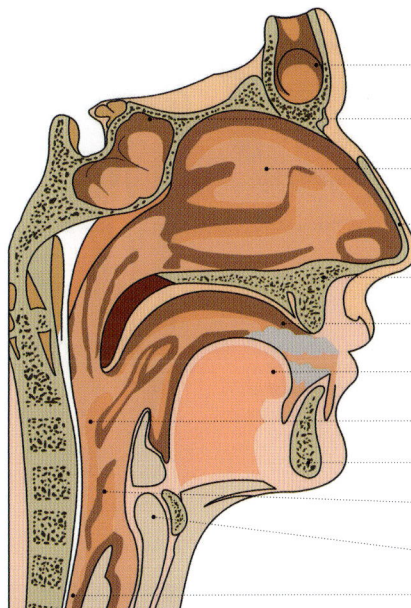

die Stirnhöhle -n
[ˈʃtɪrnhøːlə]

....

die Keilbeinhöhle -n
[ˈkailbainhøːlə]

....

die Nasenhöhle -n
[ˈnaːzn̩høːlə]

....

das Nasenbein -e
[ˈnaːzn̩bain]

....

der Oberkiefer -
[ˈoːbɐkiːfɐ]

....

der Gaumen -
[ˈgaumən]

....

die Zunge -n
[ˈtsʊŋə]

....

der Rachen -
[ˈraxn̩]

....

der Unterkiefer -
[ˈʊntɐkiːfɐ]

....

die Kehle -n
[ˈkeːlə]

....

der Kehlkopf -köpfe
[ˈkeːlkɔpf]

....

die Speiseröhre -n
[ˈʃpaizərøːrə]

....

DER KÖRPER
Die Muskeln

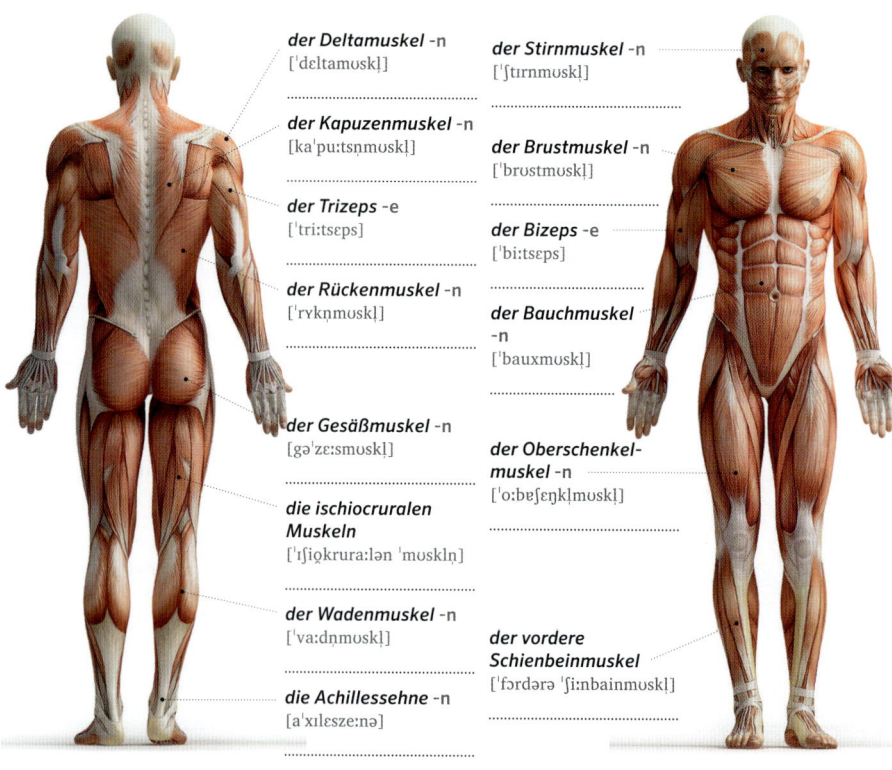

der Deltamuskel -n
[ˈdɛltamʊskl̩]

der Kapuzenmuskel -n
[kaˈpuːtsn̩mʊskl̩]

der Trizeps -e
[ˈtriːtsɛps]

der Rückenmuskel -n
[ˈrʏkn̩mʊskl̩]

der Gesäßmuskel -n
[ɡəˈzɛːsmʊskl̩]

die ischiocruralen
Muskeln
[ˈɪʃi̯okruːraːlən ˈmʊskl̩n]

der Wadenmuskel -n
[ˈvaːdn̩mʊskl̩]

die Achillessehne -n
[aˈxɪlɛszeːnə]

der Stirnmuskel -n
[ˈʃtɪrnmʊskl̩]

der Brustmuskel -n
[ˈbrʊstmʊskl̩]

der Bizeps -e
[ˈbiːtsɛps]

der Bauchmuskel
-n
[ˈbauxmʊskl̩]

der Oberschenkel-
muskel -n
[ˈoːbəʃɛŋkl̩mʊskl̩]

der vordere
Schienbeinmuskel
[ˈfɔrdərə ˈʃiːnbainmʊskl̩]

DER KÖRPER
Das Skelett

das Jochbein -e
['jɔxbain]

das Schlüsselbein -e
['ʃlʏsl̩bain]

der Brustkorb -körbe
['brʊstkɔrp]

die freie Rippe
['fraiə 'rɪpə]

die Wirbelsäule -n
['vɪrbl̩zɔylə]

die Elle -n
['ɛlə]

das Becken -
['bɛkn̩]

das Sitzbein -e
['zɪtsbain]

die Kniescheibe -n
['kniːʃaibə]

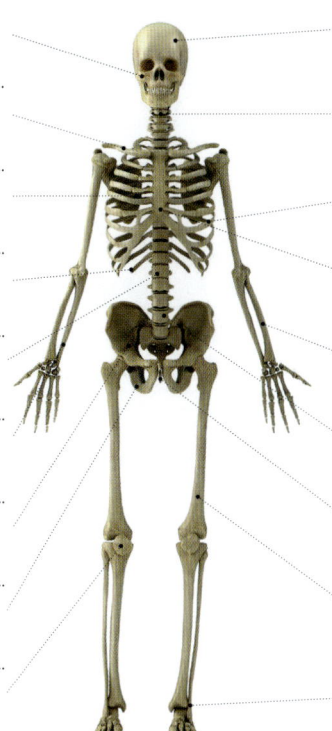

der Schädel -
['ʃɛːdl̩]

der Halswirbel -
['halsvɪrbl̩]

die Rippe -n
['rɪpə]

das Brustbein -e
['brʊstbain]

die Speiche -n
['ʃpaiçə]

der Lendenwirbel -
['lɛndn̩vɪrbl̩]

das Steißbein -e
['ʃtaisbain]

der Oberschenkelknochen -
['oːbɐʃɛŋkl̩knɔxn̩]

das Fersenbein -e
['fɛrzn̩bain]

DER KÖRPER
Die inneren Organe

die Schilddrüse -n
['ʃɪltdryːzə]

die Luftröhre -n
['lʊftrøːrə]

die Lunge -n
['lʊŋə]

die Leber -n
['leːbɐ]

das Herz -en
[hɛrts]

der Magen Mägen
['maːgn̩]

die Milz -en
[mɪlts]

der Dünndarm -därme
['dʏndarm]

der Dickdarm -därme
['dɪkdarm]

der Blinddarm -därme
['blɪntdarm]

der Wurmfortsatz
-sätze
['vʊrmfɔrtzats]

Weitere Begriffe

die Niere -n ['niːrə]

die Bauchspeicheldrüse -n ['baʊxʃpaɪçl̩dryːzə]

der Zwölffingerdarm -därme [tsvœlf'fɪŋɐdarm]

die Gallenblase -n ['galənblaːzə]

das Zwerchfell -e ['tsvɛrçfɛl]

das Gewebe - [gə'veːbə]

die Sehne -n ['zeːnə]

die Drüse -n ['dryːzə]

DER KÖRPER
Die Körpersysteme

das Herz-Kreislauf-System -e
[hɛrts'kraislaufzyste:m]

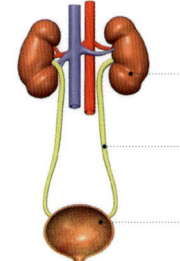

....

das Herz -en
[hɛrts]

....

die Arterie -n
[ar'te:rjə]

....

die Vene -n
['ve:nə]

....

das Harnsystem -e
['harnzyste:m]

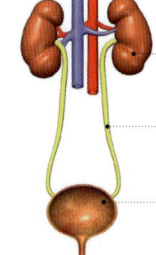

....

die Niere -n
['ni:rə]

....

der Harnleiter -
['harnlaitɐ]

....

die Harnblase -n
['harnbla:zə]

....

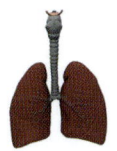

das Atmungssystem -e
['a:tmuŋszyste:m]

....

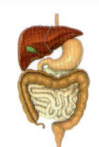

das Verdauungssystem -e
[fɛɐ'dauuŋszyste:m]

....

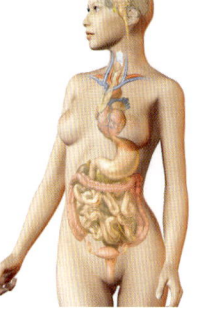

das endokrine System
[ɛndo'kri:nə zys'te:m]

....

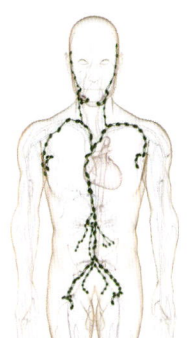

das lymphatische System
[lʏm'fa:tɪʃə zys'te:m]

....

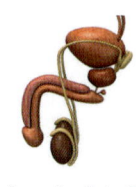

das männliche Fort-pflanzungssystem
['mɛnlɪçə 'fɔrtpflantsuŋszyste:m]

....

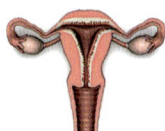

das weibliche Fort-pflanzungssystem
['vaiplɪçə 'fɔrtpflantsuŋszyste:m]

....

Weitere Begriffe

das Nervensystem -e ['nɛrfn̩zyste:m]

der Tastsinn -e ['tastzɪn]

der Sehsinn -e ['ze:zɪn]

der Hörsinn -e ['hø:ɐ̯zɪn]

der Geruchssinn -e [gə'rʊxszɪn]

der Geschmackssinn -e [gə'ʃmakszɪn]

der Gleichgewichtssinn -e ['glaiçgəvɪçtszɪn]

DER KÖRPER

Die Geschlechtsorgane

die männlichen Geschlechtsorgane
[ˈmɛnlɪçən gəˈʃlɛçts?ɔrgaːnə]

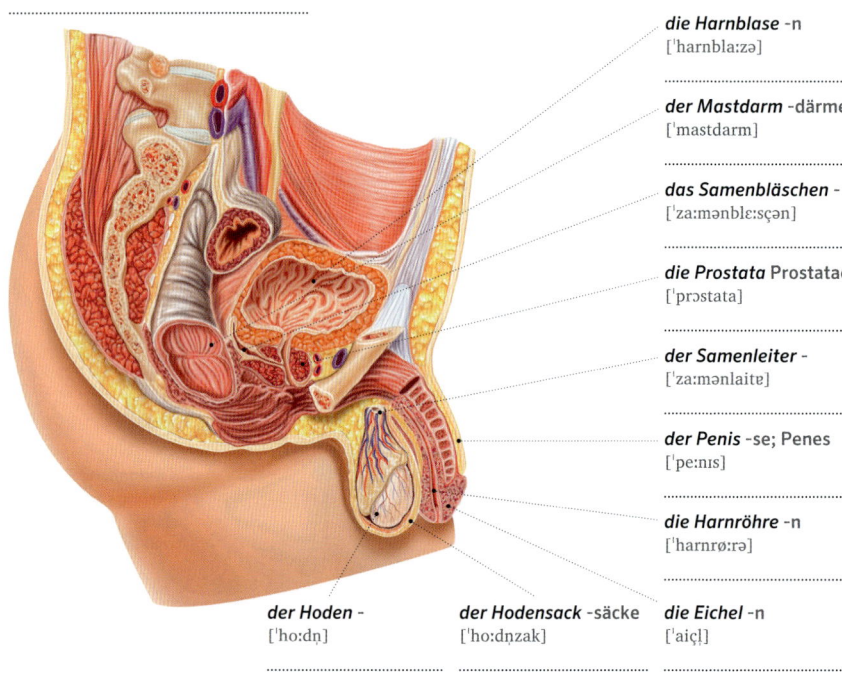

die Harnblase -n
[ˈharnblaːzə]

der Mastdarm -därme
[ˈmastdarm]

das Samenbläschen -
[ˈzaːmənblɛːsçən]

die Prostata Prostatae
[ˈprɔstata]

der Samenleiter -
[ˈzaːmənlaitɐ]

der Penis -se; Penes
[ˈpeːnɪs]

die Harnröhre -n
[ˈharnrøːrə]

der Hoden -
[ˈhoːdn̩]

der Hodensack -säcke
[ˈhoːdn̩zak]

die Eichel -n
[ˈaiçl̩]

Weitere Begriffe

die Erektion -en [erɛkˈtsjoːn]
die Vorhaut -häute [ˈfoːɐhaut]
die Beschneidung -en [bəˈʃnaidʊŋ]
der Samenerguss -ergüsse [ˈzaːmənɛrgʊs]
potent/impotent [poˈtɛnt/ˈɪmpotɛnt]
das Hormon -e [hɔrˈmoːn]
der Geschlechtsverkehr -e [gəˈʃlɛçtsfɛɐkeːɐ]

DER KÖRPER
Die Geschlechtsorgane

die weiblichen Geschlechtsorgane
[ˈvaiplɪçən gəˈʃlɛçtsʔɔrgaːnə]

....

der Eierstock -stöcke
[ˈaiɐʃtɔk]

....

der Eileiter -
[ˈailaitɐ]

....

die Gebärmutter -mütter
[gəˈbɛːɐmʊtɐ]

....

die Harnblase -n
[ˈharnblaːzə]

....

der Gebärmutterhals -hälse
[gəˈbɛːɐmʊtɐhals]

....

die Harnröhre -n
[ˈharnrøːrə]

....

die Schamlippe -n
[ˈʃaːmlɪpə]

....

die Klitoris -; Klitorides
[ˈkliːtorɪs]

....

die Scheide -n
[ˈʃaidə]

....

der Anus Ani
[ˈaːnʊs]

....

das Kondom -e
[kɔnˈdoːm]

....

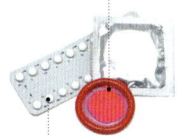

die Pille -n
[ˈpɪlə]

....

Weitere Begriffe

die Spirale -n [ʃpiˈraːlə]

das Pessar -e [pɛˈsaːɐ]

das Diaphragma Diaphragmen [diaˈfragma]

die Empfängnisverhütung -en [ɛmˈpfɛŋnɪsfɛɐhyːtʊŋ]

der Eisprung -sprünge [ˈaiʃprʊŋ]

die Menstruation -en [mɛnstruaˈtsjoːn]

steril/fruchtbar [ʃteˈriːl/ˈfrʊxtbaːɐ]

SCHWANGERSCHAFT UND GEBURT

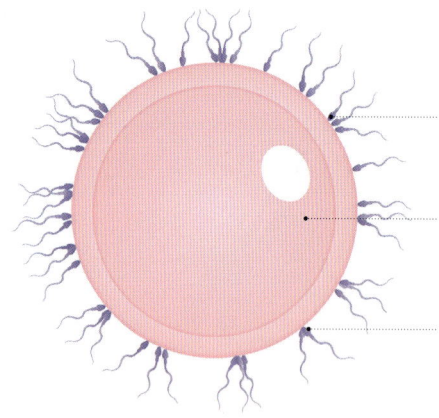

die Empfängnis -se
[ɛmˈpfɛŋnɪs]
....

die Befruchtung -en
[bəˈfrʊxtʊŋ]
....

die Eizelle -n
[ˈaitsɛlə]
....

das Spermium
Spermien
[ˈʃpɛrmiʊm]
....

**die Ultraschallauf-
nahme** -n
[ˈʊltraʃalʔaufnaːmə]
....

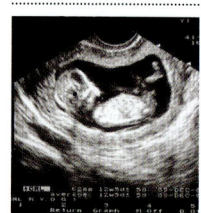

der/das Embryo -s;
Embryonen
[ˈɛmbryo]
....

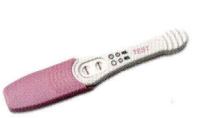

**der Schwangerschafts-
test** -s
[ˈʃvaŋɐʃaftstɛst]
....

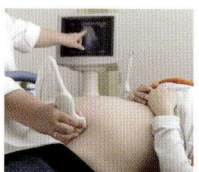

**die Ultraschallunter-
suchung** -en
[ˈʊltraʃalʔʊntɐzuːxʊŋ]
....

die Hebamme -n
[ˈheːpʔamə]
....

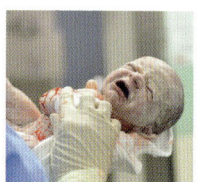

die Geburt -en
[gəˈbuːɐt]
....

Weitere Begriffe

schwanger [ˈʃvaŋɐ]

die Wehen Pl [ˈveːən]

pressen [ˈprɛsn̩]

die Nabelschnur -schnüre [ˈnaːbl̩ʃnuːɐ̯]

die Plazenta -s; Plazenten [plaˈtsɛnta]

das Fruchtwasser kein Pl [ˈfrʊxtvasɐ]

die Fruchtblase -n [ˈfrʊxtblaːzə]

SCHWANGERSCHAFT UND GEBURT

das Fläschchen -
['flɛʃçən]

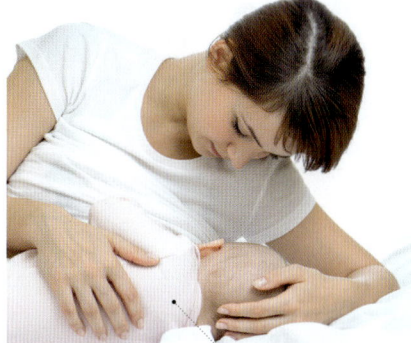

der Messlöffel -
['mɛslœfl̩]

das Milchpulver -
['mɪlçpʊlvɐ]

stillen
['ʃtɪlən]

der Säugling -e
['zɔyklɪŋ]

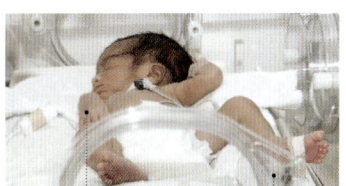

das Frühchen -
['fry:çən]

der Brutkasten
-kästen
['bru:tkastn̩]

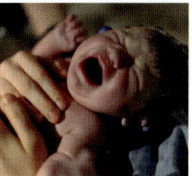

das Neugeborene -n
['nɔygəbo:rənə]

die Milchpumpe -n
['mɪlçpʊmpə]

Weitere Begriffe	
der Kreißsaal -säle ['kraisza:l]	
der Kaiserschnitt -e ['kaizɐʃnɪt]	
die Frühgeburt -en ['fry:gəbu:ɐ̯t]	
die Fehlgeburt -en ['fe:lgəbu:ɐ̯t]	
die eineiigen Zwillinge ['ain?aiɪgən 'tsvɪlɪŋə]	
die zweieiigen Zwillinge ['tsvai?aiɪgən 'tsvɪlɪŋə]	
das Geburtsgewicht -e [gə'bu:ɐ̯tsgəvɪçt]	

mit der Flasche füttern
[mɪt de:ɐ̯ 'flaʃə fʏtɐn]

DER ARZTBESUCH

den Blutdruck messen
[deːn ˈbluːtdrʊk mɛsn̩]

das Wartezimmer -
[ˈvartətsɪmɐ]

das Rezept -e
[reˈtsɛpt]

die Ärztin -nen
[ˈɛːɐ̯tstɪn]

die Patientin -nen
[paˈtsi̯ɛntɪn]

die Manschette -n
[manˈʃɛtə]

das Sprechzimmer -
[ˈʃprɛçtsɪmɐ]

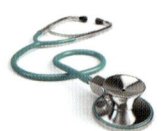

das Stethoskop -e
[ʃtetoˈskoːp]

**die Untersuchungs-
liege** -n
[ʊntɐˈzuːxʊŋsliːɡə]

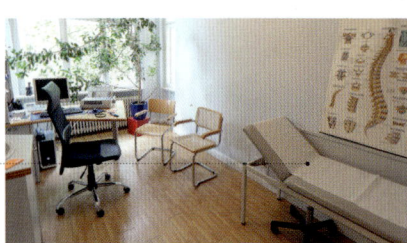

das Blutdruckmessgerät
-e [ˈbluːtdrʊkmɛsɡərɛːt]

Weitere Begriffe	
die Sprechstunde -n [ˈʃprɛçʃtʊndə]	
die Behandlung -en [bəˈhandlʊŋ]	
die Diagnose -n [di̯aˈɡnoːzə]	
die Überweisung -en [yːbɐˈvaizʊŋ]	
die Ergebnisse Pl [ɛɐ̯ˈɡeːpnɪsə]	
die Krankenkasse -n [ˈkraŋkn̩kasə]	
jemandem Blut abnehmen [jeːmandəm ˈbluːt apneːmən]	

SYMPTOME UND KRANKHEITEN

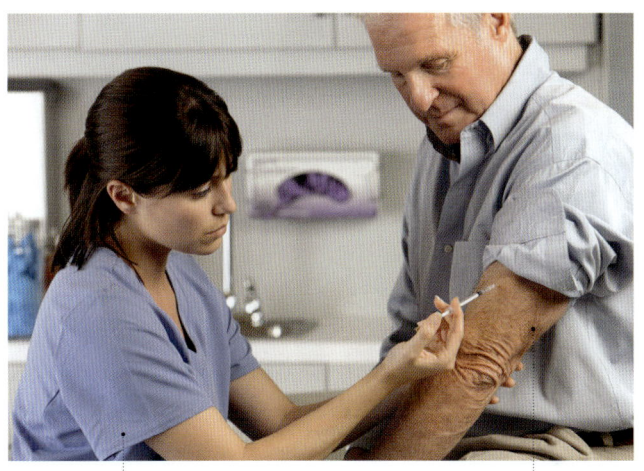

jemandem eine Spritze geben
[je:mandəm ainə ˈʃprɪtsə ge:bn̩]

....

eine Spritze bekommen
[ainə ˈʃprɪtsə bəkɔmən]

....

die Halsschmerzen Pl
[ˈhalsʃmɛrtsn̩]

....

die Kopfschmerzen Pl
[ˈkɔpfʃmɛrtsn̩]

....

Weitere Begriffe

das Virus Viren [ˈviːrʊs]

der Infekt -e [ɪnˈfɛkt]

die Allergie -n [alɛrˈgiː]

der Hautausschlag -ausschläge [ˈhaut?ausʃlaːk]

die Migräne -n [miˈgrɛːnə]

das Nasenbluten kein Pl [ˈnaːzn̩bluːtn̩]

die Bindehautentzündung -en [ˈbɪndəhaut?ɛnttsʏndʊŋ]

die Mittelohrentzündung -en [ˈmɪtl̩?oːɐ̯?ɛnttsʏndʊŋ]

der Durchfall -fälle [ˈdʊrçfal]

die Darmgrippe -n [ˈdarmgrɪpə]

der Schwindel kein Pl [ˈʃvɪndl̩]

die Übelkeit -en [ˈyːbl̩kait]

der Krampf Krämpfe [krampf]

die Bronchitis Bronchitiden [brɔnˈçiːtɪs]

die Blasenentzündung -en [ˈblaːzn̩?ɛnttsʏndʊŋ]

die Magenschmerzen
Pl
[ˈmaːgn̩ʃmɛrtsn̩]

....

die Zahnschmerzen Pl
[ˈtsaːnʃmɛrtsn̩]

....

SYMPTOME UND KRANKHEITEN

krank
[kraŋk]

....

der Schnupfen -
[ˈʃnʊpfn̩]

....

der Husten kein Pl
[ˈhuːstn̩]

....

gesund
[gəˈzʊnt]

....

die Erkältung -en
[ɛɐ̯ˈkɛltʊŋ]

....

die Grippe -n
[ˈgrɪpə]

....

das Niesen kein Pl
[ˈniːzn̩]

....

das Fieber -
[ˈfiːbɐ]

....

der Heuschnupfen -
[ˈhɔyʃnʊpfn̩]

....

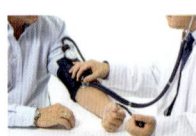

der hohe/niedrige
Blutdruck
[ˈhoːə/ˈniːdrɪgə
ˈbluːtdrʊk]

....

Weitere Begriffe	
die Entzündung -en [ɛntˈtsʏndʊŋ]	
die Mangelerscheinung -en [ˈmaŋl̩ʔɛɐ̯ʃainʊŋ]	
die Blutvergiftung -en [ˈbluːtfɐɡɪftʊŋ]	
die Schuppenflechte -n [ˈʃʊpn̩flɛçtə]	
die Kinderkrankheit -en [ˈkɪndɐkraŋkhait]	
die Röteln Pl [ˈrøːtl̩n]	
der/das Scharlach kein Pl [ˈʃarlax]	
die Windpocken Pl [ˈvɪntpɔkn̩]	
der Mumps kein Pl [mʊmps]	
der Keuchhusten kein Pl [ˈkɔyçhuːstn̩]	
die Masern Pl [ˈmaːzɐn]	
die Kinderlähmung -en [ˈkɪndɐlɛːmʊŋ]	
der Wundstarrkrampf kein Pl [ˈvʊntʃtarkrampf]	
die Tuberkulose -n [tuberkuˈloːzə]	
die Rachitis Rachitiden [raˈxiːtɪs]	
die Hirnhautentzündung -en [ˈhɪrnhautʔɛnttsʏndʊŋ]	
die Diphtherie -n [dɪfteˈriː]	
die Tollwut kein Pl [ˈtɔlvuːt]	

SYMPTOME UND KRANKHEITEN

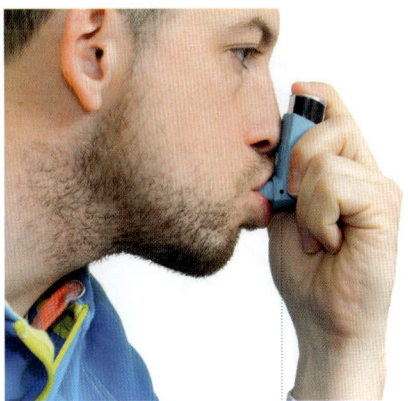

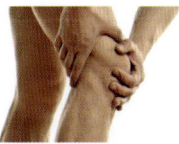

das Rheuma kein Pl
[ˈrɔyma]

....

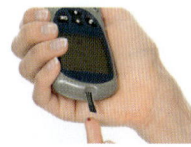

der Diabetes kein Pl
[diaˈbeːtɛs]

....

die Schlafstörung -en
[ˈʃlaːfʃtøːrʊŋ]

das Aids kein Pl
[eːts]

das Asthma kein Pl
[ˈastma]

....

der Inhalator -en
[ɪnhaˈlaːtoːɐ̯]

....

....

....

Weitere Begriffe

die Atemnot kein Pl [ˈaːtəmnoːt]

der Alzheimer kein Pl [ˈaltshaimɐ]

die Demenz -en [deˈmɛnts]

die Parkinsonkrankheit kein Pl
[ˈparkɪnzɔnkraŋkhait]

der Krebs kein Pl [kreːps]

das Geschwür -e [gəˈʃvyːɐ̯]

der Herzinfarkt -e [ˈhɛrtsʔɪnfarkt]

der Schlaganfall -anfälle [ˈʃlaːkʔanfal]

HIV-positiv/negativ
[haːʔiːfauˈpoːzitiːf/-ˈneːgatiːf]

die multiple Sklerose [mʊlˈtiːplə skleˈroːzə]

die Epilepsie -n [epilɛˈpsiː]

die Depression -en [deprɛˈsi̯oːn]

die Essstörung -en [ˈɛsʃtøːrʊŋ]

die Sucht Süchte [zʊxt]

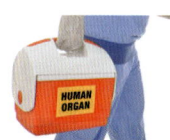

die Transplantation -en
[transplantaˈtsi̯oːn]

....

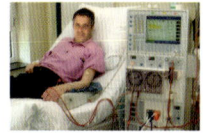

die Dialyse -n
[diaˈlyːzə]

....

BEHINDERUNGEN

der Blindenhund -e
[ˈblɪndn̩hʊnt]

der Blindenstock
-stöcke
[ˈblɪndn̩ʃtɔk]

der Schiebegriff -e
[ˈʃiːbəgrɪf]

der Rollstuhl -stühle
[ˈrɔlʃtuːl]

die Armlehne -n
[ˈarmleːnə]

der Greifreifen -
[ˈgraifraifn̩]

die Fußstütze -n
[ˈfuːsʃtʏtsə]

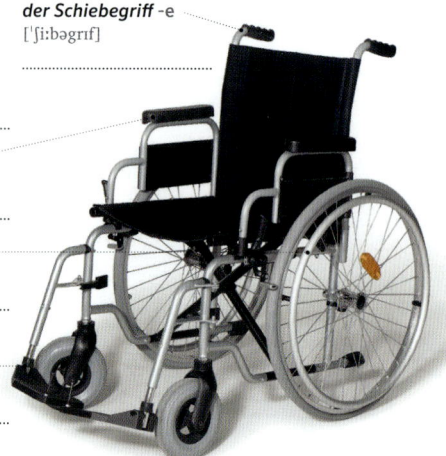

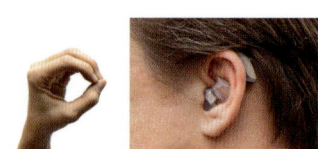

die Gebärdensprache -n
[gəˈbɛːɐ̯dn̩ʃpraːxə]

das Hörgerät -e
[ˈhøːɐ̯gərɛːt]

der Rollator -en
[rɔˈlaːtoːɐ̯]

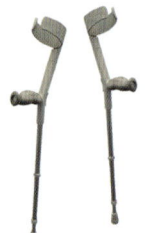

die Krücke -n
[ˈkrʏkə]

die Prothese -n
[proˈteːzə]

Weitere Begriffe
gelähmt [gəˈlɛːmt]
hinken [ˈhɪŋkən]
blind [blɪnt]
schwerhörig [ˈʃveːɐ̯høːrɪç]
gehörlos [gəˈhøːɐ̯loːs]
behindert [bəˈhɪndɐt]
schwerbehindert [ˈʃveːɐ̯bəhɪndɐt]

VERLETZUNGEN

die Verstauchung -en
[fɛɐ̯ˈʃtauxʊŋ]

die Verbrennung -en
[fɛɐ̯ˈbrɛnʊŋ]

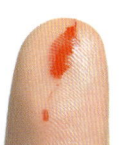

die Schnittwunde -n
[ˈʃnɪtvʊndə]

der Knochenbruch -brüche
[ˈknɔxn̩brʊx]

die Vergiftung -en
[fɛɐ̯ˈɡɪftʊŋ]

der Insektenstich -e
[ɪnˈzɛktn̩ʃtɪç]

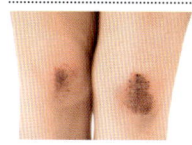

die Schürfwunde -n
[ˈʃʏrfvʊndə]

in Ohnmacht fallen
[ɪn ˈoːnmaxt falən]

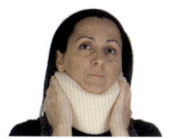

das Schleudertrauma -traumen; traumata
[ˈʃlɔydɐtrauma]

die Blase -n
[ˈblaːzə]

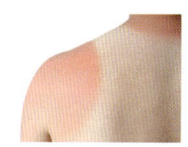

der Sonnenbrand -brände
[ˈzɔnənbrant]

der Bandscheiben- vorfall -vorfälle
[ˈbantʃaibn̩fɔɐ̯fal]

Weitere Begriffe

die Wunde -n [ˈvʊndə]

das Blut kein Pl [bluːt]

bluten [ˈbluːtn̩]

die Blutung -en [ˈbluːtʊŋ]

die Gehirnerschütterung -en [ɡəˈhɪrnʔɛɐ̯ʃʏtərʊŋ]

sich den Arm/einen Wirbel ausrenken
[zɪç deːn ˈarm/ainən ˈvɪrbl̩ ausrɛŋkn̩]

sich den Fuß verstauchen/brechen
[zɪç deːn ˈfuːs fɛɐ̯ʃtauxn̩/brɛçn̩]

der elektrische Schlag
[eˈlɛktrɪʃə ˈʃlaːk]

BEIM ZAHNARZT

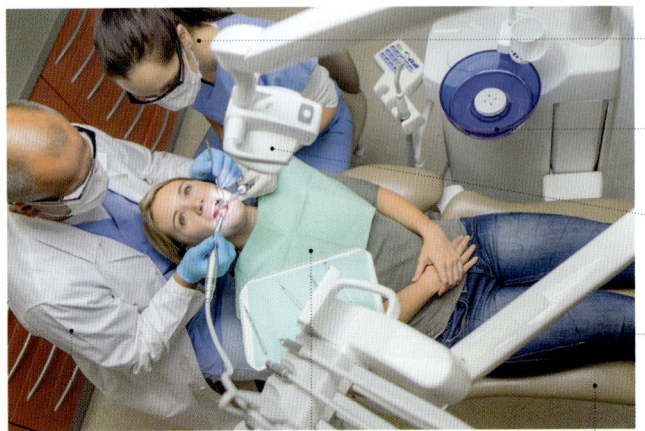

die Zahnarzthelferin
-nen
[ˈtsaːnʔaːɐ̯tsthɛlfərɪn]

das Mundspülbecken -
[ˈmʊntʃpyːlbɛkn̩]

**die Behandlungs-
lampe** -n
[bəˈhandlʊŋslampə]

die Patientin -nen
[paˈtsi̯ɛntɪn]

der Zahnarzt -ärzte
[ˈtsaːnʔaːɐ̯tst]

der Patientenumhang -umhänge
[paˈtsi̯ɛntn̩ʔʊmhaŋ]

der Zahnarztstuhl -stühle
[ˈtsaːnʔaːɐ̯tstʃtuːl]

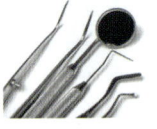

das Zahnarztbesteck -e
[ˈtsaːnʔaːɐ̯tstbəʃtɛk]

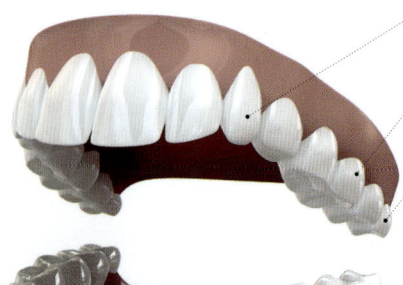

der Eckzahn -zähne
[ˈɛktsaːn]

der hintere Backenzahn
[ˈhɪntərə ˈbakn̩tsaːn]

der Weisheitszahn
-zähne
[ˈvaishaitstsaːn]

der vordere Backenzahn
[ˈfɔrdərə ˈbakn̩tsaːn]

der Schneidezahn
-zähne
[ˈʃnaidətsaːn]

der Mundschutz -e
[ˈmʊntʃʊts]

BEIM ZAHNARZT

der Zahn Zähne
[tsaːn]

....

der Zahnschmelz -e
[ˈtsaːnʃmɛlts]

....

das Zahnfleisch kein Pl
[ˈtsaːnflaiʃ]

....

die Zahnwurzel -n
[ˈtsaːnvʊrtsl̩]

....

der Nerv -en
[nɛrf]

....

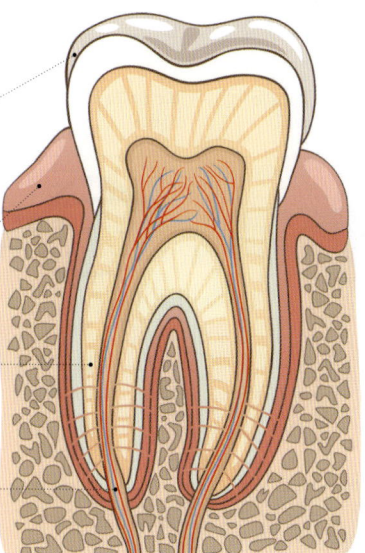

die Zahnprothese -n
[ˈtsaːnproteːzə]

....

die Knirscherschiene -n
[ˈknɪrʃɐʃiːnə]

....

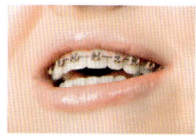

die Zahnspange -n
[ˈtsaːnʃpaŋə]

....

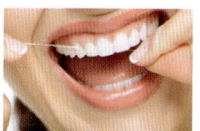

mit Zahnseide reinigen
[mɪt ˈtsaːnzaidə rainɪɡn̩]

....

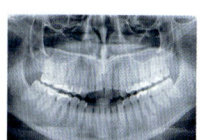

die Röntgenaufnahme
-n [ˈrœntɡn̩ʔaufnaːmə]

....

die Krone -n
[ˈkroːnə]

....

Weitere Begriffe

das Implantat -e [ɪmplanˈtaːt]

einen Zahn ziehen [ainən ˈtsaːn tsiːən]

die örtliche Betäubung [ˈœrtlɪçə bəˈtɔybʊŋ]

der Zahnbelag -beläge [ˈtsaːnbəlaːk]

die Karies kein Pl [ˈkaːri̯ɛs]

die Zahnfüllung -en [ˈtsaːnfʏlʊŋ]

die Wurzelbehandlung -en [ˈvʊrtsl̩bəhandlʊŋ]

das Mundwasser
-wässer [ˈmʊntvasɐ]

....

BEIM AUGENOPTIKER

das Auge -n
['augə]

die Pupille -n
[pu'pɪlə]

die Brille -n
['brɪlə]

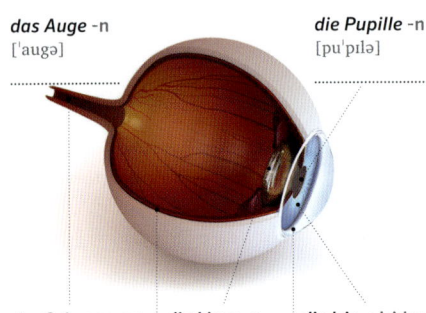

der Sehnerv -en
['ze:nɛrf]

die Linse -n
['lɪnzə]

die Iris -; Iriden
['i:rɪs]

das Brillengestell -e
['brɪləngəʃtɛl]

das Brillenglas -gläser
['brɪləngla:s]

die Netzhaut -häute
['nɛtshaut]

die Hornhaut -häute
['hɔrnhaut]

die Optikerin -nen
['ɔptikərɪn]

der Sehtest -s
['ze:tɛst]

der Kontaktlinsenbehälter -
[kɔn'taktlɪnzn̩bəhɛltɐ]

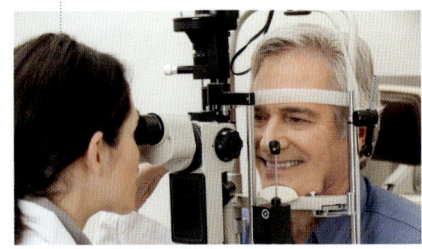

die Kontaktlinse -n
[kɔn'taktlɪnzə]

Weitere Begriffe	
die Augentropfen Pl ['augn̩trɔpfn̩]	
die Lesebrille -n ['le:zəbrɪlə]	
weitsichtig ['vaitzɪçtɪç]	
kurzsichtig ['kʊrtszɪçtɪç]	
die Gleitsichtbrille -n ['glaitzɪçtbrɪlə]	
der graue Star ['grauə 'ʃta:ɐ̯]	
der grüne Star ['gry:nə 'ʃta:ɐ̯]	

IM KRANKENHAUS

das Krankenzimmer -
[ˈkraŋkn̩tsɪmɐ]

das Einzelzimmer -
[ˈaintsl̩tsɪmɐ]

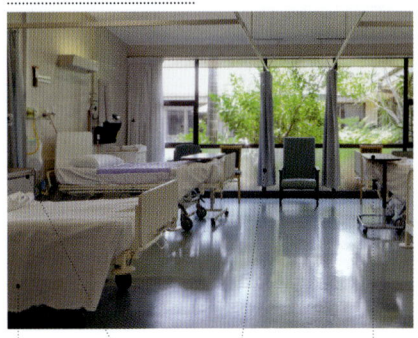

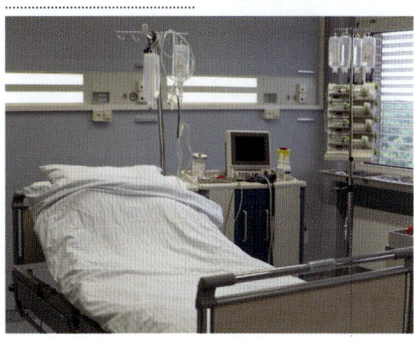

der Nachttisch -e
[ˈnaxttɪʃ]

der Krankentisch -e
[ˈkraŋkn̩tɪʃ]

der Infusionsständer -
[ɪnfuˈzi̯oːnsʃtɛndɐ]

das Krankenhausbett
-en
[ˈkraŋkn̩hausbɛt]

der Trennvorhang
-vorhänge
[ˈtrɛnfoːɐ̯haŋ]

Weitere Begriffe

aufgenommen werden [ˈaufgənɔmən veːɐ̯dn̩]

entlassen werden [ɛntˈlasn̩ veːɐ̯dn̩]

der ambulante Patient [ambuˈlantə paˈtsi̯ɛnt]

der stationäre Patient [ʃtatsi̯oˈnɛːrə paˈtsi̯ɛnt]

die Besuchszeiten Pl [bəˈzuːxstsaitn̩]

die Kinderstation -en [ˈkɪndɐʃtatsi̯oːn]

die Neurologie -n [nɔyroloˈgiː]

die Onkologie -n [ɔŋkoloˈgiː]

die Orthopädie -n [ɔrtopɛˈdiː]

die Kardiologie -n [kardi̯oloˈgiː]

die Gastroenterologie -n [gastroʔɛnteroloˈgiː]

die Gynäkologie -n [gynɛkoloˈgiː]

die Abteilung für Hals-Nasen-Ohrenheilkunde
-en [apˈtailuŋ fyːɐ̯ ˈhalsnaːznˈʔoːrənhailkundə]

der Notrufknopf
-knöpfe
[ˈnoːtruːfknɔpf]

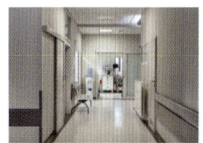

die Station -en
[ʃtaˈtsi̯oːn]

IM KRANKENHAUS

Die Chirurgie

die Operation -en
[opəraˈtsi̯oːn]

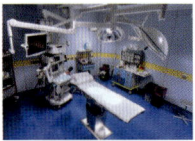

die Operationsleuchte
-n [opəraˈtsi̯oːnslɔyçtə]

der Operationssaal
-säle
[opəraˈtsi̯oːnszaːl]

der Chirurg -en
[çiˈrʊrk]

der Mundschutz -e
[ˈmʊntʃʊts]

die OP-Schwester -n
[oːˈpeːʃvɛstə]

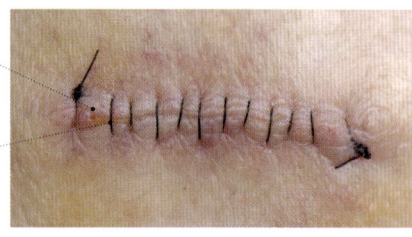

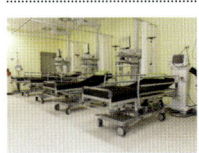

der Aufwachraum
-räume
[ˈaufvaxraum]

der Operationstisch -e
[opəraˈtsi̯oːnstɪʃ]

der OP-Mantel OP-Mäntel
[oːˈpeːmantl̩]

der Anästhesist -en
[anɛsteˈzɪst]

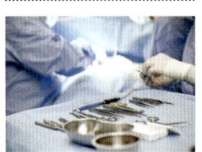

die Narbe -n
[ˈnarbə]

**das Operations-
besteck** -e
[opəraˈtsi̯oːnsbəʃtɛk]

die Fäden Pl
[ˈfɛːdn̩]

Weitere Begriffe

die Lokalanästhesie -n [loˈkaːlʔanɛstɛziː]

die Vollnarkose -n [ˈfɔlnarkoːzə]

die medizinische Nachversorgung
[mediˈtsiːnɪʃə ˈnaːxfɛɐzɔrɡʊŋ]

die Bettruhe kein Pl [ˈbɛtruːə]

die Genesung kein Pl [ɡəˈneːzʊŋ]

tot [toːt]

der Tod -e [toːt]

IM KRANKENHAUS
Die Unfallstation

die Intensivstation -en
[ɪntɛnˈziːfʃtatsi̯oːn]

....

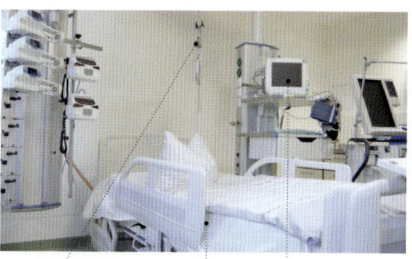

die Notaufnahme -n
[ˈnoːtʔaufnaːmə]

....

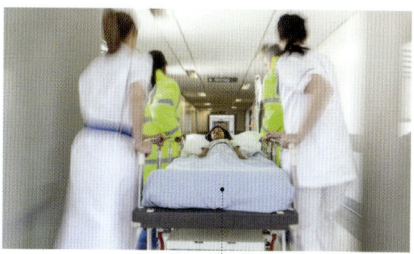

der Rufknopf -knöpfe
[ˈruːfknɔpf]

der Herzmonitor -e
[ˈhɛrtsmoːnitoːɐ̯]

....

die Fahrtrage -n
[ˈfaːɐ̯traːgə]

....

das Krankenhausbett -en
[ˈkraŋknhausbɛt]

....

das Röntgengerät -e
[ˈrœntgŋgərɛːt]

....

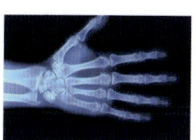

das Röntgenbild -er
[ˈrœntgnbɪlt]

....

der Warteraum -räume
[ˈvartəraum]

....

die Oberärztin -nen
[ˈoːbɐʔɛːɐ̯tstɪn]

....

Weitere Begriffe
die Computertomografie -n [kɔmˈpjuːtɐtomografiː]
die Strahlung -en [ˈʃtraːluŋ]
eine Diagnose stellen [ainə diaˈgnoːzə ʃtɛlən]
das Koma -s, -ta [ˈkoːma]
bewusstlos [bəˈvʊstloːs]
die Beatmung -en [bəˈʔaːtmuŋ]
wieder zu Bewusstsein kommen
[ˈviːdɐ tsu bəˈvʊstzain kɔmən]

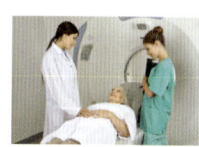

*die Kernspin-
tomografie* -n
[ˈkɛrnʃpɪntomografiː]

....

DIE APOTHEKE

das Medikament -e
[medikaˈmɛnt]

die Kapsel -n
[ˈkapsl̩]

der Hustensaft -säfte
[ˈhuːstn̩saft]

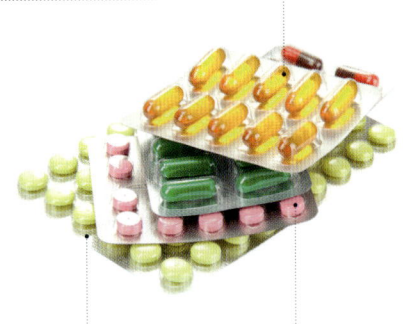

die Sichtverpackung -en
[ˈzɪçtfɛɐ̯pakʊŋ]

die Tablette -n
[taˈblɛtə]

die Dosierung -en
[doˈziːrʊŋ]

der Messbecher -
[ˈmɛsbɛçɐ]

das Zäpfchen -
[ˈtsɛpfçən]

die Salbe -n
[ˈzalbə]

die Spritze -n
[ˈʃprɪtsə]

die Apothekerin -nen
[apoˈteːkərɪn]

die Tropfen Pl
[ˈtrɔpfn̩]

der/das Spray -s
[ʃpreː]

die Vitamintablette -n
[vitaˈmiːntablɛtə]

die Brausetablette -n
[ˈbrauzətablɛtə]

DIE APOTHEKE

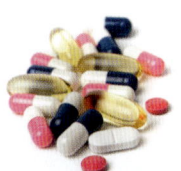

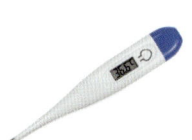

**das Nahrungsergän-
zungsmittel -**
[naːrʊŋsʔɛɐ̯ˈɡɛntsʊŋsmɪtl̩]

....

**das Sonnenschutz-
mittel -**
[ˈzɔnənʃʊtsmɪtl̩]

....

**der/das Mückenspray
-s**
[ˈmʏknʃpreː]

....

**das/der Fieber-
thermometer -**
[ˈfiːbɐtɛrmomeːtɐ]

....

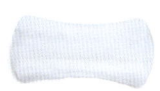

die Nagelfeile -n
[ˈnaːɡlfaɪlə]

....

der Tampon -s
[ˈtampɔn]

....

die Slipeinlage -n
[ˈslɪpʔainlaːɡə]

....

**das Feuchttuch
-tücher**
[ˈfɔyçttuːx]

....

der Lippenpflegestift -e
[ˈlɪpənpfleːɡəʃtɪft]

....

die Pinzette -n
[pɪnˈtsɛtə]

....

das Deodorant -s; -e
[deʔodoˈrant]

....

**das/der
Hustenbonbon -s**
[ˈhuːstnbɔŋˈbɔŋ]

....

Weitere Begriffe

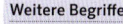

das Symptom -e [zʏmpˈtoːm]

die Nebenwirkung -en [ˈneːbn̩vɪrkʊŋ]

der Beipackzettel - [ˈbaipaktsɛtl̩]

das Schmerzmittel - [ˈʃmɛrtsmɪtl̩]

das Beruhigungsmittel - [bəˈruːɪɡʊŋsmɪtl̩]

die Schlaftablette -n [ˈʃlaːftablɛtə]

das Verfallsdatum -daten [fɛɐ̯ˈfalsdaːtʊm]

der Ohrstöpsel -
[ˈoːɐ̯ʃtœpsl̩]

....

DIE ALTERNATIVMEDIZIN

die Meditation -en
[medita'tsi̯oːn]

das Yoga kein Pl
['joːga]

das Tai-Chi kein Pl
[tai'tʃiː]

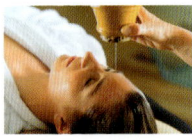

das Ayurveda kein Pl
[ajʊr'veːda]

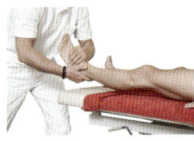

die Osteopathie kein Pl
[ɔsteopa'tiː]

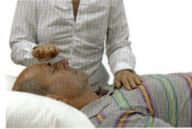

das Reiki kein Pl
['raɪki]

die Massage -n
[ma'saːʒə]

die Hypnose -n
[hyp'noːzə]

**die traditionelle chine-
sische Medizin**
[traditsi̯o'nɛlə çi'neːzɪʃə
medi'tsiːn]

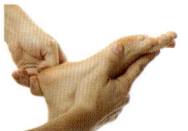

**die Fußreflexzonen-
massage** -n
['fuːsreflɛkstsoːnən-
masaːʒə]

**das homöopathische
Heilmittel**
[homøo'paːtɪʃə 'hailmɪtl̩]

die Kräuterheilkunde
kein Pl
['krɔytɐhailkʊndə]

die Akupunktur -en
[akupʊŋk'tuːɐ̯]

Weitere Begriffe

die Kur -en [kuːɐ̯]

die Palliativmedizin kein Pl [palia'tiːfmeditsiːn]

die Entspannung -en [ɛnt'ʃpanʊŋ]

die Entgiftung -en [ɛnt'gɪftʊŋ]

die Entziehungskur -en [ɛnt'tsiːʊŋskuːɐ̯]

einen Entzug machen [ainən ɛnt'tsuːk maxn̩]

die Therapie -n [tera'piː]

WELLNESS

die Gesichtsbehandlung -en
[gəˈzɪçtsbəhandlʊŋ]

die Sauna -s; Saunen
[ˈzauna]

die Kosmetikerin -nen
[kɔsˈmeːtikərɪn]

die Gesichtsmaske -n
[gəˈzɪçtsmaskə]

der Ofen Öfen
[ˈoːfn̩]

die Bank Bänke
[baŋk]

der Kopfkeil -e
[ˈkɔpfkail]

der Aufgusskübel -
[ˈaufgʊskyːbl̩]

der Ruheraum -räume
[ˈruːəraum]

das Mineralbad -bäder
[mineˈraːlbaːt]

die Maniküre -n
[maniˈkyːrə]

die Pediküre -n
[pediˈkyːrə]

Weitere Begriffe
das Dampfbad -bäder [ˈdampfbaːt]
der Aufguss -güsse [ˈaufgʊs]
das Peeling -s [ˈpiːlɪŋ]
der Teint -s [tɛ̃ː]
reinigen [ˈrainɪgn̩]
Ich habe empfindliche/trockene Haut.
[ɪç haːbə ɛmˈpfɪntlɪçə/ˈtrɔkənə ˈhaut]
Ich habe fettige/normale Haut. [ɪç haːbə ˈfɛtɪgə/nɔrˈmaːlə ˈhaut]

das Solarium -rien
[zoˈlaːri̯ʊm]

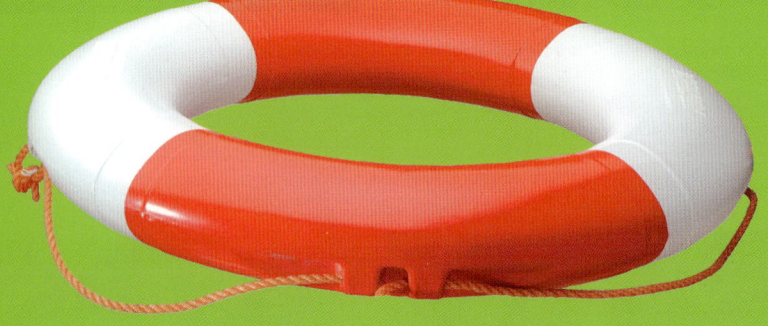

NOTFÄLLE

ERSTE HILFE

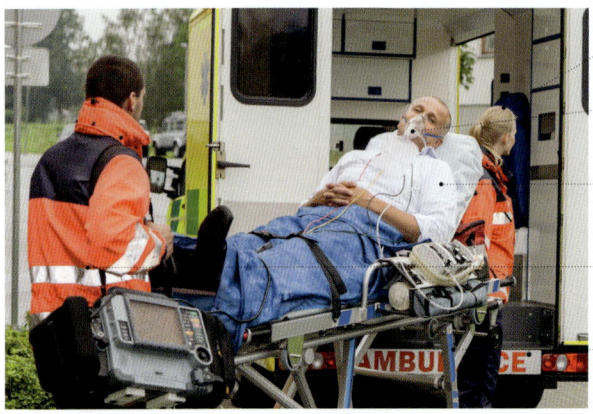

der Rettungswagen -
[ˈrɛtʊŋsvaːgn̩]

die Sanitäterin -nen
[zaniˈtɛːtərɪn]

die Sauerstoffmaske -n
[ˈzauɐʃtɔfmaskə]

das Unfallopfer -
[ˈʊnfalʔɔpfɐ]

der Sanitäter -
[zaniˈtɛːtɐ]

die Trage -n
[ˈtraːgə]

der Unfallort -e
[ˈʊnfalʔɔrt]

der Rettungsdienst -e
[ˈrɛtʊŋsdiːnst]

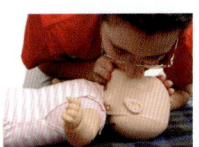

die Mund-zu-Mund-Beatmung -en
[mʊnttsuˈmʊntbəʔaːtmʊŋ]

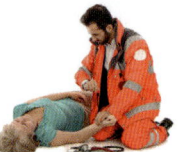

die Pulsmessung -en
[ˈpʊlsmɛsʊŋ]

die stabile Seitenlage
[ʃtaˈbiːlə ˈzaitn̩laːgə]

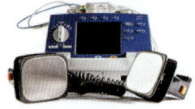

der Defibrillator -en
[defibrɪˈlaːtoːɐ]

Weitere Begriffe	
der Unfall Unfälle [ˈʊnfal]	
die Wiederbelebung -en [ˈviːdɐbəleːbʊŋ]	
die Herzdruckmassage -n [ˈhɛrtsdrʊkmasaːʒə]	
der Puls -e [pʊls]	
erste Hilfe leisten [eːɐstə ˈhɪlfə laistn̩]	
der Notarzt -ärzte [ˈnoːtʔaːɐtst]	
die Notärztin -nen [ˈnoːtʔɛːɐtstɪn]	

ERSTE HILFE

das Verbandszeug kein Pl
[fɛɐ̯ˈbantstsɔyk]

der Verband Verbände
[fɛɐ̯ˈbant]

das Leukoplast® kein Pl
[lɔykoˈplast]

das Pflaster -
[ˈpflastɐ]

die Verbandschere -n
[fɛɐ̯ˈbantʃeːrə]

der Erste-Hilfe-Kasten
-Kästen
[eːɐ̯stəˈhɪlfəkastn̩]

der Erste-Hilfe-Kurs -e
[eːɐ̯stəˈhɪlfəkʊrs]

das Desinfektions-
mittel -
[dɛsʔɪnfɛkˈtsi̯oːnsmɪtl̩]

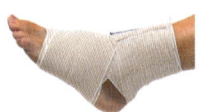

die Bandage -n
[banˈdaːʒə]

Weitere Begriffe

überleben [yːbɐˈleːbn̩]

traumatisiert [traumatiˈziːɐ̯t]

unter Schock stehen [ʊntɐ ˈʃɔk ʃteːən]

der Schock -s [ʃɔk]

die Blutspende -n [ˈbluːtʃpɛndə]

die Organspende -n [ɔrˈɡaːnʃpɛndə]

das Adrenalin kein Pl [adrenaˈliːn]

die Mullbinde -n
[ˈmʊlbɪndə]

DIE POLIZEI

der Dienstgürtel -
[ˈdiːnstɡʏrtl̩]

....

das Handfunkgerät -e
[ˈhantfʊŋɡərɛːt]

....

die Pistole -n
[pɪsˈtoːlə]

....

der Schlagstock -stöcke
[ˈʃlaːkʃtɔk]

....

die Handschellen Pl
[ˈhantʃɛlən]

....

die Uniform -en
[uniˈfɔrm]

....

der Fingerabdruck
-abdrücke
[ˈfɪŋɐʔapdrʊk]

....

der Tatort -e
[ˈtaːtʔɔrt]

....

die Polizistin -nen
[poliˈtsɪstɪn]

....

der Polizist -en
[poliˈtsɪst]

....

das Polizeiabzeichen -
[poliˈtsaiʔaptsaiçn]

....

Weitere Begriffe	
der Zeuge -n [ˈtsɔyɡə]	
die Zeugin -nen [ˈtsɔyɡɪn]	
der Verbrecher - [fɛɡˈbrɛçɐ]	
die Verbrecherin -nen [fɛɡˈbrɛçərɪn]	
der Kriminalbeamte -n [krimiˈnaːlbəʔamtə]	
die Kriminalbeamtin -nen [krimiˈnaːlbəʔamtɪn]	
der/die Verdächtige -n [fɛɡˈdɛçtɪɡə]	

DIE POLIZEI

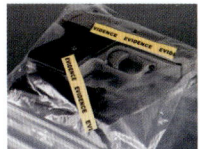

das Polizeiauto -s
[poliˈtsaiʔauto]

die Lichtleiste -n
[ˈlɪçtlaistə]

das Martinshorn
-hörner
[ˈmartiːnzhɔrn]

das Beweisstück -e
[bəˈvaisʃtʏk]

das Gefängnis -se
[gəˈfɛŋnɪs]

der Einbruch
Einbrüche
[ˈainbrʊx]

der Diebstahl
Diebstähle
[ˈdiːpʃtaːl]

die Festnahme -n
[ˈfɛstnaːmə]

die Gewalt kein Pl
[gəˈvalt]

der Raubüberfall
-überfälle [ˈraupʔyːbɐfal]

der Taschendiebstahl
-diebstähle [ˈtaʃn̩diːpʃtaːl]

die Entführung -en
[ɛntˈfyːrʊŋ]

Weitere Begriffe

die Straftat -en [ˈʃtraːftaːt]
die Körperverletzung -en [ˈkœrpɐfɛɐlɛtsʊŋ]
die Vergewaltigung -en [fɛɐɡəˈvaltɪɡʊŋ]
der Mord -e [mɔrt]
der Überfall Überfälle [ˈyːbɐfal]
fliehen [ˈfliːən]
die Schuld kein Pl [ʃʊlt]

POLICE LINE DO NOT C

POLICE LINE DO NOT CI

die Polizeiabsperrung
-en
[poliˈtsaiʔapʃpɛrʊŋ]

DIE FEUERWEHR

der Feuerlöscher -
[ˈfɔyɐlœʃɐ]

der Hydrant -en
[hyˈdrant]

der Feuerwehrmann -männer
[ˈfɔyɐveːɐman]

....

das Visier -e
[viˈziːɐ]

....

der Feuerwehrhelm -e
[ˈfɔyɐveːɐhɛlm]

....

die Feuerwehrschutzjacke -n
[fɔyɐveːɐʃʊtsjakə]

....

der Reflexstreifen -
[reˈflɛksʃtraifn̩]

....

der Feuerwehrschlauch -schläuche
[ˈfɔyɐveːɐʃlaux]

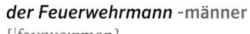

die Brandbekämpfung
-en
[ˈbrantbəkɛmpfʊŋ]

die Axt Äxte
[akst]

der Notausgang
-ausgänge
[ˈnoːtʔausgaŋ]

der Rauchmelder -
[ˈrauxmɛldɐ]

die Feuerwache -n
[ˈfɔyɐvaxə]

das Löschfahrzeug -e
[ˈlœʃfaːɐtsɔyk]

IN DEN BERGEN

der Helm -e
[hɛlm]

die Bergwacht -en
[ˈbɛrkvaxt]

der Rettungseinsatz
-einsätze
[ˈrɛtʊŋsʔainzatz]

der Karabiner -
[karaˈbiːnɐ]

das Seil -e
[zail]

die Einsatzkraft -kräfte
[ˈainzatskraft]

der Rettungsschlitten -
[ˈrɛtʊŋsʃlɪtn̩]

das Schneemobil -e
[ˈʃneːmobiːl]

das Fangnetz -e
[ˈfaŋnɛts]

die Lawine -n
[laˈviːnə]

das LVS-Gerät -e
[ɛlfauˈʔɛsɡərɛːt]

der Rettungshund -e
[ˈrɛtʊŋshʊnt]

**der Rettungshub-
schrauber** -
[ˈrɛtʊŋshuːpʃraubɐ]

der Lawinenschutz
kein Pl
[laˈviːnənʃʊts]

**das Lawinenwarn-
schild** -er
[laˈviːnənvarnʃɪlt]

DAS MEER

die Schwimmweste -n
[ˈʃvɪmvɛstə]

der Rettungsring -e
[ˈrɛtʊŋsrɪŋ]

der Sammelpunkt -e
[ˈzamlpʊŋkt]

der Sturm Stürme
[ʃtʊrm]

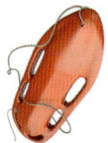

die Rettungsboje -n
[ˈrɛtʊŋsboːjə]

der Rettungs-schwimmer -
[ˈrɛtʊŋsʃvɪmɐ]

der Wachturm -türme
[ˈvaxtʊrm]

der Tsunami -s
[tsuˈnaːmi]

das Küstenwachboot -e
[ˈkʏstn̩vaxboːt]

das Rettungsboot -e
[ˈrɛtʊŋsboːt]

kentern
[ˈkɛntɐn]

der Schiffbruch -brüche
[ˈʃɪfbrʊx]

Weitere Begriffe

der/die Vermisste -n [fɛɐˈmɪstə]

das Rettungstau -e; -s [ˈrɛtʊŋstau]

die Wetterbedingungen Pl
[ˈvɛtɐbədɪŋʊŋən]

der Seewetterbericht -e [ˈzeːvɛtɐbərɪçt]

die Suche -n [ˈzuːxə]

ertrinken [ɛɐˈtrɪŋkn̩]

in Seenot geraten [ɪn ˈzeːnoːt gəraːtn̩]

WEITERE NOTSITUATIONEN

die Explosion -en
[ɛksploˈzi̯oːn]

die Epidemie -n
[epideˈmiː]

die Evakuierung -en
[evakuˈiːruŋ]

der Bombenalarm -e
[ˈbɔmbənʔalarm]

die nukleare Katastrophe
[nukleˈaːrə kataˈstroːfə]

die Notlandung -en
[ˈnoːtlanduŋ]

der Terrorangriff -e
[ˈtɛroːɐ̯ʔangrɪf]

retten
[ˈrɛtn̩]

die Notrufnummer -n
[ˈnoːtruːfnʊmɐ]

die Überwachungs-kamera -s
[yːbəˈvaxʊŋskaməra]

der Verletzte -n
[fɛɐ̯ˈlɛtstə]

die Verletzung -en
[fɛɐ̯ˈlɛtsʊŋ]

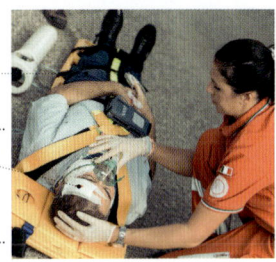

Weitere Begriffe

die Suchmannschaft -en [ˈzuːxmanʃaft]

die Gefahr -en [ɡəˈfaːɐ̯]

Hilfe! [ˈhɪlfə]

Es ist ein Unfall passiert! [ɛs ɪst ain ˈʊnfal pasiːɐ̯t]

Rufen Sie die Polizei! [ruːfn̩ ziː diː poliˈtsai]

Rufen Sie die Feuerwehr! [ruːfn̩ ziː diː ˈfɔyɐveːɐ̯]

Rufen Sie einen Rettungswagen! [ruːfn̩ ziː ainən ˈrɛtʊŋsvaːɡn̩]

Achtung, Gefahr!
[ˈaxtʊŋ ɡəˈfaːɐ̯]

ERDE UND NATUR

DER WELTRAUM

das Sonnensystem -e
[ˈzɔnənzʏsteːm]

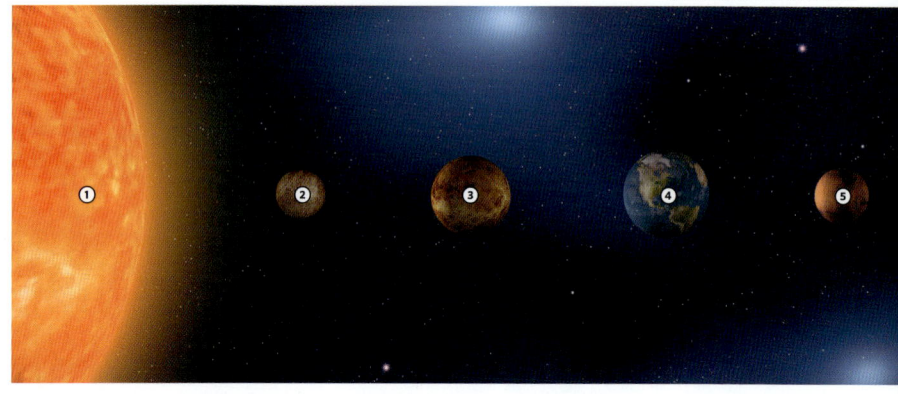

① die Sonne
hier: kein Pl
[ˈzɔnə]

② der Merkur
kein Pl
[mɛrˈkuːɐ̯]

③ die Venus
kein Pl
[ˈveːnʊs]

④ die Erde
hier: kein Pl
[ˈeːɐ̯də]

⑤ der Mars
kein Pl
[mars]

die Mondphasen Pl
[ˈmoːntfaːzn̩]

⑤ die Mondsichel -n
[ˈmoːntzɪçl̩]

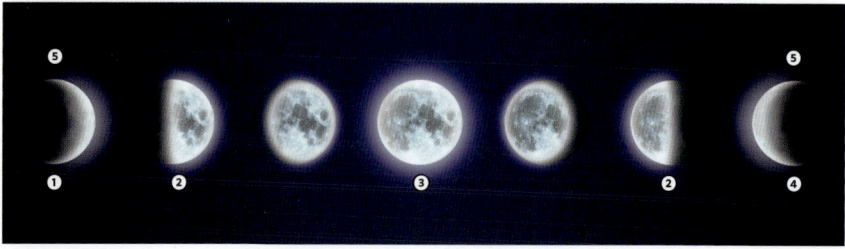

① der zunehmende Mond
[ˈtsuːneːməndə ˈmoːnt]

② der Halbmond -e
[ˈhalpmoːnt]

③ der Vollmond -e
[ˈfɔlmoːnt]

④ der abnehmende Mond
[ˈapneːməndə ˈmoːnt]

DER WELTRAUM

⑥ der Jupiter
kein Pl
[ˈjuːpitɐ]

....

⑦ der Saturn
kein Pl
[zaˈtʊrn]

....

⑧ der Uranus
kein Pl
[ˈuːranʊs]

....

⑨ der Neptun
kein Pl
[nɛpˈtuːn]

....

das Raumschiff -e
[ˈraumʃɪf]

....

① der Außentank -s
[ˈausn̩taŋk]

....

② der Booster -
[ˈbuːstɐ]

....

③ der Orbiter -
[ˈɔrbɪtɐ]

....

DER WELTRAUM

die Sonnenfinsternis -se
[ˈzɔnənfɪnstɛnɪs]

....

die Galaxie -n
[galaˈksiː]

....

die Milchstraße -n
[ˈmɪlçʃtraːsə]

....

der Komet -en
[koˈmeːt]

....

der Asteroid -en
[asteroˈiːt]

....

der Planet -en
[plaˈneːt]

....

der Meteor -e
[meteˈoːɐ̯]

....

das Universum
Universen
[uniˈvɛrzʊm]

....

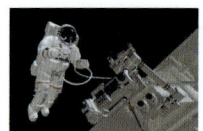

der Astronaut -en
[astroˈnaut]

....

der Satellit -en
[zatɛˈliːt]

....

die Sternwarte -n
[ˈʃtɛrnvartə]

....

das Radioteleskop -e
[ˈraːdi̯oteleskoːp]

....

der Nebel -
[ˈneːbl̩]

....

Weitere Begriffe
die Schwerkraft -kräfte [ˈʃveːɐ̯kraft]
die Umlaufbahn -bahnen [ˈʊmlaufbaːn]
das Lichtjahr -e [ˈlɪçtjaːɐ̯]
der Urknall kein Pl [ˈuːɐ̯knal]
der Stern -e [ʃtɛrn]
die Raumstation -en [ˈraumʃtatsi̯oːn]
die Astronomie kein Pl [astronoˈmiː]

DIE ERDE

① *der Nordpol* kein Pl
[ˈnɔrtpoːl]

....

② *das Binnenmeer* -e
[ˈbɪnənmeːɐ̯]

....

③ *die Halbinsel* -n
[ˈhalpʔɪnzl̩]

....

④ *die Meerenge* -n
[ˈmeːɐ̯ʔɛŋə]

....

⑤ *der Golf* -e
[ɡɔlf]

....

⑥ *der Kontinent* -e
[ˈkɔntinɛnt]

....

⑦ *das Meer* -e
[meːɐ̯]

....

⑧ *das Land* Länder
[lant]

....

⑨ *die Gebirgskette* -n
[ɡəˈbɪrksketə]

....

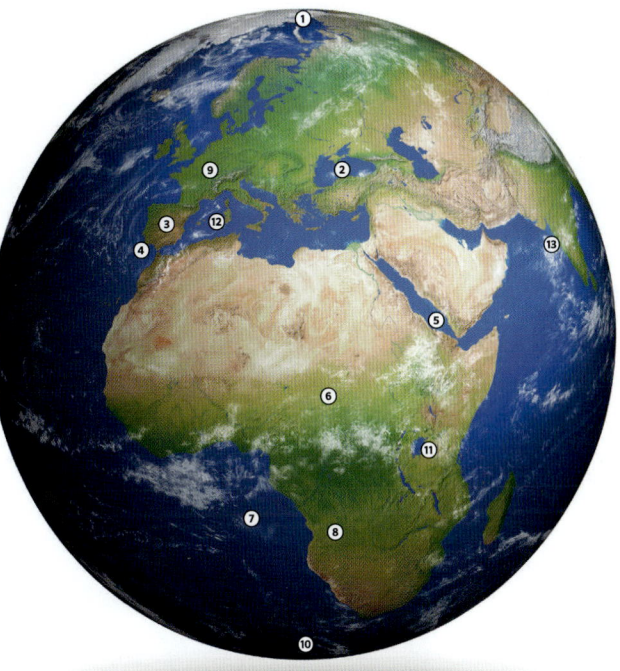

⑩ *der Südpol* kein Pl
[ˈzyːtpoːl]

....

⑪ *der See* -n
[zeː]

....

⑫ *die Insel* -n
[ˈɪnzl̩]

....

⑬ *die Bucht* -en
[bʊxt]

....

Weitere Begriffe

die Atmosphäre -n [atmoˈsfɛːrə]

der Erdmantel -mäntel [ˈɛːɐ̯tmantl̩]

die Erdkruste -n [ˈɛːɐ̯tkrʊstə]

der innere Erdkern [ˈɪnərə ˈɛːɐ̯tkɛrn]

der äußere Erdkern [ˈɔysərə ˈɛːɐ̯tkɛrn]

die Platte -n [ˈplatə]

die Erde hier: kein Pl [ˈeːɐ̯də]

DIE WELTKARTE

① *das Nordpolarmeer*
[ˈnɔrtpolaːɐ̯meːɐ̯]

....

⑥ *der Pazifische Ozean*
[paˈtsiːfɪʃə ˈoːtseaːn]

....

⑦ *der Atlantische Ozean*
[atˈlantɪʃə ˈoːtseaːn]

....

⑧ *der Indische Ozean*
[ˈɪndɪʃə ˈoːtseaːn]

....

⑨ *das Arabische Meer*
[aˈraːbɪʃə ˈmeːɐ̯]

....

⑩ *das Karibische Meer*
[kaˈriːbɪʃə ˈmeːɐ̯]

....

⑪ *das Mittelmeer*
[ˈmɪtl̩meːɐ̯]

....

⑫ *die Nordsee*
[ˈnɔrtzeː]

....

⑬ *die Ostsee*
[ˈɔstzeː]

....

⑭ *das Kaspische Meer*
[ˈkaspɪʃə ˈmeːɐ̯]

....

⑮ *das Schwarze Meer*
[ˈʃvartsə ˈmeːɐ̯]

....

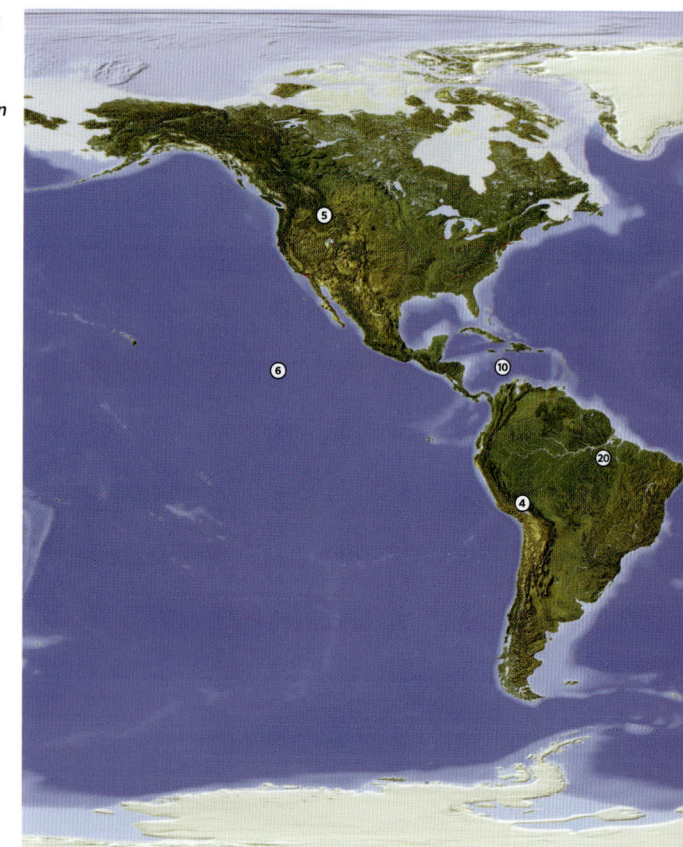

⑯ *der Ärmelkanal*
[ˈɛrml̩kanaːl]

....

⑰ *das Rote Meer*
[ˈroːtə ˈmeːɐ̯]

....

⑱ *das Südpolarmeer*
[ˈzyːtpolaːɐ̯meːɐ̯]

....

② *der Himalaja*
[hiˈmaːlaja]

③ *die Alpen* Pl
[ˈalpn̩]

④ *die Anden* Pl
[ˈandn̩]

⑤ *die Rocky Mountains* Pl
[ˈrɔki ˈmauntn̩s]

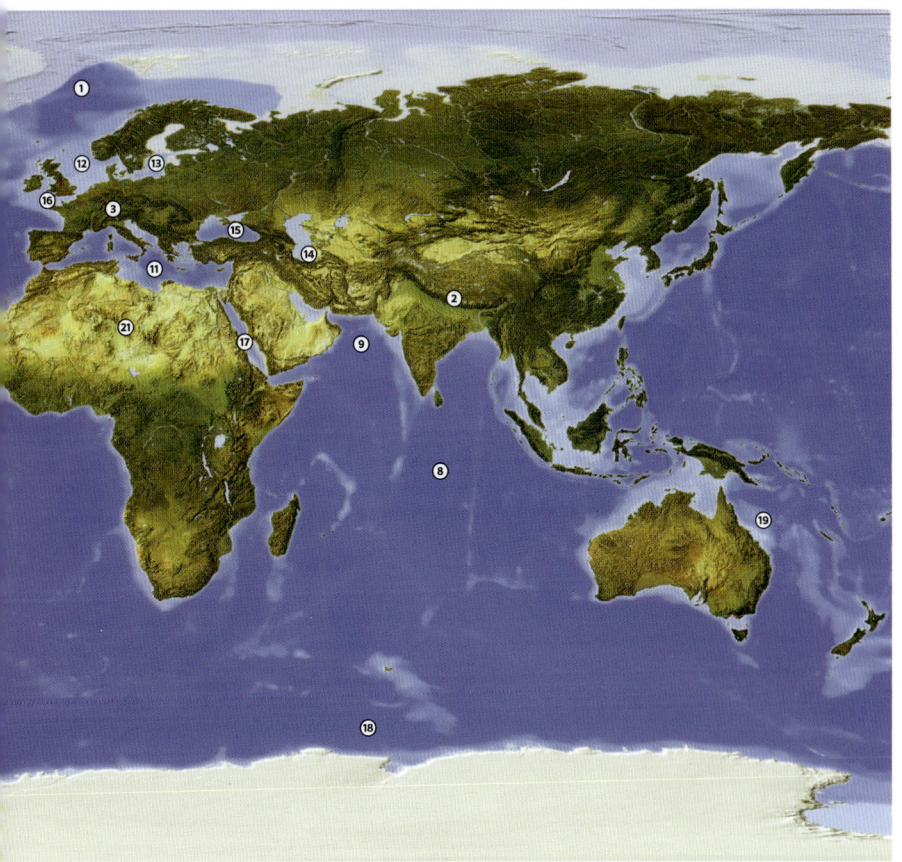

⑲ *das Great Barrier Reef*
[ˈɡreɪt ˈbæriə ˈriːf]

⑳ *Amazonien*
[amaˈtsoːnjən]

㉑ *die Sahara*
[zaˈhaːra]

DIE WELTKARTE

die Nordhalbkugel -n
['nɔrthalpkuːgl̩]

die Arktis kein Pl
['arktɪs]

der nördliche Wendekreis
['nœrtlɪçə 'vɛndəkrais]

die westliche Hemisphäre
['vɛstlɪçə hemi'sfɛːrə]

die östliche Hemisphäre
['œstlɪçə hemi'sfɛːrə]

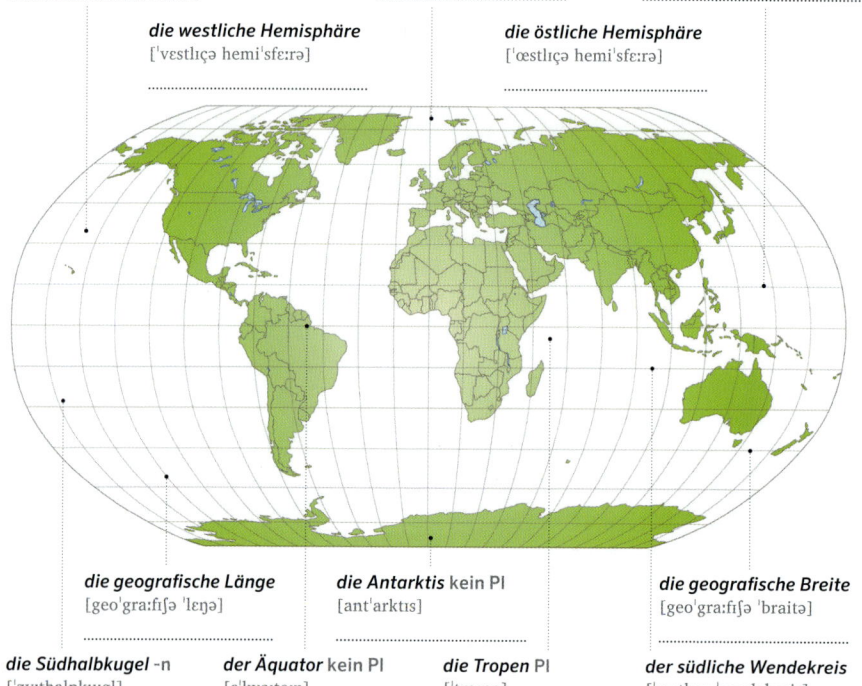

die geografische Länge
[geo'graːfɪʃə 'lɛŋə]

die Antarktis kein Pl
[ant'arktɪs]

die geografische Breite
[geo'graːfɪʃə 'braitə]

die Südhalbkugel -n
['zyːthalpkuːgl̩]

der Äquator kein Pl
[ɛ'kvaːtoːɐ̯]

die Tropen Pl
['troːpn̩]

der südliche Wendekreis
['zyːtlɪçə 'vɛndəkrais]

Weitere Begriffe		
der nördliche Polarkreis	*das Territorium* -rien [teri'toːriʊm]
['nœrtlɪçə po'laːɐ̯krais]	*das Fürstentum* -tümer ['fʏrstn̩tuːm]
der südliche Polarkreis	*das Königreich* -e ['køːnɪkraiç]
['zyːtlɪçə po'laːɐ̯krais]	*die Republik* -en [repu'bliːk]
das Land Länder [lant]	*die Kolonie* -n [kolo'niː]
der Staat -en [ʃtaːt]	*die Provinz* -en [pro'vɪnts]
die Nation -en [na'tsjoːn]	*die Region* -en [re'gjoːn]
	die Hauptstadt -städte ['hauptʃtat]

UN-MITGLIEDSSTAATEN

Europa

Albanien
[alˈbaːni̯ən]

Andorra
[anˈdɔra]

Belgien
[ˈbɛlgi̯ən]

Bosnien und Herzegowina [ˈbɔsni̯ən ʊnt hɛrtseˈgoːvina]

Bulgarien
[bʊlˈgaːri̯ən]

Dänemark
[ˈdɛːnəmark]

Deutschland
[ˈdɔytʃlant]

Estland
[ˈeːstlant]

Finnland
[ˈfɪnlant]

Frankreich
[ˈfraŋkrai̯ç]

Griechenland
[ˈgriːçn̩lant]

Irland
[ˈɪrlant]

Island
[ˈiːslant]

Italien
[iˈtaːli̯ən]

Kroatien
[kroˈaːtsi̯ən]

Lettland
[ˈlɛtlant]

UN-MITGLIEDSSTAATEN

Europa

Liechtenstein
[ˈlɪçtṇʃtain]

Litauen
[ˈliːtauən]

Luxemburg
[ˈlʊksəmbʊrk]

Malta
[ˈmalta]

Moldawien
[mɔlˈdaːvi̯ən]

Monaco
[moˈnako]

Montenegro
[mɔnteˈneːgro]

die Niederlande Pl
[ˈniːdɐlandə]

Nordmazedonien
[ˈnɔrtmatseˈdoːni̯ən]

Norwegen
[ˈnɔrveːgṇ]

Österreich
[ˈøːstəraiç]

Polen
[ˈpoːlən]

Portugal
[ˈpɔrtugal]

Rumänien
[ruˈmɛːni̯ən]

Russland
[ˈrʊslant]

San Marino
[zan maˈriːno]

UN-MITGLIEDSSTAATEN

Europa

Schweden
[ˈʃveːdn̩]

die Schweiz
[ʃvaits]

Serbien
[ˈzɛrbiən]

die Slowakei
[slovaˈkai]

Slowenien
[sloˈveːniən]

Spanien
[ˈʃpaːniən]

Tschechien
[ˈtʃɛçiən]

die Ukraine
[ukraˈiːnə]

Ungarn
[ˈʊŋgarn]

das Vereinigte Königreich
[fɛɐˈainiçtə ˈkøːnɪkraiç]

Weißrussland
[ˈvaisrʊslant]

Zypern
[ˈtsyːpɐn]

Nord- und Mittelamerika

Antigua und Barbuda
[anˈtiːgu̯a ʊnt barˈbuːda]

die Bahamas Pl
[baˈhaːmas]

Barbados
[barˈbaːdɔs]

Belize
[bəˈliːz]

UN-MITGLIEDSSTAATEN

Nord- und Mittelamerika

Costa Rica
[ˈkɔsta ˈriːka]

Dominica
[doˈmiːnika]

die Dominikanische Republik
[dominiˈkaːnɪʃə repuˈbliːk]

El Salvador
[ɛl zalvaˈdoːɐ̯]

Grenada
[greˈnaːda]

Guatemala
[gu̯ateˈmaːla]

Haiti
[haˈiːti]

Honduras
[hɔnˈduːras]

Jamaika
[jaˈmaika]

Kanada
[ˈkanada]

Kuba
[ˈkuːba]

Mexiko
[ˈmɛksiko]

Nicaragua
[nikaˈraːgu̯a]

Panama
[ˈpanama]

St. Kitts und Nevis
[sn̩t ˈkɪts ʊnt ˈniːvɪs]

St. Lucia
[sn̩t ˈluːʃə]

UN-MITGLIEDSSTAATEN
Nord- und Mittelamerika

St. Vincent und die Grenadinen
[sn̩t ˈvɪnsənt ʊnt di: grenaˈdi:nən]

....

Trinidad und Tobago
[ˈtrɪnidat ʊnt toˈba:go]

....

die Vereinigten Staaten Pl
[fɛɐ̯ˈainɪçtn̩ ˈʃta:tn̩]

....

Südamerika

Argentinien
[argɛnˈti:ni̯ən]

....

Bolivien
[boˈli:vi̯ən]

....

Brasilien
[braˈzi:li̯ən]

....

Chile
[ˈtʃi:le]

....

Ecuador
[eku̯aˈdo:ɐ̯]

....

Guyana
[guˈja:na]

....

Kolumbien
[koˈlʊmbi̯ən]

....

Paraguay
[ˈpa:ragu̯ai]

....

Peru
[peˈru:]

....

Suriname
[zuriˈna:mə]

....

Uruguay
[ˈu:rugvai]

....

Venezuela
[veneˈtsu̯e:la]

....

UN-MITGLIEDSSTAATEN

Afrika

Ägypten
[ɛˈɡʏptn̩]

Algerien
[alˈɡeːrịən]

Angola
[aŋˈɡoːla]

Äquatorialguinea
[ɛkvatoriˈaːlɡineːa]

Äthiopien
[ɛˈtịoːpịən]

Benin
[beˈniːn]

Botswana
[bɔˈtsɤaːna]

Burkina Faso
[bʊrˈkiːna ˈfaːzo]

Burundi
[buˈrʊndi]

die Demokratische Republik Kongo
[demoˈkraːtɪʃə repuˈbliːk ˈkɔŋɡo]

Dschibuti
[ʤiˈbuːti]

die Elfenbeinküste
[ˈɛlfn̩bainkʏstə]

Eritrea
[eriˈtreːa]

Gabun
[ɡaˈbuːn]

Gambia
[ˈɡambịa]

Ghana
[ˈɡaːna]

UN-MITGLIEDSSTAATEN

Afrika

Guinea
[gi'ne:a]

Guinea-Bissau
[gi'ne:abɪ'sau]

Kamerun
['kaməru:n]

Kap Verde
[kap 've:gdə]

Kenia
['ke:ni̯a]

die Komoren Pl
[ko'mo:rən]

Lesotho
[le'zo:to]

Liberia
[li'be:ri̯a]

Libyen
['li:bỹən]

Madagaskar
[mada'gaskar]

Malawi
[ma'la:vi]

Mali
['ma:li]

Mauretanien
[maure'ta:ni̯ən]

Mauritius
[mau'ri:tsi̯ʊs]

Marokko
[ma'rɔko]

Mosambik
[mozam'bi:k]

UN-MITGLIEDSSTAATEN

Afrika

Namibia
[naˈmiːbi̯a]

(der) Niger
[ˈniːgɐ]

Nigeria
[niˈgeːri̯a]

die Republik Kongo
[repuˈbliːk ˈkɔŋgo]

Ruanda
[ˈru̯anda]

Sambia
[ˈzambi̯a]

São Tomé und Príncipe
[ˈzaːo toˈmeː ʊnt ˈprintʃipe]

(der) Senegal
[ˈzeːnegal]

die Seychellen Pl
[zeˈʃɛlən]

Sierra Leone
[ˈzi̯ɛra leˈoːnə]

Simbabwe
[zɪmˈbapvə]

Somalia
[zoˈmaːli̯a]

Südafrika
[zyːtˈʔaːfrika]

der Sudan
[zuˈdaːn]

der Südsudan
[zyːtzuˈdaːn]

Swasiland
[ˈsvaːzilant]

UN-MITGLIEDSSTAATEN

Afrika

Tansania
[tanzaˈniːa]

....

Togo
[ˈtoːgo]

....

der Tschad
[tʃat]

....

Tunesien
[tuˈneːzi̯ən]

....

Uganda
[uˈganda]

....

**die Zentralafrikanische
Republik**
[tsɛnˈtraːlafriˈkaːnɪʃə repuˈbliːk]

....

Asien

Afghanistan
[afˈgaːnɪstaːn]

....

Armenien
[arˈmeːni̯ən]

....

Aserbaidschan
[azɛrbaiˈdʒaːn]

....

Bahrain
[baˈrain]

....

Bangladesch
[baŋlaˈdɛʃ]

....

Bhutan
[ˈbuːtan]

....

Brunei
[bruːˈnai]

....

China
[ˈçiːna]

....

UN-MITGLIEDSSTAATEN

Asien

Georgien
[geˈɔrgiən]

Indien
[ˈɪndiən]

Indonesien
[ɪndoˈneːziən]

(der) Irak
[iˈraːk]

(der) Iran
[iˈraːn]

Israel
[ˈɪsraeːl]

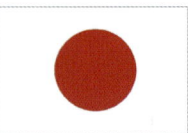

Japan
[ˈjaːpan]

(der) Jemen
[ˈjeːmən]

Jordanien
[jɔrˈdaːniən]

Kambodscha
[kamˈbɔdʒa]

Kasachstan
[ˈkazaxstaːn]

Kirgisistan
[kɪrˈgiːzɪstaːn]

Kuwait
[kuˈvait]

Laos
[ˈlaːɔs]

(der) Libanon
[ˈliːbanɔn]

Katar
[kaˈtaːr]

UN-MITGLIEDSSTAATEN

Asien

Malaysia
[ma'laizi̯a]

....

die Malediven Pl
[male'di:vn̩]

....

die Mongolei
[mɔŋgo'lai]

....

Myanmar
['mjanma:ɐ̯]

....

Nepal
['ne:pal]

....

Nordkorea
['nɔrtko're:a]

....

Oman
[o'ma:n]

....

Osttimor
['ɔst'ti:mo:ɐ̯]

....

Pakistan
['pa:kista:n]

....

die Philippinen Pl
[fili'pi:nən]

....

Saudi-Arabien
['zaudi?a'ra:bi̯ən]

....

Singapur
['zɪŋgapu:ɐ̯]

....

Sri Lanka
['sri: 'laŋka]

....

Südkorea
['zy:tko're:a]

....

Syrien
['zy:ri̯ən]

....

Tadschikistan
[ta'dʒi:kista:n]

....

UN-MITGLIEDSSTAATEN

Asien

Thailand
[ˈtailant]

die Türkei
[tʏrˈkai]

Turkmenistan
[tʊrkˈmeːnistaːn]

Usbekistan
[ʊsˈbeːkistaːn]

die Vereinigten Arabischen Emirate Pl
[fɛɐ̯ˈainiçtn̩ arˈaːbɪʃn̩ emiˈraːtə]

Vietnam
[vi̯ɛtˈna(ː)m]

Ozeanien

Australien
[ausˈtraːli̯ən]

Fidschi
[ˈfɪdʒi]

Kiribati
[kiriˈbaːti]

die Marshallinseln Pl
[ˈmarʃalʔɪnzl̩n]

Mikronesien
[mikroˈneːzi̯ən]

Nauru
[naˈuːru]

Neuseeland
[nɔy̯ˈzeːlant]

Palau
[ˈpaːlau]

UN-MITGLIEDSSTAATEN

Ozeanien

Papua-Neuguinea
['pa:pu̯anɔygi'ne:a]

....

die Salomonen Pl
[zalo'mo:nən]

....

Samoa
[za'mo:a]

....

Tonga
['tɔŋa]

....

Tuvalu
[tu'va:lu]

....

Vanuatu
[va'nu̯atu]

....

Internationale Organisationen

die Europäische Union (EU)
[ɔyro'pɛːɪʃə u'nịo:n (e:'ʔu:)]

....

die Vereinten Nationen (UN) Pl
[fɛɐ̯'aintṇ na'tsịo:nən (u:'ʔɛn)]

....

die Organisation des Nord-atlantikvertrags (NATO)
[ɔrganiza'tsịo:n dəs nɔrt'ʔat'lantɪkfɛɐ̯traːks ('na:to)]

....

die Afrikanische Union
[afri'ka:nɪʃə u'nịo:n]

....

die Arabische Liga
[a'ra:bɪʃə 'li:ga]

....

die UNESCO
[u'nɛsko]

....

das Commonwealth
['kɔmənvɛlθ]

....

DAS WETTER

sonnig
[ˈzɔnɪç]

....

wolkig
[ˈvɔlkɪç]

....

neblig
[ˈneːblɪç]

....

windig
[ˈvɪndɪç]

....

heiß
[hais]

....

warm
[varm]

....

kalt
[kalt]

....

bedeckt
[bəˈdɛkt]

....

vereist
[fɛɐˈaist]

....

verschneit
[fɛɐˈʃnait]

....

regnerisch
[ˈreːɡnərɪʃ]

....

stürmisch
[ˈʃtʏrmɪʃ]

....

feucht
[fɔyçt]

....

Weitere Begriffe

der/das Grad -e [ɡraːt]

Celsius kein Pl [ˈtsɛlzjʊs]

Fahrenheit kein Pl [ˈfaːrənhait]

die Wettervorhersage -n [ˈvɛtɐfoɐheːɡzaːɡə]

Wie ist das Wetter? [ˈviː ɪst das ˈvɛtɐ]

Es ist schön/trüb/nasskalt.

[ɛs ɪst ˈʃøːn/ˈtryːp/ˈnaskalt]

Es regnet/schneit. [ɛs ˈreːɡnət/ˈʃnait]

DAS WETTER

der Regen kein Pl
[ˈreːgn̩]

der Regenbogen
-, -bögen
[ˈreːgn̩boːgn̩]

der Sonnenschein
kein Pl
[ˈzɔnənʃain]

der Wind -e
[vɪnt]

das Gewitter -
[gəˈvɪtɐ]

der Donner -
[ˈdɔnɐ]

der Blitz -e
[blɪts]

der Hagel kein Pl
[ˈhaːgl̩]

der Raureif kein Pl
[ˈrauraif]

der Schnee kein Pl
[ʃneː]

der Frost Fröste
[frɔst]

das Eis kein Pl
[ais]

Weitere Begriffe

die Windgeschwindigkeit -en
[ˈvɪntgəʃvɪndɪçkait]

der Pollenflug -flüge [ˈpɔlənfluːk]

die UV-Strahlen Pl [uːˈfauʃtraːlən]

der/das Ozon kein Pl [oˈtsoːn]

die Ozonschicht -en [oˈtsoːnʃɪçt]

die Stratosphäre kein Pl [ʃtratoˈsfɛːrə]

die Troposphäre kein Pl [tropoˈsfɛːrə]

der Smog -s
[smɔk]

DAS WETTER

Naturkatastrophen

die Dürre -n
[ˈdʏrə]

der Hurrikan -e, -s
[ˈhʊrikan, ˈharikn̩]

der Tornado -s
[tɔrˈnaːdo]

der Monsun -e
[mɔnˈzuːn]

die Überschwemmung
-en [yːbɐˈʃvɛmʊŋ]

das Erdbeben -
[ˈeːɐ̯tbeːbn̩]

der Vulkanausbruch
-ausbrüche
[vʊlˈkaːn̩ʔausbrʊx]

der Tsunami -s
[tsuˈnaːmi]

der Erdrutsch -e
[ˈeːɐ̯trʊtʃ]

der Waldbrand
-brände
[ˈvaltbrant]

die Hitzewelle -n
[ˈhɪtsəvɛlə]

der Sturm Stürme
[ʃtʊrm]

die Lawine -n
[laˈviːnə]

der Schneesturm
-stürme
[ˈʃneːʃtʊrm]

der (tropische)
Wirbelsturm
[(ˈtroːpɪʃə) ˈvɪrbl̩ʃtʊrm]

die Pandemie -n
[pandeˈmiː]

DIE LANDSCHAFT

der Fluss Flüsse
[flʊs]

***der Berg** -e*
[bɛrk]

***der Gipfel** -*
['gɪpfl̩]

***das Gebirge** -*
[gəˈbɪrgə]

***der Wald** Wälder*
[valt]

***der Berghang** -hänge*
[ˈbɛrkhaŋ]

***der See** -n*
[ze:]

***der Felsen** -*
[ˈfɛlzn̩]

***das Tal** Täler*
[ta:l]

die Flussmündung -en
[ˈflʊsmʏndʊŋ]

der Gletscher -
[ˈglɛtʃɐ]

***die Höhle** -n*
[ˈhøːlə]

***die Klippe** -n*
[ˈklɪpə]

***die Küste** -n*
[ˈkʏstə]

der Wasserfall -fälle
[ˈvasɐfal]

DIE LANDSCHAFT

das Plateau -s
[pla'to:]

....

der Hügel -
['hy:gl̩]

....

die Ebene -n
['e:bənə]

....

die Schlucht -en
[ʃlʊxt]

....

die Wüste -n
['vy:stə]

....

die Wiese -n
['vi:zə]

....

das Feuchtgebiet -e
['fɔyçtgəbi:t]

....

die Heide -n
['haidə]

....

das Grasland -länder
['gra:slant]

....

der Geysir -e
['gaizɪr]

....

die Thermalquelle -n
[tɛr'ma:lkvɛlə]

....

der Vulkan -e
[vʊl'ka:n]

....

die Bucht -en
[bʊxt]

....

das Korallenriff -e
[ko'ralənrɪf]

....

die Insel -n
['ɪnzl̩]

....

der Gebirgsbach
-bäche [gə'bɪrksbax]

....

STEINE UND MINERALIEN

das Eisenerz -e
[ˈaizn̩ʔeːɐ̯ts]

....

der Sandstein kein Pl
[ˈzantʃtain]

....

der Asphalt -e
[asˈfalt]

....

der Granit -e
[graˈniːt]

....

der Kalkstein kein Pl
[ˈkalkʃtain]

....

die Kreide -en
[ˈkraidə]

....

die Kohle -n
[ˈkoːlə]

....

der Schiefer -
[ˈʃiːfɐ]

....

der Marmor -e
[ˈmarmoːɐ̯]

....

der Schwefel kein Pl
[ˈʃveːfl̩]

....

der Grafit -e
[graˈfiːt]

....

das Gold kein Pl
[gɔlt]

....

das Silber kein Pl
[ˈzɪlbɐ]

....

das Kupfer -
[ˈkʊpfɐ]

....

das Quecksilber kein Pl
[ˈkvɛkzɪlbɐ]

....

der Bauxit -e
[bauˈksiːt]

....

STEINE UND MINERALIEN
Edel- und Halbedelsteine

der Rubin -e
[ruˈbiːn]

der Aquamarin -e
[akvamaˈriːn]

der Jade kein Pl
[ˈjaːdə]

der Smaragd -e
[smaˈrakt]

der Saphir -e
[zaˈfiːɐ]

der Amethyst -en
[ameˈtyst]

der Quarz -e
[kvaːɐts]

der Diamant -en
[diaˈmant]

der Turmalin -e
[tʊrmaˈliːn]

der Topas -e
[toˈpaːs]

der Granat -e
[graˈnaːt]

das/der Tigerauge -n
[ˈtiːgɐʔaugə]

der Opal -e
[oˈpaːl]

der Bernstein kein Pl
[ˈbɛrnʃtain]

der Türkis -e
[tyrˈkiːs]

der Rosenquarz -e
[ˈroːzn̩kvaːɐts]

der Onyx -e
[ˈoːnʏks]

die Perle -n
[ˈpɛrlə]

der Lapislazuli -
[lapɪsˈlaːtsuli]

der Citrin -e
[tsiˈtriːn]

PFLANZEN

Bäume

die Eiche -n
['aiçə]

das Laub kein Pl
[laup]

der Ast Äste
[ast]

der Stamm Stämme
[ʃtam]

die Wurzel -n
['vʊrtsl̩]

die Krone -n
['kroːnə]

das Blatt Blätter
[blat]

die Borke -n
['bɔrkə]

die Seitenwurzel -n
['zaitn̩vʊrtsl̩]

die Pfahlwurzel -n
['pfaːlvʊrtsl̩]

die Weide -n
['vaidə]

die Esche -n
['ɛʃə]

die Buche -n
['buːxə]

die Ulme -n
['ʊlmə]

Weitere Begriffe

die Birke -n ['bɪrkə]
der Ahorn -e ['aːhɔrn]
die Linde -n ['lɪndə]
die Tanne -n ['tanə]
die Fichte -n ['fɪçtə]
der Nadelbaum -bäume ['naːdl̩baum]
der Laubbaum -bäume ['laupbaum]

der Eukalyptus Euka-
lypten [ɔyka'lyptʊs]

PFLANZEN

Wildpflanzen

die Flechte -n
[ˈflɛçtə]

....

das Moos -e
[moːs]

....

die Distel -n
[ˈdɪstl̩]

....

der Pilz -e
[pɪlts]

....

die Brennnessel -n
[ˈbrɛnnɛsl̩]

....

der Fingerhut -hüte
[ˈfɪŋɐhuːt]

....

der Bärenklau -
[ˈbɛːrənklau]

....

der Löwenzahn kein Pl
[ˈløːvn̩tsaːn]

....

das Gänseblümchen -
[ˈgɛnzəblyːmçən]

....

das Heidekraut kein Pl
[ˈhaidəkraut]

....

das Hasenglöckchen -
[ˈhaːzn̩glœkçən]

....

der Klee kein Pl
[kleː]

....

die Kamille -n
[kaˈmɪlə]

....

das Maiglöckchen -
[ˈmaiglœkçən]

....

die Pusteblume -n
[ˈpuːstəbluːmə]

....

die Butterblume -n
[ˈbʊtɐbluːmə]

....

PFLANZEN
Zierblumen

die Rose -n
['ro:zə]

....

das Blütenblatt -blätter
['bly:tn̩blat]

....

die Blüte -n
['bly:tə]

....

der Stängel -
['ʃtɛŋl̩]

....

der Stiel -e
[ʃti:l]

....

die Knospe -n
['knɔspə]

....

der Dorn -en
[dɔrn]

....

das Blatt Blätter
[blat]

....

das Schneeglöckchen -
['ʃne:glœkçən]

....

der Krokus -se
['kro:kʊs]

....

die Seerose -n
['ze:ro:zə]

....

der Lavendel -
[la'vɛndl̩]

....

Weitere Begriffe

der Flieder - ['fli:dɐ]

blühen ['bly:ən]

duften ['dʊftn̩]

verwelken [fɛɐ̯'vɛlkn̩]

keimen ['kaimən]

die Frühlingsblume -n ['fry:lɪŋsblu:mə]

der/das Rhododendron Rhododendren [rodo'dɛndrɔn]

die Petunie -n
[pe'tu:nịə]

....

PFLANZEN

Zierblumen

die Nelke -n
['nɛlkə]

die Primel -n
['priːml̩]

die Gerbera -
['gɛrbəra]

die Tulpe -n
['tʊlpə]

die Narzisse -n
[narˈtsɪsə]

die Iris -
['iːrɪs]

die Chrysantheme -n
[kryzanˈteːmə]

die Hyazinthe -n
[hy̆aˈtsɪntə]

die Ringelblume -n
['rɪŋl̩bluːmə]

das Stiefmütterchen -
['ʃtiːfmʏtɐçən]

die Orchidee -n
[ɔrçiˈdeː(ə)]

der Rosenstrauch
-sträucher
['roːzn̩ʃtraux]

die Lilie -n
['liːli̯ə]

die Sonnenblume -n
['zɔnənbluːmə]

die Geranie -n
[geˈraːni̯ə]

die Hortensie -n
[hɔrˈtɛnzi̯ə]

PFLANZEN
Gartenpflanzen

der/das Efeu kein Pl
[ˈeːfɔy]

der Obstbaum -bäume
[ˈoːpstbaum]

die Baumblüte -n
[ˈbaumblyːtə]

der Trieb -e
[triːp]

....

der Formschnitt -e
[ˈfɔrmʃnɪt]

das Unkraut kein Pl
[ˈʊnkraut]

blühen
[ˈblyːən]

verwelken
[fɛɐ̯ˈvɛlkn̩]

....

die Palme -n
[ˈpalmə]

der Rasen -
[ˈraːzn̩]

die Blumenwiese -n
[ˈbluːmənviːzə]

die Mohnblume -n
[ˈmoːnbluːmə]

....

die Kletterpflanze -n
[ˈklɛtɐpflantsə]

einjährig
[ˈainjɛːrɪç]

zweijährig
[ˈtsvaijɛːrɪç]

mehrjährig
[ˈmeːɐ̯jɛːrɪç]

....

TIERE
Säugetiere

die Ratte -n
[ˈratə]

der Maulwurf -würfe
[ˈmaʊlvʊrf]

die Katze -n
[ˈkatsə]

der Hund -e
[hʊnt]

das Kaninchen -
[kaˈniːnçən]

das Meerschweinchen -
[ˈmeːɐ̯ʃvaɪnçən]

die Maus Mäuse
[maʊs]

der Hamster -
[ˈhamstɐ]

die Fledermaus -mäuse
[ˈfleːdɐmaʊs]

das Eichhörnchen -
[ˈaɪçhœrnçən]

der Igel -
[ˈiːgl̩]

das Frettchen -
[ˈfrɛtçən]

die Pfote -n
[ˈpfoːtə]

Weitere Begriffe

das Fell -e [fɛl]
das Maul Mäuler [maʊl]
der Schwanz Schwänze [ʃvants]
das Horn Hörner [hɔrn]
die Kralle -n [ˈkralə]
die Tatze -n [ˈtatsə]
der Huf -e [huːf]

TIERE
Säugetiere

der Gepard -e
[ˈgeːpart]

der Puma -s
[ˈpuːma]

der Wolf Wölfe
[vɔlf]

der Waschbär -en
[ˈvaʃbɛːɐ̯]

das Stinktier -e
[ˈʃtɪŋktiːɐ̯]

das Erdmännchen -
[ˈeːɐ̯tmɛnçən]

der Leopard -en
[leoˈpart]

der Dachs -e
[daks]

der Fuchs Füchse
[fʊks]

der Jaguar -e
[ˈjaːɡu̯aːɐ̯]

der Löwe -n
[ˈløːvə]

der Tiger -
[ˈtiːɡɐ]

der Bär -en
[bɛːɐ̯]

der Eisbär -en
[ˈaisbɛːɐ̯]

der Koala -s
[koˈaːla]

der Pandabär -en
[ˈpandabɛːɐ̯]

TIERE

Säugetiere

das Schwein -e
[ʃvain]

die Ziege -n
[ˈtsiːɡə]

das Pferd -e
[pfeːɐ̯t]

die Giraffe -n
[giˈrafə]

das Schaf -e
[ʃaːf]

das Lama -s
[ˈlaːma]

der Esel -
[ˈeːzl̩]

das Reh -e
[reː]

das Rentier -e
[ˈreːntiːɐ̯]

das Kamel -e
[kaˈmeːl]

die Kuh Kühe
[kuː]

der Stier -e
[ʃtiːɐ̯]

das Nilpferd -e
[ˈniːlpfeːɐ̯t]

das Nashorn -hörner
[ˈnaːshɔrn]

der Elefant -en
[eleˈfant]

das Zebra -s
[ˈtseːbra]

TIERE
Säugetiere

das Walross
-e; -rösser ['valrɔs]

der Seelöwe -n
['ze:lø:və]

der Seehund -e
['ze:hʊnt]

der Delfin -e
[dɛl'fi:n]

der Schwertwal -e
['ʃve:ɐtva:l]

der Otter -
['ɔtɐ]

die Biberratte -n
['bi:bɐratə]

der Gorilla -s
[go'rɪla]

der Orang-Utan -s
['o:raŋ'u:tan]

der Gibbon -s
['gɪbɔn]

der Pavian -e
['pa:vja:n]

der Schimpanse -n
[ʃɪm'panzə]

das Faultier -e
['faulti:ɐ]

der Ameisenbär -en
['a:maizn̩bɛ:ɐ]

das Känguru -s
['kɛŋguru]

das Jungtier -e
['jʊŋti:ɐ]

TIERE
Vögel

der Specht -e
[ˈʃpɛçt]

der Spatz -en
[ˈʃpats]

der Kolibri -s
[ˈkoːlibri]

der Tukan -e
[ˈtuːkan]

das Rotkehlchen -
[ˈroːtkeːlçən]

die Schwalbe -n
[ˈʃvalbə]

der Habicht -e
[ˈhaːbɪçt]

die Taube -n
[ˈtaubə]

der Rabe -n
[ˈraːbə]

die Krähe -n
[ˈkrɛːə]

der Fink -en
[fɪŋk]

die Möwe -n
[ˈmøːvə]

der Kanarienvogel
-vögel [kaˈnaːri̯ənfoːgl̩]

Weitere Begriffe

der Schnabel Schnäbel [ˈʃnaːbl̩]

das Küken - [ˈkyːkn̩]

der Flügel - [ˈflyːgl̩]

die Feder -n [ˈfeːdɐ]

das Federkleid -er [ˈfeːdɐklait]

zwitschern [ˈtsvɪtʃɐn]

flattern [ˈflatɐn]

TIERE
Vögel

der Storch Störche
[ʃtɔrç]

....

der Flamingo -s
[flaˈmɪŋɡo]

....

der Strauß -e
[ʃtraus]

....

der Adler -
[ˈaːdlɐ]

....

der Pinguin -e
[ˈpɪŋɡuiːn]

....

der Kakadu -s
[ˈkakaduː]

....

der Papagei -en
[papaˈɡai]

....

die Eule -n
[ˈɔylə]

....

der Truthahn -hähne
[ˈtruːthaːn]

....

der Schwan Schwäne
[ʃvaːn]

....

die Gans Gänse
[ɡans]

....

die Ente -n
[ˈɛntə]

....

der Hahn Hähne
[haːn]

....

das Huhn Hühner
[huːn]

....

die Wachtel -n
[ˈvaxtl̩]

....

der Pfau -e
[pfau]

....

TIERE

Reptilien und Amphibien

die Schlange -n
[ˈʃlaŋə]

das Krokodil -e
[krokoˈdiːl]

der Alligator -en
[aliˈgaːtoːɐ]

die Eidechse -n
[ˈaidɛksə]

das Chamäleon -s
[kaˈmɛːleɔn]

der Leguan -e
[ˈleːgua:n]

die Schildkröte -n
[ˈʃɪltkrøːtə]

die Meeresschildkröte -n
[ˈvaːsəʃɪltkrøːtə]

der Frosch Frösche
[frɔʃ]

die Kröte -n
[ˈkrøːtə]

die Kaulquappe -n
[ˈkaulkvapə]

der Salamander -
[zalaˈmandɐ]

der Gecko -s
[ˈgɛko]

Weitere Begriffe	
der Panzer - [ˈpantsɐ]	
die Schuppen Pl [ˈʃʊpn̩]	
das Gift -e [gɪft]	
der Giftzahn -zähne [ˈgɪfttsaːn]	
kriechen [ˈkriːçn̩]	
zischen [ˈtsɪʃn̩]	
quaken [ˈkvaːkn̩]	

TIERE

Fische

der Kugelfisch -e
['kuːɡl̩fɪʃ]
....

der Hornhecht -e
['hɔrnhɛçt]
....

der Piranha -s
[pi'ranja]
....

der Fliegende Fisch
['fliːɡəndə 'fɪʃ]
....

der Fächerfisch -e
['fɛçɐfɪʃ]
....

der Rochen -
['rɔxn̩]
....

der Weiße Hai
['vaisə 'hai]
....

der Tigerhai -e
['tiːɡɐhai]
....

der Goldfisch -e
['ɡɔltfɪʃ]
....

der Koi -s
[kɔi]
....

der Aal -e
[aːl]
....

der Wels -e
[vɛls]
....

Weitere Begriffe
der Fischschwarm -schwärme ['fɪʃʃvarm] ....
die Flosse -n ['flɔsə] ....
die Kiemen Pl ['kiːmən] ....
der Rogen - ['roːɡn̩] ....
der Süßwasserfisch -e ['zyːsvasɐfɪʃ] ....
der Seefisch -e [zeːfɪʃ] ....
das Aquarium Aquarien [a'kvaːrjʊm] ....

das Seepferdchen -
['zeːpfeːɐtçən]
....

TIERE

Insekten und Spinnen

der Schmetterling -e
[ˈʃmɛtɐlɪŋ]

....

die Raupe -n
[ˈraupə]

....

die Puppe -n
[ˈpʊpə]

....

der Nachtfalter -
[ˈnaxtfaltɐ]

....

die Biene -n
[ˈbiːnə]

....

die Hummel -n
[ˈhʊml̩]

....

die Wespe -n
[ˈvɛspə]

....

die Hornisse -n
[hɔrˈnɪsə]

....

die Fliege -n
[ˈfliːgə]

....

die Stechmücke -n
[ˈʃtɛçmʏkə]

....

die Zikade -n
[tsiˈkaːdə]

....

der Maikäfer -
[ˈmaikɛfɐ]

....

die Libelle -n
[liˈbɛlə]

....

die Gottesanbeterin
-nen [ˈgɔtəsʔanbeːtərɪn]

....

die Heuschrecke -n
[ˈhɔyʃrɛkə]

....

die Grille -n
[ˈgrɪlə]

....

TIERE
Insekten und Spinnen

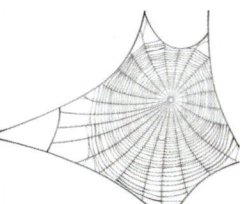

das Spinnennetz -e
[ˈʃpɪnənnɛts]

die Spinne -n
[ˈʃpɪnə]

der Floh Flöhe
[floː]

die Assel -n
[ˈasl]

die Stinkwanze -n
[ˈʃtɪŋkvantsə]

der Marienkäfer -
[maˈriːənkɛfɐ]

die Schabe -n
[ˈʃaːbə]

der Wasserläufer -
[ˈvasɐlɔyfɐ]

der Hundertfüßer -
[ˈhʊndɐtfyːsɐ]

die Nacktschnecke -n
[ˈnaktʃnɛkə]

die Schnecke -n
[ˈʃnɛkə]

der Wurm Würmer
[vʊrm]

die Termite -n
[tɛrˈmiːtə]

die Ameise -n
[ˈaːmaizə]

die Zecke -n
[ˈtsɛkə]

der Skorpion -e
[skɔrˈpi̯oːn]

ZAHLEN UND MAßE

DIE ZAHLEN

Die Kardinalzahlen

            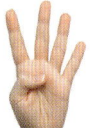

null   *eins*   *zwei*   *drei*   *vier*
[nʊl]   [ains]   [tsvai]   [drai]   [fiːɐ̯]

....

fünf   *sechs*
[fʏnf]   [zɛks]

....

elf [ɛlf]	
zwölf [tsvœlf]	
dreizehn [ˈdraitseːn]	
vierzehn [ˈfɪrtseːn]	
fünfzehn [ˈfʏnftseːn]	
sechzehn [ˈzɛçtseːn]	
siebzehn [ˈziːptseːn]	
achtzehn [ˈaxtseːn]	
neunzehn [ˈnɔyntseːn]	
zwanzig [ˈtsvantsɪç]	
einundzwanzig [ˈainʔʊnttsvantsɪç]	
zweiundzwanzig [ˈtsvaiʔʊnttsvantsɪç]	
dreiundzwanzig [ˈdraiʔʊnttsvantsɪç]	
dreißig [ˈdraisɪç]	
vierzig [ˈfɪrtsɪç]	
fünfzig [ˈfʏnftsɪç]	
sechzig [ˈzɛçtsɪç]	
siebzig [ˈziːptsɪç]	
achtzig [ˈaxtsɪç]	
neunzig [ˈnɔyntsɪç]	
hundert [ˈhʊndɐt]	

sieben   *acht*
[ˈziːbn̩]   [axt]

....

   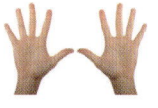

neun   *zehn*
[nɔyn]   [tseːn]

....

DIE ZAHLEN

zweihundertzweiundzwanzig [ˈtsvaihundɐttsvaiʔʊnttsvantsɪç]

tausend [ˈtauzn̩t]

zehntausend [ˈtseːntauzn̩t]

zwanzigtausend [ˈtsvantsɪçtauzn̩t]

fünfzigtausend [ˈfʏnftsɪçtauzn̩t]

fünfundfünfzigtausend [ˈfʏnfʔʊntfʏnftsɪçtauzn̩t]

hunderttausend [ˈhʊndɐttauzn̩t]

eine Million Millionen [ˈainə mɪˈljoːn]

eine Milliarde Milliarden [ˈainə mɪˈljardə]

eine Billion Billionen [ˈainə bɪˈljoːn]

Die Ordinalzahlen

erste(r, s) [ˈeːɐ̯stə]

zweite(r, s) [ˈtsvaitə]

dritte(r, s) [ˈdrɪtə]

vierte(r, s) [ˈfiːɐ̯tə]

fünfte(r, s) [ˈfʏnftə]

sechste(r, s) [ˈzɛkstə]

siebte(r, s) [ˈziːptə]

achte(r, s) [ˈaxtə]

neunte(r, s) [ˈnɔyntə]

zehnte(r, s) [ˈtseːntə]

elfte(r, s) [ˈɛlftə]

zwölfte(r, s) [ˈtsvœlftə]

dreizehnte(r, s) [ˈdraitseːntə]

vierzehnte(r, s) [ˈfɪrtseːntə]

fünfzehnte(r, s) [ˈfʏnftseːntə]

sechzehnte(r, s) [ˈzɛçtseːntə]

siebzehnte(r, s) [ˈziːptseːntə]

achtzehnte(r, s) [ˈaxttseːntə]

neunzehnte(r, s) [ˈnɔyntseːntə]

zwanzigste(r, s) [ˈtsvantsɪçstə]

einundzwanzigste(r, s) [ˈainʔʊnttsvantsɪçstə]

zweiundzwanzigste(r, s) [ˈtsvaiʔʊnttsvantsɪçstə]

DIE ZAHLEN

dreißigste(r, s) [ˈdraisɪçstə]

vierzigste(r, s) [ˈfɪrtsɪçstə]

fünfzigste(r, s) [ˈfʏnftsɪçstə]

sechzigste(r, s) [ˈzɛçtsɪçstə]

siebzigste(r, s) [ˈziːptsɪçstə]

achtzigste(r, s) [ˈaxtsɪçstə]

neunzigste(r, s) [ˈnɔyntsɪçstə]

hundertste(r, s) [ˈhʊndɐtstə]

zweihunderterste(r, s) [tsvaihʊndɐtˈʔeːɐstə]

zweihundertfünfundzwanzigste(r, s)
[tsvaihʊndɐtfʏnfˈʔʊntˈtsvantsɪçstə]

dreihundertste(r, s) [ˈdraihʊndɐtstə]

tausendste(r, s) [ˈtauzn̩tstə]

zehntausendste(r, s) [ˈtseːntauzn̩tstə]

millionste(r, s) [mɪˈljoːnstə]

zehnmillionste(r, s) [ˈtseːnmɪljoːnstə]

vorletzte(r, s) [ˈfoːɐlɛtstə]

letzte(r, s) [ˈlɛtstə]

Die Bruchzahlen

ein Drittel [ain ˈdrɪtl̩]

ein Viertel [ain ˈfɪrtl̩]

ein Fünftel [ain ˈfʏnftl̩]

ein Achtel [ain ˈaxtl̩]

drei Viertel [drai ˈfɪrtl̩]

zwei Fünftel [tsvai ˈfʏnftl̩]

siebeneinhalb [ziːbn̩ainˈhalp]

zwei Siebzehntel [tsvai ˈziːptseːntl̩]

fünf und drei Achtel [ˈfʏnf ʊnt drai ˈaxtl̩]

ein halber/ein halbes/eine halbe [ain ˈhalbɐ/ain ˈhalbəs/ainə ˈhalbə]

DIE ZAHLEN
Weitere Zahlwörter

einmal ['ainma:l]

zweimal ['tsvaima:l]

dreimal ['draima:l]

viermal ['fi:ɐma:l]

mehrmals ['me:ɐma:ls]

manchmal ['mançma:l]

niemals ['ni:ma:ls]

einfach ['ainfax]

doppelt/zweifach ['dɔplt/'tsvaifax]

dreifach ['draifax]

vierfach ['fi:ɐfax]

fünffach ['fʏnffax]

sechsfach ['zɛksfax]

mehrfach/vielfach ['me:ɐfax/'fi:lfax]

ein Paar [ain 'pa:ɐ]

ein halbes Dutzend
[ain 'halbəs 'dʊtsn̩t]

ein Dutzend [ain 'dʊtsn̩t]

ein Gros [ain 'gro:]

ein paar [ain 'pa:ɐ]

wenige ['ve:nɪgə]

einige ['ainɪgə]

etliche ['ɛtlɪçə]

manche ['mançə]

viele ['fi:lə]

beide ['baidə]

sämtliche ['zɛmtlɪçə]

alle ['alə]

jeder/jede/jedes
['je:dɐ/'je:də/'je:dəs]

der Taschenrechner -
['taʃn̩rɛçnɐ]

die Quadratwurzel -n
[kva'dra:tvʊrtsl̩]

das Prozent -e
[pro'tsɛnt]

die Ziffer -n
['tsɪfɐ]

der Dezimalpunkt -e
[detsi'ma:lpʊŋkt]

dividieren
[divi'di:rən]

multiplizieren
[mʊltipli'tsi:rən]

subtrahieren
[zʊptra'hi:rən]

addieren
[a'di:rən]

ist gleich
[ɪst 'glaiç]

DIE ZEIT
Die Uhrzeit

ein Uhr
[ˈain ˈuːɐ̯]

zwei Uhr
[ˈtsvai ˈuːɐ̯]

drei Uhr
[ˈdrai ˈuːɐ̯]

vier Uhr
[ˈfiːɐ̯ ˈuːɐ̯]

fünf Uhr
[ˈfynf ˈuːɐ̯]

sechs Uhr
[ˈzɛks ˈuːɐ̯]

sieben Uhr
[ˈziːbn̩ ˈuːɐ̯]

acht Uhr
[ˈaxt ˈuːɐ̯]

neun Uhr
[ˈnɔyn ˈuːɐ̯]

zehn Uhr
[ˈtseːn ˈuːɐ̯]

elf Uhr
[ˈɛlf ˈuːɐ̯]

zwölf Uhr mittags
[ˈtsvœlf uːɐ̯ ˈmɪtaːks]

dreizehn Uhr
[ˈdraitseːn ˈuːɐ̯]

Weitere Begriffe

die Stunde -n [ˈʃtʊndə]

die Minute -n [miˈnuːtə]

die Sekunde -n [zeˈkʊndə]

Wie viel Uhr ist es? [viː fiːl ˈuːɐ̯ ɪst ɛs]

Es ist zwei Uhr. [ɛs ɪst ˈtsvai ˈuːɐ̯]

Um wie viel Uhr? [ʊm ˈviː fiːl ˈuːɐ̯]

Um sieben Uhr. [ʊm ˈziːbn̩ ˈuːɐ̯]

DIE ZEIT
Die Uhrzeit

vierzehn Uhr
['fɪrtseːn 'uːɐ]
....

fünfzehn Uhr
['fʏnftseːn 'uːɐ]
....

sechzehn Uhr
['zɛçtseːn 'uːɐ]
....

siebzehn Uhr
['ziːptseːn 'uːɐ]
....

achtzehn Uhr
['axtseːn 'uːɐ]
....

neunzehn Uhr
['nɔyntseːn 'uːɐ]
....

zwanzig Uhr
['tsvantsɪç 'uːɐ]
....

einundzwanzig Uhr
['ain?ʊnttsvantsɪç 'uːɐ]
....

zweiundzwanzig Uhr
['tsvai?ʊnttsvantsɪç 'uːɐ]
....

dreiundzwanzig Uhr
['drai?ʊnttsvantsɪç 'uːɐ]
....

Mitternacht
['mɪtɐnaxt]
....

fünf nach zwölf
['fʏnf naːx 'tsvœlf]
....

Weitere Begriffe
....
halb elf [halp 'ɛlf]
zwanzig vor sieben ['tsvantsɪç foɐ 'ziːbn̩]
Wann? [van]
Vor/In zehn Minuten. [foɐ/ɪn 'tseːn mi'nuːtn̩]
Gegen Mittag. ['geːgn̩ 'mɪtaːk]
Seit wann? [zait 'van]
Seit gestern. [zait 'gɛstɐn]

Viertel nach neun
['fɪrtl̩ naːx 'nɔyn]
....

DIE ZEIT

Tag und Nacht

die Mitternacht kein Pl
[ˈmɪtɐnaxt]

....

*die Morgen-
dämmerung* -en
[ˈmɔrgŋdɛmərʊŋ]

....

der Sonnenaufgang
-aufgänge
[ˈzɔnənʔaufgaŋ]

....

der Morgen -
[ˈmɔrgŋ]

....

der Mittag -e
[ˈmɪtaːk]

....

der Nachmittag -e
[ˈnaːxmɪtaːk]

....

der Sonnenuntergang
-untergänge
[ˈzɔnənʔʊntegaŋ]

....

die Abenddämmerung
-en
[ˈaːbŋtdɛmərʊŋ]

....

der Abend -e
[ˈaːbŋt]

....

der Frühling -e
[ˈfryːlɪŋ]

....

der Sommer -
[ˈzɔmɐ]

....

der Herbst -e
[hɛrpst]

....

der Winter -
[ˈvɪntɐ]

....

Weitere Begriffe

heute [ˈhɔytə]

morgen [ˈmɔrgn̩]

übermorgen [ˈyːbɐmɔrgn̩]

gestern [ˈgɛstɐn]

vorgestern [ˈfoɐgɛstɐn]

der 9. September 2022 [deːɐ̯ ˈnɔyntə
zɛpˈtɛmbɐ tsvaitausn̩tˈtsvaiʔʊnttsvantsɪç]

der Feiertag -e [ˈfaiɐtaːk]

DIE ZEIT
Der Kalender

der Sonntag -e
['zɔntaːk]

der Montag -e
['moːntaːk]

der Dienstag -e
['diːnstaːk]

der Mittwoch -e
['mɪtvɔx]

der Donnerstag -e
['dɔnɐstaːk]

der Freitag -e
['fraitaːk]

der Samstag -e
['zamstaːk]

der Wochentag -e
['vɔxn̩taːk]

die Woche -n
['vɔxə]

der Tag -e
[taːk]

SUN	MON	TUE	WED	THU	FRI	SAT
		1	2	3	4	5
6	7	8	9	10	11	12
13	14	15	16	17	18	19
20	21	22	23	24	25	26
27	28	29	30	31		

das Wochenende -n
['vɔxn̩ʔɛndə]

das Datum Daten
['daːtʊm]

das Jahr -e
[jaːɐ̯]

der Monat -e
['moːnat]

der Januar -e ['janua̯ːɐ̯]
der Februar -e ['feːbrua̯ːɐ̯]
der März -e [mɛrts]
der April -e [aˈprɪl]
der Mai -e [mai]
der Juni -s ['juːni]

der Juli -s ['juːli]
der August -e [auˈɡʊst]
der September - [zɛpˈtɛmbɐ]
der Oktober - [ɔkˈtoːbɐ]
der November - [noˈvɛmbɐ]
der Dezember - [deˈtsɛmbɐ]

MAßE

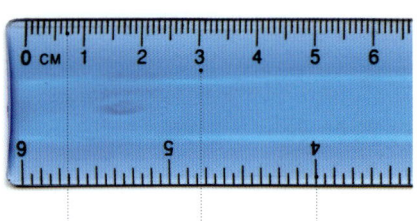

der/das Millimeter - [mɪliˈmeːtɐ]

der Zoll - [tsɔl]

der/das Zentimeter - [tsɛntiˈmeːtɐ]

der/das Liter - [ˈliːtɐ]

der/das Milliliter - [mɪliˈliːtɐ]

die Unze -n [ˈʊntsə]

das Pint -s [paɪnt]

der Kilometer - [kiloˈmeːtɐ]

die Meile -n [ˈmaɪlə]

das Yard -s [jaːɐ̯t]

der Acre/Morgen -s; - [ˈeːkɐ/ˈmɔrgn̩]

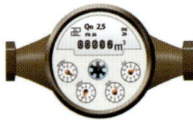

der/das Kubikmeter - [kuˈbiːkmeːtɐ]

Weitere Begriffe

der Fuß - [fuːs]

der/das Meter - [ˈmeːtɐ]

der/das Quadratmeter - [kvaˈdraːtmeːtɐ]

der/das Hektar -e; - [ˈhɛktaːɐ̯]

die Tasse -n [ˈtasə]

der Esslöffel - [ˈɛslœfl̩]

der Teelöffel - [ˈteːlœfl̩]

DAS GEWICHT

die Tonne -n
['tɔnə]

das Pfund -e; –
[pfʊnt]

die Unze -n
['ʊntsə]

das Kilogramm -e; –
['kiːlogram]

das Gramm -e; –
[gram]

das Stone (= 6,35 kg) -s
[stoʊn]

DIE WÄHRUNG

der Dollar -s
['dɔlar]

das Pfund -e; –
[pfʊnt]

der Euro -[s]
['ɔyro]

der Yen -[s]
[jɛn]

Weitere Begriffe		*der Rand* -[s] [rant]	
die Rupie -n ['ruːpjə]		*der Peso* -[s] ['peːzo]	
der Dinar -[e] [diˈnaːɐ̯]		*der Real* Reais [reˈaːl]	
der Franc -s [frãː]		*der Yuan* -[s] ['juːan]	
die Krone -n ['kroːnə]		*die Lira* -[s] ['liːra]	
der Schweizer Franken - ['ʃvaitsɐ 'fraŋkn̩]		*der Rubel* - ['ruːbl̩]	

IN
DEUTSCHLAND

FESTE UND BRÄUCHE

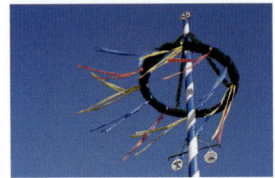

der Maibaum -bäume
['maibaum]

das Oktober-/Volkfest -e
[ɔkˈtoːbɐ/ˈfɔlksfɛst]

das Bierzelt -e
[ˈbiːɐ̯tsɛlt]

die Tracht -en
[traxt]

das Dirndl -(n)
[ˈdɪrndl̩]

die Lederhose -n
[ˈleːdɐhoːzə]

die Schweinshaxe -n
[ˈʃvainshaksə]

die Maß Bier
[ˌmaːs ˈbiːɐ̯]

das Lebkuchenherz -e
[ˈleːpkuːxn̩hɛrts]

das Erntedankfest -e
[ˌɛrntəˈdaŋkfɛst]

die Martinsgans
-gänse
[ˈmartiːnsgans]

der Adventskranz
-kränze
[atˈvɛntskrants]

der Adventskalender -
[atˈvɛntskaˌlɛndɐ]

der Weihnachtsmarkt
-märkte
[ˈvainnaxtsmarkt]

der Nikolaus -läuse
['nɪkolaus]
*Am 6. Dezember werden zum Andenken an
den heiligen Bischof Sankt Nikolaus Nüsse
und Süßigkeiten in Stiefel gefüllt, die Kinder
am Vorabend vor die Haustüre stellen*

das Bleigießen kein Pl
['blaigi:sn̩]
*Tradition am Silvesterabend, bei der man eine Bleifigur
über einer Kerze schmelzen und anschließend ins kalte
Wasser fallen lässt. Aus dem daraus entstehenden
Gebilde wird etwas für das neue Jahr gedeutet.*

der Christstollen -
['krɪstʃtɔlən]

der Faschingsumzug -umzüge
['faʃɪŋsʊmtsu:k]
*Festlicher Umzug in Süd-
deutschland, meist am
Faschingsdienstag*

der Karnevalsumzug -umzüge
['karnəvalsʊmtsu:k]
*Festlicher Umzug im Rheinland,
meist am Rosenmontag*

Grüß Gott [ˌgryːs ˈgɔt]   *Grußformel in Süddeutschland*

moin moin [ˌmɔjn ˈmɔjn]   *Grußformel in Norddeutschland*

jemanden duzen ['du:tsn̩]
Jemanden mit „Du" ansprechen (signalisiert Nähe und Intimität)

jemanden siezen ['zi:tsn̩]
Jemanden mit „Sie" ansprechen (höflich, signalisiert Respekt und Distanz)

der Rosenmontag -e [ˌroːznˈmoːntaːk]
Höhepunkt des Karnevals, mit Festumzügen in vielen Städten und Gemeinden

der Aprilscherz -e [aˈprɪlʃɛrts]   *Am 1. April halten viele Leute ihre
Mitmenschen durch erfundene Geschichten zum Narren.*

der Tanz in den Mai [ˌtants ɪn deːn ˈmai]
Am Abend des 30. April wird vielerorts traditionell in den Mai hineingetanzt.

TYPISCHE SPEISEN UND GETRÄNKE

das Lachsbrötchen -
[ˈlaksbrøːtçən]

....

das Mettbrötchen -
[ˈmɛtbrøːtçən]

....

das Bircher Müsli -s
[ˌbɪrçɐ ˈmyːsli]

....

das Häppchen -
[ˈhɛpçən]

....

die Salzstangen Pl
[ˈzaltsʃtaŋən]

....

die Erdnussflips Pl
[ˈeːɐtnʊsflɪps]

....

das Leberkäsbrötchen -
[ˈleːbɐkɛːsbrøːtçən]

....

die Currywurst -würste
[ˈkœrivʊrst]

....

die rote Wurst
[ˌroːtə ˈvʊrst]

....

**das Saiten-/Wiener
Würstchen -**
[ˈzaitn̩vʏrstçən/ˌviːnɐ
ˈvʏrstçən]

....

die Bratwurst -würste
[ˈbraːtvʊrst]

....

das Labskaus kein Pl
[ˈlapskaus]

....

**der Grünkohl mit
Pinkel**
[ˌgryːnkoːl mɪt ˈpɪŋkl̩]

....

der Sauerbraten -
[ˈzauɐbraːtn̩]

....

die Brezel -n
[ˈbreːtsl̩]

....

der süße Senf
[ˌzyːsə ˈzɛnf]

....

die Weißwurst -würste
[ˈvaisvʊrst]

....

der Rollmops -möpse
[ˈrɔlmɔps]

der Matjes -
[ˈmatjəs]

die Maultasche -n
[ˈmaultaʃə]

die Spätzle Pl
[ˈʃpɛtslə]

die Schupfnudeln Pl
[ˈʃʊpfnuːdl̩n]

der Kartoffelsalat -e
[karˈtɔfl̩zaˌlaːt]

der Kartoffelkloß
-klöße
[karˈtɔfl̩kloːs]

der Semmelkloß
-klöße
[ˈzɛml̩kloːs]

das Sauerkraut kein Pl
[ˈzauɐkraut]

die Dampfnudel -n
[ˈdampfnuːdl̩]

der Zwieback -bäcke
[ˈtsviːbak]

der Hefezopf -zöpfe
[ˈheːfətsɔpf]

der Schokokuss -küsse
[ˈʃoːkokʊs]

der Kaffee und Kuchen
[ˌkafe ʔʊnt ˈkuːxn̩]

das Vesper -
[ˈfɛspɐ]

der Fleischsalat -e
[ˈflaiʃzaˌlaːt]

das Abendbrot kein Pl
[ˈaːbn̩tbroːt]

....

die Brotzeit -en
[ˈbroːttsait]

....

die Leberwurst kein Pl
[ˈleːbɐvʊrst]

....

die Teewurst kein Pl
[ˈteːvʊrst]

....

der Pumpernickel
kein Pl
[ˈpʊmpɐnɪkl̩]

....

die saure Gurke
[ˌzaurə ˈɡʊrkə]

....

der Harzer Käse
kein Pl
[ˌhaːɐtsɐ ˈkɛːzə]

....

der Bergkäse kein Pl
[ˈbɛrkkɛːzə]

....

der Eierlikör -e
[ˈaiɐliˌkøːɐ]

....

der Schnapps/
Absacker Schnäpse/-
[ʃnaps/ˈapzakɐ]

....

der Biergarten -gärten
[ˈbiːɐɡartn̩]

....

die Kneipe -n
[ˈknaipə]

....

„Zahlen Sie getrennt oder zusammen?"
[ˌtsaːlən ziː gəˈtrɛnt oːdɐ tsuˈzamən]

„Getrennt, bitte." [gəˈtrɛnt ˈbɪtə]

*In Deutschland bezahlt man im Restaurant
häufig „getrennt": Jeder bezahlt seine eigene
Rechnung.*

die Besenwirtschaft -en [ˈbeːznˌvɪrtʃaft]

*Weinlokal in Süddeutschland, das nur zu
bestimmten Zeiten geöffnet hat – wenn ein
Besen an der Tür hängt*

**der Stammtisch
-tische**
[ˈʃtamtɪʃ]

REGIONEN UND SEHENSWÜRDIGKEITEN

der Bodensee
[ˈboːdnzeː]

die Alm -en
[alm]

die Schwäbische Alb
[ˌʃvɛːbɪʃə ˈalp]

der Bollenhut -hüte
[ˈbɔlənhuːt]

der Schwarzwald
[ˈʃvartsvalt]

das Schloss Neuschwanstein
[ˌʃlɔs nɔyˈʃvaːnʃtain]

die Kuckucksuhr -en
[ˈkʊkʊksuːɐ̯]

das Ruhrgebiet kein Pl
['ruːɡɡəˌbiːt]

die Loreley kein Pl
[loːrəˈlai]

der Deich -e
[daiç]

das Backsteinhaus -häuser
['bakstaɪnhaus]

das Fachwerkhaus -häuser
['faxvɛrkhaus]

das Reetdach -dächer
['reːtdax]

die Frauenkirche (Dresden)
['frauənkɪrçə]

das Brandenburger Tor (Berlin)
[ˌbrandn̩burɡɐ ˈtoːɐ]

die Berliner Mauer
[bɛrˌliːnɐ ˈmauɐ]

der Kölner Dom
[ˌkœlnɐ ˈdoːm]

der Hamburger Hafen
[ˌhamburɡɐ ˈhaːfn̩]

die Elbphilharmonie
['ɛlpfɪlharmoˌniː]

NATUR

das Edelweiß -e
['e:dl̩vais]
....

der Enzian -e
['ɛntsi̯a:n]
....

die Kornblume -n
['kɔrnblu:mə]
....

die Gämse -n
['gɛmzə]
....

das Wildschwein -e
['vɪltʃvain]
....

der Hirsch -e
[hɪrʃ]
....

ALLTAG UND FREIZEIT

der Sperrmüll kein Pl
['ʃpɛrmʏl]
....

der Gelbe Sack
[ˌgɛlbə 'zak]
....

die Kehrwoche -n
['ke:ɐ̯vɔxə]
....

der Besen -
['be:zn̩]
....

die Ladenöffnungszeiten Pl [la:dn̩'œfnʊŋstsaitn̩]
Regelung, wann die Geschäfte in Deutschland geöffnet sein dürfen

Sonntags geschlossen [ˌzɔnta:ks gə'ʃlɔsn̩]   *Bis auf wenige Ausnahmen
haben die Läden in Deutschland sonntags geschlossen.*

bar bezahlen ['ba:ɐ̯ ˌbətsa:lən]

die Bundesliga kein Pl
['bʊndəsliːga]

die Nationalmannschaft -en
[natsi̯oˈnaːlmanʃaft]

die Fanmeile -n
['fɛnmailə]

die Volksmusik kein Pl
['fɔlksmuˌziːk]

der Schlagersänger -
[ˈʃlaːgɐzɛŋɐ]

der Skat -e
[skaːt]

der Schrebergarten -gärten
[ˈʃreːbɐgartn̩]

das Freibad -bäder
['fraibaːt]

der Baggersee -n
['bagɐzeː]

die Spielstraße -n
[ˈʃpiːlʃtraːsə]

der ICE -s
[iːtseːˈʔeː]

der Regionalzug -züge
[ˌregi̯oˈnaːltsuːk]

die ARD kein Pl [aː?ɛrˈdeː]
Allgemeine Rundfunkanstalt Deutschlands: heute auch bekannt als
Das Erste, ein öffentlich-rechtlicher Fernsehsender

das ZDF kein Pl [tsɛtdeːˈ?ɛf]
Das Zweite Deutsche Fernsehen: öffentlich-rechtlicher Fernsehsender

der Rundfunkbeitrag -beiträge [ˈrʊntfʊŋkbaitraːk]
Beitrag zur Finanzierung der öffentlich-rechtlichen Fernseh- und
Rundfunkanstalten (wie ARD und ZDF)

BILDUNG UND BERUF

die Schultüte -n
[ˈʃuːltyːtə]

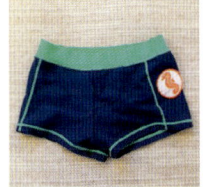

die Kita (Kindertages-
stätte) -s
[ˈkiːta (kɪndɐˈtaːgəsʃtɛtə)]

das Seepferdchen
[ˈzeːpfeːɐ̯tçn̩]
Freischwimmer-
Abzeichen

die Erstklässlerin -nen
[ˈeːɐ̯stklɛslərɪn]

das Schullandheim -e
[ˈʃuːllanthaim]

die Nachmittagsbetreuung -en [ˈnaːxmɪtaːksbətrɔyʊŋ]
Von Schulen angebotene Betreuung von Schulkindern am Nachmittag

die Volkshochschule -en [ˈfɔlkshoːxʃuːlə]
Einrichtung der Erwachsenenbildung mit breit gefächertem Kursangebot

das Freiwillige Soziale Jahr [fraivɪlɪgə zoˌtsjaːlə ˈjaːɐ̯]
Ein Jahr, in dem junge Erwachsene nach der abgeschlossenen Schulbildung
auf freiwilliger Basis an sozialen Projekten oder Einrichtungen mitarbeiten

das Goethe-Institut -e [ˈgøːtə?instiˌtuːt]
Einrichtung zur Pflege der deutschen Sprache und Kultur im Ausland

die Abendschule -n [ˈaːbn̩tʃuːlə]   *Einrichtung, in der sich Berufstätige in*
Abend- und Wochenendkursen weiterbilden können

der Integrationskurs -e [ɪntegraˈtsjoːnskʊrs]
Kurs für Menschen mit Migrationshintergrund (Sprachkurs und
Hilfestellungen bei der Eingliederung in die deutsche Gesellschaft)

AUF DEM AMT

das Formular -e
[fɔrmuˈlaːɐ̯]

der Stempel -
[ˈʃtɛmpl̩]

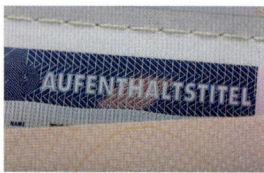

die Aufenthaltserlaubnis -se
[ˈaufʔɛnthalts ʔɛɐ̯ˌlaubnɪs]

die Einbürgerung -en
[ˈainbʏrgərʊŋ]

der Reisepass -pässe
[ˈraizəpas]

die Versicherungskarte -n
[fɛɐ̯ˈzɪçərʊŋskartə]

das Einwohnermeldeamt -ämter [ˈainvoːnɐˈmɛldəamt]
Behörde, auf der man seinen Wohnsitz anmeldet
oder einen neuen Ausweis beantragen kann

das Standesamt -ämter [ˈʃtandəsamt] *Behörde, die für Eheschließungen*
und Geburts- und Sterbeurkunden zuständig ist

das Sozialamt -ämter [zoˈtsjaːlamt]
Behörde, auf der man Sozialhilfe beantragen kann

die Agentur für Arbeit Agenturen für Arbeit [agɛnˌtuːɐ̯ fyːɐ̯ ˈarbait]
Behörde, die für das Arbeitslosengeld und die
Vermittlung von Arbeitsplätzen zuständig ist

das Finanzamt -ämter [fiˈnantsamt]
Behörde, die für die Verwaltung der Steuern zuständig ist

das Jugendamt -ämter [ˈjuːgntamt]
Behörde, die sich um das Wohl von Kindern und Jugendlichen kümmert

die Krankenkasse -n [ˈkraŋknkasə] *Institution, die die Kosten für*
medizinische Behandlungen und Arzneimittel trägt. In Deutschland
ist man entweder gesetzlich oder privat krankenversichert.

die Bescheinigung -en [bəˈʃainɪgʊŋ]
Schriftlicher Nachweis, z. B. über eine ärztliche Untersuchung

der/die Beamte/Beamtin -n/-nen [bəˈʔamtə/bəˈʔamtɪn]
Jemand, der im Staatsdienst tätig ist und über gewisse
Privilegien verfügt (z. B. die meisten Lehrer)

einen Antrag stellen [ainən ˈantraːk ʃtɛlən]
In der Regel füllt man dazu ein Formular aus und
legt bestimmte Dokumente vor.

ein abgelehnter Antrag [ain ˌapɡəlɛntɐ ˈantraːk]
Ein Antrag, dem nicht zugestimmt wurde

POLITIK UND GESELLSCHAFT

das Bundesland
-länder
[ˈbʊndəslant]

die Bundeswehr kein Pl
[ˈbʊndəsveːɐ̯]

die Bundeskanzlerin
[ˈbʊndəskantslərɪn]

die Wahl -en
[vaːl]

das Gesetz -e
[ɡəˈzɛts]

das Grundgesetz kein Pl
[ˈɡrʊntɡəˌzɛts]

der Bundesadler
kein Pl
[ˈbʊndəsaːdlɐ]

der Bundestag kein Pl
[ˈbʊndəstaːk]

der Tag der Deutschen Einheit [taːk deːɐ̯ dɔytʃn̩ ˈainhait]
Feiertag am 3.10. zum Gedenken an die
Wiedervereinigung Deutschlands im Jahre 1990

die Wiedervereinigung kein Pl [ˈviːdɐfɐɐ̯ʔainiɡʊŋ]
die Zusammenführung der Deutschen Demokratischen Republik
(DDR) mit der Bundesrepublik Deutschland (BRD) nach der
friedlichen Revolution (1989-1990)

DIE WICHTIGSTEN SÄTZE

DIE VERBEN

DEUTSCHE KURZGRAMMATIK

INDEX

DIE WICHTIGSTEN SÄTZE

Mit diesen nützlichen Wörtern und Sätzen drücken Sie sich in den wichtigsten und häufigsten Situationen mit Sicherheit aus.

IM GESPRÄCH

BEGRÜSSEN UND VERABSCHIEDEN

Guten Tag! [guːtn̩ ˈtaːk]

Guten Abend! [guːtn̩ ˈaːbn̩t]

Hallo! [haˈloː]

Auf Wiedersehen! [auf ˈviːdɐzeːən]

Tschüss! [tʃyːs]

HÖFLICHKEIT

bitte [ˈbɪtə]

danke [ˈdaŋkə]

bitte schön [ˈbɪtə ʃøːn]

Ja, bitte. [jaː ˈbɪtə]

Nein, danke. [nain ˈdaŋkə]

Keine Ursache! [kainə ˈuːɐ̯zaxə]

Entschuldigung! [ɛntˈʃʊldɪɡʊŋ]

Entschuldigen Sie, ... [ɛntˈʃʊldɪɡn̩ ziː ...]

Das tut mir leid. [das tuːt miːɐ̯ ˈlait]

Wie geht's? [viː ˈɡeːts]

Danke, gut. Und Ihnen/dir? [ˈdaŋkə ˈɡuːt ʊnt ˈiːnən/ˈdiːɐ̯]

KOMMUNIKATION

Wie bitte? [ˈviː bɪtə]

Ich verstehe. [ɪç fɛɐ̯ˈʃteːə]

Ich verstehe nicht. [ɪç fɛɐ̯ˈʃteːə nɪçt]

Könnten Sie das bitte wiederholen? [ˈkœntən ziː das bɪtə viːdɐˈhoːlən]

Könnten Sie bitte langsamer sprechen? [ˈkœntən ziː bɪtə ˈlaŋzaːmɐ ʃprɛçn̩]

Könnten Sie das bitte aufschreiben? [ˈkœntən ziː das bɪtə ˈaufʃraibn̩]

Was bedeutet ...? [ˈvas bəˈdɔytət ...]

SICH VORSTELLEN

Wie heißt du? [viː ˈhaist duː]

Wie heißen Sie? [viː ˈhaisn̩ ziː]

Ich heiße ... [ɪç ˈhaisə ...]

Woher kommen Sie? [voˈheːɐ̯ ˈkɔmən ziː]

Woher kommst du? [voˈheːɐ̯ ˈkɔmst duː]

Ich komme aus ... [ɪç ˈkɔmə aus ...]

Das ist mein Mann. [ˈdas ɪst main ˈman]

Das ist meine Frau. ['das ɪst maɪnə 'frau]

Das ist mein Partner. ['das ɪst maɪn 'partnɐ]

Das ist meine Partnerin.
['das ɪst maɪnə 'partnərɪn]

Das ist mein Sohn. ['das ɪst maɪn 'zo:n]

Das ist meine Tochter. ['das ɪst maɪnə 'tɔxtɐ]

Hier ist meine E-Mail-Adresse.
[hi:ɐ ɪst maɪnə 'i:meɪladrɛsə]

Hier ist meine Telefonnummer.
[hi:ɐ ɪst maɪnə te:le'fo:nnʊmɐ]

BEIM TELEFONIEREN

Ich hätte gern eine SIM-Karte, bitte.
[ɪç hɛtə gɛrn aɪnə 'zɪmkartə bɪtə]

Mein Akku ist leer. [maɪn 'aku ɪst le:ɐ]

Hier spricht ... [hi:ɐ ʃprɪçt '...]

Mit wem spreche ich bitte?
[mɪt 've:m ʃprɛçə ɪç bɪtə]

Kann ich bitte Herrn/Frau ... sprechen?
[kan ɪç bɪtə hɛrn/frau '... ʃprɛçn̩]

Tut mir leid, er/sie ist nicht da.
[tu:t mi:ɐ 'laɪt e:ɐ/zi: ɪst nɪçt 'da:]

Kann er/sie Sie zurückrufen?
[kan e:ɐ/zi: zi: tsu'rʏkru:fn̩]

UNTERWEGS
TOILETTE UND BAD

Wo ist bitte die Toilette?
['vo: ɪst bɪtə di: twa'lɛtə]

Damen ['da:mən]

Herren ['hɛrən]

die Damentoilette ['da:məntwalɛtə]

die Herrentoilette ['hɛrəntwalɛtə]

BAHN

Wann fährt der nächste Zug ab?
['van fɛ:ɐt de:ɐ nɛ:çstə 'tsu:k ap]

Wo muss ich umsteigen?
['vo: mʊs ɪç 'ʊmʃtaɪgn̩]

Von welchem Gleis fährt der Zug nach ...?
[fɔn 'vɛlçəm glaɪs fɛ:ɐt de:ɐ 'tsu:k na:x ...]

Ist dieser Platz noch frei?
[ɪst 'di:zɐ plats nɔx 'fraɪ]

Hält dieser Zug in ...? [hɛlt 'di:zɐ tsu:k ɪn ...]

BUS

Welche Linie fährt nach ...?
['vɛlçə li:njə fɛ:ɐt na:x ...]

Welche Linie fährt zum Bahnhof?
['vɛlçə li:njə fɛ:ɐt tsum 'ba:nho:f]

Wann fährt der nächste Bus nach ...?
['van fɛ:ɐt de:ɐ 'nɛ:çstə bʊs na:x ...]

Wo muss ich aussteigen?
['vo: mʊs ɪç 'ausʃtaign]

Wie viele Haltestellen sind es?
['vi: fi:lə 'haltəʃtɛlən zɪnt ɛs]

Fährt dieser Bus nach …?
[fɛːɐ̯t 'di:zɐ bʊs na:x …]

AUTO

der Führerschein ['fy:rɐʃain]

Entschuldigen Sie bitte, wie komme ich nach …?
[ɛnt'ʃʊldɪgn̩ zi: bɪtə 'vi: kɔmə ɪç na:x …]

Entschuldigen Sie bitte, wo ist …?
[ɛnt'ʃʊldɪgn̩ zi: bɪtə 'vo: ɪst …]

Wie weit ist es? [vi 'vait ɪst ɛs]

BEIM ARZT

Ich bin krankenversichert.
[ɪç bɪn 'kraŋkn̩fɛɐ̯zɪçɐt]

Ich möchte von einer Ärztin behandelt werden, bitte.
[ɪç mœçtə fɔn ainɐ 'ɛːɐ̯tstɪn bəhandl̩t veːɐ̯dn̩ bɪtə]

Es tut hier weh. [ɛs tuːt 'hiːɐ̯ veː]

Ich bin ohnmächtig geworden.
[ɪç bɪn 'oːnmɛçtɪç gəvɔrdn̩]

Ich habe mich erbrochen.
[ɪç ha:bə mɪç ɛɐ̯'brɔxn̩]

Ich habe Herzbeschwerden.
[ɪç ha:bə 'hɛrtsbəʃveːɐ̯dn̩]

Ich habe Atembeschwerden.
[ɪç ha:bə 'a:təmbəʃveːɐ̯dn̩]

Ich habe Zahnschmerzen.
[ɪç ha:bə 'tsa:nʃmɛrtsn̩]

Ich habe eine Füllung verloren.
[ɪç ha:bə ainə 'fʏlʊŋ fɛɐ̯lo:rən]

Ich bin allergisch gegen Antibiotika.
[ɪç bɪn a'lɛrgɪʃ ge:gn̩ anti'bio:tika]

Ich bin allergisch gegen Bienen.
[ɪç bɪn a'lɛrgɪʃ ge:gn̩ 'bi:nən]

Ich bin allergisch gegen Pollen.
[ɪç bɪn a'lɛrgɪʃ ge:gn̩ 'pɔlən]

Ich bin Diabetiker/Diabetikerin.
['ɪç bɪn dia'be:tikɐ/dia'be:tikərɪn]

Ist es ansteckend? [ɪst ɛs 'anʃtɛkn̩t]

Ich brauche ein Rezept für …
[ɪç brauxə ain re'tsɛpt fy:ɐ̯ …]

Ich nehme Medikamente gegen …
[ɪç 'ne:mə medika'mɛntə ge:gn̩ …]

DIE VERBEN

Wenn es darum geht, eigene Sätze zu bilden, hilft Ihnen unsere ausführliche Verbliste, wo Sie auch abstrakte Verben, die sich nicht abbilden lassen, nachschlagen können.

A

abbeißen [ˈapbaisn̩]

abbiegen [ˈapbiːgn̩]

abbringen [ˈapbrɪŋən]

abfahren [ˈapfaːrən]

abfärben [ˈapfɛrbn̩]

abfinden [ˈapfɪndn̩]

abfragen [ˈapfraːgn̩]

abführen [ˈapfyːrən]

abfüllen [ˈapfʏlən]

abgeben [ˈapgeːbn̩]

abgewöhnen [ˈapgəvøːnən]

abgrenzen [ˈapgrɛntsn̩]

abhaken [ˈaphaːkn̩]

abhalten [ˈaphaltn̩]

abhärten [ˈaphɛrtn̩]

abhauen [ˈaphauən]

abheben [ˈapheːbn̩]

abholen [ˈaphoːlən]

abklären [ˈapklɛːrən]

abklingen [ˈapklɪŋən]

abkochen [ˈapkɔxn̩]

abkühlen [ˈapkyːlən]

abkürzen [ˈapkʏrtsn̩]

abladen [ˈaplaːdn̩]

ablaufen [ˈaplaufn̩]

ablecken [ˈaplɛkn̩]

ablegen [ˈapleːgn̩]

ablehnen [ˈapleːnən]

ablenken [ˈaplɛŋkn̩]

abmagern [ˈapmaːgɐn]

abmalen [ˈapmaːlən]

abmelden [ˈapmɛldn̩]

abmessen [ˈapmɛsn̩]

abnehmen [ˈapneːmən]

abnutzen [ˈapnʊtsn̩]

abonnieren [abɔˈniːrən]

abprallen [ˈappralən]

abputzen [ˈappʊtsn̩]

abraten [ˈapraːtn̩]

abräumen [ˈaprɔymən]

abreagieren [ˈapreagiːrən]

abrechnen [ˈaprɛçnən]

abregen [ˈapreːgn̩]

abreisen [ˈapraizn̩]	*abspielen* [ˈapʃpiːlən]
abreißen [ˈapraisn̩]	*abspringen* [ˈapʃprɪŋən]
abrunden [ˈaprʊndn̩]	*abspülen* [ˈapʃpyːlən]
abrutschen [ˈaprʊtʃn̩]	*abstammen* [ˈapʃtamən]
absagen [ˈapzaːgn̩]	*abstehen* [ˈapʃteːən]
abschaffen [ˈapʃafn̩]	*abstellen* [ˈapʃtɛlən]
abschalten [ˈapʃaltn̩]	*absterben* [ˈapʃtɛrbn̩]
abschätzen [ˈapʃɛtsn̩]	*abstimmen* [ˈapʃtɪmən]
abschauen [ˈapʃauən]	*abstoßen* [ˈapʃtoːsn̩]
abschicken [ˈapʃɪkn̩]	*abstreiten* [ˈapʃtraitn̩]
abschleppen [ˈapʃlɛpn̩]	*abstumpfen* [ˈapʃtʊmpfn̩]
abschließen [ˈapʃliːsn̩]	*abstürzen* [ˈapʃtʏrtsn̩]
abschminken [ˈapʃmɪŋkn̩]	*abstützen* [ˈapʃtʏtsn̩]
abschneiden [ˈapʃnaidn̩]	*absuchen* [ˈapzuːxn̩]
abschreiben [ˈapʃraibn̩]	*abtreiben* [ˈaptraibn̩]
abschwächen [ˈapʃvɛçn̩]	*abtrocknen* [ˈaptrɔknən]
abschweifen [ˈapʃvaifn̩]	*abtropfen* [ˈaptrɔpfn̩]
abschwellen [ˈapʃvɛlən]	*abverlangen* [ˈapfɛɐ̯laŋən]
absehen [ˈapzeːən]	*abwägen* [ˈapvɛːgn̩]
absenden [ˈapzɛndn̩]	*abwarten* [ˈapvartn̩]
absetzen [ˈapzɛtsn̩]	*abwaschen* [ˈapvaʃn̩]
absichern [ˈapzɪçɐn]	*abwechseln* [ˈapvɛksl̩n]
absinken [ˈapzɪŋkn̩]	*abwehren* [ˈapveːrən]
abspeichern [ˈapʃpaiçɐn]	*abweichen* [ˈapvaiçn̩]

abweisen [ˈapvaizn̩]	*anblicken* [ˈanblɪkn̩]
abwerten [ˈapveːɐ̯tn̩]	*anbrüllen* [ˈanbʁʏlən]
abwischen [ˈapvɪʃn̩]	*andauern* [ˈandauɐn]
abzahlen [ˈaptsaːlən]	*ändern* [ˈɛndɐn]
abziehen [ˈaptsiːən]	*andeuten* [ˈandɔytn̩]
achten [ˈaxtn̩]	*androhen* [ˈandroːən]
ächzen [ˈɛçtsn̩]	*aneignen* [ˈanʔaignən]
addieren [aˈdiːrən]	*anekeln* [ˈanʔeːkl̩n]
adoptieren [adɔpˈtiːrən]	*anerkennen* [ˈanʔɛɐ̯kɛnən]
adressieren [adrɛˈsiːrən]	*anfangen* [ˈanfaŋən]
agieren [aˈgiːrən]	*anfassen* [ˈanfasn̩]
ähneln [ˈɛːnl̩n]	*anfertigen* [ˈanfɛrtɪgn̩]
ahnen [ˈaːnən]	*anfeuern* [ˈanfɔyɐn]
aktivieren [aktiˈviːrən]	*anflehen* [ˈanfleːən]
aktualisieren [aktu̯aliˈziːrən]	*anfordern* [ˈanfɔrdɐn]
akzeptieren [aktsɛpˈtiːrən]	*anfreunden* [ˈanfrɔyndn̩]
alarmieren [alarˈmiːrən]	*anfühlen* [ˈanfyːlən]
amputieren [ampuˈtiːrən]	*anführen* [ˈanfyːrən]
amüsieren [amyˈziːrən]	*angeben* [ˈangeːbn̩]
analysieren [analyˈziːrən]	*angehören* [ˈangəhøːrən]
anbauen [ˈanbauən]	*angeln* [ˈaŋl̩n]
anbeten [ˈanbeːtn̩]	*angewöhnen* [ˈangəvøːnən]
anbiedern [ˈanbiːdɐn]	*angleichen* [ˈanglaiçn̩]
anbieten [ˈanbiːtn̩]	*angreifen* [ˈangraifn̩]

ängstigen [ˈɛŋstɪgn̩]

angucken [ˈanɡʊkn̩]

anhaben [ˈanhaːbn̩]

anhalten [ˈanhaltn̩]

anhängen [ˈanhɛŋən]

anhimmeln [ˈanhɪml̩n]

anhören [ˈanhøːrən]

anklagen [ˈanklaːɡn̩]

ankleben [ˈankleːbn̩]

anklicken [ˈanklɪkn̩]

anklopfen [ˈanklɔpfn̩]

anknüpfen [ˈanknʏpfn̩]

ankommen [ˈankɔmən]

ankreuzen [ˈankrɔytsn̩]

ankündigen [ˈankʏndɪɡn̩]

anlächeln [ˈanlɛçl̩n]

anlachen [ˈanlaxn̩]

anlehnen [ˈanleːnən]

anleiten [ˈanlaitn̩]

anlocken [ˈanlɔkn̩]

anlügen [ˈanlyːɡn̩]

anmachen [ˈanmaxn̩]

anmaßen [ˈanmaːsn̩]

anmelden [ˈanmɛldn̩]

anmerken [ˈanmɛrkn̩]

annähern [ˈannɛːɐn]

annehmen [ˈanneːmən]

annullieren [anʊˈliːrən]

anordnen [ˈanʔɔrdnən]

anpacken [ˈanpakn̩]

anpassen [ˈanpasn̩]

anpflanzen [ˈanpflantsn̩]

anprobieren [ˈanprobiːrən]

anreden [ˈanreːdn̩]

anrufen [ˈanruːfn̩]

ansagen [ˈanzaːɡn̩]

ansammeln [ˈanzaml̩n]

anschalten [ˈanʃaltn̩]

anschauen [ˈanʃauən]

anschieben [ˈanʃiːbn̩]

anschleichen [ˈanʃlaiçn̩]

anschließen [ˈanʃliːsn̩]

anschmiegen [ˈanʃmiːɡn̩]

anschnallen [ˈanʃnalən]

anschnauzen [ˈanʃnautsn̩]

anschreien [ˈanʃraiən]

anschuldigen [ˈanʃʊldɪɡn̩]

anschweigen [ˈanʃvaiɡn̩]

anschwellen [ˈanʃvɛlən]	*antun* [ˈantuːn]
anschwindeln [ˈanʃvɪndl̩n]	*antworten* [ˈantvɔrtn̩]
ansehen [ˈanzeːən]	*anvertrauen* [ˈanfɛɐ̯trauən]
anspannen [ˈanʃpanən]	*anweisen* [ˈanvaizn̩]
anspielen [ˈanʃpiːlən]	*anwenden* [ˈanvɛndn̩]
anspitzen [ˈanʃpɪtsn̩]	*anwidern* [ˈanviːdɐn]
anspornen [ˈanʃpɔrnən]	*anzeigen* [ˈantsaign̩]
ansprechen [ˈanʃprɛçn̩]	*anziehen* [ˈantsiːən]
anspringen [ˈanʃprɪŋən]	*anzünden* [ˈantsʏndn̩]
anspucken [ˈanʃpʊkn̩]	*anzweifeln* [ˈantsvaifl̩n]
anstarren [ˈanʃtarən]	*applaudieren* [aplauˈdiːrən]
anstecken [ˈanʃtɛkn̩]	*arbeiten* [ˈarbaitn̩]
anstehen [ˈanʃteːən]	*ärgern* [ˈɛrgɐn]
ansteigen [ˈanʃtaign̩]	*atmen* [ˈaːtmən]
anstellen [ˈanʃtɛlən]	*aufarbeiten* [ˈaufʔarbaitn̩]
anstimmen [ˈanʃtɪmən]	*aufatmen* [ˈaufʔaːtmən]
anstoßen [ˈanʃtoːsn̩]	*aufbauen* [ˈaufbauən]
anstrahlen [ˈanʃtraːlən]	*aufbewahren* [ˈaufbəvaːrən]
anstreben [ˈanʃtreːbn̩]	*aufblasen* [ˈaufblaːzn̩]
anstreichen [ˈanʃtraiçn̩]	*aufbleiben* [ˈaufblaibn̩]
anstrengen [ˈanʃtrɛŋən]	*aufbrauchen* [ˈaufbrauxn̩]
antreffen [ˈantrɛfn̩]	*aufbrausen* [ˈaufbrauzn̩]
antreiben [ˈantraibn̩]	*aufbrechen* [ˈaufbrɛçn̩]
antreten [ˈantreːtn̩]	*aufbringen* [ˈaufbrɪŋən]

aufdecken [ˈaufdɛkn̩]	*auflehnen* [ˈaufleːnən]
aufdrängen [ˈaufdrɛŋən]	*auflockern* [ˈauflɔkɐn]
aufdrehen [ˈaufdreːən]	*auflösen* [ˈaufløːzn̩]
aufeinanderfolgen [aufʔaiˈnandɐfɔlgn̩]	*aufmachen* [ˈaufmaxn̩]
aufessen [ˈaufʔɛsn̩]	*aufmuntern* [ˈaufmʊntɐn]
auffallen [ˈauffalən]	*aufnehmen* [ˈaufneːmən]
auffangen [ˈauffaŋən]	*aufpassen* [ˈaufpasn̩]
auffassen [ˈauffasn̩]	*aufplatzen* [ˈaufplatsn̩]
auffordern [ˈauffɔrdɐn]	*aufpumpen* [ˈaufpʊmpn̩]
aufführen [ˈauffyːrən]	*aufraffen* [ˈaufrafn̩]
aufgeben [ˈaufgeːbn̩]	*aufräumen* [ˈaufrɔymən]
aufgreifen [ˈaufgraifn̩]	*aufrechterhalten* [ˈaufrɛçtʔɛɐ̯haltn̩]
aufhaben [ˈaufhaːbn̩]	*aufregen* [ˈaufreːgn̩]
aufhalten [ˈaufhaltn̩]	*aufrunden* [ˈaufrʊndn̩]
aufhängen [ˈaufhɛŋən]	*aufsammeln* [ˈaufzamln̩]
aufheben [ˈaufheːbn̩]	*aufschieben* [ˈaufʃiːbn̩]
aufhetzen [ˈaufhɛtsn̩]	*aufschließen* [ˈaufʃliːsn̩]
aufholen [ˈaufhoːlən]	*aufschreiben* [ˈaufʃraibn̩]
aufhören [ˈaufhøːrən]	*aufspringen* [ˈaufʃprɪŋən]
aufkleben [ˈaufkleːbn̩]	*aufstacheln* [ˈaufʃtaxln̩]
aufladen [ˈauflaːdn̩]	*aufstehen* [ˈaufʃteːən]
auflassen [ˈauflasn̩]	*aufstellen* [ˈaufʃtɛlən]
auflauern [ˈauflauɐn]	*aufstützen* [ˈaufʃtʏtsn̩]
aufleben [ˈaufleːbn̩]	*aufsuchen* [ˈaufzuːxn̩]

auftauchen [ˈauftauxn̩]	*ausdenken* [ˈausdɛŋkn̩]
aufteilen [ˈauftailən]	*auseinanderbrechen* [ausʔaiˈnandɐbrɛçn̩]
auftragen [ˈauftraːgn̩]	*ausfallen* [ˈausfalən]
auftreiben [ˈauftraibn̩]	*ausfragen* [ˈausfraːgn̩]
auftreten [ˈauftreːtn̩]	*ausfüllen* [ˈausfʏlən]
aufwachen [ˈaufvaxn̩]	*ausgeben* [ˈausgeːbn̩]
aufwachsen [ˈaufvaksn̩]	*ausgehen* [ˈausgeːən]
aufwärmen [ˈaufvɛrmən]	*ausgleichen* [ˈausglaiçn̩]
aufwecken [ˈaufvɛkn̩]	*aushaben* [ˈaushaːbn̩]
aufweichen [ˈaufvaiçn̩]	*aushalten* [ˈaushaltn̩]
aufweisen [ˈaufvaizn̩]	*aushelfen* [ˈaushɛlfn̩]
aufwischen [ˈaufvɪʃn̩]	*auskennen* [ˈauskɛnən]
aufwühlen [ˈaufvyːlən]	*auskommen* [ˈauskɔmən]
aufzählen [ˈauftsɛːlən]	*auslachen* [ˈauslaxn̩]
aufzeichnen [ˈauftsaiçnən]	*auslaufen* [ˈauslaufn̩]
aufzeigen [ˈauftsaign̩]	*ausleeren* [ˈausleːrən]
aufzwingen [ˈauftsvɪŋən]	*ausleihen* [ˈauslaiən]
ausarbeiten [ˈausʔarbaitn̩]	*ausloggen* [ˈauslɔgn̩]
ausatmen [ˈausʔaːtmən]	*auslösen* [ˈausløːzn̩]
ausbessern [ˈausbɛsɐn]	*ausmachen* [ˈausmaxn̩]
ausbleiben [ˈausblaibn̩]	*ausmalen* [ˈausmaːlən]
ausbrechen [ˈausbrɛçn̩]	*ausmessen* [ˈausmɛsn̩]
ausbreiten [ˈausbraitn̩]	*ausnutzen* [ˈausnʊtsn̩]
ausdehnen [ˈausdeːnən]	*auspacken* [ˈauspakn̩]

ausplaudern [ˈausplaudɐn]	*aussterben* [ˈausʃtɛrbn̩]
auspressen [ˈausprɛsn̩]	*ausstrecken* [ˈausʃtrɛkn̩]
ausprobieren [ˈausprobiːrən]	*aussuchen* [ˈauszuːxn̩]
ausrasten [ˈausrastn̩]	*austauschen* [ˈaustauʃn̩]
ausrauben [ˈausraubn̩]	*austeilen* [ˈaustailən]
ausrechnen [ˈausrɛçnən]	*austoben* [ˈaustoːbn̩]
ausreden [ˈausreːdn̩]	*austreten* [ˈaustreːtn̩]
ausreichen [ˈausraiçn̩]	*austricksen* [ˈaustrɪksn̩]
ausreisen [ˈausraizn̩]	*austrinken* [ˈaustrɪŋkn̩]
ausrichten [ˈausrɪçtn̩]	*ausüben* [ˈausʔyːbn̩]
ausruhen [ˈausruːən]	*auswählen* [ˈausvɛːlən]
ausrutschen [ˈausrʊtʃn̩]	*auswandern* [ˈausvandɐn]
ausschalten [ˈausʃaltn̩]	*auswaschen* [ˈausvaʃn̩]
ausscheiden [ˈausʃaidn̩]	*auswechseln* [ˈausvɛksl̩n]
ausschimpfen [ˈausʃɪmpfn̩]	*ausweichen* [ˈausvaiçn̩]
ausschlafen [ˈausʃlaːfn̩]	*auswerten* [ˈausveːɐtn̩]
ausschließen [ˈausʃliːsn̩]	*auswirken* [ˈausvɪrkn̩]
ausschneiden [ˈausʃnaidn̩]	*auszählen* [ˈaustsɛːlən]
aussehen [ˈauszeːən]	*auszeichnen* [ˈaustsaiçnən]
äußern [ˈɔysɐn]	*ausziehen* [ˈaustsiːən]
aussetzen [ˈauszɛtsn̩]	
aussprechen [ˈausʃprɛçn̩]	
ausstehen [ˈausʃteːən]	
aussteigen [ˈausʃtaign̩]	

B	
babysitten ['be:bɪzɪtn̩]	*bedrohen* [bə'dro:ən]
backen ['bakn̩]	*bedrücken* [bə'drʏkn̩]
baden ['ba:dn̩]	*beeilen* [bə'ʔailən]
baggern ['bagɐn]	*beeindrucken* [bə'ʔaindrʊkn̩]
basteln ['bastln̩]	*beeinflussen* [bə'ʔainflʊsn̩]
bauen ['bauən]	*beeinträchtigen* [bə'ʔaintrɛçtɪgn̩]
beabsichtigen [bə'ʔapzɪçtɪgn̩]	*beenden* [bə'ʔɛndn̩]
beachten [bə'ʔaxtn̩]	*beerdigen* [bə'ʔe:ɐ̯dɪgn̩]
beängstigen [bə'ʔɛŋstɪgn̩]	*befassen* [bə'fasn̩]
beanspruchen [bə'ʔanʃprʊxn̩]	*befehlen* [bə'fe:lən]
beantragen [bə'ʔantra:gn̩]	*befestigen* [bə'fɛstɪgn̩]
beantworten [bə'ʔantvɔrtn̩]	*befeuchten* [bə'fɔyçtn̩]
bearbeiten [bə'ʔarbaitn̩]	*befinden* [bə'fɪndn̩]
beatmen [bə'ʔa:tmən]	*befolgen* [bə'fɔlgn̩]
beaufsichtigen [bə'ʔaufzɪçtɪgn̩]	*befragen* [bə'fra:gn̩]
beauftragen [bə'ʔauftra:gn̩]	*befreien* [bə'fraiən]
bedanken [bə'daŋkn̩]	*befriedigen* [bə'fri:dɪgn̩]
bedauern [bə'dauɐn]	*befruchten* [bə'frʊxtn̩]
bedecken [bə'dɛkn̩]	*befürchten* [bə'fʏrçtn̩]
bedenken [bə'dɛŋkn̩]	*befürworten* [bə'fy:ɐ̯vɔrtn̩]
bedeuten [bə'dɔytn̩]	*begegnen* [bə'ge:gnən]
bedienen [bə'di:nən]	*begehen* [bə'ge:ən]
bedrängen [bə'drɛŋən]	*begehren* [bə'ge:rən]
	begeistern [bə'gaistɐn]

beginnen [bəˈgɪnən]

begleiten [bəˈglaitn̩]

beglückwünschen [bəˈglʏkvʏnʃn̩]

begraben [bəˈgraːbn̩]

begreifen [bəˈgraifn̩]

begrenzen [bəˈgrɛntsn̩]

begründen [bəˈgrʏndn̩]

begrüßen [bəˈgryːsn̩]

begünstigen [bəˈgʏnstɪgn̩]

begutachten [bəˈguːtʔaxtn̩]

behalten [bəˈhaltn̩]

behandeln [bəˈhandl̩n]

beharren [bəˈharən]

behaupten [bəˈhauptn̩]

beheben [bəˈheːbn̩]

behelfen [bəˈhɛlfn̩]

beherrschen [bəˈhɛrʃn̩]

beherzigen [bəˈhɛrtsɪgn̩]

behindern [bəˈhɪndɐn]

behüten [bəˈhyːtn̩]

beibehalten [ˈbaibəhaltn̩]

beibringen [ˈbaibrɪŋən]

beichten [ˈbaiçtn̩]

beifügen [ˈbaifyːgn̩]

beinhalten [bəˈʔɪnhaltn̩]

beipflichten [ˈbaipflɪçtn̩]

beirren [bəˈʔɪrən]

beißen [ˈbaisn̩]

beistehen [ˈbaiʃteːən]

beitragen [ˈbaitraːgn̩]

beitreten [ˈbaitreːtn̩]

bejahen [bəˈjaːən]

bejubeln [bəˈjuːbl̩n]

bekämpfen [bəˈkɛmpfn̩]

bekehren [bəˈkeːrən]

bekennen [bəˈkɛnən]

beklagen [bəˈklaːgn̩]

bekleckern [bəˈklɛkɐn]

bekommen [bəˈkɔmən]

bekräftigen [bəˈkrɛftɪgn̩]

beladen [bəˈlaːdn̩]

belasten [bəˈlastn̩]

belästigen [bəˈlɛstɪgn̩]

belauschen [bəˈlauʃn̩]

beleidigen [bəˈlaidɪgn̩]

bellen [ˈbɛlən]

belohnen [bəˈloːnən]

belügen [bəˈlyːgn̩]

bemerken [bəˈmɛrkn̩]	*beschäftigen* [bəˈʃɛftɪgn̩]
bemitleiden [bəˈmɪtlaidn̩]	*bescheinigen* [bəˈʃainɪgn̩]
bemühen [bəˈmyːən]	*beschenken* [bəˈʃɛŋkn̩]
benachrichtigen [bəˈnaːxrɪçtɪgn̩]	*beschimpfen* [bəˈʃɪmpfn̩]
benehmen [bəˈneːmən]	*beschleunigen* [bəˈʃlɔynɪgn̩]
beneiden [bəˈnaidn̩]	*beschließen* [bəˈʃliːsn̩]
benennen [bəˈnɛnən]	*beschmutzen* [bəˈʃmʊtsn̩]
benoten [bəˈnoːtn̩]	*beschränken* [bəˈʃrɛŋkn̩]
benötigen [bəˈnøːtɪgn̩]	*beschreiben* [bəˈʃraibn̩]
beobachten [bəˈʔoːbaxtn̩]	*beschuldigen* [bəˈʃʊldɪgn̩]
beraten [bəˈraːtn̩]	*beschützen* [bəˈʃʏtsn̩]
berechnen [bəˈrɛçnən]	*beschweren* [bəˈʃveːrən]
bereden [bəˈreːdn̩]	*beseitigen* [bəˈzaitɪgn̩]
bereiten [bəˈraitn̩]	*besetzen* [bəˈzɛtsn̩]
bereithalten [bəˈraithaltn̩]	*besichtigen* [bəˈzɪçtɪgn̩]
bereitmachen [bəˈraitmaxn̩]	*besiegen* [bəˈziːgn̩]
bereuen [bəˈrɔyən]	*besitzen* [bəˈzɪtsn̩]
berichten [bəˈrɪçtn̩]	*besorgen* [bəˈzɔrgn̩]
berichtigen [bəˈrɪçtɪgn̩]	*besprechen* [bəˈʃprɛçn̩]
berücksichtigen [bəˈrʏkzɪçtɪgn̩]	*bestätigen* [bəˈʃtɛːtɪgn̩]
beruhigen [bəˈruːɪgn̩]	*bestatten* [bəˈʃtatn̩]
berühren [bəˈryːrən]	*bestaunen* [bəˈʃtaunən]
beschädigen [bəˈʃɛːdɪgn̩]	*bestehen* [bəˈʃteːən]
beschaffen [bəˈʃafn̩]	*bestellen* [bəˈʃtɛlən]

bestimmen [bəˈʃtɪmən]	*bewerben* [bəˈvɛrbn̩]
bestrafen [bəˈʃtraːfn̩]	*bewerten* [bəˈveːɐ̯tn̩]
bestreiten [bəˈʃtraitn̩]	*bewirken* [bəˈvɪrkn̩]
besuchen [bəˈzuːxn̩]	*bewohnen* [bəˈvoːnən]
betätigen [bəˈtɛːtign̩]	*bewundern* [bəˈvʊndɐn]
betäuben [bəˈtɔybn̩]	*bezahlen* [bəˈtsaːlən]
beteiligen [bəˈtailɪgn̩]	*bezeichnen* [bəˈtsaiçnən]
beten [ˈbeːtn̩]	*bezweifeln* [bəˈtsvaifl̩n]
beteuern [bəˈtɔyɐn]	*biegen* [ˈbiːgn̩]
betonen [bəˈtoːnən]	*bieten* [ˈbiːtn̩]
betören [bəˈtøːrən]	*bilden* [ˈbɪldn̩]
betrachten [bəˈtraxtn̩]	*bitten* [ˈbɪtn̩]
betreuen [bəˈtrɔyən]	*blamieren* [blaˈmiːrən]
betrügen [bəˈtryːgn̩]	*blasen* [ˈblaːzn̩]
betteln [ˈbɛtl̩n]	*bleiben* [ˈblaibn̩]
beugen [ˈbɔygn̩]	*blenden* [ˈblɛndn̩]
beunruhigen [bəˈʔʊnruːɪgn̩]	*blinken* [ˈblɪŋkn̩]
beurteilen [bəˈʔʊrtailən]	*blinzeln* [ˈblɪntsl̩n]
bevorzugen [bəˈfoːɐ̯tsuːgn̩]	*blitzen* [ˈblɪtsn̩]
bewachen [bəˈvaxn̩]	*blockieren* [blɔˈkiːrən]
bewaffnen [bəˈvafnən]	*blühen* [ˈblyːən]
bewältigen [bəˈvɛltɪgn̩]	*bluten* [ˈbluːtn̩]
bewegen [bəˈveːgn̩]	*bohren* [ˈboːrən]
beweisen [bəˈvaizn̩]	*boxen* [ˈbɔksn̩]

boykottieren [bɔɪkɔ'tiːrən]

braten ['braːtn̩]

brauchen ['brauxn̩]

brechen ['brɛçn̩]

bremsen ['brɛmzn̩]

brennen ['brɛnən]

bringen ['brɪŋən]

bröckeln ['brœkl̩n]

brüllen ['brʏlən]

brummen ['brʊmən]

brüten ['bryːtn̩]

buchen ['buːxn̩]

buchstabieren [buːxʃta'biːrən]

bücken ['bʏkn̩]

bügeln ['byːgl̩n]

bummeln ['bʊml̩n]

bürsten ['bʏrstn̩]

C

campen ['kɛmpn̩]

charakterisieren [karakteri'ziːrən]

chatten ['tʃɛtn̩]

D

dableiben ['daːblaibn̩]

danebenbenehmen [da'neːbn̩bəneːmən]

danken ['daŋkn̩]

darstellen ['daːɐ̯ʃtɛlən]

dastehen ['daːʃteːən]

dauern ['dauɐn]

decken ['dɛkn̩]

dehnen ['deːnən]

dementieren [demɛn'tiːrən]

demonstrieren [demɔn'striːrən]

demütigen ['deːmyːtɪgn̩]

denken ['dɛŋkn̩]

deprimieren [depri'miːrən]

desinfizieren [dezɪnfi'tsiːrən]

deuten ['dɔytn̩]

dienen ['diːnən]

diskriminieren [dɪskrimi'niːrən]

diskutieren [dɪsku'tiːrən]

disqualifizieren [dɪskvalifi'tsiːrən]

distanzieren [dɪstan'tsiːrən]

dividieren [divi'diːrən]

donnern ['dɔnɐn]

dosieren [do'ziːrən]

downloaden [ˈdaʊnloʊdn̩]

dramatisieren [dramatiˈziːrən]

dranbleiben [ˈdranblaibn̩]

drängeln [ˈdrɛŋl̩n]

drängen [ˈdrɛŋən]

drankommen [ˈdrankɔmən]

drehen [ˈdreːən]

drohen [ˈdroːən]

drucken [ˈdrʊkn̩]

drücken [ˈdrʏkn̩]

ducken [ˈdʊkn̩]

duften [ˈdʊftn̩]

dulden [ˈdʊldn̩]

durchdenken [ˈdʊrçdɛŋkn̩]

durcheinanderbringen [dʊrçʔaiˈnandɐbrɪŋən]

durchführen [ˈdʊrçfyːrən]

durchsagen [ˈdʊrçzaːgn̩]

durchschauen [dʊrçˈʃauən]

durchsetzen [ˈdʊrçzɛtsn̩]

durchsickern [ˈdʊrçzɪkɐn]

durchstöbern [dʊrçˈʃtøːbɐn]

durchstreichen [ˈdʊrçʃtraiçn̩]

durchwühlen [ˈdʊrçvyːlən]

durchziehen [ˈdʊrçtsiːən]

dürfen [ˈdʏrfn̩]

duschen [ˈduːʃn̩]

duzen [ˈduːtsn̩]

E

ebnen [ˈeːbnən]

ehren [ˈeːrən]

eignen [ˈaignən]

eilen [ˈailən]

einatmen [ˈainʔaːtmən]

einbilden [ˈainbɪldn̩]

einbrechen [ˈainbrɛçn̩]

einchecken [ˈaintʃɛkn̩]

eincremen [ˈainkreːmən]

eindringen [ˈaindrɪŋən]

eindrücken [ˈaindrʏkn̩]

einengen [ˈainʔɛŋən]

einfädeln [ˈainfɛːdl̩n]

einfahren [ˈainfaːrən]

einfallen [ˈainfalən]

einfangen [ˈainfaŋən]

einfügen [ˈainfyːgn̩]

einfühlen [ˈainfyːlən]

einführen [ˈainfyːrən]

eingeben [ˈaingeːbn̩]

eingestehen [ˈaɪngəʃteːən]	*einreiben* [ˈaɪnraɪbn̩]
eingreifen [ˈaɪngraɪfn̩]	*einreisen* [ˈaɪnraɪzn̩]
eingrenzen [ˈaɪngrɛntsn̩]	*einrosten* [ˈaɪnrɔstn̩]
einholen [ˈaɪnhoːlən]	*einschalten* [ˈaɪnʃaltn̩]
einigen [ˈaɪnɪgn̩]	*einschätzen* [ˈaɪnʃɛtsn̩]
einkaufen [ˈaɪnkaufn̩]	*einschenken* [ˈaɪnʃɛŋkn̩]
einkleben [ˈaɪnkleːbn̩]	*einschlafen* [ˈaɪnʃlaːfn̩]
einklemmen [ˈaɪnklɛmən]	*einschließen* [ˈaɪnʃliːsn̩]
einladen [ˈaɪnlaːdn̩]	*einschränken* [ˈaɪnʃrɛŋkn̩]
einleben [ˈaɪnleːbn̩]	*einschreiten* [ˈaɪnʃraɪtn̩]
einlenken [ˈaɪnlɛŋkn̩]	*einschüchtern* [ˈaɪnʃʏçtɐn]
einleuchten [ˈaɪnlɔyçtn̩]	*einschulen* [ˈaɪnʃuːlən]
einliefern [ˈaɪnliːfɐn]	*einsehen* [ˈaɪnzeːən]
einloggen [ˈaɪnlɔgn̩]	*einsetzen* [ˈaɪnzɛtsn̩]
einlösen [ˈaɪnløːzn̩]	*einsperren* [ˈaɪnʃpɛrən]
einmischen [ˈaɪnmɪʃn̩]	*einspringen* [ˈaɪnʃprɪŋən]
einordnen [ˈaɪnʔɔrdnən]	*einstecken* [ˈaɪnʃtɛkn̩]
einpacken [ˈaɪnpakn̩]	*einsteigen* [ˈaɪnʃtaɪgn̩]
einparken [ˈaɪnparkn̩]	*einstellen* [ˈaɪnʃtɛlən]
einpflanzen [ˈaɪnpflantsn̩]	*einstürzen* [ˈaɪnʃtʏrtsn̩]
einplanen [ˈaɪnplaːnən]	*eintauchen* [ˈaɪntauxn̩]
einprägen [ˈaɪnprɛgn̩]	*einteilen* [ˈaɪntaɪlən]
einräumen [ˈaɪnrɔymən]	*eintragen* [ˈaɪntraːgn̩]
einreden [ˈaɪnreːdn̩]	*eintreffen* [ˈaɪntrɛfn̩]

eintreten [ˈaintreːtn̩]	*entkommen* [ɛntˈkɔmən]
einwandern [ˈainvandɐn]	*entlanggehen* [ɛntˈlaŋgeːən]
einwechseln [ˈainvɛksl̩n]	*entlassen* [ɛntˈlasn̩]
einweichen [ˈainvaiçn̩]	*entlasten* [ɛntˈlastn̩]
einweihen [ˈainvaiən]	*entlaufen* [ɛntˈlaufn̩]
einweisen [ˈainvaizn̩]	*entscheiden* [ɛntˈʃaidn̩]
einwenden [ˈainvɛndn̩]	*entschließen* [ɛntˈʃliːsn̩]
einwilligen [ˈainvɪlɪgn̩]	*entschuldigen* [ɛntˈʃʊldɪgn̩]
einzahlen [ˈaintsaːlən]	*entsetzen* [ɛntˈzɛtsn̩]
eitern [ˈaitɐn]	*entsorgen* [ɛntˈzɔrgn̩]
ekeln [ˈeːkl̩n]	*entspannen* [ɛntˈʃpanən]
empfangen [ɛmˈpfaŋən]	*entsprechen* [ɛntˈʃprɛçn̩]
empfehlen [ɛmˈpfeːlən]	*entstehen* [ɛntˈʃteːən]
empfinden [ɛmˈpfɪndn̩]	*entstellen* [ɛntˈʃtɛlən]
enden [ˈɛndn̩]	*enttäuschen* [ɛntˈtɔyʃn̩]
entdecken [ɛntˈdɛkn̩]	*entwaffnen* [ɛntˈvafnən]
entfachen [ɛntˈfaçn̩]	*entweichen* [ɛntˈvaiçn̩]
entfallen [ɛntˈfalən]	*entwerfen* [ɛntˈvɛrfn̩]
entfernen [ɛntˈfɛrnən]	*entwickeln* [ɛntˈvɪkl̩n]
entführen [ɛntˈfyːrən]	*erben* [ˈɛrbn̩]
entgegenbringen [ɛntˈgeːgn̩brɪŋən]	*erbrechen* [ɛɐˈbrɛçn̩]
entgegnen [ɛntˈgeːgnən]	*ereignen* [ɛɐˈʔaignən]
entgleisen [ɛntˈglaizn̩]	*erfahren* [ɛɐˈfaːrən]
enthalten [ɛntˈhaltn̩]	*erfinden* [ɛɐˈfɪndn̩]

erforschen [ɛɐ̯ˈfɔrʃn̩]	**ermorden** [ɛɐ̯ˈmɔrdn̩]
erfrieren [ɛɐ̯ˈfriːrən]	**ermuntern** [ɛɐ̯ˈmʊntɐn]
erfrischen [ɛɐ̯ˈfrɪʃən]	**ermutigen** [ɛɐ̯ˈmuːtɪgn̩]
erfüllen [ɛɐ̯ˈfʏlən]	**ernähren** [ɛɐ̯ˈnɛːrən]
ergänzen [ɛɐ̯ˈgɛntsn̩]	**ernennen** [ɛɐ̯ˈnɛnən]
ergeben [ɛɐ̯ˈgeːbn̩]	**erneuern** [ɛɐ̯ˈnɔyɐn]
erhalten [ɛɐ̯ˈhaltn̩]	**ernten** [ˈɛrntn̩]
erhoffen [ɛɐ̯ˈhɔfn̩]	**eröffnen** [ɛɐ̯ˈʔœfnən]
erhöhen [ɛɐ̯ˈhøːən]	**erpressen** [ɛɐ̯ˈprɛsn̩]
erholen [ɛɐ̯ˈhoːlən]	**erregen** [ɛɐ̯ˈreːgn̩]
erinnern [ɛɐ̯ˈʔɪnɐn]	**erreichen** [ɛɐ̯ˈraiçn̩]
erkälten [ɛɐ̯ˈkɛltn̩]	**erscheinen** [ɛɐ̯ˈʃainən]
erkennen [ɛɐ̯ˈkɛnən]	**erschrecken** [ɛɐ̯ˈʃrɛkn̩]
erklären [ɛɐ̯ˈklɛːrən]	**erschüttern** [ɛɐ̯ˈʃʏtɐn]
erkundigen [ɛɐ̯ˈkʊndɪgn̩]	**erschweren** [ɛɐ̯ˈʃveːrən]
erlauben [ɛɐ̯ˈlaubn̩]	**ersetzen** [ɛɐ̯ˈzɛtsn̩]
erläutern [ɛɐ̯ˈlɔytɐn]	**erstaunen** [ɛɐ̯ˈʃtaunən]
erleben [ɛɐ̯ˈleːbn̩]	**ersticken** [ɛɐ̯ˈʃtɪkn̩]
erledigen [ɛɐ̯ˈleːdɪgn̩]	**ertappen** [ɛɐ̯ˈtapn̩]
erleichtern [ɛɐ̯ˈlaiçtɐn]	**ertragen** [ɛɐ̯ˈtraːgn̩]
erlösen [ɛɐ̯ˈløːzn̩]	**ertrinken** [ɛɐ̯ˈtrɪŋkn̩]
ermahnen [ɛɐ̯ˈmaːnən]	**erwähnen** [ɛɐ̯ˈvɛːnən]
ermitteln [ɛɐ̯ˈmɪtln̩]	**erwarten** [ɛɐ̯ˈvartn̩]
ermöglichen [ɛɐ̯ˈmøːklɪçn̩]	**erwidern** [ɛɐ̯ˈviːdɐn]

erwürgen [ɛɐ̯ˈvʏrgn̩]	*feilen* [ˈfailən]
erzählen [ɛɐ̯ˈtsɛːlən]	*fernsehen* [ˈfɛrnzeːən]
erzeugen [ɛɐ̯ˈtsɔygn̩]	*fernsteuern* [ˈfɛrnʃtɔyɐn]
erziehen [ɛɐ̯ˈtsiːən]	*fertigmachen* [ˈfɛrtɪçmaxn̩]
erzwingen [ɛɐ̯ˈtsvɪŋən]	*fesseln* [ˈfɛsl̩n]
essen [ˈɛsn̩]	*festhalten* [ˈfɛsthaltn̩]
existieren [ɛksɪsˈtiːrən]	*festnehmen* [ˈfɛstneːmən]
explodieren [ɛksploˈdiːrən]	*feststehen* [ˈfɛstʃteːən]
F	*feststellen* [ˈfɛstʃtɛlən]
fahren [ˈfaːrən]	*filmen* [ˈfɪlmən]
fallen [ˈfalən]	*filtern* [ˈfɪltɐn]
fälschen [ˈfɛlʃn̩]	*finanzieren* [finanˈtsiːrən]
falten [ˈfaltn̩]	*finden* [ˈfɪndn̩]
fangen [ˈfaŋən]	*flehen* [ˈfleːən]
färben [ˈfɛrbn̩]	*flicken* [ˈflɪkn̩]
fassen [ˈfasn̩]	*fliegen* [ˈfliːgn̩]
fasten [ˈfastn̩]	*fliehen* [ˈfliːən]
faszinieren [fastsiˈniːrən]	*fließen* [ˈfliːsn̩]
faulen [ˈfaulən]	*flimmern* [ˈflɪmɐn]
faulenzen [ˈfaulɛntsn̩]	*flirten* [ˈfløɐ̯tn̩]
fechten [ˈfɛçtn̩]	*fluchen* [ˈfluːxn̩]
fegen [ˈfeːgn̩]	*flüchten* [ˈflʏçtn̩]
fehlen [ˈfeːlən]	*flüstern* [ˈflʏstɐn]
feiern [ˈfaiɐn]	*föhnen* [ˈføːnən]

folgen ['fɔlgn̩]	*führen* ['fyːrən]
folgern ['fɔlgɐn]	*füllen* ['fʏlən]
foltern ['fɔltɐn]	*funktionieren* [fʊŋktsi̯oˈniːrən]
fordern ['fɔrdɐn]	*fürchten* ['fʏrçtn̩]
fördern ['fœrdɐn]	**G**
formulieren [fɔrmuˈliːrən]	*gähnen* ['gɛːnən]
forschen ['fɔrʃn̩]	*garantieren* [garanˈtiːrən]
fortbilden ['fɔrtbɪldn̩]	*geben* ['geːbn̩]
fortfahren ['fɔrtfaːrən]	*gefährden* [gəˈfɛːɐdn̩]
fortsetzen ['fɔrtzɛtsn̩]	*gefallen* [gəˈfalən]
fotografieren [fotograˈfiːrən]	*gehen* ['geːən]
fragen ['fraːgn̩]	*gehorchen* [gəˈhɔrçn̩]
frankieren [fraŋˈkiːrən]	*gehören* [gəˈhøːrən]
freigeben ['fraigeːbn̩]	*gelangen* [gəˈlaŋən]
freihaben ['fraihaːbn̩]	*gelingen* [gəˈlɪŋən]
freilassen ['frailasn̩]	*gelten* ['gɛltn̩]
freisprechen ['fraiʃprɛçn̩]	*genehmigen* [gəˈneːmɪgn̩]
fremdgehen ['frɛmtgeːən]	*genesen* [gəˈneːzn̩]
fressen ['frɛsn̩]	*genieren* [ʒeˈniːrən]
freuen ['frɔyən]	*genießen* [gəˈniːsn̩]
frieren ['friːrən]	*genügen* [gəˈnyːgn̩]
frühstücken ['fryːʃtʏkn̩]	*geschehen* [gəˈʃeːən]
frustrieren [frʊsˈtriːrən]	*gestatten* [gəˈʃtatn̩]
fühlen ['fyːlən]	*gestehen* [gəˈʃteːən]

gestikulieren [gɛstiku'li:rən]

gewinnen [gə'vɪnən]

gewittern [gə'vɪtɐn]

gewöhnen [gə'vø:nən]

gießen ['gi:sn̩]

glänzen ['glɛntsn̩]

glätten ['glɛtn̩]

glauben ['glaubn̩]

gleichen ['glaiçn̩]

gleiten ['glaitn̩]

gliedern ['gli:dɐn]

glitzern ['glɪtsɐn]

glühen ['gly:ən]

gönnen ['gœnən]

graben ['gra:bn̩]

gratulieren [gratu'li:rən]

greifen ['graifn̩]

grenzen ['grɛntsn̩]

grillen ['grɪlən]

grinsen ['grɪnzn̩]

grübeln ['gry:bl̩n]

gründen ['grʏndn̩]

grunzen ['grʊntsn̩]

gruseln ['gru:zl̩n]

grüßen ['gry:sn̩]

gucken ['gʊkn̩]

gurgeln ['gʊrgl̩n]

gutmachen ['gu:tmaxn̩]

H

haaren ['ha:rən]

haben ['ha:bn̩]

hacken ['hakn̩]

hadern ['ha:dɐn]

hageln ['ha:gl̩n]

häkeln ['hɛkl̩n]

halbieren [hal'bi:rən]

halten ['haltn̩]

hämmern ['hɛmɐn]

handeln ['handl̩n]

handhaben ['hanthaːbn̩]

hängen ['hɛŋən]

harmonieren [harmo'ni:rən]

hassen ['hasn̩]

hauen ['hauən]

heben ['he:bn̩]

hecheln ['hɛçl̩n]

heften ['hɛftn̩]

hegen ['he:gn̩]

heilen [ˈhailən]	*hungern* [ˈhʊŋən]
heimfahren [ˈhaimfaːrən]	*hupen* [ˈhuːpn̩]
heimzahlen [ˈhaimtsaːlən]	*hüpfen* [ˈhʏpfn̩]
heiraten [ˈhairaːtn̩]	*husten* [ˈhuːstn̩]
heißen [ˈhaisn̩]	*hüten* [ˈhyːtn̩]
heizen [ˈhaitsn̩]	*hypnotisieren* [hʏpnotiˈziːrən]
helfen [ˈhɛlfn̩]	**I**
herausfordern [hɛˈrausfɔrdɐn]	*identifizieren* [idɛntifiˈtsiːrən]
herrschen [ˈhɛrʃn̩]	*ignorieren* [ɪgnoˈriːrən]
hervorrufen [hɛɐ̯ˈfoːɐ̯ruːfn̩]	*impfen* [ˈɪmpfn̩]
hetzen [ˈhɛtsn̩]	*infizieren* [ɪnfiˈtsiːrən]
heucheln [ˈhɔyçln̩]	*informieren* [ɪnfɔrˈmiːrən]
heulen [ˈhɔylən]	*innehaben* [ˈɪnəhaːbn̩]
hinken [ˈhɪŋkn̩]	*inspirieren* [ɪnspiˈriːrən]
hinrichten [ˈhɪnrɪçtn̩]	*installieren* [ɪnstaˈliːrən]
hinterfragen [hɪntɐˈfraːgn̩]	*integrieren* [ɪnteˈgriːrən]
hinweisen [ˈhɪnvaizn̩]	*interessieren* [ɪntarɛˈsiːrən]
hinzufügen [hɪnˈtsuːfyːgn̩]	*interpretieren* [ɪntɐpreˈtiːrən]
hobeln [ˈhoːbln̩]	*interviewen* [ɪntɐˈvjuːən]
hocken [ˈhɔkn̩]	*investieren* [ɪnvɛsˈtiːrən]
hoffen [ˈhɔfn̩]	*irreführen* [ˈɪrəfyːrən]
holen [ˈhoːlən]	*irren* [ˈɪrən]
hören [ˈhøːrən]	*irritieren* [ɪriˈtiːrən]
humpeln [ˈhʊmpln̩]	*isolieren* [izoˈliːrən]

J

jagen [ˈjaːgn̩]

jammern [ˈjamɐn]

joggen [ˈdʒɔgn̩]

jubeln [ˈjuːbl̩n]

jucken [ˈjʊkn̩]

K

kämmen [ˈkɛmən]

kämpfen [ˈkɛmpfn̩]

kapitulieren [kapituˈliːrən]

kaputtgehen [kaˈpʊtgeːən]

kassieren [kaˈsiːrən]

kauen [ˈkauən]

kauern [ˈkauɐn]

kaufen [ˈkaufn̩]

kehren [ˈkeːrən]

kehrtmachen [ˈkeːɐtmaxn̩]

kennen [ˈkɛnən]

kennzeichnen [ˈkɛntsaiçnən]

keuchen [ˈkɔyçn̩]

kichern [ˈkɪçɐn]

kidnappen [ˈkɪtnɛpn̩]

kitzeln [ˈkɪtsl̩n]

klaffen [ˈklafn̩]

klagen [ˈklaːgn̩]

klammern [ˈklamɐn]

klappen [ˈklapn̩]

klappern [ˈklapɐn]

klären [ˈklɛːrən]

klargehen [ˈklaːɐgeːən]

klarkommen [ˈklaːɐkɔmən]

klatschen [ˈklatʃn̩]

kleben [ˈkleːbn̩]

kleckern [ˈklɛkɐn]

klettern [ˈklɛtɐn]

klicken [ˈklɪkn̩]

klingeln [ˈklɪŋl̩n]

klingen [ˈklɪŋən]

klopfen [ˈklɔpfn̩]

knabbern [ˈknabɐn]

knacken [ˈknakn̩]

knallen [ˈknalən]

kneifen [ˈknaifn̩]

kneten [ˈkneːtn̩]

knicken [ˈknɪkn̩]

knien [kniːn]

knirschen [ˈknɪrʃn̩]

knistern [ˈknɪstɐn]

knittern [ˈknɪtɐn]	*kribbeln* [ˈkrɪbl̩n]
knöpfen [ˈknœpfn̩]	*kriechen* [ˈkriːçn̩]
knurren [ˈknʊrən]	*kriegen* [ˈkriːgn̩]
kochen [ˈkɔxn̩]	*kritisieren* [kritiˈziːrən]
kombinieren [kɔmbiˈniːrən]	*krümeln* [ˈkryːml̩n]
kommen [ˈkɔmən]	*krümmen* [ˈkrʏmən]
kommentieren [kɔmɛnˈtiːrən]	*kühlen* [ˈkyːlən]
können [ˈkœnən]	*kümmern* [ˈkʏmɐn]
konstruieren [kɔnstruˈiːrən]	*kündigen* [ˈkʏndɪgn̩]
konsumieren [kɔnzuˈmiːrən]	*kürzen* [ˈkʏrtsn̩]
kontrollieren [kɔntrɔˈliːrən]	*kuscheln* [ˈkʊʃl̩n]
konzentrieren [kɔntsɛnˈtriːrən]	*küssen* [ˈkʏsn̩]
kooperieren [koʔopeˈriːrən]	**L**
koordinieren [koʔɔrdiˈniːrən]	*lächeln* [ˈlɛçl̩n]
kopieren [koˈpiːrən]	*lachen* [ˈlaxn̩]
korrigieren [kɔriˈgiːrən]	*laden* [ˈlaːdn̩]
kosten [ˈkɔstn̩]	*lagern* [ˈlaːgɐn]
krabbeln [ˈkrabl̩n]	*lähmen* [ˈlɛːmən]
krankmelden [ˈkraŋkmɛldn̩]	*lahmlegen* [ˈlaːmleːgn̩]
kratzen [ˈkratsn̩]	*landen* [ˈlandn̩]
kraulen [ˈkraulən]	*langweilen* [ˈlaŋvailən]
kräuseln [ˈkrɔyzl̩n]	*lassen* [ˈlasn̩]
kreisen [ˈkraizn̩]	*lästern* [ˈlɛstɐn]
kreuzen [ˈkrɔytsn̩]	*lauern* [ˈlauɐn]

laufen [ˈlaufn̩]	*löffeln* [ˈlœfl̩n]
läuten [ˈlɔytn̩]	*lohnen* [ˈloːnən]
leben [ˈleːbn̩]	*löschen* [ˈlœʃn̩]
lecken [ˈlɛkn̩]	*lösen* [ˈløːzn̩]
leeren [ˈleːrən]	*losfahren* [ˈloːsfaːrən]
legen [ˈleːgn̩]	*loswerden* [ˈloːsveːɐ̯dn̩]
lehnen [ˈleːnən]	*lüften* [ˈlʏftn̩]
lehren [ˈleːrən]	*lügen* [ˈlyːgn̩]
leiden [ˈlaidn̩]	*lutschen* [ˈlʊtʃn̩]
leihen [ˈlaiən]	**M**
leisten [ˈlaistn̩]	*machen* [ˈmaxn̩]
leiten [ˈlaitn̩]	*mahnen* [ˈmaːnən]
lenken [ˈlɛŋkn̩]	*mailen* [ˈmeːlən]
lernen [ˈlɛrnən]	*malen* [ˈmaːlən]
lesen [ˈleːzn̩]	*manipulieren* [manipuˈliːrən]
leugnen [ˈlɔygnən]	*markieren* [marˈkiːrən]
lieben [ˈliːbn̩]	*massieren* [maˈsiːrən]
liebkosen [liːpˈkoːzn̩]	*meditieren* [mediˈtiːrən]
liefern [ˈliːfɐn]	*meiden* [ˈmaidn̩]
liegen [ˈliːgn̩]	*meinen* [ˈmainən]
lispeln [ˈlɪspl̩n]	*meistern* [ˈmaistɐn]
loben [ˈloːbn̩]	*melden* [ˈmɛldn̩]
locken [ˈlɔkn̩]	*merken* [ˈmɛrkn̩]
lockern [ˈlɔkɐn]	*messen* [ˈmɛsn̩]

miauen [miˈauən]	*murmeln* [ˈmʊrml̩n]
mieten [ˈmiːtn̩]	*müssen* [ˈmʏsn̩]
mindern [ˈmɪndɐn]	*mutmaßen* [ˈmuːtmaːsn̩]
mischen [ˈmɪʃn̩]	**N**
missachten [mɪsˈʔaxtn̩]	*nachahmen* [ˈnaːxʔaːmən]
missbilligen [mɪsˈbɪlɪgn̩]	*nachdenken* [ˈnaːxdɛŋkn̩]
missbrauchen [mɪsˈbrauxn̩]	*nachgeben* [ˈnaːxgeːbn̩]
missen [ˈmɪsn̩]	*nachholen* [ˈnaːxhoːlən]
missfallen [mɪsˈfalən]	*nachkommen* [ˈnaːxkɔmən]
missglücken [mɪsˈglʏkn̩]	*nachtragen* [ˈnaːxtraːgn̩]
misshandeln [mɪsˈhandl̩n]	*nagen* [ˈnaːgn̩]
misslingen [mɪsˈlɪŋən]	*nahekommen* [ˈnaːəkɔmən]
misstrauen [mɪsˈtrauən]	*nahen* [ˈnaːən]
missverstehen [ˈmɪsfɛɐ̯ʃteːən]	*nähen* [ˈnɛːən]
mitbekommen [ˈmɪtbəkɔmən]	*nähern* [ˈnɛːɐn]
mitfahren [ˈmɪtfaːrən]	*nahestehen* [ˈnaːəʃteːən]
mitfühlen [ˈmɪtfyːlən]	*naschen* [ˈnaʃn̩]
mitmachen [ˈmɪtmaxn̩]	*necken* [ˈnɛkn̩]
mitteilen [ˈmɪttailən]	*nehmen* [ˈneːmən]
mixen [ˈmɪksn̩]	*neiden* [ˈnaidn̩]
mögen [ˈmøːgn̩]	*neigen* [ˈnaign̩]
morden [ˈmɔrdn̩]	*nennen* [ˈnɛnən]
motivieren [motiˈviːrən]	*nerven* [ˈnɛrfn̩]
multiplizieren [mʊltipliˈtsiːrən]	*nicken* [ˈnɪkn̩]

niederknien [ˈniːdɐkniːn]	*pflanzen* [ˈpflant͡sn̩]
niederlassen [ˈniːdɐlasn̩]	*pflegen* [ˈpfleːgn̩]
nieseln [ˈniːzl̩n]	*pflücken* [ˈpflʏkn̩]
niesen [ˈniːzn̩]	*picknicken* [ˈpɪknɪkn̩]
nörgeln [ˈnœrgln̩]	*piepen* [ˈpiːpn̩]
nummerieren [nʊməˈriːrən]	*piepsen* [ˈpiːpsn̩]
nuscheln [ˈnʊʃln̩]	*plagen* [ˈplaːgn̩]
O	*planen* [ˈplaːnən]
öffnen [ˈœfnən]	*planschen* [ˈplanʃn̩]
ölen [ˈøːlən]	*plappern* [ˈplapɐn]
operieren [opəˈriːrən]	*platzen* [ˈplat͡sn̩]
opfern [ˈɔpfɐn]	*platzieren* [plaˈt͡siːrən]
ordnen [ˈɔrdnən]	*plaudern* [ˈplaudɐn]
organisieren [ɔrganiˈziːrən]	*pleitegehen* [ˈplaitəgeːən]
orientieren [orien̯ˈtiːrən]	*pokern* [ˈpoːkɐn]
P	*posieren* [poˈziːrən]
packen [ˈpakn̩]	*prägen* [ˈprɛgn̩]
paddeln [ˈpadln̩]	*prahlen* [ˈpraːlən]
parken [ˈparkn̩]	*prallen* [ˈpralən]
passen [ˈpasn̩]	*präsentieren* [prɛzɛnˈtiːrən]
passieren [paˈsiːrən]	*pressen* [ˈprɛsn̩]
petzen [ˈpɛt͡sn̩]	*probieren* [proˈbiːrən]
pfeffern [ˈpfɛfɐn]	*protestieren* [protɛsˈtiːrən]
pfeifen [ˈpfaifn̩]	*provozieren* [provoˈt͡siːrən]

prüfen ['pry:fn̩]	*rauschen* ['rauʃn̩]
prügeln ['pry:gl̩n]	*räuspern* ['rɔyspɐn]
pupsen ['pu:psn̩]	*rausschmeißen* ['rausʃmaisn̩]
pusten ['pu:stn̩]	*reagieren* [rea'gi:rən]
putzen ['pʊtsn̩]	*realisieren* [reali'zi:rən]
Q	*rebellieren* [rebɛ'li:rən]
quaken ['kva:kn̩]	*rechnen* ['rɛçnən]
quälen ['kvɛ:lən]	*rechtfertigen* ['rɛçtfɛrtɪgn̩]
qualmen ['kvalmən]	*recyceln* [ri'saikl̩n]
quengeln ['kvɛŋl̩n]	*reden* ['re:dn̩]
quieken ['kvi:kn̩]	*regeln* ['re:gl̩n]
quietschen ['kvi:tʃn̩]	*regen* ['re:gn̩]
R	*regieren* [re'gi:rən]
rächen ['rɛçn̩]	*registrieren* [regɪs'tri:rən]
radeln ['ra:dl̩n]	*regnen* ['re:gnən]
rascheln ['raʃl̩n]	*reiben* ['raibn̩]
rasen ['ra:zn̩]	*reichen* ['raiçn̩]
rasieren [ra'zi:rən]	*reimen* ['raimən]
rasseln ['rasl̩n]	*reinigen* ['rainɪgn̩]
raten ['ra:tn̩]	*reinlegen* ['reɪnle:gn̩]
rätseln ['rɛ:tsl̩n]	*reisen* ['raizn̩]
rattern ['ratɐn]	*reißen* ['raisn̩]
rauben ['raubn̩]	*reiten* ['raitn̩]
rauchen ['rauxn̩]	*reizen* ['raitsn̩]

rekeln ['reːkl̩n]

rennen ['rɛnən]

renovieren [renoˈviːrən]

reparieren [repaˈriːrən]

reservieren [rezɛrˈviːrən]

respektieren [respɛkˈtiːrən]

retten ['rɛtn̩]

revanchieren [revãˈʃiːrən]

richtigstellen ['rɪçtɪçʃtɛlən]

riechen ['riːçn̩]

riskieren [rɪsˈkiːrən]

rollen ['rɔlən]

röntgen ['rœntgn̩]

rosten ['rɔstn̩]

rubbeln ['rʊbl̩n]

rückerstatten ['rʏkʔɛɐ̯ʃtatn̩]

rudern ['ruːdɐn]

rufen ['ruːfn̩]

ruhen ['ruːən]

rühren ['ryːrən]

ruinieren [ruiˈniːrən]

rutschen ['rʊtʃn̩]

rütteln ['rʏtl̩n]

S

sagen ['zaːgn̩]

sägen ['zɛːgn̩]

salzen ['zaltsn̩]

sammeln ['zaml̩n]

säubern ['zɔybɐn]

saugen ['zaugn̩]

schaden ['ʃaːdn̩]

schaffen ['ʃafn̩]

schälen ['ʃɛːlən]

schalten ['ʃaltn̩]

schämen ['ʃɛːmən]

schätzen ['ʃɛtsn̩]

schauen ['ʃauən]

schaufeln ['ʃaufl̩n]

schaukeln ['ʃaukl̩n]

schäumen ['ʃɔymən]

scheinen ['ʃainən]

scheitern ['ʃaitɐn]

schenken ['ʃɛŋkn̩]

scherzen ['ʃɛrtsn̩]

scheuchen ['ʃɔyçn̩]

scheuen ['ʃɔyən]

schicken ['ʃɪkn̩]

schieben [ˈʃiːbn̩]	*schmücken* [ˈʃmʏkn̩]
schiefgehen [ˈʃiːfgeːən]	*schmunzeln* [ˈʃmʊntsl̩n]
schielen [ˈʃiːlən]	*schnarchen* [ˈʃnarçn̩]
schießen [ˈʃiːsn̩]	*schnauben* [ˈʃnaubn̩]
schildern [ˈʃɪldɐn]	*schnaufen* [ˈʃnaufn̩]
schimmeln [ˈʃɪml̩n]	*schneiden* [ˈʃnaidn̩]
schimpfen [ˈʃɪmpfn̩]	*schneien* [ˈʃnaiən]
schlafen [ˈʃlaːfn̩]	*schnurren* [ˈʃnʊrən]
schlagen [ˈʃlaːgn̩]	*schocken* [ˈʃɔkn̩]
schlecken [ˈʃlɛkn̩]	*schockieren* [ʃɔˈkiːrən]
schleichen [ˈʃlaiçn̩]	*schonen* [ˈʃoːnən]
schleppen [ˈʃlɛpn̩]	*schrauben* [ˈʃraubn̩]
schließen [ˈʃliːsn̩]	*schreiben* [ˈʃraibn̩]
schluchzen [ˈʃlʊxtsn̩]	*schreien* [ˈʃraiən]
schlucken [ˈʃlʊkn̩]	*schubsen* [ˈʃʊpsn̩]
schlüpfen [ˈʃlʏpfn̩]	*schummeln* [ˈʃʊml̩n]
schmarotzen [ʃmaˈrɔtsn̩]	*schütteln* [ˈʃʏtl̩n]
schmatzen [ˈʃmatsn̩]	*schütten* [ˈʃʏtn̩]
schmecken [ˈʃmɛkn̩]	*schützen* [ˈʃʏtsn̩]
schmeißen [ˈʃmaisn̩]	*schwächen* [ˈʃvɛçn̩]
schmelzen [ˈʃmɛltsn̩]	*schwanken* [ˈʃvaŋkn̩]
schmerzen [ˈʃmɛrtsn̩]	*schwänzen* [ˈʃvɛntsn̩]
schminken [ˈʃmɪŋkn̩]	*schwärmen* [ˈʃvɛrmən]
schmollen [ˈʃmɔlən]	*schwarzfahren* [ˈʃvartsfaːrən]

schweben [ˈʃveːbn̩]	*singen* [ˈzɪŋən]
schweigen [ˈʃvaign̩]	*sinken* [ˈzɪŋkn̩]
schwerfallen [ˈʃveːɐ̯falən]	*sitzen* [ˈzɪtsn̩]
schwimmen [ˈʃvɪmən]	*skaten* [ˈskeːtn̩]
schwindeln [ˈʃvɪndl̩n]	*sollen* [ˈzɔlən]
schwingen [ˈʃvɪŋən]	*sonnen* [ˈzɔnən]
schwirren [ˈʃvɪrən]	*sorgen* [ˈzɔrgn̩]
schwitzen [ˈʃvɪtsn̩]	*sortieren* [zɔrˈtiːrən]
schwören [ˈʃvøːrən]	*sparen* [ˈʃpaːrən]
segeln [ˈzeːgl̩n]	*spaßen* [ˈʃpaːsn̩]
sehen [ˈzeːən]	*spazieren* [ʃpaˈtsiːrən]
sehnen [ˈzeːnən]	*speichern* [ˈʃpaiçɐn]
sein [zain]	*speisen* [ˈʃpaizn̩]
senden [ˈzɛndn̩]	*spekulieren* [ʃpekuˈliːrən]
senken [ˈzɛŋkn̩]	*spenden* [ˈʃpɛndn̩]
servieren [zɛrˈviːrən]	*sperren* [ˈʃpɛrən]
setzen [ˈzɛtsn̩]	*spiegeln* [ˈʃpiːgl̩n]
seufzen [ˈzɔyftsn̩]	*spielen* [ˈʃpiːlən]
sichergehen [ˈzɪçɐgeːən]	*spinnen* [ˈʃpɪnən]
sichern [ˈzɪçɐn]	*spitzen* [ˈʃpɪtsn̩]
sicherstellen [ˈzɪçɐʃtɛlən]	*spotten* [ˈʃpɔtn̩]
siegen [ˈziːgn̩]	*sprechen* [ˈʃprɛçn̩]
siezen [ˈziːtsn̩]	*spreizen* [ˈʃpraitsn̩]
simsen [ˈzɪmzən]	*sprengen* [ˈʃprɛŋən]

sprießen [ˈʃpriːsn̩]	*steuern* [ˈʃtɔyɐn]
springen [ˈʃprɪŋən]	*stieren* [ˈʃtiːrən]
spritzen [ˈʃprɪtsn̩]	*stillen* [ˈʃtɪlən]
sprudeln [ˈʃpruːdl̩n]	*stillhalten* [ˈʃtɪlhaltn̩]
sprühen [ˈʃpryːən]	*stillliegen* [ˈʃtɪlliːgn̩]
spucken [ˈʃpʊkn̩]	*stimmen* [ˈʃtɪmən]
spuken [ˈʃpuːkn̩]	*stinken* [ˈʃtɪŋkn̩]
spülen [ˈʃpyːlən]	*stöbern* [ˈʃtøːbɐn]
spüren [ˈʃpyːrən]	*stocken* [ˈʃtɔkn̩]
stammen [ˈʃtamən]	*stöhnen* [ˈʃtøːnən]
stapeln [ˈʃtaːpl̩n]	*stolpern* [ˈʃtɔlpɐn]
stärken [ˈʃtɛrkn̩]	*stoppen* [ˈʃtɔpn̩]
starren [ˈʃtarən]	*stören* [ˈʃtøːrən]
starten [ˈʃtartn̩]	*stoßen* [ˈʃtoːsn̩]
stattfinden [ˈʃtatfɪndn̩]	*stottern* [ˈʃtɔtɐn]
staunen [ˈʃtaunən]	*strafen* [ˈʃtraːfn̩]
stechen [ˈʃtɛçn̩]	*straffen* [ˈʃtrafn̩]
stecken [ˈʃtɛkn̩]	*strahlen* [ˈʃtraːlən]
stehen [ˈʃteːən]	*strampeln* [ˈʃtrampl̩n]
stehlen [ˈʃteːlən]	*strapazieren* [ʃtrapaˈtsiːrən]
steigen [ˈʃtaign̩]	*sträuben* [ˈʃtrɔybn̩]
steigern [ˈʃtaigɐn]	*streben* [ˈʃtreːbn̩]
stellen [ˈʃtɛlən]	*strecken* [ˈʃtrɛkn̩]
sterben [ˈʃtɛrbn̩]	*streicheln* [ˈʃtraiçl̩n]

streichen [ˈʃtraiçn̩]	*tasten* [ˈtastn̩]
streifen [ˈʃtraifn̩]	*tauchen* [ˈtauxn̩]
streiken [ˈʃtraikn̩]	*tauen* [ˈtauən]
streiten [ˈʃtraitn̩]	*taufen* [ˈtaufn̩]
streuen [ˈʃtrɔyən]	*taugen* [ˈtaugn̩]
stricken [ˈʃtrɪkn̩]	*taumeln* [ˈtauml̩n]
studieren [ʃtuˈdiːrən]	*tauschen* [ˈtauʃn̩]
stürmen [ˈʃtʏrmən]	*täuschen* [ˈtɔyʃn̩]
stürzen [ˈʃtʏrtsn̩]	*teilen* [ˈtailən]
stutzen [ˈʃtʊtsn̩]	*teilnehmen* [ˈtailneːmən]
stützen [ˈʃtʏtsn̩]	*telefonieren* [telefoˈniːrən]
subtrahieren [zʊptraˈhiːrən]	*testen* [ˈtɛstn̩]
suchen [ˈzuːxn̩]	*ticken* [ˈtɪkn̩]
summen [ˈzʊmən]	*tippen* [ˈtɪpn̩]
sündigen [ˈzʏndɪgn̩]	*toben* [ˈtoːbn̩]
surfen [ˈzøːɐ̯fn̩]	*tolerieren* [toleˈriːrən]
süßen [ˈzyːsn̩]	*töten* [ˈtøːtn̩]
T	*totfahren* [ˈtoːtfaːrən]
tadeln [ˈtaːdl̩n]	*totschießen* [ˈtoːtʃiːsn̩]
tanken [ˈtaŋkn̩]	*totschlagen* [ˈtoːtʃlaːgn̩]
tanzen [ˈtantsn̩]	*tragen* [ˈtraːgn̩]
tapezieren [tapeˈtsiːrən]	*trainieren* [trɛˈniːrən]
tappen [ˈtapn̩]	*trampeln* [ˈtrampl̩n]
tarnen [ˈtarnən]	*tränen* [ˈtrɛnən]

transportieren [transpɔrˈtiːrən]	*überbringen* [yːbɐˈbrɪŋən]
trauen [ˈtrauən]	*überbrücken* [yːbɐˈbrʏkn̩]
trauern [ˈtrauɐn]	*überdenken* [yːbɐˈdɛŋkn̩]
träumen [ˈtrɔymən]	*übereinstimmen* [yːbɐˈʔainʃtɪmən]
treffen [ˈtrɛfn̩]	*überfahren* [yːbɐˈfaːrən]
trennen [ˈtrɛnən]	*überfallen* [yːbɐˈfalən]
treten [ˈtreːtn̩]	*überfordern* [yːbɐˈfɔrdɐn]
trinken [ˈtrɪŋkn̩]	*übergeben* [yːbɐˈgeːbn̩]
trocknen [ˈtrɔknən]	*überholen* [yːbɐˈhoːlən]
trödeln [ˈtrøːdl̩n]	*überhören* [yːbɐˈhøːrən]
trommeln [ˈtrɔml̩n]	*überlappen* [yːbɐˈlapn̩]
tröpfeln [ˈtrœpfl̩n]	*überlassen* [yːbɐˈlasn̩]
tropfen [ˈtrɔpfn̩]	*überleben* [yːbɐˈleːbn̩]
trösten [ˈtrøːstn̩]	*überlegen* [yːbɐˈleːgn̩]
trotzen [ˈtrɔtsn̩]	*überlisten* [yːbɐˈlɪstn̩]
trügen [ˈtryːgn̩]	*übernachten* [yːbɐˈnaxtn̩]
tun [tuːn]	*übernehmen* [yːbɐˈneːmən]
turnen [ˈtʊrnən]	*überprüfen* [yːbɐˈpryːfn̩]
tyrannisieren [tyraniˈziːrən]	*überqueren* [yːbɐˈkveːrən]
U	*überraschen* [yːbɐˈraʃn̩]
üben [ˈyːbn̩]	*überreden* [yːbɐˈreːdn̩]
überanstrengen [yːbɐˈʔanʃtrɛŋən]	*überreichen* [yːbɐˈraiçn̩]
überarbeiten [yːbɐˈʔarbaitn̩]	*überschatten* [yːbɐˈʃatn̩]
überblicken [yːbɐˈblɪkn̩]	*überschätzen* [yːbɐˈʃɛtsn̩]

überschlagen [yːbɐˈʃlaːgn̩]	*umblättern* [ˈʊmblɛtɐn]
überschnappen [ˈyːbɐʃnapn̩]	*umbringen* [ˈʊmbrɪŋən]
überschneiden [yːbɐˈʃnaidn̩]	*umdrehen* [ˈʊmdreːən]
überschütten [yːbɐˈʃʏtn̩]	*umfallen* [ˈʊmfalən]
überschwemmen [yːbɐˈʃvɛmən]	*umfassen* [ʊmˈfasn̩]
übersehen [yːbɐˈzeːən]	*umgehen* [ʊmˈgeːən]
übersetzen [yːbɐˈzɛtsn̩]	*umhängen* [ˈʊmhɛŋən]
überspielen [yːbɐˈʃpiːlən]	*umkehren* [ˈʊmkeːrən]
übersteigen [yːbɐˈʃtaign̩]	*umkippen* [ˈʊmkɪpn̩]
überstrapazieren [ˈyːbɐʃtrapatsiːrən]	*umklammern* [ʊmˈklamɐn]
überstürzen [yːbɐˈʃtʏrtsn̩]	*umkommen* [ˈʊmkɔmən]
übertragen [yːbɐˈtraːgn̩]	*umleiten* [ˈʊmlaitn̩]
übertreffen [yːbɐˈtrɛfn̩]	*umräumen* [ˈʊmrɔymən]
übertreiben [yːbɐˈtraibn̩]	*umreißen* [ʊmˈraisn̩]
überwachen [yːbɐˈvaxn̩]	*umrühren* [ˈʊmryːrən]
überwältigen [yːbɐˈvɛltɪgn̩]	*umschalten* [ˈʊmʃaltn̩]
überweisen [yːbɐˈvaizn̩]	*umsehen* [ˈʊmzeːən]
überwiegen [yːbɐˈviːgn̩]	*umsetzen* [ˈʊmzɛtsn̩]
überwinden [yːbɐˈvɪndn̩]	*umsteigen* [ˈʊmʃtaign̩]
überzeugen [yːbɐˈtsɔygn̩]	*umstimmen* [ˈʊmʃtɪmən]
überziehen [yːbɐˈtsiːən]	*umstürzen* [ˈʊmʃtʏrtsn̩]
umarmen [ʊmˈʔarmən]	*umtauschen* [ˈʊmtauʃn̩]
umbauen [ˈʊmbauən]	*umwerfen* [ˈʊmvɛrfn̩]
umbenennen [ˈʊmbənɛnən]	*umziehen* [ˈʊmtsiːən]

unterbrechen [ʊntɐˈbrɛçn̩]	*verängstigen* [fɛɐ̯ˈʔɛŋstɪɡn̩]
unterdrücken [ʊntɐˈdrʏkn̩]	*verantworten* [fɛɐ̯ˈʔantvɔrtn̩]
untergehen [ˈʊntɐɡeːən]	*verarbeiten* [fɛɐ̯ˈʔarbaitn̩]
unterhalten [ʊntɐˈhaltn̩]	*verärgern* [fɛɐ̯ˈʔɛrɡen]
unterlassen [ʊntɐˈlasn̩]	*verarzten* [fɛɐ̯ˈʔaːɐ̯tstn̩]
unternehmen [ʊntɐˈneːmən]	*verbergen* [fɛɐ̯ˈbɛrɡn̩]
unterrichten [ʊntɐˈrɪçtn̩]	*verbessern* [fɛɐ̯ˈbɛsen]
untersagen [ʊntɐˈzaːɡn̩]	*verbeugen* [fɛɐ̯ˈbɔyɡn̩]
unterschätzen [ʊntɐˈʃɛtsn̩]	*verbiegen* [fɛɐ̯ˈbiːɡn̩]
unterscheiden [ʊntɐˈʃaidn̩]	*verbieten* [fɛɐ̯ˈbiːtn̩]
unterschreiben [ʊntɐˈʃraibn̩]	*verbinden* [fɛɐ̯ˈbɪndn̩]
unterstellen [ʊntɐˈʃtelən]	*verbleiben* [fɛɐ̯ˈblaibn̩]
unterstreichen [ʊntɐˈʃtraiçn̩]	*verbluten* [fɛɐ̯ˈbluːtn̩]
unterstützen [ʊntɐˈʃtʏtsn̩]	*verbrauchen* [fɛɐ̯ˈbrauxn̩]
untersuchen [ʊntɐˈzuːxn̩]	*verbreiten* [fɛɐ̯ˈbraitn̩]
untertauchen [ˈʊntɐtauxn̩]	*verbrennen* [fɛɐ̯ˈbrɛnən]
unterteilen [ʊntɐˈtailən]	*verbringen* [fɛɐ̯ˈbrɪŋən]
urteilen [ˈʊrtailən]	*verdächtigen* [fɛɐ̯ˈdɛçtiɡn̩]
V	*verdanken* [fɛɐ̯ˈdaŋkn̩]
verabreden [fɛɐ̯ˈʔabreːdn̩]	*verdauen* [fɛɐ̯ˈdauən]
verabschieden [fɛɐ̯ˈʔapʃiːdn̩]	*verdecken* [fɛɐ̯ˈdɛkn̩]
verachten [fɛɐ̯ˈʔaxtn̩]	*verderben* [fɛɐ̯ˈdɛrbn̩]
verallgemeinern [fɛɐ̯ʔalɡəˈmainɐn]	*verdeutlichen* [fɛɐ̯ˈdɔytlɪçn̩]
verändern [fɛɐ̯ˈʔɛndɐn]	*verdienen* [fɛɐ̯ˈdiːnən]

verdoppeln [fɛɐ̯ˈdɔpl̩n]

verdrängen [fɛɐ̯ˈdrɛŋən]

verdursten [fɛɐ̯ˈdʊrstn̩]

verehren [fɛɐ̯ˈʔeːrən]

vereinbaren [fɛɐ̯ˈʔainbaːrən]

vereinen [fɛɐ̯ˈʔainən]

vereinfachen [fɛɐ̯ˈʔainfaxn̩]

vereinheitlichen [fɛɐ̯ˈʔainhaitlɪçn̩]

vereinigen [fɛɐ̯ˈʔainɪgn̩]

verfallen [fɛɐ̯ˈfalən]

verfälschen [fɛɐ̯ˈfɛlʃn̩]

verfassen [fɛɐ̯ˈfasn̩]

verfaulen [fɛɐ̯ˈfaulən]

verfehlen [fɛɐ̯ˈfeːlən]

verfeinern [fɛɐ̯ˈfainen]

verfluchen [fɛɐ̯ˈfluːxn̩]

verfolgen [fɛɐ̯ˈfɔlgn̩]

verfügen [fɛɐ̯ˈfyːgn̩]

verführen [fɛɐ̯ˈfyːrən]

vergehen [fɛɐ̯ˈgeːən]

vergelten [fɛɐ̯ˈgɛltn̩]

vergessen [fɛɐ̯ˈgɛsn̩]

vergeuden [fɛɐ̯ˈgɔydn̩]

vergewaltigen [fɛɐ̯gəˈvaltɪgn̩]

vergewissern [fɛɐ̯gəˈvɪsen]

vergiften [fɛɐ̯ˈgɪftn̩]

vergleichen [fɛɐ̯ˈglaiçn̩]

vergnügen [fɛɐ̯ˈgnyːgn̩]

vergraben [fɛɐ̯ˈgraːbn̩]

vergrößern [fɛɐ̯ˈgrøːsen]

verhaften [fɛɐ̯ˈhaftn̩]

verhalten [fɛɐ̯ˈhaltn̩]

verhandeln [fɛɐ̯ˈhandl̩n]

verhängen [fɛɐ̯ˈhɛŋən]

verharmlosen [fɛɐ̯ˈharmloːzn̩]

verharren [fɛɐ̯ˈharən]

verheilen [fɛɐ̯ˈhailən]

verheimlichen [fɛɐ̯ˈhaimlɪçn̩]

verherrlichen [fɛɐ̯ˈhɛrlɪçn̩]

verhexen [fɛɐ̯ˈhɛksn̩]

verhindern [fɛɐ̯ˈhɪnden]

verhören [fɛɐ̯ˈhøːrən]

verhüllen [fɛɐ̯ˈhʏlən]

verhungern [fɛɐ̯ˈhʊŋen]

verhüten [fɛɐ̯ˈhyːtn̩]

verirren [fɛɐ̯ˈʔɪrən]

verjagen [fɛɐ̯ˈjaːgn̩]

verkaufen [fɛɐ̯ˈkaufn̩]

verklagen [fɛɐ̯ˈklaːgn̩]	**vermehren** [fɛɐ̯ˈmeːrən]
verkleiden [fɛɐ̯ˈklaidn̩]	**vermeiden** [fɛɐ̯ˈmaidn̩]
verkleinern [fɛɐ̯ˈklainɐn]	**vermieten** [fɛɐ̯ˈmiːtn̩]
verknoten [fɛɐ̯ˈknoːtn̩]	**vermischen** [fɛɐ̯ˈmɪʃn̩]
verknüpfen [fɛɐ̯ˈknʏpfn̩]	**vermissen** [fɛɐ̯ˈmɪsn̩]
verkommen [fɛɐ̯ˈkɔmən]	**vermitteln** [fɛɐ̯ˈmɪtl̩n]
verkörpern [fɛɐ̯ˈkœrpɐn]	**vermuten** [fɛɐ̯ˈmuːtn̩]
verkraften [fɛɐ̯ˈkraftn̩]	**vernachlässigen** [fɛɐ̯ˈnaxlɛsɪgn̩]
verkrampfen [fɛɐ̯ˈkrampfn̩]	**vernehmen** [fɛɐ̯ˈneːmən]
verkümmern [fɛɐ̯ˈkʏmɐn]	**verneigen** [fɛɐ̯ˈnaign̩]
verkürzen [fɛɐ̯ˈkʏrtsn̩]	**verneinen** [fɛɐ̯ˈnainən]
verlangen [fɛɐ̯ˈlaŋən]	**vernichten** [fɛɐ̯ˈnɪçtn̩]
verlängern [fɛɐ̯ˈlɛŋɐn]	**veröffentlichen** [fɛɐ̯ˈʔœfn̩tlɪçn̩]
verlangsamen [fɛɐ̯ˈlaŋzaːmən]	**verordnen** [fɛɐ̯ˈʔɔrdnən]
verlassen [fɛɐ̯ˈlasn̩]	**verpacken** [fɛɐ̯ˈpakn̩]
verlaufen [fɛɐ̯ˈlaufn]	**verpassen** [fɛɐ̯ˈpasn̩]
verleihen [fɛɐ̯ˈlaiən]	**verpflichten** [fɛɐ̯ˈpflɪçtn̩]
verlernen [fɛɐ̯ˈlɛrnən]	**verprügeln** [fɛɐ̯ˈpryːgl̩n]
verletzen [fɛɐ̯ˈlɛtsn̩]	**verraten** [fɛɐ̯ˈraːtn̩]
verleugnen [fɛɐ̯ˈlɔygnən]	**verrechnen** [fɛɐ̯ˈrɛçnən]
verleumden [fɛɐ̯ˈlɔymdn̩]	**verreisen** [fɛɐ̯ˈraizn̩]
verlieben [fɛɐ̯ˈliːbn̩]	**verrenken** [fɛɐ̯ˈrɛŋkn̩]
verlieren [fɛɐ̯ˈliːrən]	**verriegeln** [fɛɐ̯ˈriːgl̩n]
verloben [fɛɐ̯ˈloːbn̩]	**verringern** [fɛɐ̯ˈrɪŋɐn]

versagen [fɛɐ̯ˈzaːgn̩]	*versichern* [fɛɐ̯ˈzɪçɐn]
versammeln [fɛɐ̯ˈzaml̩n]	*versickern* [fɛɐ̯ˈzɪkɐn]
versäumen [fɛɐ̯ˈzɔymən]	*versinken* [fɛɐ̯ˈzɪŋkn̩]
verschenken [fɛɐ̯ˈʃɛŋkn̩]	*versöhnen* [fɛɐ̯ˈzøːnən]
verschicken [fɛɐ̯ˈʃɪkn̩]	*versorgen* [fɛɐ̯ˈzɔrgn̩]
verschieben [fɛɐ̯ˈʃiːbn̩]	*verspäten* [fɛɐ̯ˈʃpɛːtn̩]
verschimmeln [fɛɐ̯ˈʃɪml̩n]	*versperren* [fɛɐ̯ˈʃpɛrən]
verschlafen [fɛɐ̯ˈʃlaːfn̩]	*verspotten* [fɛɐ̯ˈʃpɔtn̩]
verschlechtern [fɛɐ̯ˈʃlɛçtɐn]	*versprechen* [fɛɐ̯ˈʃprɛçn̩]
verschließen [fɛɐ̯ˈʃliːsn̩]	*verspüren* [fɛɐ̯ˈʃpyːrən]
verschlimmern [fɛɐ̯ˈʃlɪmɐn]	*verständigen* [fɛɐ̯ˈʃtɛndɪgn̩]
verschlucken [fɛɐ̯ˈʃlʊkn̩]	*verstärken* [fɛɐ̯ˈʃtɛrkn̩]
verschmutzen [fɛɐ̯ˈʃmʊtsn̩]	*verstauben* [fɛɐ̯ˈʃtaubn̩]
verschonen [fɛɐ̯ˈʃoːnən]	*verstauchen* [fɛɐ̯ˈʃtauxn̩]
verschönern [fɛɐ̯ˈʃøːnɐn]	*verstecken* [fɛɐ̯ˈʃtɛkn̩]
verschütten [fɛɐ̯ˈʃʏtn̩]	*verstehen* [fɛɐ̯ˈʃteːən]
verschweigen [fɛɐ̯ˈʃvaign̩]	*versteigern* [fɛɐ̯ˈʃtaigɐn]
verschwenden [fɛɐ̯ˈʃvɛndn̩]	*verstellen* [fɛɐ̯ˈʃtɛlən]
verschwimmen [fɛɐ̯ˈʃvɪmən]	*verstopfen* [fɛɐ̯ˈʃtɔpfn̩]
verschwinden [fɛɐ̯ˈʃvɪndn̩]	*verstoßen* [fɛɐ̯ˈʃtoːsn̩]
verschwören [fɛɐ̯ˈʃvøːrən]	*verstreichen* [fɛɐ̯ˈʃtraiçn̩]
versenden [fɛɐ̯ˈzɛndn̩]	*verstummen* [fɛɐ̯ˈʃtʊmən]
versetzen [fɛɐ̯ˈzɛtsn̩]	*versuchen* [fɛɐ̯ˈzuːxn̩]
verseuchen [fɛɐ̯ˈzɔyçn̩]	*versüßen* [fɛɐ̯ˈzyːsn̩]

vertagen [fɛɐ̯ˈtaːgn̩]	**verwirklichen** [fɛɐ̯ˈvɪrklɪçn̩]
vertauschen [fɛɐ̯ˈtauʃn̩]	**verwirren** [fɛɐ̯ˈvɪrən]
verteidigen [fɛɐ̯ˈtaidɪgn̩]	**verwischen** [fɛɐ̯ˈvɪʃn̩]
verteilen [fɛɐ̯ˈtailən]	**verwöhnen** [fɛɐ̯ˈvøːnən]
vertiefen [fɛɐ̯ˈtiːfn̩]	**verwunden** [fɛɐ̯ˈvʊndn̩]
vertragen [fɛɐ̯ˈtraːgn̩]	**verzaubern** [fɛɐ̯ˈtsaubɐn]
vertrauen [fɛɐ̯ˈtrauən]	**verzehren** [fɛɐ̯ˈtseːrən]
vertreiben [fɛɐ̯ˈtraibn̩]	**verzeichnen** [fɛɐ̯ˈtsaiçnən]
vertreten [fɛɐ̯ˈtreːtn̩]	**verzeihen** [fɛɐ̯ˈtsaiən]
vertrocknen [fɛɐ̯ˈtrɔknən]	**verzerren** [fɛɐ̯ˈtsɛrən]
vertrödeln [fɛɐ̯ˈtrøːdln̩]	**verzichten** [fɛɐ̯ˈtsɪçtn̩]
vertrösten [fɛɐ̯ˈtrøːstn̩]	**verzieren** [fɛɐ̯ˈtsiːrən]
vertuschen [fɛɐ̯ˈtʊʃn̩]	**verzögern** [fɛɐ̯ˈtsøːgɐn]
verübeln [fɛɐ̯ˈʔyːbl̩n]	**verzweifeln** [fɛɐ̯ˈtsvaifl̩n]
verüben [fɛɐ̯ˈʔyːbn̩]	**voraussagen** [foˈrauszaːgn̩]
verunglücken [fɛɐ̯ˈʔʊnglʏkn̩]	**vorbeifahren** [foːɐ̯ˈbaifaːrən]
verunsichern [fɛɐ̯ˈʔʊnzɪçɐn]	**vorbereiten** [ˈfoːɐ̯bəraitn̩]
verunstalten [fɛɐ̯ˈʔʊnʃtaltn̩]	**vorbeugen** [ˈfoːɐ̯bɔygn̩]
verursachen [fɛɐ̯ˈʔuːɐ̯zaxn̩]	**vordrängeln** [ˈfoːɐ̯drɛŋl̩n]
verurteilen [fɛɐ̯ˈʔʊrtailən]	**vorenthalten** [ˈfoːɐ̯ʔɛnthaltn̩]
verwechseln [fɛɐ̯ˈvɛksl̩n]	**vorfallen** [ˈfoːɐ̯falən]
verweigern [fɛɐ̯ˈvaigɐn]	**vorfinden** [ˈfoːɐ̯fɪndn̩]
verwelken [fɛɐ̯ˈvɛlkn̩]	**vorgeben** [ˈfoːɐ̯geːbn̩]
verwenden [fɛɐ̯ˈvɛndn̩]	**vorhaben** [ˈfoːɐ̯haːbn̩]

vorhersehen [foːɐ̯ˈheːɐ̯zeːən]	***warten*** [ˈvartn̩]
vorkommen [ˈfoːɐ̯kɔmən]	***waschen*** [ˈvaʃn̩]
vorlesen [ˈfoːɐ̯leːzn̩]	***wechseln*** [ˈvɛksl̩n]
vormachen [ˈfoːɐ̯maxn̩]	***wecken*** [ˈvɛkn̩]
vornehmen [ˈfoːɐ̯neːmən]	***wegfahren*** [ˈvɛkfaːrən]
vorschlagen [ˈfoːɐ̯ʃlaːgn̩]	***wegfallen*** [ˈvɛkfalən]
vorschreiben [ˈfoːɐ̯ʃraibn̩]	***weggehen*** [ˈvɛkgeːən]
vorsorgen [ˈfoːɐ̯zɔrgn̩]	***weglassen*** [ˈvɛklasn̩]
vorstellen [ˈfoːɐ̯ʃtɛlən]	***wegnehmen*** [ˈvɛkneːmən]
vortäuschen [ˈfoːɐ̯tɔyʃn̩]	***wegrennen*** [ˈvɛkˈrɛnən]
vortragen [ˈfoːɐ̯traːgn̩]	***wegschicken*** [ˈvɛkʃɪkn̩]
vorübergehen [foˈryːbɐgeːən]	***wegschmeißen*** [ˈvɛkʃmaisn̩]
vorweisen [ˈfoːɐ̯vaizn̩]	***wehren*** [ˈveːrən]
vorwerfen [ˈfoːɐ̯vɛrfn̩]	***weigern*** [ˈvaigɐn]
vorzeigen [ˈfoːɐ̯tsaign̩]	***weinen*** [ˈvainən]
vorziehen [ˈfoːɐ̯tsiːən]	***welken*** [ˈvɛlkn̩]
	wellen [ˈvɛlən]
W	***wenden*** [ˈvɛndn̩]
wachsen [ˈvaksn̩]	***werden*** [ˈveːɐ̯dn̩]
wackeln [ˈvakl̩n]	***werfen*** [ˈvɛrfn̩]
wagen [ˈvaːgn̩]	***wetten*** [ˈvɛtn̩]
wählen [ˈvɛːlən]	***wickeln*** [ˈvɪkl̩n]
wahrnehmen [ˈvaːɐ̯neːmən]	***widerlegen*** [viːdɐˈleːgn̩]
wandern [ˈvandɐn]	***widersetzen*** [viːdɐˈzɛtsn̩]
warnen [ˈvarnən]	

widerspiegeln [viːdɐˈʃpiːɡl̩n]	*würdigen* [ˈvʏrdɪɡn̩]
widerstehen [viːdɐˈʃteːən]	*würfeln* [ˈvʏrfl̩n]
widmen [ˈvɪtmən]	*würgen* [ˈvʏrɡn̩]
wiedergeben [ˈviːdɐɡeːbn̩]	*würzen* [ˈvʏrtsn̩]
wiederholen [viːdɐˈhoːlən]	**Z**
wiederkehren [ˈviːdɐkeːrən]	*zahlen* [ˈtsaːlən]
wiederkommen [ˈviːdɐkɔmən]	*zählen* [ˈtsɛːlən]
wiedersehen [ˈviːdɐzeːən]	*zähmen* [ˈtsɛːmən]
wiegen [ˈviːɡn̩]	*zanken* [ˈtsaŋkn̩]
wiehern [ˈviːɐn]	*zappeln* [ˈtsapl̩n]
wimmeln [ˈvɪml̩n]	*zaubern* [ˈtsaubɐn]
wimmern [ˈvɪmɐn]	*zeichnen* [ˈtsaiçnən]
winden [ˈvɪndn̩]	*zeigen* [ˈtsaiɡn̩]
winken [ˈvɪŋkn̩]	*zelten* [ˈtsɛltn̩]
winseln [ˈvɪnzl̩n]	*zerbrechen* [tsɛɐˈbrɛçn̩]
wippen [ˈvɪpn̩]	*zerdrücken* [tsɛɐˈdrʏkn̩]
wirken [ˈvɪrkn̩]	*zerfallen* [tsɛɐˈfalən]
wischen [ˈvɪʃn̩]	*zerkleinern* [tsɛɐˈklainɐn]
wispern [ˈvɪspɐn]	*zerknüllen* [tsɛɐˈknʏlən]
wissen [ˈvɪsn̩]	*zerkratzen* [tsɛɐˈkratsn̩]
wohnen [ˈvoːnən]	*zerkrümeln* [tsɛɐˈkryːml̩n]
wollen [ˈvɔlən]	*zerreißen* [tsɛɐˈraisn̩]
wundern [ˈvʊndɐn]	*zerren* [ˈtsɛrən]
wünschen [ˈvʏnʃn̩]	*zerschlagen* [tsɛɐˈʃlaːɡn̩]

zerspringen [tsɛɐ̯ˈʃprɪŋən]	***zugucken*** [ˈtsuːɡʊkn̩]
zerstören [tsɛɐ̯ˈʃtøːrən]	***zuhören*** [ˈtsuːhøːrən]
zertreten [tsɛɐ̯ˈtreːtn̩]	***zujubeln*** [ˈtsuːjuːbl̩n]
zertrümmern [tsɛɐ̯ˈtrʏmɐn]	***zuknöpfen*** [ˈtsuːknœpfn̩]
ziehen [ˈtsiːən]	***zulächeln*** [ˈtsuːlɛçl̩n]
zielen [ˈtsiːlən]	***zulassen*** [ˈtsuːlasn̩]
zieren [ˈtsiːrən]	***zumachen*** [ˈtsuːmaxn̩]
zischen [ˈtsɪʃn̩]	***zumuten*** [ˈtsuːmuːtn̩]
zittern [ˈtsɪtɐn]	***zünden*** [ˈtsʏndn̩]
zögern [ˈtsøːɡɐn]	***zunehmen*** [ˈtsuːneːmən]
zoomen [ˈzuːmən]	***zunichtemachen*** [tsuˈnɪçtəmaxn̩]
zubeißen [ˈtsuːbaisn̩]	***zunicken*** [ˈtsuːnɪkn̩]
zubereiten [ˈtsuːbəraitn̩]	***zuordnen*** [ˈtsuːʔɔrdnən]
zubinden [ˈtsuːbɪndn̩]	***zupacken*** [ˈtsuːpakn̩]
zublinzeln [ˈtsuːblɪntsl̩n]	***zupfen*** [ˈtsʊpfn̩]
zucken [ˈtsʊkn̩]	***zurechtfinden*** [tsuˈrɛçtfɪndn̩]
zücken [ˈtsʏkn̩]	***zurücknehmen*** [tsuˈrʏkneːmən]
zudecken [ˈtsuːdɛkn̩]	***zurufen*** [ˈtsuːruːfn̩]
zudrehen [ˈtsuːdreːən]	***zusagen*** [ˈtsuːzaːɡn̩]
zufriedengeben [tsuˈfriːdn̩ɡeːbn̩]	***zusammenhängen*** [tsuˈzamənhɛŋən]
zufriedenlassen [tsuˈfriːdn̩lasn̩]	***zusammenprallen*** [tsuˈzamənpralən]
zufügen [ˈtsuːfyːɡn̩]	***zusammenschreiben*** [tsuˈzamənʃraibn̩]
zugeben [ˈtsuːɡeːbn̩]	***zuschicken*** [ˈtsuːʃɪkn̩]
zugreifen [ˈtsuːɡraifn̩]	***zuschlagen*** [ˈtsuːʃlaːɡn̩]

zuschließen [ˈtsuːʃliːsn̩]

zuschrauben [ˈtsuːʃraubn̩]

zusehen [ˈtsuːzeːən]

zusichern [ˈtsuːzɪçen]

zuspielen [ˈtsuːʃpiːlən]

zuspitzen [ˈtsuːʃpɪtsn̩]

zustimmen [ˈtsuːʃtɪmən]

zustoßen [ˈtsuːʃtoːsn̩]

zutrauen [ˈtsuːtrauən]

zutreffen [ˈtsuːtrɛfn̩]

zuvorkommen [tsuˈfoːɐ̯kɔmən]

zuwenden [ˈtsuːvɛndn̩]

zuziehen [ˈtsuːtsiːən]

zwängen [ˈtsvɛŋən]

zweifeln [ˈtsvaifl̩n]

zwicken [ˈtsvɪkn̩]

zwingen [ˈtsvɪŋən]

zwinkern [ˈtsvɪŋken]

DEUTSCHE KURZGRAMMATIK

INDEX

DEUTSCHE KURZGRAMMATIK

Der Artikel

Ein Substantiv kann im Deutschen Maskulinum, Femininum oder Neutrum sein.
Das Genus eines Substantivs erkennt man an seinem Artikel: „der", „die" oder „das".

	Bestimmter Artikel				Unbestimmter Artikel			
	m	f	nt	Plural	m	f	nt	Plural
Nominativ	der	die	das	die	ein	eine	ein	
Akkusativ	den	die	das	die	einen	eine	ein	
Genitiv	des	der	des	der	eines	einer	eines	
Dativ	dem	der	dem	den	einem	einer	einem	

Substantive

Im Deutschen teilt man die Substantivdeklination ein in die starke, schwache und gemischte Deklination.
Substantive der starken Deklination erkennt man an den Endungen „s", „sch", „ß" und „z". Der Genitiv
Singular dieser Substantive erhält die Endung „-es".

Hals - Halses, Busch - Busches, Fuß - Fußes, Reiz - Reizes.

1. starke Deklination: Maskulinum und Neutrum

	Plural mit ~e	Plural mit Umlaut + e	Plural mit ~er	Plural mit Umlaut + er
Singular				
Nominativ	der Tag	der Traum	das Kind	das Dach
Akkusativ	den Tag	den Traum	das Kind	das Dach
Genitiv	des Tag(e)s	des Traum(e)s	des Kind(e)s	des Dach(e)s
Dativ	dem Tag(e)	dem Traum(e)	dem Kind(e)	dem Dach(e)
Plural				
Nominativ	die Tage	die Träume	die Kinder	die Dächer
Akkusativ	die Tage	die Träume	die Kinder	die Dächer
Genitiv	der Tage	der Träume	der Kinder	der Dächer
Dativ	den Tagen	den Träumen	den Kindern	den Dächern

	Plural mit ~s	Plural ohne Endung	Plural mit Umlaut
Singular			
Nominativ	das Auto	der Tischler	der Vogel
Akkusativ	das Auto	den Tischler	den Vogel
Genitiv	des Autos	des Tischlers	des Vogels
Dativ	dem Auto	dem Tischler	dem Vogel
Plural			
Nominativ	die Autos	die Tischler	die Vögel
Akkusativ	die Autos	die Tischler	die Vögel
Genitiv	der Autos	der Tischler	der Vögel
Dativ	den Autos	den Tischlern	den Vögeln

2. starke Deklination: Femininum

	Plural mit Umlaut + „e"	Plural ohne Endung	Plural mit „-s"
Singular			
Nominativ	die Wand	die Mutter	die Bar
Akkusativ	die Wand	die Mutter	die Bar
Genitiv	der Wand	der Mutter	der Bar
Dativ	der Wand	der Mutter	der Bar
Plural			
Nominativ	die Wände	die Mütter	die Bars
Akkusativ	die Wände	die Mütter	die Bars
Genitiv	der Wände	der Mütter	der Bars
Dativ	den Wänden	den Müttern	den Bars

3. schwache Deklination: Maskulinum

Singular			
Nominativ	der Bauer	der Bär	der Hase
Akkusativ	den Bauern	den Bären	den Hasen
Genitiv	des Bauern	des Bären	des Hasen
Dativ	dem Bauern	dem Bären	dem Hasen
Plural			
Nominativ	die Bauern	die Bären	die Hasen
Akkusativ	die Bauern	die Bären	die Hasen
Genitiv	der Bauern	der Bären	der Hasen
Dativ	den Bauern	den Bären	den Hasen

4. schwache Deklination: Femininum

Singular			
Nominativ	die Uhr	die Feder	die Gabe	die Ärztin
Akkusativ	die Uhr	die Feder	die Gabe	die Ärztin
Genitiv	der Uhr	der Feder	der Gabe	der Ärztin
Dativ	der Uhr	der Feder	der Gabe	der Ärztin
Plural			
Nominativ	die Uhren	die Federn	die Gaben	die Ärztinnen
Akkusativ	die Uhren	die Federn	die Gaben	die Ärztinnen
Genitiv	der Uhren	der Federn	der Gaben	der Ärztinnen
Dativ	den Uhren	den Federn	den Gaben	den Ärztinnen

5. gemischte Deklination: Maskulinum und Femininum

Im Singular wird in der gemischten Deklination wie ein starkes Substantiv und im Plural wie ein schwaches Substantiv dekliniert.

Singular				
Nominativ	das Auge	das Ohr	der Name	das Herz
Akkusativ	das Auge	das Ohr	den Namen	das Herz
Genitiv	des Auges	des Ohr(e)s	des Namens	des Herzens
Dativ	dem Auge	dem Ohr(e)	dem Namen	dem Herzen
Plural				
Nominativ	die Augen	die Ohren	die Namen	die Herzen
Akkusativ	die Augen	die Ohren	die Namen	die Herzen
Genitiv	der Augen	der Ohren	der Namen	der Herzen
Dativ	den Augen	den Ohren	den Namen	den Herzen

6. Deklination der Adjektive

Maskulinum		
Singular		
Nominativ	der Reisende	ein Reisender
Akkusativ	den Reisenden	einen Reisenden
Genitiv	des Reisenden	eines Reisenden
Dativ	dem Reisenden	einem Reisenden
Plural		
Nominativ	die Reisenden	Reisende
Akkusativ	die Reisenden	Reisende
Genitiv	der Reisenden	Reisender
Dativ	den Reisenden	Reisenden

Femininum		
Singular		
Nominativ	die Reisende	eine Reisende
Akkusativ	die Reisende	eine Reisende
Genitiv	der Reisenden	einer Reisenden
Dativ	der Reisenden	einer Reisenden
Plural		
Nominativ	die Reisenden	Reisende
Akkusativ	die Reisenden	Reisende
Genitiv	der Reisenden	Reisender
Dativ	den Reisenden	Reisenden

Neutrum		
Singular		
Nominativ	das Neugeborene	ein Neugeborenes
Akkusativ	das Neugeborene	ein Neugeborenes
Genitiv	des Neugeborenen	eines Neugeborenen
Dativ	dem Neugeborenen	einem Neugeborenen
Plural		
Nominativ	die Neugeborenen	Neugeborene
Akkusativ	die Neugeborenen	Neugeborene
Genitiv	der Neugeborenen	Neugeborener
Dativ	den Neugeborenen	Neugeborenen

7. Deklination der Eigennamen

Der Genitiv von Eigennamen wird durch verschiedene Regeln bestimmt.

Eigenname mit Artikel	Eigenname ohne Artikel	Eigenname Endung auf „s", „ß", „x", „z"	mehrere Eigennamen in Folge	Eigenname mit Apposition
bleibt unverändert	bekommt ein „s"	bekommt einen Apostroph	bekommt am Ende ein „s"	wird wie ein Substantiv dekliniert
des Aristoteles	Marias Auto	Aristoteles' (Schriften)	Johann Sebastian Bachs (Musik)	Nominativ: Karl der Große
des (schönen) Berlin	die Straßen Berlins	die Straßen Calais'		Akkusativ: Karl den Großen Gen: Karls des Großen Dat: Karl dem Großen

Familiennamen bekommen ein „-s" im Plural.

die Schneiders.

Endet ein Familienname auf „s", „ß", „x" oder „z", wird „-ens" angehängt.

die Schmitzens.

Die Eigennamen von Straßen, Gebäuden, Firmen, Schiffen, Zeitungen und Institutionen werden immer dekliniert.

Adjektive

Steht ein Adjektiv vor einem Substantiv, muss es in **Genus, Kasus und Numerus** mit dem Substantiv übereinstimmen. Wie bei den Substantiven unterscheidet man bei der Deklination der Adjektive stark, schwach und gemischt.

1. stark

- bei Adjektiv + Substantivkombinationen ohne Artikel;
- wenn ein Adjektiv vor einem Substantiv steht, ohne dass sich das Genus ablesen lässt:

mehrere liebe Kinder; manch guter Wein

- nach Kardinalzahlen und „ein paar", „ein bisschen":

Sie hörte zwei laute Schritte.
Wir machen eine Reise mit ein paar guten Freunden.
Mit einem bisschen guten Willen schaffst du das.

Beispiele für das Maskulinum („m"), Femininum („f") und das Neutrum („nt"):

	m	f	nt
Singular			
Nominativ	guter Wein	schöne Blume	liebes Kind
Akkusativ	guten Wein	schöne Blume	liebes Kind
Genitiv	guten Wein(e)s	schöner Blume	lieben Kindes
Dativ	gutem Wein(e)	schöner Blume	liebem Kind(e)
Plural			
Nominativ	gute Weine	schöne Blumen	liebe Kinder
Akkusativ	gute Weine	schöne Blumen	liebe Kinder
Genitiv	guter Weine	schöner Blumen	lieber Kinder
Dativ	guten Weinen	schönen Blumen	lieben Kindern

2. schwach

– bei Adjektiv + Substantivkombinationen mit dem bestimmten Artikel „der", „die", „das";
– bei Pronomen, die das Genus des Substantivs anzeigen

> diese(r), folgende(r), jede(r), welche(s, r)

	m	f	nt
Singular			
Nominativ	der gute Wein	die schöne Blume	das liebe Kind
Akkusativ	den guten Wein	die schöne Blume	das liebe Kind
Genitiv	des guten Wein(e)s	der schönen Blume	des lieben Kindes
Dativ	dem guten Wein	der schönen Blume	dem lieben Kind
Plural			
Nominativ	die guten Weine	die schönen Blumen	die lieben Kinder
Akkusativ	die guten Weine	die schönen Blumen	die lieben Kinder
Genitiv	der guten Weine	der schönen Blumen	der lieben Kinder
Dativ	den guten Weinen	den schönen Blumen	den lieben Kindern

3. gemischt

– bei Adjektiv + Substantivkombinationen mit dem unbestimmten Artikel „ein", „kein" (bei männlichen und sächlichen Substantiven im Singular);
– und den Possessivpronomen „mein", „dein", „sein", „unser", „euer", „ihr".

	m	nt
Singular		
Nominativ	ein guter Wein	ein liebes Kind
Akkusativ	einen guten Wein	ein liebes Kind
Genitiv	eines guten Wein(e)s	eines lieben Kindes
Dativ	einem guten Wein(e)	einem lieben Kind

4. Adjektive auf „-abel", „-ibel", „-el"

Dekliniert verlieren diese Adjektive das „-e":

	miserabel	penibel	heikel
Singular			
Nominativ	ein miserabler Stil	eine sensible Angelegenheit	ein heikles Problem
Akkusativ	einen miserablen Stil	eine sensible Angelegenheit	ein heikles Problem
Genitiv	eines miserablen Stils	einer sensiblen Angelegenheit	eines heiklen Problems
Dativ	einem miserablen Stil	einer sensiblen Angelegenheit	einem heiklen Problem
Plural			
Nominativ	miserable Stile	sensible Angelegenheiten	heikle Probleme
Akkusativ	miserable Stile	sensible Angelegenheiten	heikle Probleme
Genitiv	miserabler Stile	sensibler Angelegenheiten	heikler Probleme
Dativ	miserablen Stilen	sensiblen Angelegenheiten	heiklen Problemen

402 DEUTSCHE KURZGRAMMATIK

5. Adjektive auf „-er", „-en"

- behalten gewöhnlich das „-e" in der deklinierten Form, aber nicht in gehobenem Stil.

| finster | seine finstren Züge |

Das trifft auch auf Adjektive zu, die Fremdwörter sind.

| makaber | eine makabre Geschichte |
| integer | ein integrer Beamter |

6. Adjektive auf „-auer", „- euer"

- verlieren normalerweise das „e" in der deklinierten Form.

| sauer | saure Gurken |
| teuer | ein teures Geschenk |

7. Adjektive auf „-ß"

- behalten das „ß" nach einem langen Vokal.

| groß | mein großer Bruder |
| bloß | eine bloße Freundschaft |

Komparation der Adjektive

	m	f	nt
Positiv	schön	schöne	schönes
Komparativ	schöner	schönere	schöneres
Superlativ	der schönste	die schönste	das schönste

Benutzt man die Komparativ- und Superlativformen im Akkusativ, Genitiv oder Dativ, gelten die gleichen Regeln wie für ein Adjektiv in der Grundform vor einem Substantiv.

| der Garten mit den schönsten Blumen (Dativ, Plural) |

Ausnahmen:

Adjektive und Adverbien erhalten ein „e" vor der Superlativendung, wenn
- sie nur aus einer Silbe bestehen;
- die letzte Silbe betont ist;
- die Endung „-s", „-ß", „-st", „-x", „-z" lautet;
- die Endung „-d", „-t", „-sch" lautet.

spitz	Adj.	spitze(r, s)
	Adv.	am spitzesten
beliebt	Adj.	beliebteste(r, s)
	Adv.	am beliebtesten

Das gilt auch für zusammengesetzte Adjektive und Adverbien, sowie solche mit einem Präfix, unabhängig von der Betonung:

unsanft	Adj.	unsanfteste(r, s)
	Adv.	am unsanftesten

Einsilbige Adjektive, deren Wurzelvokal „a", „o", oder „u" ist, erhalten einen Umlaut in den Komparativ- und Superlativformen:

arm	ärmer	ärmste(r, s)
groß	größer	größte(r, s)
klug	klüger	klügste(r, s)

Die folgenden Adjektivgruppen haben nie einen Umlaut in den Komparativ- und Superlativformen:

- diejenigen mit dem Diphthong „-au":

faul	fauler	faulste(r, s)
kraus	krauser	krauseste(r, s)
schlau	schlauer	schlaueste(r, s)

- diejenigen mit den Suffixen „-bar", „-haft", „-ig", „-lich", „-sam":

dankbar	dankbarer	dankbarste(r, s)
schwatzhaft	schwatzhafter	schwatzhafteste(r, s)
schattig	schattiger	schattigste(r, s)
stattlich	stattlicher	stattlichste(r, s)
sorgsam	sorgsamer	sorgsamste(r, s)

- Adjektive, die auch Partizipien sind:

überrascht	überraschter	überraschteste(r, s)

- Fremdwort-Adjektive:

banal	banaler	banalste(r, s)
interessant	interessanter	interessanteste(r, s)
grandios	grandioser	grandioseste(r, s)

- unregelmäßige Komparativ-/Superlativformen der Adjektive und Adverbien:

gut	besser	beste(r, s)
viel	mehr	meiste(r, s)
gern	lieber	am liebsten
bald	eher	am ehesten

Adverbien

Wird ein Adjektiv als Adverb benutzt, bleibt es unverändert.

Sie singt gut.
Er schreibt schön.
Sie läuft schnell.

Die Regeln für die Komparation des Adverbs entsprechen denen der Adjektive.

Sie singt besser.
Er schreibt schöner.
Sie läuft schneller.

Die meisten Adverbien bilden den Superlativ nach dem Muster „am ...sten".

Sie singt am besten.
Er schreibt am schönsten.
Sie läuft am schnellsten.

Verben

Präsens

Im Deutschen dient das Präsens dazu, eine Handlung auszudrücken, die sich in der Gegenwart vollzieht. Das Präsens steht unter anderem auch, um eine allgemeingültige Aussage sowie ein zukünftiges Ereignis zu bezeichnen.

„Was machst du?" – „Ich lese".
Die Erde dreht sich um die Sonne.
Morgen fliege ich nach Rom.

Regelmäßige Verben (schwache Konjugation)

	machen	legen	sagen	sammeln
ich	mache	lege	sage	sammle
du	machst	legst	sagst	sammelst
er, sie, es	macht	legt	sagt	sammelt
wir	machen	legen	sagen	sammeln
ihr	macht	legt	sagt	sammelt
sie	machen	legen	sagen	sammeln

Verben auf „s", „ss", „ß" und „z":

	rasen	passen	grüßen	reizen
ich	rase	passe	grüße	reize
du	rast	passt	grüßt	reizt
er, sie, es	rast	passt	grüßt	reizt
wir	rasen	passen	grüßen	reizen
ihr	rast	passt	grüßt	reizt
sie	rasen	passen	grüßen	reizen

Verben auf „d" oder „t" sowie solche mit einem der Konsonanten „m" oder „n" im Wortinnern erhalten ein „-e" in der 2. Person Singular.

	reden	**wetten**	**atmen**	**trocknen**
ich	rede	wette	atme	trockne
du	redest	wettest	atmest	trocknest
er, sie, es	redet	wettet	atmet	trocknet
wir	reden	wetten	atmen	trocknen
ihr	redet	wettet	atmet	trocknet
sie	reden	wetten	atmen	trocknen

Verben, deren Stamm auf ein unbetontes „-e" oder „-er" endet, haben in der ersten Person Singular kein „-e".

angeln	ich angle
zittern	ich zittre

Unregelmäßige Verben (starke Konjugation)

Unregelmäßige Verben verändern gewöhnlich ihren Stammvokal.

	tragen	**blasen**	**laufen**	**essen**
ich	trage	blase	laufe	esse
du	trägst	bläst	läufst	isst
er, sie, es	trägt	bläst	läuft	isst
wir	tragen	blasen	laufen	essen
ihr	tragt	blast	lauft	esst
sie	tragen	blasen	laufen	essen

Partizip Präsens

Das Partizip Präsens wird durch Anhängen von „-d" an den Infinitiv gebildet.

singend, lachend

Er saß in der Badewanne und sang.	Er saß singend in der Badewanne.
Sie öffnete die Tür und lachte.	Sie öffnete lachend die Tür.

Präteritum

Das Präteritum drückt ein vergangenes Ereignis aus.

Letztes Jahr reisten wir nach Spanien.

Regelmäßige Verben

	machen	**sammeln**	**grüßen**	**reizen**
ich	machte	sammelte	grüßte	reizte
du	machtest	sammeltest	grüßtest	reiztest
er, sie, es	machte	sammelte	grüßte	reizte
wir	machten	sammelten	grüßten	reizten
ihr	machtet	sammeltet	grüßtet	reiztet
sie	machten	sammelten	grüßten	reizten

Verben auf „d", „t", einem Konsonanten + „m" oder einem Konsonanten + „n":

	reden	wetten	atmen	trocknen
ich	redete	wettete	atmete	trocknete
du	redetest	wettetest	atmetest	trocknetest
er, sie, es	redete	wettete	atmete	trocknete
wir	redeten	wetteten	atmeten	trockneten
ihr	redetet	wettetet	atmetet	trocknetet
sie	redeten	wetteten	atmeten	trockneten

Unregelmäßige Verben

	tragen	blasen	laufen	essen
ich	trug	blies	lief	aß
du	trugst	bliest	liefst	aßt
er, sie es	trug	blies	lief	aß
wir	trugen	bliesen	liefen	aßen
ihr	trugt	bliest	lieft	aßt
sie	trugen	bliesen	liefen	aßen

Perfekt

Das Perfekt drückt ein abgeschlossenes Ereignis oder einen abgeschlossenen Zustand in der Vergangenheit aus.

> Der Zug ist abgefahren.
>
> Heute Nacht hat es geregnet.

Das Perfekt wird mit der Präsensform der Hilfsverben „haben" oder „sein" und dem Partizip Perfekt gebildet.

Hilfsverben „haben" und „sein"

Diese Verben werden so bezeichnet, weil man mit ihrer „Hilfe" bestimmte Zeitformen, z. B. Perfekt und Plusquamperfekt bilden kann.

	sein	haben
ich	bin	habe
du	bist	hast
er, sie, es	ist	hat
wir	sind	haben
ihr	seid	habt
sie	sind	haben

Verben, die eine Bewegung oder eine Zustandsveränderung ausdrücken, bilden das Perfekt mit „sein".

	radeln	fahren	verstummen	sterben
ich	bin geradelt	bin gefahren	bin verstummt	bin gestorben
du	bist geradelt	bist gefahren	bist verstummt	bist gestorben
er, sie, es	ist geradelt	ist gefahren	ist verstummt	ist gestorben
wir	sind geradelt	sind gefahren	sind verstummt	sind gestorben
ihr	seid geradelt	seid gefahren	seid verstummt	seid gestorben
sie	sind geradelt	sind gefahren	sind verstummt	sind gestorben

Transitive, reflexive und unpersönliche Verben bilden das Perfekt mit „haben" – wie die meisten intransitiven Verben -, wenn sie einen dauerhaften Zustand ausdrücken.

	legen	sich freuen	regnen	leben
ich	habe gelegt	habe mich gefreut		habe gelebt
du	hast gelegt	hast dich gefreut		hast gelebt
er, sie, es	hat gelegt	hat sich gefreut	es hat geregnet	hat gelebt
wir	haben gelegt	haben uns gefreut		haben gelebt
ihr	habt gelegt	habt euch gefreut		habt gelebt
sie	haben gelegt	haben sich gefreut		haben gelebt

Das Partizip Perfekt wird meist gebildet, indem „ge-" vor den Verbstamm gesetzt und entweder „-t" (bei schwachen Verben) oder „-en" (bei starken Verben) angehängt wird. Beim Partizip Perfekt der starken Verben verändert sich gewöhnlich der Vokal des Verbstamms.

bau·en	gebaut
hö·ren	gehört
le·sen	gelesen
sin·gen	gesungen

Bei zusammengesetzten Verben, die mit einer sogenannten trennbaren Vorsilbe gebildet werden, wird „-ge-" zwischen die Vorsilbe und den Verbstamm gesetzt.

auf|bau·en	aufgebaut
zu|hö·ren	zugehört
vor|le·sen	vorgelesen

Eine große Zahl von Verben bildet das Partizip Perfekt ohne „ge-". Die meisten dieser Verben gehören zu den folgenden Gruppen:

1. Alle Verben auf „-ieren":

mar·schie·ren	marschierte	(ist) marschiert
pro·bie·ren	probierte	(hat) probiert

Diese Verben bilden das Partizip Perfekt auch dann ohne „ge-", wenn sie ein trennbares (betontes) Präfix enthalten:

ab|mar·schie·ren	marschierte ab	(ist) abmarschiert
aus|pro·bie·ren	probierte aus	(hat) ausprobiert

2. Alle Verben, die mit einem der folgenden, immer unbetonten Präfixe beginnen:

be-, emp-, ent-, er-, ge-, ver-, zer-

be·bau·en	bebaute	(hat) bebaut
er·hö·ren	erhörte	(hat) erhört
ge·stal·ten	gestaltete	(hat) gestaltet
ver·lan·gen	verlangte	(hat) verlangt

Verben mit einem nicht-trennbaren Präfix gehören ebenfalls zu dieser Gruppe:

um·ge·hen	umging	(hat) umgangen
un·ter·su·chen	untersuchte	(hat) untersucht
über·set·zen	übersetzte	(hat) übersetzt

Diese Verben bilden das Partizip Perfekt auch dann ohne „ge-", wenn sie ein trennbares betontes Präfix enthalten:

um|ge·stal·ten	gestaltete um	(hat) umgestaltet
ab|ver·lan·gen	verlangte ab	(hat) abverlangt
zu·rück|über·set·zen	übersetzte zurück	(hat) zurückübersetzt

Plusquamperfekt

Mit dem Plusquamperfekt wird eine Handlung bezeichnet, die bereits abgeschlossen war, als sich eine andere Handlung ereignete.

Als er im Kino ankam, hatte der Film schon begonnen.

Man bildet es mit dem Imperfekt von „haben" oder „sein" und dem Partizip Perfekt.

	fahren	sterben	legen	leben
ich	war gefahren	war gestorben	hatte gelegt	hatte gelebt
du	warst gefahren	warst gestorben	hattest gelegt	hattest gelebt
er, sie es	war gefahren	war gestorben	hatte gelegt	hatte gelebt
wir	waren gefahren	waren gestorben	hatten gelegt	hatten gelebt
ihr	wart gefahren	wart gestorben	hattet gelegt	hattet gelebt
sie	waren gefahren	waren gestorben	hatten gelegt	hatten gelebt

Futur

Mit dem Futur wird etwas ausgedrückt, das in der Zukunft geschehen wird oder sich auf die Zukunft bezieht. Es wird gebildet mit dem Präsens des Hilfsverbs „werden" und dem Infinitiv des Hauptverbs.

Morgen wird es schneien.
Er wird noch im Urlaub sein.
Ich werde dich immer lieben.

	legen	fahren	sein	haben	können
ich	werde legen	werde fahren	werde sein	werde haben	werde können
du	wirst legen	wirst fahren	wirst sein	wirst haben	wirst können
er, sie, es	wird legen	wird fahren	wird sein	wird haben	wird können
wir	werden legen	werden fahren	werden sein	werden haben	werden können
ihr	werdet legen	werdet fahren	werdet sein	werdet haben	werdet können
sie	werden legen	werden fahren	werden sein	werden haben	werden können

Konjunktiv I

Der Konjunktiv I wird aus dem Verbstamm gebildet, an den die Endungen „-e", „-est", „-e", „-en", „-et", „-en" angehängt werden. Er drückt indirekte Rede aus.

Kannst du mir helfen? (direkte Rede)
Er fragt sie, ob sie ihm helfen könne. (indirekte Rede)

Manche unregelmäßige Verben haben einen Umlaut oder Vokalwechsel im Indikativ, aber nicht im Konjunktiv I.

Infinitiv	Präsens Indikativ	Konjunktiv I
fallen	du fällst	du fallest
geben	du gibst	du gebest

Außer in der indirekten Rede wird der Konjunktiv I unter anderem auch in einigen festen Ausdrücken verwendet.

Er lebe hoch!
Gott sei Dank!
Man nehme Salz, Mehl und Butter ...

	legen	küssen	reden
ich	lege	küsse	rede
du	legst	küssest	redest
er, sie, es	lege	küsse	rede
wir	legen	küssen	reden
ihr	leget	küsset	redet
sie	legen	küssen	reden

Konjunktiv I der Hilfsverben „sein", „haben" und „werden"

	sein	haben	werden
ich	sei	habe	werde
du	seist	habest	werdest
er, sie, es	sei	habe	werde
wir	seien	haben	werden
ihr	seiet	habet	werdet
sie	seien	haben	werden

Konjunktiv I der Modalverben

	können	dürfen	mögen	müssen	sollen	wollen
ich	könne	dürfe	möge	müsse	solle	wolle
du	könnest	dürfest	mögest	müssest	sollest	wollest
er, sie, es	könne	dürfe	möge	müsse	solle	wolle
wir	können	dürfen	mögen	müssen	sollen	wollen
ihr	könn(e)t	dürf(e)t	mög(e)t	müss(e)t	soll(e)t	woll(e)t
sie	können	dürfen	mögen	müssen	sollen	wollen

Konjunktiv II

Der Konjunktiv II wird gebildet aus dem Stamm des Präteritums des Verbs und den Endungen „-e",
„-(e)st", „-e", „-en", „-(e)t", „-en".
Bei regelmäßigen Verben ist der Konjunktiv II identisch mit dem Indikativ Präteritum; unregelmäßige
Verben mit „i" oder „ie" in den Imperfektformen behalten diese im Konjunktiv II bei.

Der Konjunktiv II drückt hypothetische Aussagen sowie Vergleiche aus und dient auch als Höflichkeits-
form.

Wenn ich Zeit hätte, ginge ich mit dir ins Kino.

Die Leiter schwankte so, als fiele sie gleich um.

Könnten Sie uns bitte eine Auskunft geben?

	gehen / ging	rufen / rief	greifen / griff
ich	ginge	riefe	griffe
du	ging(e)st	rief(e)st	griff(e)st
er, sie, es	ginge	riefe	griffe
wir	gingen	riefen	griffen
ihr	ging(e)t	rief(e)t	griff(e)t
sie	gingen	riefen	griffen

Verben mit den Vokalen „a", „o" und „u" im Indikativ Präteritum haben im Konjunktiv II einen Umlaut:

	singen / sang	fliegen / flog	fahren / fuhr	sein / war	haben / hatte	werden / wurde
ich	sänge	flöge	führe	wäre	hätte	würde
du	säng(e)st	flög(e)st	führ(e)st	wär(e)st	hättest	würdest
er, sie, es	sänge	flöge	führe	wäre	hätte	würde
wir	sängen	flögen	führen	wären	hätten	würden
ihr	säng(e)t	flög(e)t	führ(e)t	wär(e)t	hättet	würdet
sie	sängen	flögen	führen	wären	hätten	würden

Konditionalsätze

Ein Konditionalsatz beginnt oft mit „wenn". Er drückt etwas aus, das geschehen könnte, wenn bestimmte
Bedingungen erfüllt wären und wird mit dem Konjunktiv II von „werden" sowie dem Infinitiv des Hauptverbs gebildet:

Wenn ihr uns einladen würdet, würden wir kommen.

	legen	fahren
ich	würde legen	würde fahren
du	würdest legen	würdest fahren
er, sie, es	würde legen	würde fahren
wir	würden legen	würden fahren
ihr	würdet legen	würdet fahren
sie	würden legen	würden fahren

Imperativ

Der Imperativ drückt eine Forderung, Bitte oder Warnung aus und wird mit der zweiten Person Singular oder Plural gebildet. Regelmäßige Verben hängen an den Stamm ein „-e" im Singular an. Die Pluralform des Imperativs ist identisch mit der zweiten Person Plural Präsens Indikativ.

Bei der höflichen Form mit „Sie" steht das Verb vor dem Subjekt.

Sie schreiben einen Brief.	(eine Feststellung / Indikativ)
Schreiben Sie einen Brief!	(eine Aufforderung / Imperativ)

Infinitiv	Singular	Plural	Höfliche Form
schreiben	schreibe	schreibt	schreiben Sie
singen	singe	singt	singen Sie
trinken	trinke	trinkt	trinken Sie
atmen	atme	atmet	atmen Sie
reden	rede	redet	reden Sie

Ausnahmen:
Bei Verben auf „-eln", „-ern" kann das „-e" im Singular ausfallen.

Infinitiv	Singular	Plural	Höfliche Form
sammeln	samm(e)le	sammelt	sammeln Sie
fördern	förd(e)re	fördert	fördern Sie
handeln	hand(e)le	handelt	handeln Sie

Endet der Verbstamm auf „-m" oder „-n" und steht vor ihm ein „h", „l", „m", „n" oder „r", kann das „-e" im Singular ausfallen.

Infinitiv	Singular	Plural	Höfliche Form
rühmen	rühm(e)	rühmt	rühmen Sie
qualmen	qualm(e)	qualmt	qualmen Sie
kämmen	kämm(e)	kämmt	kämmen Sie
rennen	renn(e)	rennt	rennen Sie
lernen	lern(e)	lernt	lernen Sie

Steht allerdings ein anderer Konsonant vor dem „-m" oder „-n", muss das „-e" erhalten bleiben.

atme, rechne

Unregelmäßige Verben ohne Vokalwechsel zu „-i" oder „-ie" im Präsens bilden den Imperativ nach denselben Regeln wie regelmäßige Verben.

Infinitiv	Singular	Plural
lesen	lies	lest
werfen	wirf	werft
essen	iss	esst
sehen	sieh	seht

Bildung der Hilfsverben „sein", „haben" und „werden":

Infinitiv	Singular	Plural
sein	sei	seid
haben	habe	habt
werden	werde	werdet

Aktiv und Passiv

Im Aktivsatz führt das Subjekt die Handlung aus. Im Passivsatz wird das Subjekt von einer Handlung betroffen.

Die Parlamentarier wählen den Präsidenten.	(Aktiv)
Der Präsident wird von den Parlamentariern gewählt.	(Passiv)

Das Passiv wird mit „werden" und dem Partizip Perfekt gebildet.

Präsens	ich werde geliebt	ich werde geschlagen
Präteritum	ich wurde geliebt	ich wurde geschlagen

Pronomen

Im Deutschen werden Pronomen wie Artikel, Substantive, Adjektive und Adverbien dekliniert.

Das Personalpronomen

Nominativ	Akkusativ	Genitiv	Dativ
ich	mich	meiner	mir
du	dich	deiner	dir
er	ihn	seiner	ihm
sie	sie	ihrer	ihr
es	es	seiner	ihm
wir	uns	unser	uns
ihr	euch	euer	euch
sie	sie	ihrer	ihnen

Das Reflexivpronomen

Ein Reflexivpronomen bezieht sich auf das Satzsubjekt und muss mit dem Subjekt in Kasus und Numerus übereinstimmen.

ich	wasche mich
du	wäschst dich
er, sie, es	wäscht sich
wir	waschen uns
ihr	wascht euch
sie	waschen sich

Das Possessivpronomen

Ein Possessivpronomen drückt Besitz aus und muss in Kasus, Genus und Numerus mit dem Substantiv übereinstimmen, auf das es sich bezieht.

Adjektivgebrauch

	m	f	nt	pl
1. Person Singular				
Nominativ	mein	meine	mein	meine
Akkusativ	meinen	meine	mein	meine
Genitiv	meines	meiner	meines	meiner
Dativ	meinem	meiner	meinem	meinen
2. Person Singular	dein	deine	dein	deine
3. Person Singular	sein	seine	sein	seine
3. Person Singular	ihr	ihre	ihr	ihre
3. Person Singular	sein	seine	sein	seine

	m	f	nt	pl
1. Person Plural				
Nominativ	unser	uns(e)re	unser	uns(e)re
Akkusativ	uns(e)ren	uns(e)re, unsern	unser	uns(e)re
Genitiv	uns(e)res	uns(e)rer	uns(e)res	uns(e)rer
Dativ	uns(e)rem	uns(e)rer, unserm	uns(e)rem	uns(e)ren, unserm
2. Person Plural				
Nominativ	euer	eure	euer	eure
Akkusativ	euren	eure	euer	eure
Genitiv	eures	eurer	eures	eurer
Dativ	eurem	eurer	eurem	euren
3. Person Plural				
Nominativ	ihr	ihre	ihr	ihre
Akkusativ	ihren	ihre	ihr	ihre
Genitiv	ihres	ihrer	ihres	ihrer
Dativ	ihrem	ihrer	ihrem	ihren

Substantivgebrauch

	m	f	nt	Plural
1. Person Sing.	meiner	meine	mein(e)s	meine
2. Person Sing.	deiner	deine	dein(e)s	deine
3. Person Sing. (m, nt)	seiner	seine	sein(e)s	seine
3. Person Sing. (f)	ihrer	ihre	ihr(e)s	ihre
1. Person Pl.	uns(e)rer	uns(e)re	uns(e)res	uns(e)re
2. Person Pl.	eurer	eure	eures, euers	eure
3. Person Pl.	ihrer	ihre	ihr(e)s	ihre

Das Demonstrativpronomen

Ein Demonstrativpronomen zeigt an, von welcher Person oder Sache die Rede ist.

	m	f	nt	Plural
Nominativ	dieser	diese	dieses	diese
Akkusativ	diesen	diese	dieses	diese
Genitiv	dieses	dieser	dieses	dieser
Dativ	diesem	dieser	diesem	diesen

	m	f	nt	Plural
Nominativ	jener	jene	jenes	jene
Akkusativ	jenen	jene	jenes	jene
Genitiv	jenes	jener	jenes	jener
Dativ	jenem	jener	jenem	jenen

	m	f	nt	Plural
Nominativ	derjenige	diejenige	dasjenige	diejenigen
Akkusativ	denjenigen	diejenige	dasjenige	diejenigen
Genitiv	desjenigen	derjenigen	desjenigen	derjenigen
Dativ	demjenigen	derjenigen	demjenigen	denjenigen

	m	f	nt	Plural
Nominativ	derselbe	dieselbe	dasselbe	dieselben
Akkusativ	denselben	dieselbe	dasselbe	dieselben
Genitiv	desselben	derselben	desselben	derselben
Dativ	demselben	derselben	demselben	denselben

Der bestimmte Artikel „der", „die", „das" wird auch als Demonstrativpronomen benutzt.

Das Relativpronomen

Die häufigsten Relativpronomina sind „der", „die", „das". Seltener sind „welcher", „welche", „welches". Alle Relativpronomina leiten einen Nebensatz ein. Relativpronomina müssen in Genus und Numerus mit dem Substantiv übereinstimmen, auf das sie sich beziehen.

Er liest das Buch, das / welches er sich gestern gekauft hat.

	m	f	nt	Plural
Nominativ	welcher	welche	welches	welche
Akkusativ	welchen	welche	welches	welche
Genitiv	dessen	deren	dessen	deren
Dativ	welchem	welcher	welchem	welchen

„Wer" und „was" können ebenfalls als Relativpronomina benutzt werden:

Wer das behauptet, lügt.

Mach doch, was du willst!

Das Interrogativpronomen

Beim Interrogativpronomen wird zwischen Person und Sache unterschieden. Es kommt nur im Singular vor.

	Person	Sache
Nominativ	Wer spielt mit?	Was ist das?
Akkusativ	Wen liebst du?	Was höre ich da?
Genitiv	Wessen Haus ist das?	
Dativ	Wem gehört das Haus?	

Die Interrogativpronomina „welcher", „welche" und „welches" werden benutzt, um nach einer bestimmten Person oder Sache unter mehreren zu fraGenitiv

Welche Schuhe soll ich nehmen?	(- die Braunen oder die Schwarzen?)
Mit welchem Bus kommst du?	(- dem um 16 oder 17 Uhr?)
Welches Eis schmeckt dir besser?	(- Erdbeer- oder Schokoladeneis?)

	m	f	nt	Plural
Nominativ	welcher	welche	welches	welche
Akkusativ	welchen	welche	welches	welche
Genitiv	welches	welcher	welches	welcher
Dativ	welchem	welcher	welchem	welchen

Präpositionen

Die Präposition stellt eine Verbindung zwischen zwei Sachverhalten her. Sie bestimmt den Kasus des folgenden Substantivs.

+ Akkusativ:	bis	durch
	für	gegen
	je	ohne
	pro	um
	wider	

+ Dativ:	ab	aus
	außer	bei
	binnen	entgegen
	entsprechend	gegenüber
	gemäß	mit
	nach	nächst
	nahe	nebst
	samt	seit
	von	zu
	zufolge	zuwider

Einige Präpositionen stehen - in unterschiedlicher Bedeutung - mit mehreren Kasus.
Im Zusammenhang mit Bewegung und Richtungsänderung wird der Akkusativ benutzt (Wohin?).

Er hängt die Uhr an die Wand.	(Wohin?)

Im Zusammenhang mit einer Ortsangabe wird der Dativ benutzt (Wo?).

Die Uhr hängt an der Wand.	(Wo?)

+ Akkusativ / Dativ:	an	auf
	entlang	hinter
	in	neben
	über	unter
	vor	zwischen

Einige Präpositionen können mit der entsprechenden Form des bestimmten Artikels verschmolzen werden.

an / in	+ dem	wird zu	am / im
bei	+ dem	wird zu	beim
von	+ dem	wird zu	vom
zu	+ dem / der	wird zu	zum / zur
an / in	+ das	wird zu	ans / ins

INDEX

3D-Film, der 227
7-Meter-Linie, die 191
9. September 2022, der 328

A
Aal, der 70, 317
Abblendlicht, das 108
Abdeckband, das 61
Abdeckcreme, die 35
Abdeckfolie, die 61
Abend, der 328
Abenddämmerung, die 328
Abfahrtslauf, der 206
Abfalleimer, der 133
Abflug, der 124
Abfluss, der 54
abheben 178
Abitur, das 148
abkühlen, sich 211
Ablage, die 166
Ablage für Eingänge, die 166
Ablagetisch, der 41
abnehmende Mond, der 278
Abonnement, das 182
Absatz, der 33
Abschlag, der 198
abschleppen 105
Abschleppwagen, der 119
Abschlussball, der 151
abschmirgeln 59
abschuppen 71
Abseilen, das 208
Abseits, das 190
abseits die Piste 206
Absender, der 184
Absperrhahn, der 54
abspielen 179
abstrakte Malerei, die 222
Abteilung für Hals-Nasen-
    Ohrenheilkunde, die 259
Abtropfsieb, das 47
Abtropfständer, der 48
Abwehrspieler, der 191, 192
Abwesenheitsnotiz, die 176
abwischen 57
Achillessehne, die 242
Achselhöhle, die 238
acht 322
acht Uhr 326
achte(r, s) 323
Achtel, ein 324
Achtersteven, der 201
Achtung, Gefahr! 275
achtzehn 322
achtzehn Uhr 327
achtzehnte(r, s) 323
achtzig 322
achtzigste(r, s) 324
Ackerbohne, die 78
Acre, der 330
Acrylfarbe, die 221
Acryllack, der 61
Adapter, der 62
addieren 325
Adler, der 315
Adrenalin, das 269

Adresse, die 184
Aerobic, das 211
Afghanistan 293
Afrikanische Union, die 297
Ägypten 290
Ahorn, der 305
Ahornsirup, der 89
Aids, das 253
Airbag, der 110
Akademie für darstellende
    Künste, die 158
Akkordeon, das 218
Akku, der 59, 177
Akkubohrer, der 59
Akte, die 166
Aktenschrank, der 166
Aktentasche, die 33
Aktenvernichter, der 166
Aktiengesellschaft (AG),
    die 164
Aktionär, der 164
Aktionärin, die 164
Aktmalerei, die 222
Akupunktur, die 264
akustische Gitarre, die 217
Albanien 285
Albtraum, der 51
Algerien 290
alkoholfreie Bier , das 90
alle 325
Allergie, die 251
Alles Gute zum Geburtstag! 20
Alligator, der 316
Allwetterreifen, der 111
Alpen, die 283
Als Vorspeise/Hauptgericht/
    Nachtisch nehme ich ... 100
alt 24
Altbau, der 39
Altglas, das 44
Altstadt, die 130
Alufolie, die 46
Alzheimer, der 253
Amaretto, der 91
Amazonien 283
Ameise, die 319
Ameisenbär, der 313
American Football, der 194
Amethyst, der 304
Ampel, die 104, 133
Ampere, das 62
an Bord gehen 127
an der Ecke 133
Analogkamera, die 228
Ananas, die 80
Ananasguave, die 80
Anästhesist, der 260
Anbau, der 38
anbeißen 205
anbraten 93
Anden, die 283
Andorra 285
angeekelt 26
Angel, die 204
Angel auswerfen, die 205
Angelausrüstung, die 204
Angelhaken, der 204
Angelrolle, die 204

Angelrute, die 204
Angelschein, der 205
Angelschnur, die 204
Angestellte, der 164
Angler, der 204
Anglerweste, die 204
Angola 290
angreifen 189
Angriffslinie, die 192
Angriffsspieler, der 191
Angriffszone, die 192
anhalten 105
Anhang, der 176
Anhänger, der 119
Anker, der 200
Anker werfen/lichten, den 127
Ankunft, die 124
anlegen 127
anmachen 85
Anrichte, die 43
Anrufbeantworter, der 178
anschnallen, sich 123
Anstoßpunkt, der 188
Antarktis, die 284
Antenne, die 108, 181
Antigua und Barbuda 287
Antiquitätenladen, der 139
Anus, der 247
Anzeige, die 182
Anzeigetafel, die 125, 194
Anzug, der 29
Aperitif, der 99
Apfel, der 79
Apfelsaft, der 90
Apfelschorle, die 90
Apotheke, die 139
Apothekerin, die 160, 262
App, der 177
Applaus, der 215
Après-Ski, das 207
Aprikose, die 79
April, der 329
Aquamarin, der 304
Aquarellmalerei, die 222
Aquarium, das 144, 317
Äquator, der 284
Äquatorialguinea 290
Arabische Liga, die 297
Arabische Meer, das 282
arbeiten 52
Arbeitgeber, der 169
Arbeitnehmer, der 169
Arbeitsbedingungen, die 159
Arbeitsplatte, die 44
Arbeitsplatz, der 166
Arbeitsspeicher, der 173
Architekt, der 161
Argentinien 289
Arktis, die 284
Arm, der 238, 239
Arm ausrenken, sich den 255
Armaturenbrett, das 110
Ärmel, der 30
Ärmelkanal, der 282
Armenien 293
armer Ritter 95
Armlehne, die 52, 120, 254
arrogant 26
Art déco, der/das 145

Arterie, die 245
Artikel, der 182
Artischocke, die 74
Arzt, der 160
Ärztin, die 250
Aschenbecher, der 143
Aserbaidschan 293
Asphalt, der 303
Ass, das 196, 230
Assel, die 319
Assistentin, die 169
Ast, der 305
Asteroid, der 280
Asthma, das 253
Astronaut, der 280
Astronomie, die 280
Atemnot, die 253
Äthiopien 290
Atlantische Ozean, der 282
Atmosphäre, die 281
Atmungssystem, das 245
attraktiv 25
Aubergine, die 77
auf der rechten/linken
    Seite 133
auf die Toilette gehen 53
auf einen Kaffee treffen,
    sich 143
Auf Wiedersehen! 19
Aufführung, die 214
aufgenommen werden 259
aufgeregt 25
Aufguss, der 265
Aufgusskübel, der 265
Auflauf, der 98
Auflaufförmchen, das 48
auflegen 178
Auflieger, der 118
aufnehmen 179
Aufsatz, der 148
Aufschlag, der 192
Aufschlaglinie, die 196
Aufschlagmittellinie, die 196
Aufschnitt, der 68
Aufsteckblitz, der 228
aufstehen 51
auftrennen 51
aufwachen 51
Aufwachraum, der 260
aufwärmen, sich 211
Aufzug, der 39
Auge, das 22, 258
Augenbraue, die 22
Augenbrauen zupfen, sich
    die 34
Augentropfen, die 258
August, der 329
Aula, die 148
aus biologischem Anbau 74
aus Freilandhaltung 69
aus heimischer Produktion 74
aus Kunstfaser 27
Ausbildung, die 158
auschecken 135
Ausfahrt, die 105
Ausfallschritt, der 211
Ausflug, der 144
Ausgeviertel, das 131
ausklappbare Blitz, der 228

Auslandsflug, der 125
auslaufen 157
Ausleihe, die 157
ausleihen 157
ausloggen, sich 174
Auslöser, der 228
Auspuffrohr, das 109, 118
Auspufftopf, der 109
Ausritt, der 203
ausrollen 93
ausschlafen 51
ausschneiden 174
Ausschnitt, der 30
Außenangreifer, der 192
Außendienst, der 165
Außenstürmer, der 189
Außentank, der 279
Außenverteidiger, der 189
Außenzelt, das 235
äußere Erdkern, der 281
Aussichtsplattform, die 144
ausstechen 93
Ausstechförmchen, das 46
aussteigen 121
Ausstellung, die 144
ausstemmen 59
Auster, die 71
Australian Football, der 209
Australien 296
Auswechselbank, die 191
Auswechsellinie, die 191
Auszeit, die 191
Autobahn, die 105
Autobahnkreuz, das 105
Automatikschaltung, die 107
Automatiktür, die 113
Autotransporter, der 118
Autotür, die 109
Avocado, die 77
Axt, die 272
Ayurveda, das 264

B
Baby, das 18
Babyartikel, die 141
Babydecke, die 27
Babyfäustling, der 27
Babyfläschchen, das 27
Babyfon®, das 50
Babyschlafsack, der 27
Babyschühchen, die 27
Babytragetasche, die 50
Bachelor, der 156
Backblech, das 46
Backbordseite, die 126
backen 87
Bäcker, der 162
Bäckerei, die 138
Backgammon, das 230
Backofen, der 44
Backofenschalter, der 44
Backpapier, das 46
Backpflaume, die 82
Backpinsel, der 48
Backpulver, das 87
Backwaren, die 141
Badeanzug, der 30
Badehose, die 29
Bademantel, der 28

Badematte, die 55
baden 55
Badewanne, die 53
Badmintonplatz, der 195
Badmintonschläger, der 195
Bagel, der 88
Bagger, der 119
baggern 192
Baguette, das/die 88
Bahamas, die 287
Bahnhofshalle, die 121
Bahnsteig, der 121
Bahrain 293
Baht, der 331
Balkendiagramm, das 168
Balkon, der 40, 214
Ball, der 50
Ball halten, den 190
Ball vom Abschlag spielen,
  den 199
Ballaststoffe, die 101
Ballerina, der 33
Ballett, das 209, 214
Balljunge, der 196
Banane, die 80
Bandage, die 269
Bandscheibenvorfall, der 255
Bandschleifer, der 59
Bangladesch 293
Bank, die 210, 265
Bankdrücken, das 210
Bankkauffrau, die 163
Bankschließfach, das 137
Bar, die 134
Bär, der 311
Barbados 287
Bärenklau, der 306
Barhocker, der 143
Barista, der 143
Barkeeper, der 143
barock 145
Bart, der 24
Baseball, der 155, 194
Baseballhandschuh, der 194
Baseballschläger, der 194
Basilikum, das 83
Basisstation, die 178
Basketball, der 155
Basketballkorb, der 155
Basmatireis, der 98
Bassgitarre, die 217
Bassschlüssel, der 219
Batterie, die 109, 152
Bauarbeiter, der 161
Bauch, der 238
Bauchmuskel, der 242
Bauchnabel, der 238
Bauchspeicheldrüse, die 244
Bauer, der 231
Bauhaus, das 145
Bauklötzchen, das 50
Baum, der 200
Baumakt, der 249
Baumblüte, die 309
Baumwolle, die 226
Baustelle, die 106
Bauxit, der 303
Beachvolleyball, der 192
Beamer, der 168

Beatmung, die 261
Becher, der 91
Becken, das 218, 243
bedeckt 298
Beerdigung, die 21
Beförderung, die 169
Befruchtung, die 248
begrenzte Zone, die 193
Begrenzungsleuchte, die 108
Behälter, der 54
Behandlung, die 250
Behandlungslampe, die 256
behindert 254
Behindertenparkplatz, der 104
beide 325
Beifahrerseite, die 108
Beifahrersitz, der 108
Beilage, die 99, 182
Beilagensalat, der 98
Bein, das 238
Beipackzettel, der 263
Beistellschrank, der 42
Beiwagen, der 115
Bekannte, der/die 18
Belag, der 197
belästigen 271
belegte Brötchen, das 88
Belgien 285
Belize 287
Benin 290
Benutzerkonto, das 176
Benzin, das 111
Benzintank, der 109, 115
bequem 30
Berg, der 301
Berghang, der 301
Bergwacht, die 273
Bericht, der 168
Berichterstatter, der 181
Berichterstatterin, die 181
Bernstein, der 304
Berufseinstieg, der 21
Berufserfahrung, die 159
Berufsfachschule, die 158
Berufsverkehr, der 105
Beruhigungsmittel, das 263
Beschneidung, die 246
Besen, der 60
Besetzung, die 215
Bespannung, die 195
Besprechung, die 168
Besprechungstisch, der 168
bestellen 97
Bestellung, die 99
bestürzt 26
Besuchszeiten, die 259
Betonmischer, der 119
Betrag, der 137
Betriebsrat, der 165
Betriebssystem, das 175
Betriebswirtschaftslehre,
  die 156
Bett machen, das 51
Bettbezug, der 49
Bettdecke, die 49
Bettgestell, das 49
Bettruhe, die 260
Beweisstück, das 271
Bewerberin, die 159

Bewerbungsgespräch, das 159
Bewerbungsunterlagen,
  die 159
bewusstlos 261, 268
bezahlen 141
Bezahlfernsehen, das 179
Bezahlung, die 100
BH, der 30
Bhutan 293
Biathlon, das 206
Biberratte, die 313
Bibliothek, die 131, 157
Bibliothekar, der 157, 163
Bibliothekarin, die 157
Bibliotheksausweis, der 157
Biene, die 318
Bier, das 92
Bikini, der 30
Bild, das 182
Bildband, der 183
Bildbearbeitung, die 229
Bilderrahmen, der 42, 52
Bildhauer, der 163
Bildhauerei, die 220
Bildschirm, der 172
Bildschirm für das Bordpro-
  gramm, der 123
Billion, eine 323
Bindehautentzündung, die 251
Bindung, die 207
Binnenmeer, das 281
Biobaumwolle, die 27
Bioladen, der 138
Biologie, die 150
Bioprodukt, das 69
Bioprodukte, die 141
Birdie, das 199
Birke, die 305
Birne, die 79
Birnenmelone, die 80
Bitte ein Glas … 143
Bitte eine Tasse … 143
Bitte hinterlassen Sie eine
  Nachricht nach dem Signal-
  ton. 178
bitter 75
Bizeps, der 242
Bizepsübung, die 210
Blase, die 255
Blasenentzündung, die 251
blass 24
Blatt, das 74, 230, 305, 307
Blau, das 223
blauen Augen, die 24
Blazer, der 31
Bleichmittel, das 56
bleifrei 111
Bleistift, der 149, 167
Bleistiftspitzer, der 167
Bleistiftzeichnung, die 222
Blendenregler, der 228
blind 254
Blinddarm, der 244
Blindenhund, der 254
Blindenstock, der 254
Blinker, der 115
Blinkerhebel, der 110
Blinkleuchte, die 108
Blitz, der 228, 299

Blitzschuh, der 228
blocken 192
blond 23
Blues, der 219
Bluetooth®-Headset, das 177
blühen 307, 309
Blumenbeet, das 63
Blumenkelle, die 64
Blumenkohl, der 76
Blumenladen, der 138
Blumenvase, die 43
Blumenwiese, die 309
Bluse, die 31
Blut, das 255
Blutdruck messen, den 250
Blutdruckmessgerät, das 250
Blüte, die 307
bluten 255
Blütenblatt, das 307
Blutkreislauf, der 245
Blutorange, die 81
Blutrot, das 223
Blutspende, die 269
Blutung, die 255
Blutvergiftung, die 252
Blutwurst, die 95
BMX-Rad, das 117
Bobfrisur, die 23
Bobsport, der 207
Body, der 27
Bodypump, das 211
Bogen, der 145, 217
Bogenschießen, das 209
Bogey, das 199
bohren 59
Bohrer, der 59
Boje, die 127
Bolivien 289
Bombenalarm, der 275
Bonbon, das/der 96
Bongos, die 218
Booster, der 279
Bootsrumpf, der 201
Bordkarte, die 123
Bordstein, der 104
Borke, die 305
Börse, die 137
Börsenkurs, der 137
Bosnien und Herzegowina 285
Botschaft, die 132
Botswana 290
Boule, die/das 209
Boulevard, der 130
Boulevardzeitung, die 182
Boutique, die 139
Bowling, das 209
Boxershorts, die 29
Brandbekämpfung, die 272
Brandung, die 233
Brandungsangeln, das 205
Brandwunde, die 255
Brasilien 289
braten 69, 77, 93
Bratengabel, die 48
Brathähnchen, das 98
Bratkartoffeln, die 98
Bratpfanne, die 48
Braun, das 223
braunen Augen, die 24

Brausetablette, die 262
Braut, die 21
Bräutigam, der 21
Brautkleid, das 21
bremsen 116
Bremsflüssigkeitsbehälter,
der 108
Bremshebel, der 116
Bremshebel für die Vorderrad-
bremse, der 115
Bremsleuchte, die 109
Bremspedal, das 110
Brennnessel, die 306
Brettspiel, das 231
Brezel, die 88
Brie, der 72
Brief, der 184
Brief beantworten, einen 184
Brief einwerfen, einen 184
Brief erhalten, einen 184
Briefkasten, der 38, 184
Briefmarke, die 184
Briefmarken sammeln 220
Brieföffner, der 167
Brieftasche, die 33
Briefträgerin, die 161
Briefumschlag, der 167, 184
Brille, die 32, 258
Brillengestell, das 258
Brillenglas, das 258
Brillenputztuch, das 258
Brise, die 299
Brokkoli, der 76
Brombeere, die 79
Bronchitis, die 251
Bronzer, der 35
Brot, das 94
Brötchen, das 88, 94
Brotteller, der 100
Browser, der 176
Brücke, die 104, 130
Bruder, der 17
Brunei 293
brünett 23
Brunnenkresse, die 74
Brust, die 69, 238
Brustbein, das 243
Brustkorb, der 238, 243
Brustmuskel, der 242
Brustwarze, die 238
Brutkasten, der 249
B-Säule, die 109
Bube, der 230
Buch, das 142
Buch blättern, in einem 183
Buchdeckel, der 183
Buche, die 305
Bücherregal, das 42, 51, 157
Bücherschrank, der 52
Buchhaltung, die 164
Buchladen, der 139
Buchrücken, der 183
buchstabieren 151
Bucht, die 281, 302
Buchungsnummer, die 125
Buchweizen, der 86
Bug, der 122, 126, 200, 201
Bügelbrett, das 56
Bügeleisen, das 56

bügeln 56
Bügelsäge, die 58
Bugfahrwerk, das 122
Bugwulst, der 126
Bühne, die 214
Bühnenbild, das 215
Bulgarien 285
Bulgur, der 86
Bullauge, das 126
Bungalow, der 38
Bungeespringen, das 208
Bunker, der 198
Bunsenbrenner, der 153
Buntstift, der 221
Burg, die 132
Bürgersteig, der 104
Burkina Faso 290
Bürogebäude, das 132
Bürokauffrau, die 162
Büroklammer, die 167
Büromöbel, die 166
Bürostuhl, der 166
Bürste, die 57
Burundi 290
Busbahnhof, der 113
Busfahrer, der 162
Bushaltestelle, die 113, 133
Businessklasse, die 122
Büstenhalter, der 30
Butter, die 73, 94
Butterblume, die 306
Butterbrotdose, die 154
Buttermilch, die 73
Butternusskürbis, der 77
Bytes, (die) 174

C

Cabrio, das 107
Caddie, der 199
Camembert, der 73
Campingbus, der 234
Campingplatz, der 234
Campingstuhl, der 234
Campingtoilette, die 235
Campus, der 156
Cappuccino, der 91, 94
Carport, der 39
Cashewkern, der 82
CD/DVD auswerfen, eine 175
CD/DVD-Laufwerk, das 172
CD-ROM, die 173
Cello, das 217
Celsius 298
Chamäleon, das 316
Champagner, der 92
Champignon, der 74
Check-in-Automat, der 124
Check-in-Schalter, der 124
Cheddar, der 73
Chef, der 169
Chemie, die 150
Chemikalienhandschuh,
der 152
Cherimoya, die 80
Chicorée, der/die 76
Chile 289
Chiliflocken, die 84
Chilischote, die 77, 84
China 293

chinesische Neujahr, das 20
Chipkartenterminal, das 136
chippen 199
Chips, die 96
Chirurg, der 160, 260
Cholesterin, das 101
Chopper, der 114
Chor, der 216
Chrysantheme, die 308
Cidre, der 92
Citrin, der 304
Clementine, die 81
Cockpit, das 114, 122, 200
Cocktail, der 92
Cocktailshaker, der 143
Cola, die/das 90
Collage, die 222
Comic, der/das 142
Commonwealth, das 297
Compact-Flash-Karte, die 229
Computergehäuse, das 172
Computerraum, der 148
Computertomografie, die 261
Concierge, der/die 135
Containerhafen, der 127
Containerlager, das 127
Containerschiff, das 127
Controlling, das 164
Cornflakes, die 94
Costa Rica 288
Couchtisch, der 42
Countrymusik, die 219
Couscous, der/das 86
Cousine, die 17
Crew, die 200
Croissant, das 88, 94
Crosstrainer, der 210
Curling, das 207
Curry, das 98
Currypulver, das 84
Cyan, das 223

D

Dach, das 40, 108
Dachboden, der 39
Dachdecker, der 161
Dachfenster, das 40
Dachgarten, der 63
Dachgaube, die 40
Dachrinne, die 40
Dachs, der 311
Dachziegel, der 40
Dame, die 230, 231
Damespiel, das 230
Dampfbad, das 265
Dampfgarer, der 45
Dampflok, die 120
Dänemark 285
Darlehen, das 136
Darmgrippe, die 251
Darts, das 209
Das Gleiche noch einmal. 143
Das passt gut, ich nehme
es. 28
Datei, die 175
Datei ausdrucken, eine 174
Datei öffnen, eine 174
Datei verschieben, eine 174
Datenspeicher, der 177

Dattel, die 82
Datum, das 329
Daumen, der 240
Deck, das 126
Decke, die 42
Deckel, der 91
decken 193
Defibrillator, der 268
Dehnung, die 211
Delfin, der 313
Deltamuskel, der 242
Demenz, die 253
Demokratische Republik Kongo, die 290
Denkmal, das 133
Deo, das 34
Deodorant, das 263
Depression, die 253
Der Motor springt nicht an. 112
Desinfektionsmittel, das 269
Desktop-Computer, der 172
Dessertlöffel, der 100
Deutschland 285
Dezember, der 329
Dezimalpunkt, der 325
Diabetes, der 253
Diagnose, die 250
Diagnose stellen, eine 261
Dialyse, die 253
Diamant, der 304
Diaphragma, das 247
Diät, die 101
Dichtstoff, der 60
dick 24
Dickdarm, der 244
dickköpfig 26
Diebstahl, der 271
Diele, die 41
Dienstag, der 329
Dienstgürtel, der 270
Diesel, der 111
digitale Bilderrahmen, der 229
Digitalempfänger, der 179
Digitalkamera, die 228
Dill, der 83
Dinar, der 331
Dinkel, der 86
Diphtherie, die 252
Diplom, das 156
Dirigent, der 216
Dirigentenpult, das 216
Disko, die 219
Display, das 178
Disqualifikation, die 191
Dissertation, die 156
Distel, die 306
dividieren 325
Diwalifest, das 20
DJ, der 181
Dokumentarfilm, der 180
Dollar, der 331
Dom, der 130
Dominica 288
Dominikanische Republik, die 288
Dominostein, der 230
Döner, der 97
Donner, der 299
Donnerstag, der 329

Doppel, das 196
Doppelbett, das 49
Doppeldecker, der 113
Doppeldribbling, das 193
Doppelhaus, das 38
Doppelpaddel, das 201
doppelt 325
Doppelzimmer, das 134
Dorn, der 307
Dosenfisch, der 71
Dosenöffner, der 47
Dosierung, die 262
Download, der 176
Dozentin, die 156
Drachenfliegen, das 208
Drachenfrucht, die 80
Draht, der 60
Drahtnetz, das 153
Drama, das 150
Drehstuhl, der 52
Drehzahlmesser, der 112
drei 322
drei Uhr 326
drei Viertel 326
Drei-/Vier-Sterne-Hotel, das 135
dreifach 325
Dreifuß, der 153
dreihundertste(r, s) 324
dreimal 325
Drei-Punkte-Linie, die 193
Dreirad, das 117
dreißig 322
dreißigste(r, s) 324
dreitürig 107
dreiundzwanzig 322
dreiundzwanzig Uhr 327
dreizehn 322
dreizehn Uhr 326
dreizehnte(r, s) 323
Dreizimmerwohnung, die 40
Dressurreiten, das 203
dritte(r, s) 323
Drittel, das 324
driven 199
Drogerie, die 139
Druckknopf, der 28
Druckluftflasche, die 201
Drüse, die 244
Dschibuti 290
Du bist dran. 231
Dudelsack, der 218
duften 307
düngen 65
Dünger, der 65
Dunk, der 193
dunkel 23
Dunkelblau, das 223
Dunkelkammer, die 229
dunkle Bier, das 92
Dünndarm, der 244
Dunstabzugshaube, die 44
Durchfall, der 251
Durchschwung, der 199
Dürre, die 300
Dusche, die 53
duschen 55
Duschen und Toiletten, die 234
Duschgel, das 34

Duschkabine, die 53
Duschkopf, der 55
Duschschwamm, der 55
Duschvorhang, der 55
Dutt, der 23
Duty-free-Laden, der 124
Dutzend, ein 325
DVD, die 179
DVD-Player, der 179
Dynamo, der 116

E
Ebbe, die 233
Ebene, die 302
E-Book-Reader, der 177
EC-Karte, die 136
Eckbogen, der 188
Eckstoß, der 189
Eckzahn, der 256
Economyklasse, die 122
Ecuador 289
Efeu, der/das 309
Ehefrau, die 16
Ehemann, der 16
Ehepaar, das 17
Eiche, die 305
Eichel, die 246
Eichhörnchen, das 310
Eidechse, die 316
Eierkarton, der 73
Eierschale, die 72
Eierschneider, der 47
Eierstock, der 247
eifersüchtig 26
Eigelb, das 72
Eigenkapital, das 137
Eigentum, das 38
Eigentümer, der 40
Eigentümerin, die 40
Eigentumswohnung, die 38
Eilbrief, der 184
Eileiter, der 247
Eimer, der 57, 232
ein Uhr 326
Ein/Aus-Schalter, der 172
Einbahnstraße, die 104, 106
Einband, der 183
Einbauküche, die 44
Einbauleuchte, die 44
Einbiegen nach links verboten 106
Einbiegen nach rechts verboten 106
Einbruch, der 271
Eine einfache Fahrt nach ..., bitte. 121
Eine Portion Pommes rot-weiß, bitte. 97
eineiigen Zwillinge, die 249
einfach 325
Einfädler, der 225
Einfahrt, die 105
Einfahrt verboten 106
Einfamilienhaus, das 38
einfügen 174
Eingabetaste, die 172
eingeben 174
einholen 205
einige 325

einjährig 309
Einkaufskorb, der 140
Einkaufsliste, die 140
Einkaufsviertel, das 131
Einkaufswagen, der 140
einlochen 198
einloggen, sich 174
einmal 325
Einrad, das 117
eins 322
Einsatzkraft, die 273
einschecken 135
Einschienenbahn, die 120
einschlafen 51
Einschreiben, das 184
Einschulung, die 21
Einstand, der 196
einsteigen 121
Einstellrad, das 153
Einstellungen, die 175
Eintopf, der 98
eintopfen 65
Eintrittsgeld, das 144
Eintrittskarte, die 215
einundzwanzig 322
einundzwanzig Uhr 327
einundzwanzigste(r, s) 323
Einwegkamera, die 228
Einwurf, der 189
Einzel, das 196
Einzelbett, das 51
Einzelhaus, das 40
Einzelzimmer, das 134, 259
Eis, das 299
Eisbär, der 311
Eisbergsalat, der 76
Eisen, das 199
Eisenerz, das 303
Eishockey, das 194
Eiskaffee, der 90
Eiskunstlauf, der 207
Eislutscher, der 96
Eisportionierer, der 47
Eisprung, der 247
Eisschnelllauf, der 207
Eisschokolade, die 90
Eistee, der 90
Eiweiß, das 72, 101
Eizelle, die 248
Ekzem, das 251
El Salvador 288
Elefant, der 312
Elektriker, der 161
elektrische Gitarre, die 217
elektrische Schlag, der 255
Elektrobohrer, der 59
Elektrobohrer, der 54
Elektrofachmarkt, der 139
Elektrofahrrad, das 117
Elektrogrill, der 45
elf 322
elf Uhr 326
Elfenbeinküste, die 290
Elfmeter, der 190
Elfmeterpunkt, der 188
elfte(r, s) 323
Ellbogen, der 239
Elle, die 243
Eltern, die 17

Elternabend, der 151
Elternzeit, die 169
E-Mail-Adresse, die 176
Embryo, der/das 248
Emmentaler, der 73
empfangen 176
Empfänger, der 184
Empfängnis, die 248
Empfängnisverhütung, die 247
Empfangsbestätigung unter-
schreiben, eine 184
Empfangsdame, die 134, 160
Endiviensalat, der 76
endokrine System, das 245
Energiesparlampe, die 62
eng 28
Enkel, der 16
Enkelin, die 16
Ente, die 69, 315
Entenfleisch, das 69
Entfernungstafel, die 105
Entführung, die 271
Entgiftung, die 264
Enthaarung, die 34
entlassen werden 169, 259
Entschuldigen Sie bitte, wie
komme ich nach ...? 133
Entschuldigung, ich habe mich
verwählt. 178
Entsorgungsstation, die 235
Entspannung, die 264
Entziehungskur, die 264
Entzug machen, einen 264
Entzündung, die 252
Epidemie, die 275
Epilepsie, die 253
Erdbeben, das 300
Erdbeere, die 79
Erde, die 278, 281
Erdgeschoss, das 40
Erdkruste, die 281
Erdkunde, die 150
Erdmännchen, das 311
Erdmantel, der 281
Erdnuss, die 82
Erdnussbutter, die 89
Erdrutsch, der 300
Erdspeer, der 205
Erdung, die 62
Erektion, die 246
Ergebnisse, die 250
Ergometer, das 210
Eritrea 290
Erkältung, die 252
Erkennungsmelodie, die 181
Ermäßigung, die 144
Ermittlung, die 270
erneuerbare Energie, die 62
ernten 65
Ersatzreifen, der 112
Ersatzspieler, der 191
erste Hilfe leisten 268
erste Klasse, die 120, 122
erste Liga, die 189
erste Rang, der 214
erste Stock, der 40
erste(r, s) 323
Erste-Hilfe-Kasten, der 269
Erste-Hilfe-Kurs, der 269

ertrinken 274
Erwachsene, der 18
Erzählliteratur, die 183
Es ist ein Unfall passiert! 275
Es ist schön/trüb/nass-
kalt. 298
Es ist zwei Uhr. 326
Es regnet/schneit. 298
Escapetaste, die 172
Esche, die 305
Esel, der 312
Espresso, der 91
Essen auftauen, das 44
Essensausgabe, die 154
Essig, der 85
Esslöffel, der 330
Essstörung, die 253
Essteller, der 100
Esstisch, der 43
Estland 285
Estragon, der 83
Etagenbett, das 51
Ethikunterricht, der 150
etliche 325
etwas auf Rechnung set-
zen 143
Eukalyptus, der 305
Eule, die 315
Euro, der 331
Europäische Union (EU),
die 297
Evakuierung, die 275
Explosion, die 275
externe Festplatte, die 173

F

Fabrik, die 132
Fachbereich, der 158
Fächerfisch, der 317
Fäden, die 260
Faden einfädeln, einen 225
Fadenführung, die 224
Fadenhebel, der 224
Fagott, das 217
Fahne, die 198
Fähre, die 127
Fahrenheit 298
Fahrerseite, die 108
Fahrersitz, der 110, 114
Fahrkarte, die 113
Fahrkartenautomat, der 113,
121
Fahrkartenschalter, der 121
Fahrplan, der 113
Fahrpreis, der 113
Fahrradhelm, der 116
Fahrradkorb, der 116
Fahrradschlauch flicken,
einen 116
Fahrradschloss, das 117
Fahrradständer, der 117
Fahrradweg, der 104
Fahrspur, die 104
Fahrsteig, der 125
Fahrtrage, die 261
Fahrwerk, das 122
Fahrzeugkran, der 119
Fahrziel, das 113
Fairway, das 198

Fallschirmspringen, das 208
Falte, die 22
Familie gründen, eine 21
Familienzimmer, das 135
Fang, der 205
fangen 193, 205
Fangnetz, das 273
Farbdose, die 61
Farbe, die 61, 223
Farbmuster, das 61
Farbpalette, die 35
Farbroller, der 61
Farbwanne, die 61
Fassade, die 145
fasten 101
faulig 81
Faultier, das 313
Faxgerät, das 178
Februar, der 329
Fechten, das 209
Feder, die 314
Federball, der 155, 195
Federkleid, das 314
Federmäppchen, das 149
fegen 57
Fehler, der 196
Fehlermeldung, die 175
Fehlgeburt, die 249
Feier, die 20
Feiertag, der 20, 328
Feige, die 80
feilen 59
Feinkost, die 141
Feldsalat, der 76
Feldspieler, der 191
Felge, die 109, 116
Felgenbremse, die 116
Fell, das 310
Felsen, der 301
Fenchel, der 74, 83, 84
Fenster, das 40, 122, 175
Fenster minimieren, ein 175
Fensterbank, die 51
Fensterbrett, das 43
Ferien, die 151
Fernbedienung, die 179
Fernlicht, das 108
Fernsehbank, die 42
fernsehen 179
Fernseher, der 179
Fernsehserie, die 179
Fernsehturm, der 130
Ferse, die 239, 240
Fersenbein, das 243
Festanstellung, die 159
festkochend 75
Festname, die 271
Festplatte, die 173
Feststelltaste, die 172
Feta, der 72
Fett, das 101
fettarm 73
feucht 298
Feuchtgebiet, das 302
Feuchtigkeitscreme, die 34
Feuchttuch, das 263
Feueranzünder, der 234
Feuerlöscher, der 111, 272
Feuerwache, die 131, 272

Feuerwehrfahrzeug, das 119
Feuerwehrhelm, der 272
Feuerwehrmann, der 272
Feuerwehrschlauch, der 272
Feuerwehrschutzjacke,
die 272
Feuerzeug, das 142
Fichte, die 305
Fidschi 296
Fieber, das 252
Fieberthermometer, das/
der 263
Filet, das 68, 71
Film, der 229
Filme drehen 220
Filmplakat, das 227
Filter, der 228
Filzstift, der 221
Finanzberater, der 137
Fingerabdruck, der 270
Fingerhut, der 225, 306
Fingerknöchel, der 240
Fingerkuppe, die 240
Fingernagel, der 240
Finimeter, das 201
Fink, der 314
Finnland 285
Fisch einholen, einen 205
Fisch entgräten, einen 71
Fisch fangen, einen 204
Fisch mit Pommes, der 97
Fischer, der 161
Fischgeschäft, das 138
Fischkorb, der 205
Fischrogen, der 70
Fischschwarm, der 317
Fischsteak, das 70
Fischtheke, die 141
Fitnessball, der 210
Fitnessraum, der 134
Fitnessstudio, das 210
FKK-Strand, der 233
Flachbettauflieger, der 118
Flachpinsel, der 61
Flachrennen, das 203
Fladenbrot, das 88
Flamingo, der 315
Fläschchen, das 249
Flaschenöffner, der 48
Flatrate, die 177
flattern 314
Flauschdecke, die 50
Flechte, die 306
Fleckenentferner, der 56
Fledermaus, die 310
Fleisch und Geflügel, das 141
Fleischklopfer, der 47
Fleischtheke, die 140
Flickzeug, das 117
Flieder, der 307
Fliege, die 29, 318
fliegen 123
Fliegende Fisch, der 317
Fliegenfischen, das 205
fliehen 271
Fließhecklimousine, die 107
Flip-Flop®, der 33, 232
Floh, der 319
Flosse, die 317

Flug buchen, einen 125
Flugbegleiterin, die 123, 162
Flügel, der 69, 145, 218, 314
Fluggastbrücke, die 124
Fluggasttreppe, die 124
Fluggesellschaft, die 122
Fluglotse, der 124
Flugsicherungsdienst, der 122
Flugsteig, der 124
Flugzeugtür, die 122
Flur, der 39
Fluss, der 130, 301
Flussfahrt, die 144
flüssige Honig, der 89
Flusskrebs, der 71
Flussmündung, die 301
Flut, die 233
Fock, die 200
Föhn, der 55
Folge, die 179
Folie, die 168
Football, der 155
Forelle, die 70
Formel 1®, der 208
Formschnitt, der 309
Forschung, die 156
Forschungsinstitut, das 156
Fortschrittsbalken, der 175
Foto, das 52
Foto machen, ein 229
Fotoalbum, das 229
Fotograf, der 163
fotografieren lassen, sich 229
Fotostudio, das 229
Foul, das 189
Foyer, das 214
Fracht, die 127
Frachtraum, der 122
Franc, der 331
Frankreich 285
Frau, die 18, 238, 239
Frau ... 18
Free-TV, das 179
freie Jahre, das 158
freie Rippe, die 243
freilassen 205
Freilufttheater, das 214
Freiraum, der 192
Freistil, der 207
Freistoß, der 189
Freitag, der 329
Freiwurflinie, die 191, 193
Fremdenführer, der 144
Fremdenführerin, die 144
Fremdsprachen, die 150
Frequenz, die 181
Frettchen, das 310
Freund, der 18
Freunde, die 18
Freundin, die 18
freundlich 25
Friedhof, der 133
Frikadelle, die 98
Frisbee®, das 209
frisch 71, 81
frisch gepresste Grapefruitsaft,
  der 90
frisch machen, sich 55
frische Obst, das 94

Frischhaltefolie, die 46
Frischkäse, der 73
Friseurin, die 162
Friseursalon, der 139
frittieren 93
Frontlader, der 56
Frosch, der 316
Frost, der 299
Frozen Yogurt, der 96
fruchtbar 247
Fruchtblase, die 248
Früchtejoghurt, der 94
Fruchtshake, der 95
Fruchtwasser, das 248
Frühchen, das 249
Frühgeburt, die 249
Frühling, der 328
Frühlingsblume, die 307
Frühlingszwiebel, die 75
Frühstücksbuffet, das 135
Frühstücksflocken, die 94, 141
Frühstückstheke, die 44
Fruktose, die 101
Fuchs, der 311
Führerstand, der 120
Füller, der 149
fünf 322
fünf nach zwölf 327
fünf Uhr 326
fünf und drei Achtel 324
fünffach 325
fünfte(r, s) 323
Fünftel, ein 324
fünfundfünfzigtausend 323
fünfzehn 322
fünfzehn Uhr 327
fünfzehnte(r, s) 323
fünfzig 322
fünfzigste(r, s) 324
fünfzigtausend 323
Funkantenne, die 126
Funkloch, das 177
Fürstentum, das 284
Fusilli, die 87
Fuß, der 153, 238, 330
Fuß verstauchen/brechen, sich
  den 255
Fußabtreter, der 38
Fußball, der 155, 190
Fußballschuh, der 190
Fußbodenheizung, die 62
Fußgängerampel, die 104, 133
Fußgängerzone, die 133
Fußgelenk, das 240
Fußgewölbe, das 240
Fußraste, die 114
Fußreflexzonenmassage,
  die 264
Fußrücken, der 240
Fußschalthebel, der 114
Fußsohle, die 240
Fußstütze, die 110, 254

G
Gabel, die 100, 116
Gabelstapler, der 119
Gabun 290
Galaxie, die 280
Gallenblase, die 244

Galopp, der 203
Gambia 290
Gang, der 123, 140
Gang schalten, in einen höhe-
  ren/niedrigeren 116
Gans, die 69, 315
Gänseblümchen, das 306
Gänseei, das 72
Gänsefleisch, das 69
Garage, die 39
Garam masala, das 84
Garderobenständer, der 41
Garnele, die 71
Garnrollenstift, der 224
Gartenbank, die 63
Gartenerbse, die 78
Gartenhandschuh, der 64
Gartenhaus, das 63
Gartenmauer, die 63
Gartenmöbel, die 63
Gartenschlauch, der 64
Gartenteich, der 63
Gartenweg, der 63
Gartenzaun, der 63
Gärtner, der 162
gärtnern 220
Gasbrenner, der 234
Gasdrehgriff, der 115
Gasflasche, die 234
Gaspedal, das 110
Gasse, die 130
Gast, der 99
Gastroenterologie, die 259
Gas-Wandheizgerät, das 54
Gaumen, der 241
gebackenen Bohnen, die 95
Gebärdensprache, die 254
Gebärmutter, die 247
Gebärmutterhals, der 247
Gebäudereiniger, der 161
geben 230
Gebirge, das 301
Gebirgsbach, der 302
Gebirgskette, die 281
gebratenen Nudeln, die 97
gebundene Buch, das 183
Geburt, die 21, 248
Geburt einleiten, die 248
Geburtsgewicht, das 249
Geburtstag, der 20
Gecko, der 316
gedämpfte Gemüse, das 74
Gedenkstätte, die 145
geduldig 25
Gefahr, die 275
Gefälle, das 106
Gefängnis, das 181
Gefrierbeutel, der 46
Gefrierschrank, der 44
gegart 77
Gegen Mittag. 327
gegenüber 133
Gegenverkehr, der 106
gegrillte Tomate, die 95
Gehalt, das 169
Gehirn, das 241
Gehirnerschütterung, die 255
gehörlos 254
Gehweg, der 130

Geige, die 217
Geisteswissenschaften, die 156
gekocht 77
gekochte Ei, das 94
gelähmt 254
Geländemotorrad, das 114
Geländer, das 121
Geländewagen, der 107
gelangweilt 26
Gelb, das 223
gelbe Karte, die 189
Gelbgrün, das 223
Gelborange, das 223
Geld abheben 136
Geld einzahlen 136
Geldautomat, der 136
Geldschein, der 137
gemahlen 85
Gemälde, das 42
Gemeinschaftskunde, die 150
Gemüsegarten, der 63
Gemüseladen, der 138
Generalprobe, die 215
Genesung, die 260
geöffnet 144
geografische Breite, die 284
geografische Länge, die 284
Georgien 294
Gepäckablage, die 120, 135
Gepäckabschnitt, der 125
Gepäckband, das 125
Gepäckfach, das 123
Gepäckkontrolle, die 125
Gepäckraum, der 113
Gepäckträger, der 116
Gepard, der 311
geparkte Auto, das 104
gepökelt 69
gepolsterte Hocker, der 42
Geranie, die 308
geraspelt 85
geräuchert 69, 71
Gerbera, die 308
Gerichtsgebäude, das 131
geriebene Käse, der 73
geröstet 82
Gerste, die 86
Geruchssinn, der 245
gesalzen 82
Gesäß, das 239
Gesäßbacke, die 239
Gesäßmuskel, der 242
Gesäßspalte, die 239
Geschäftsfrau, die 168
Geschäftsführung, die 164
Geschäftsmann, der 168
Geschäftsreise, die 168
Geschäftsviertel, das 130
geschält 81
Geschenkeladen, der 139
Geschichte, die 150
geschieden 17
Geschirr abtropfen lassen,
  das 44
Geschirrtuch, das 44
Geschlechtskrankheit, die 246
Geschlechtsverkehr, der 246
geschlossen 144
Geschmackssinn, der 245

Geschmacksverstärker, der 101
Geschwindigkeit, die 112
Geschwindigkeitsbegrenzung,
  die 106
Geschwindigkeitsüberschrei-
  tung, die 105
Geschwister, die 18
Geschwür, das 253
Gesellschaft mit beschränkter
  Haftung (GmbH), die 164
Gesellschafter, der 165
Gesichtsbehandlung, die 265
Gesichtscreme, die 34
Gesichtsmaske, die 265
gestern 328
gestresst 26
gesund 252
gesunde Ernährung, die 101
Getränk, das 227
Getränke, die 141
Getriebe, das 109, 114
Gewächshaus, das 63
Gewalt, die 271
Gewebe, das 244
gewellt 23
Gewicht, das 185
Gewichtsscheibe, die 210
gewinnen 231
Gewitter, das 299
Gewölbe, das 145
Geysir, der 302
Ghana 290
Gibbon, der 313
gießen 65
Gießkanne, die 64
Gift, das 316
Giftzahn, der 316
Gin Tonic, der 92
Gipfel, der 301
Giraffe, die 312
Girokonto, das 136
Gitterbettchen, das 50
Gitterstab, der 50
glänzend 229
Glas, das 89
glasieren 93
glatt 23
Glätteisen, das 55
Glatze, die 23
Gleichgewichtssinn, der 245
Gleisnummer, die 121
Gleitsichtbrille, die 258
Gletscher, der 301
Glück, das 231
glücklich 25
Glühbirne, die 62
Glühfaden, der 62
Glühwein, der 91
Glukose, die 101
glutenfrei 101
glutenfreie Mehl, das 87
GmbH & Co. KG , die 164
Gold, das 303
Goldfisch, der 317
Golf, der 281
Golfball, der 198
Golfcart, der 199
Golfplatz, der 198
Golfschläger, die 199

Golfspieler, der 199
Golftasche, die 199
Golftrolley, der 199
Gong, der 216
Gorgonzola, der 72
Gorilla, der 313
gotisch 145
Gottesanbeterin, die 318
Gouache, die 221
Gouda, der 73
Grabmal, das 145
Grad, der 298
Graffiti, das 222
Grafikerin, die 163
Grafit, der 303
Gramm, das 331
Granat, der 304
Granatapfel, der 80
Granit, der 303
Grapefruit, die 81
Grasland, das 302
Gräte, die 71
Grau, das 223
grau meliert 23
Graubrot, das 88
graue Star, der 258
grauen Augen, die 24
gravieren 220
Great Barrier Reef, das 283
Greifreifen, der 254
Grenada 288
Griechenland 285
Griff, der 195, 197
Grille, die 318
grillen 69, 93
Grillpfanne, die 48
Grillrost, der 234
Grimasse schneiden, eine 22
Grippe, die 252
Gros, ein 325
groß 24, 28, 97
Größe, die 30
große Trommel, die 216
große Zeh, der 240
Großeltern, die 17
großformatige Zeitung,
  die 182
Großhirn, das 241
Großmutter, die 17
Großraumabteil, das 120
Großsegel, das 200
Großvater, der 17
Grübchen, das 22
Grün, das 198, 223
Grundgestein, das 281
Grundierung, die 35
Grundlinie, die 192, 193,
  196, 197
Grundriss, der 39
Grundschule, die 148
Grundstück, das 38
grüne Bohne, die 78
grüne Linse, die 78
grüne Star, der 258
grünen Augen, die 24
Grußkarte, die 142
Guatemala 288
Guave, die 80
Guinea 291

Guinea-Bissau 291
Gummibärchen, das 96
Gummihandschuh, der 57
Gummistiefel, der 33
Gummiwischer, der 57
Gurke, die 77
Gürtel, der 33
Gürtelrose, die 252
Gürtelschlaufe , die 33
Guten Abend! 19
Guten Appetit! 100
Guten Morgen! 19
Guten Tag! 19
Güterzug, der 120
Guthaben, das 177
Guyana 289
Gymnasium, das 148
Gynäkologie, die 259

H

Haar, das 22
Haarbürste, die 34
Haare föhnen, sich die 34
Haare glätten, sich die 34
Haargummi, der/das 34
Haarprodukt, das 34
Haarspange, die 34
Haben Sie das auch eine Num-
  mer größer/kleiner? 28
Haben Sie ein Zimmer frei? 134
Habicht, der 314
Habilitation, die 156
Hacke, die 64
Hackfleisch, das 68
Hackmesser, das 47
Hafer, der 86
Haferbrei, der 95
Haftnotiz, die 167
Haftstreifen, der 167
Hagel, der 299
Hahn, der 315
Hahn auf-/zudrehen, den 55
Hähnchen, das 69
Hähnchenkeule, die 69
Haiti 288
häkeln 226
halb elf 327
halbe Stunde, eine 326
halber, ein/ein halbes/eine
  halbe 324
halbes Dutzend, ein 325
Halbfeld, das 196
Halbinsel, die 281
Halbmond, der 278
Halbpension, die 135
Halbzeit, die 190
Halfpipe, die 207
Hallo! 19
Halloween, das 20
Hals, der 238
Halskette, die 32
Halsschmerzen, die 251
Halswirbel, der 243
Halteknopf, der 113
Halteschlaufe, die 113
Halteverbot, das 106
Haltung, die 198
Hamburger, der 97
Hammer, der 58

hämmern 59
Hamster, der 310
Hand, die 239
Hand geben, sich die 19
Handball, der 155
Handbremse, die 110
Handfeger, der 57
Handfläche, die 240
Handfunkgerät, das 270
Handgelenk, das 239, 240
Handgepäck, das 123
Handicap, das 199
Handrad, das 224
Handrechen, der 64
Handrührgerät, das 45
Handsäge, die 58
Handschaltung, die 107
Handschellen, die 270
Handschuh, der 32
Handschuhfach, das 110
Handtasche, die 33
Handtuch, das 53
Handtuchhalter, der 53
Handwerker, der 61
Handy, das 177
Handytasche, die 32, 177
Hängelampe, die 51
Hängematte, die 234
Hängeregister, das 167
Hängeschrank, der 44
Hanukkah, die 20
Harfe, die 217
Harnblase, die 245, 246, 247
Harnleiter, der 245
Harnröhre, die 246, 247
Harnsystem, das 245
Harpune, die 205
Haselnuss, die 82
Hasenglöckchen, das 306
hässlich 24
Hauptgericht, das 99
Hauptstadt, die 284
Hausarbeit, die 158
Hausaufgabe, die 151
Hausbriefkasten, der 185
Hausmeister, der 39
Hausnummer, die 38
Hauspost, die 166
Hausschlüssel, der 38
Hausschuh, der 28
Haustür, die 40
Hauswirtschaft, die 151
Haut, die 22
Hautausschlag, der 251
Hautpflege, die 263
Havarie, die 274
Heavy Metal, das 219
Hebamme, die 248
Heberglocke, die 54
Hechtabwehr, die 192
Heck, das 122, 200, 201
Hecke, die 63
Heckenschere, die 64
Heckscheibe, die 109
Hefe, die 87
Hefeweizen, das 92
heften 226
Heide, die 302
Heidekraut, das 306

Heidelbeere, die 79
Heilbutt, der 70
heiraten 21
heiß 298
heiße Schokolade, die 95
Heizdecke, die 49
Heizkörper, der 62
Heizung anschalten/ausschal-
ten, die 62
Heizungsregler, der 110
Hektar, der/das 330
Hellbraun, das 223
Hellgelb, das 223
Helm, der 273
Hemd, das 29
Herbst, der 328
Herd, der 44
Hering, der 235
Herr ... 18
Herz, das 74, 230, 244, 245
Herzdruckmassage, die 268
Herzinfarkt, der 253
Herz-Kreislauf-System,
das 245
Herzlich willkommen! 19
Herzlichen Glückwunsch! 20
Herzmonitor, der 261
Herzmuschel, die 71
Heuschnupfen, der 252
Heuschrecke, die 318
heute 328
Hi-Hat, die/das 218
Hilfe! 275
Himalaja, der 283
Himbeere, die 79
Himmel und Hölle spielen 154
hin und zurück 121
hinken 254
hintere Aufschlaglinie Doppel,
die 195
hintere Aufschlaglinie Einzel,
die 195
Hinterrad, das 116
Hinterzwiesel, der 202
Hip-Hop, der 219
Hirnhautentzündung, die 252
Hirnstamm, der 241
Hirse, die 86
Hitparade, die 181
Hitzewelle, die 300
HIV-positiv/negativ 253
hobeln 59
Hochformat, das 229
Hochgeschwindigkeitszug,
der 120
Hochschulabschluss, der 158
Hochseeangeln, das 205
Hochstuhl, der 43
Hochzeit, die 20
Hochzeitstag, der 20
Hocker, der 49
Hockey, das 194
Hockeyschläger, der 194
Hoden, der 246
Hodensack, der 246
Hof, der 32
hohe Blutdruck, der 252
hohe Stiefel, der 33

Höhenleitwerk, das 122
Höhle, die 301
Hole-in-one, das 199
Holunderbeere, die 79
Holz, das 199
Holzboden, der 43
Holzbrett, das 60
Holzhammer, der 58
Holzkohle, die 234
homogenisiert 73
homöopathisches Heilmittel,
das 264
Honduras 288
Honig, der 89
Honigmelone, die 81
Hörer, der 178
Hörgerät, das 254
Hormon, das 246
Horn, das 217, 310
Hornhaut, die 258
Hornhecht, der 317
Hornisse, die 318
Horrorfilm, der 227
Hörsaal, der 156
Hörsinn, der 245
Hörspiel, das 181
Hortensie, die 308
Hose, die 29, 190
Hosenträger, der 32
Hot Dog, der/das 97
Hotelanlage, die 134
hübsch 24
Huf, der 202, 310
Hufeisen, das 203
Hüfte, die 238
Hügel, der 302
Huhn, das 315
Hühnerei, das 72
Hülse, die 78
Hummel, die 318
Hummer, der 71
Hummerfalle, die 205
Hund, der 310
hundert 322
Hundertfüßer, der 319
hundertste(r, s) 324
hunderttausend 323
Hundeschlittenfahren, das 207
Hupe, die 110
Hurrikan, der 300
Husten, der 252
Hustenbonbon, das/der 263
Hustensaft, der 262
Hut, der 32
Hüttenkäse, der 72
Hyazinthe, die 308
Hydrant, der 133, 272
Hypnose, die 264
Hypothek, die 136
Hypothek aufnehmen, eine 40

I
Ich bin verärgert/froh/trau-
rig. 25
Ich habe ein Zimmer unter dem
Namen ... gebucht. 134
Ich habe eine Panne. 112
Ich habe empfindliche/trockene
Haut. 265

Ich habe fettige/normale
Haut. 265
Ich hätte gern ... 143
Ich hätte gerne die Rechnung,
bitte. 100
Ich hätte gerne ein Doppelzim-
mer für eine Nacht. 134
Ich heiße ... 19
Ich möchte bitte ... spre-
chen. 178
Ich möchte gerne ein Konto
eröffnen. 137
Ich stelle Sie durch. 178
Ich würde gerne etwas zum
Mitnehmen bestellen. 97
Igel, der 310
Ihr Flug ist jetzt zum Einsteigen
bereit. 122
ihren Abschluss machen 148
im Aus sein 193
im Chor singen 220
im Internet surfen 176
immergrüne Baum, der 305
Immobilienmaklerin, die 162
Impfung, die 249
Implantat, das 257
impotent 246
In zehn Minuten. 327
Inbusschlüssel, der 60
Index, der 183
Indianerzelt, das 234
Indie-Musik, die 219
Indien 294
Indische Ozean, der 282
Indonesien 294
Industriegebiet, das 131
Infekt, der 251
Informatik, die 150
Informatiker, der 164
Infusionsständer, der 259
Ingenieurin, die 161
Ingenieurwesen, das 156
Ingwer, der 84
Inhalator, der 253
Inhaltsverzeichnis, das 183
Inlandsflug, der 125
Inlineskaten, das 208
Innendienst, der 165
Innenhof, der 145
Innenverteidiger, der 189
Innenzelt, das 235
innere Erdkern, der 281
Innereien, die 69
ins Bett gehen 19
Insektenspray, der/das 234
Insektenstich, der 255
Insel, die 281, 302
Instrument stimmen, ein 216
Intensivstation, die 261
Internat, das 148
Interview, das 180
Interviewpartner, der 180
intolerant 26
Irak, (der) 294
Iran, (der) 294
Iris, die 258, 308
Irland 285
ischiocruralen Muskeln,
die 242

Island 285
Isomatte, die 235
Israel 294
Ist dieser Platz noch frei? 121
ist gleich 325
Italien 285
IT-Leitung, die 164

J
Jachthafen, der 200
Jade, der 304
Jagd, die 209
Jagdrennen, das 203
Jaguar, der 311
Jahr, das 329
Jahresurlaub, der 169
Jamaika 288
Januar, der 329
Japan 294
Jazz, der 219
Jeans, die 31
jeder/jede/jedes 325
jemandem Blut abnehmen 250
jemandem eine Spritze
geben 251
jemandem einen Brief schi-
cken 184
jemandem einen Heiratsantrag
machen 21
jemandem einen Kuss
geben 19
jemanden kündigen 169
jemanden anrufen 19, 178
jemanden begrüßen 19
jemanden einstellen 159
jemanden nach dem Äußeren
beurteilen 24
jemanden vorstellen 19
Jemen, (der) 294
Jenga®, das 231
jobben 158
Jochbein, das 243
Jockey, der 203
Joghurt, der 72
Johannisbeersaft, der 90
Joker, der 230
Jordanien 294
Journalistin, die 163
jugendfrei 227
Jugendliche, die 18
Jugendstil, der 145
Juli, der 329
jung 24
Junge, der 18
Jungtier, das 313
Juni, der 329
Jupiter, der 279
Juweliergeschäft, das 139

K
Kabel, das 178
Kabelfernsehen, das 179
Kabeljau, der 70
Kabine, die 126
kacheln 61
Kaffee, der 91, 99
Kaffee zum Mitnehmen, der 91
Kaffeebohnen, die 91
Kaffeemaschine, die 45, 143

Kai, der 127
Kaiserschnitt, der 249
Kajak, der/das 201
Kajalstift, der 35
Kakadu, der 315
Kalbfleisch, das 68
Kalkstein, der 303
Kalorien, die 101
Kalorien verbrennen 211
kalt 298
Kaltwasserzulauf, der 54
Kambodscha 294
Kamel, das 312
Kameragehäuse, das 228
Kameratasche, die 229
Kamerun 291
Kamille, die 306
Kamillentee, der 91
Kamin, der 42
Kaminofen, der 62
Kaminsims, der 42
Kamm, der 34
Kammmuschel, die 71
Kanada 288
Kanadier, der 201
Kanal, der 131
Kanaldeckel, der 133
Kanarienvogel, der 314
Kandare, die 202
Känguru, das 313
Kaninchen, das 68, 310
Kann ich hier mein Zelt auf-
    schlagen? 235
Kante, die 206
Kanter, der 203
Kap Verde 291
Kapitel, das 183
Kapsel, die 262
Kapuzenmuskel, der 242
Kapuzenpullover, der 28
Karabiner, der 273
Karaffe, die 100
Kardamom, der/das 84
Kardiologie, die 259
Karibische Meer, das 282
Karies, die 257
Karneval, der 20
Karo, das 230
Karotte, die 75
Karottensaft, der 90
Karpfen, der 70
Karriere, die 159
Karten mischen, die 230
Kartoffel, die 75
Kartoffelspalten, die 98
Kartoffelstampfer, der 47
Karton, der 222
Kartuschenpistole, die 60
Kasachstan 294
Käse, der 94
Käsemesser, das 99
Käseteller, der 99
Käsetheke, die 140
Kaspische Meer, das 282
Kasse, die 140
Kassenzettel, der 141
Kassierer, der 140
Kassiererin, die 136
Kastagnetten, die 218

Kastanie, die 82
Katakomben, die 145
Katamaran, der 126, 200
Katar 294
Katze, die 310
kaufmännische Bereich,
    der 164
kaufmännische Leitung,
    die 164
Kaugummi, der/das 96, 142
Kaulquappe, die 316
Kaution, die 39
Kehle, die 241
Kehlkopf, der 241
Kehrschaufel, die 57
Keilabsatz, der 33
Keilbeinhöhle, die 241
Keilriemen, der 111
keimen 307
Keks, der 96
Keller, der 39
Kellner, der 99, 162
Kenia 291
kentern 200, 274
Kern, der 78
Kerngehäuse, das 81
kernlos 81
Kernspintomografie, die 261
Kerze, die 43
Kesselpauke, die 218
Ketchup, der/das 85
Kette, die 116
Kettenschutz, der 116
Keuchhusten, der 252
Keule, die 68
Key-Account-Management,
    das 165
Kfz-Mechanikerin, die 161
Kichererbse, die 78
kicken 190
Kidneybohne, die 78
Kiemen, die 317
Kilogramm, das 331
Kilometer, der 330
Kilometerstand, der 112
Kind, das 18
Kinderanhänger, der 117
Kinderbuch, das 183
Kindergarten, der 21, 148
Kinderkrankheit, die 252
Kinderlähmung, die 252
Kinderschaufel, die 232
Kindersitz, der 117
Kinderstation, die 259
Kinderwagen, der 50
Kinn, das 22, 238
Kino, das 132
Kinokasse, die 227
Kinoleinwand, die 227
Kinosaal, der 227
Kiosk, der 133
Kipper, der 119
Kirche, die 132
Kirgisistan 294
Kiribati 296
Kirsche, die 79
Kirschtomate, die 77
Kissenbezug, der 49
Kittel, der 152

Kiwano, die 80
Kiwi, die 80
Klappe, die 180
Klapptisch, der 120
Klarinette, die 217
Klasse, die 148
Klassenarbeit, die 148
Klassenfahrt, die 151
klassische Musik, die 219
klassizistisch 145
Klausur, die 151
Klebeband, das 185
Klebepistole, die 59
Klebstoff, der 221
Klee, der 306
Kleid, das 31
Kleiderbügel, der 41
Kleiderhaken, der 41
Kleiderschrank, der 49
klein 24, 97
Kleinabteil, das 120
kleine Finger, der 240
kleine Geschenk, das 19
kleine Trommel, die 216
kleine Zeh, der 240
Kleingeld, das 141
Kleinhirn, das 241
Kleinstwagen, der 107
Kleintransporter, der 107
Kleinwagen, der 107
Klempner, der 161
Klettern, das 208
Kletterpflanze, die 309
Kletterverschluss, der 32
klicken 174
Klimaanlage, die 107
Klimmzug, der 211
Klingel, die 134
klingeln 178
Klingelton, der 177
Klippe, die 301
Klitoris, die 247
Klobürste, die 53
klopfen 93
Kloschüssel, die 53
Klostein, der 53
Knäckebrot, das 88
knackig 81
kneten 87
Knicks machen, einen 19
Knie, das 238
Kniebeuge, die 211
Kniekehle, die 239
Knieschiene, die 243
Knirscherschiene, die 257
Knoblauch, der 75
Knoblauchknolle, die 75
Knoblauchpresse, die 47
Knoblauchzehe, die 75
Knöchel, der 240
Knochenbruch, der 255
Knopf, der 280
Knopfloch, das 28
Knorpel, der 244
Knospe, die 307
Koala, die 311
Koch, der 162
köcheln lassen 93

kochen 93, 220
Kochlöffel, der 48
Kochtopf, der 48
Köder, der 205
Koffer, der 32
Kofferkuli, der 121
Kofferraum, der 109
Kofferwagen, der 135
Kohle, die 303
Kohlenhydrat, das 101
Kohlrabi, der 74
Koi, der 317
Kokosnuss, die 80
Kolibri, der 314
Kollege, der 169
Kollegin, die 169
Kolonie, die 284
Kolumbien 289
Kolumne, die 182
Koma, das 261
Kombiwagen, der 107
Kombizange, die 58
Komet, der 280
Komiker, der 214
Kommanditgesellschaft (KG),
    die 164
Kommode, die 49
Komödie, die 214, 227
Komoren, die 291
Komposter, der 63
Kondensmilch, die 73
Konditorei, die 138
Kondom, das 247
Konfitüre, die 89
König, der 230, 231
Königreich, das 284
Können Sie mich bitte zurück-
    rufen? 178
Könnte ich das mal anprobie-
    ren? 28
Könnten Sie bitte den Pannen-
    dienst anrufen? 112
Könnten Sie mir beim Reifen-
    wechseln helfen? 112
Könnten Sie mir bitte sagen, wo
    ... ist? 133
Könnten Sie mir das bitte auf
    der Karte zeigen? 133
Könnten Sie mir das bitte
    wechseln? 137
Könnten Sie mir Starthilfe
    geben? 112
Könnten Sie uns bitte die Wein-
    karte bringen? 100
Konserven, die 141
Kontaktlinse, die 258
Kontaktlinsenbehälter,
    der 258
Kontinent, der 281
Kontonummer, die 136
Kontoüberziehung, die 136
Kontrollturm, der 124
konzentrieren, sich 52
Konzern, der 164
Kopf, der 224, 238
köpfen 190
Kopfhörer, der 178
Kopfkeil, der 265
Kopfkissen, das 49

Kopflehne, die 120
Kopfsalat, der 76
Kopfschmerzen, die 251
Kopfstütze, die 110
Kopfteil, das 49
kopieren 174
Koppel, die 203
Korallenriff, das 302
Korb, der 193
Korbbrett, das 155, 193
Korbleger, der 193
Korbring, der 193
Koriander, der 83, 84
Korkenzieher, der 48, 143
Körperverletzung, die 271
Kosmetikerin, die 162, 265
Kotelett, das 68
Kraftstofftank, der 118
Krafttraining, das 210
Kragen, der 29
Krähe, die 314
Krake, der 71
Kralle, die 310, 314
Krampf, der 251
Kran, der 127
krank 252
Krankenhaus, das 131
Krankenhausbett, das 259, 261
Krankenkasse, die 250
Krankenpfleger, der 160
Krankentisch, der 259
Krankenzimmer, das 259
Kräuterheilkunde, die 264
Kräutertee, der 91
Krawatte, die 29
Krawattennadel, die 32
kreative Schreiben, das 220
Krebs, der 71, 253
Kreditkarte, die 137
Kreide, die 149, 221, 303
Kreissäge, die 59
Kreißsaal, der 249
Kreisverkehr, der 104, 106
Kresse, die 74
Kreuz, das 219, 230
kreuzen 200
Kreuzfahrtschiff, das 126
Kreuzstich, der 226
Kreuzung, die 105
Kreuzworträtsel, das 233
Kricket, das 194
kriechen 316
Kriminalbeamte, der 270
Kriminalbeamtin, die 270
Kroatien 285
Krocket, das 209
Krokodil, das 316
Krokus, der 307
Krone, die 257, 305, 331
Kronleuchter, der 43
Kröte, die 316
Krücke, die 254
Kuba 288
Kubikmeter, der/das 330
Kuchengitter, das 46
Küchenhocker, der 44
Küchenkräuter, die 63
Küchenmaschine, die 45
Küchenmesser, das 47

Küchenpapier, das 46
Küchensieb, das 47
Küchenwaage, die 45
Küchenwecker, der 46
Küchenzange, die 48
Kugelfisch, der 317
Kugelschreiber, der 167
Kuh, die 312
Kühler, der 109
Kühlergrill, der 108, 118
Kühlerhaube, die 118
Kühlmitteltemperaturanzeige,
  die 112
Kühlregal, das 141
Kühlschrank, der 44
Kuhmilch, die 73
Küken, das 314
Kulisse, die 214
Kulturbeutel, der 34
Kumquat, die 81
Kundenakquise, die 165
Kundendienst, der 165
Kundin, die 140
Kunst, die 150
Kunstfliege, die 204
Kunstgeschichte, die 156
Kunsthalle, die 132
Kunsthochschule, die 158
Künstlergarderobe, die 215
Kunstmalerin, die 163
Kunststoff, der 60
Kupfer, das 303
Kuppel, die 145
Kupplungshebel, der 114
Kupplungspedal, das 110
Kur, die 264
Kurbel, die 204
Kürbis, der 77
Kürbiskerne, die 86
Kurierdienst, der 185
Kurkuma, die 84
Kurs, der 158
Kurve, die 105
kurz 28
kurze Hose, die 29
Kurzhaarschnitt, der 23
Kurzhantel, die 210
kurzsichtig 258
Kurzwelle, die 181
Kuscheltier, das 50
Küste, die 232, 301
Küstenwachboot, das 274
Küstenwache, die 127
Kuwait 294

L

Laborausrüstung, die 152
Laborwaage, die 152
lächeln 25
lachen 19
Lachs, der 70
Lack, der 60
Lackfarbe, die 221
Lacrosse, das 209
Lagerfeuerstelle, die 234
Laib, der 89
Laken, das 49
Lakritze, die 96
laktosefrei 101

laktosefreie Milch, die 73
Lama, das 312
Lammfleisch, das 68
Lampe, die 42, 153
Lampensockel, der 62
Land, das 281, 284
landen 123
Landschaftsgärtner, der 161
Landschaftsmalerei, die 222
Landungssteg, der 127
Landwirt, der 161
lang 28
Langhantel, die 210
Langlauf, der 206
Langlaufloipe, die 206
Langstreckenflug, der 125
Langwelle, die 181
LAN-Kabel, das 176
Laos 294
Lapislazuli, der 304
Laptop, der/das 52, 173
Laptoptasche, die 173
Lasagne, die 98
Laserdrucker, der 173
Latte macchiato, der/die 91
Lätzchen, das 27
Latzhöschen, das 27
Latzhose, die 61
Laub, das 305
Laub rechen, das 65
Laubbaum, der 305
Laubrechen, der 64
Lauch, der 75
Laufband, das 210
Läufer, der 231
Laufstall, der 50
Lautsprecher, der 173
Lautstärke, die 179
Lautstärkeregler, der 175
Lavendel, der 83, 307
Lawine, die 273, 300
Lawinenschutz, der 273
Lawinenwarnschild, das 273
Lebenslauf, der 159
Lebensmittelgeschäft, das 138
Lebensmittelintoleranz,
  die 101
Leber, die 68, 244
Lederhandschuh, der 115
Lederjacke, die 33, 115
ledig 17
Leertaste, die 172
Leerungszeiten, die 185
leger 30
Leggings, die 30
Leguan, der 316
Lehrer, der 163
Lehrerin, die 148
Lehrerpult, das 149
Lehrplan, der 151
leicht ausgestellte Hose, die 31
Leihfahrrad, das 117
Leinen, das 226
Leinwand, die 222
Leiste, die 238
Leitartikel, der 182
Leiter, die 61
Leitung, die 62
Leitungswasser, das 90

Lende, die 239
Lendenwirbel, der 243
Lenker, der 115, 116
Lenkergriff, der 114
Lenkrad, das 110
Leopard, der 311
lernen 158
Lerngruppe, die 158
Lesebändchen, das 183
Lesebrille, die 258
Leselampe, die 123
lesen 151, 220
Lesesaal, der 157
Lesezeichen, das 176
Lesotho 291
Lettland 285
letzte(r, s) 324
Leuchtrakete, die 200
Leuchtturm, der 127
Leukoplast®, das 269
Libanon, (der) 294
Libelle, die 318
Liberia 291
Libero, der 189, 192
Libyen 291
Lichtjahr, das 280
Lichtleiste, die 271
Lichtmaschine, die 111
Lichttherapie, die 264
Lidschatten, der 35
Liebesfilm, der 227
Liebstöckel, das/der 83
Liechtenstein 286
liefern 97, 185
Lieferservice, der 97
Liegerad, das 117
Liegestuhl, der 232
Liegestütz, der 211
Liga, die 189
Likör, der 92, 99
Lila, das 223
Lilie, die 308
Limabohne, die 81
Limette, die 81
Limonade, die 90
Limousine, die 107
Linde, die 305
Lineal, das 149
Linienbus, der 113
Liniennummer, die 113
Linienrichter, der 192, 196
Linienrichterin, die 196
linke Aufschlagfeld, das 195
linke Flügel, der 191
links abbiegen 133
Linse, die 258
Lipgloss, der/das 35
Lippe, die 22
Lippenpflegestift, der 263
Lippenstift, der 35
Lira, die 331
Litauen 286
Liter, der/das 330
Literanzeige, die 111
Litschi, die 80
Liveaufzeichnung, die 181
Livesendung, die 180
Lobby, die 134
Loch, das 198

Locher, der 167
Lockenstab, der 55
lockig 23
Loge, die 214
Lokalanästhesie, die 260
Longboardfahren, das 208
Lorbeerblatt, das 84
löschen 174
Löschfahrzeug, das 272
Lösungsmittel, das 61
löten 59
Lötkolben, der 60
Lottoschein, der 142
Lötzinn, das 60
Löwe, der 311
Löwenzahn, der 306
Luftdüse, die 123
Lufteinlass, der 115
Luftfilter, der 108
Lufthorn, das 118
Luftkanal, der 62
Luftmatratze, die 235
Luftpumpe, die 116, 235
Luftröhre, die 244
Lunchpaket, das 154
Lunge, die 244
Lungenautomat, der 201
Lupe, die 152
Lutscher, der 96
Luxemburg 286
LVS-Gerät, das 273
lymphatische System, das 245

M
Macadamianuss, die 82
Madagaskar 291
Mädchen, das 18
Magen, der 244
Magenschmerzen, die 251
Magnet, der 152
Mähne, die 202
Mai, der 329
Maiglöckchen, das 306
Maikäfer, der 318
Mail weiterleiten, eine 176
Mais, der 77, 86
Maismehl, das 87
Majoran, der 83
Makrele, die 70
Malawi 291
Malaysia 295
Malediven, die 295
Maler, der 161
Mali 291
Malta 286
Manager, der 164
Managerin, die 169
manche 325
manchmal 325
Mandel, die 82
Mangelerscheinung, die 252
Mango, die 80
Mangold, der 74
Mangostanfrucht, die 80
Maniküre, die 265
Mann, der 18, 238, 239
männliche Fortpflanzungssys-
   tem, das 245

männlichen Geschlechtsorgane,
   die 246
Mannschaft, die 194
Mannschaftsaufstellung,
   die 189
Manschette, die 250
Manschettenknopf, der 32
Margarine, die 89
Marienkäfer, der 319
marinieren 85
mariniert 69
Markenemblem, das 108
Marker, der 149
Marketingabteilung, die 165
Marketingleitung, die 165
markieren 174
Markt, der 138
Marktstand, der 138
Marmelade, die 89, 94
Marmor, der 303
Marokko 291
Mars, der 278
Marshallinseln, die 296
Martinshorn, das 271
März, der 329
Maschen, die 197
Masern, die 252
Massage, die 264
Maßband, das 58, 224
Mast, der 200
Mastdarm, der 246
Master, der 156
Mathematik, die 150
Matratze, die 49
matt 229
Matte, die 210
Maul, das 310
Maulwurf, der 310
Mauretanien 291
Mauritius 291
Maus, die 172, 310
Mauspad, das 173
Mauszeiger, der 175
Mautstelle, die 105
Mayonnaise, die 85
Medikament, das 262
Meditation, die 264
Medizin, die 156
medizinische Nachversorgung,
   die 260
Meer, das 232, 281
Meerenge, die 281
Meeresschildkröte, die 316
Meeresströmung, die 200
Meerschweinchen, das 310
mehligkochend 75
mehrfach 325
Mehrfachsteckdose, die 62
Mehrfamilienhaus, das 38
mehrjährig 309
Mehrkornbrot, das 88
mehrmals 325
Meile, die 330
Meisterschaft, die 189
melden, sich 151
Melone, die 94
Mensa, die 157
Mensch ärgere dich nicht®,
   das 231

Menstruation, die 247
Merkur, der 278
Messbecher, der 48, 262
messen 59
Messer, das 100
Messerblock, der 47
Messerschärfer, der 46
Messlöffel, der 48, 249
Metall, das 60
Meteor, der 280
Meter, der/das 330
Metzgerei, die 138
Metzgerin, die 162
Mexiko 288
Miesmuschel, die 71
Miete, die 39
mieten 39
Mieter, der 39
Mieterin, die 39
Mietvertrag, der 39
Mietwohnung, die 38
Migräne, die 251
Mikrofasertuch, das 60
Mikrofon, das 178, 180
Mikronesien 296
Mikroskop, das 153
Mikrowelle, die 45
Milch, die 72, 94
Milchkaffee, der 91
Milchprodukte, die 141
Milchpulver, das 249
Milchpumpe, die 249
Milchschaum, der 91
Milchschokolade, die 96
Milchshake, der 90
Milchstraße, die 280
Milliarde, eine 323
Milliliter, der/das 330
Millimeter, der/das 330
Million, eine 323
millionste(r, s) 324
Milz, die 244
Mineralbad, das 265
Mineralwasser mit Kohlensäure,
   das 90
Minibar, die 135
Minute, die 326
Minze, die 83
Minztee, der 91
Mistgabel, die 64
mit dem Netz fangen 205
mit der Flasche füttern 249
mit Eis 92
mit kurzen/langen Ärmeln 28
mit Stretchanteil 30
mit Zahnseide reinigen 257
Mittag, der 328
Mittagspause, die 154
Mittelangler, der 192
Mittelfeldspieler, der 189
Mittelfinger, der 240
mittelgroß 97
Mittelkonsole, die 110
Mittelkreis, der 188, 193
Mittellinie, die 188, 193,
   195, 197
Mittelmeer, das 282
Mittelohrentzündung, die 251
Mittelstreifen, der 105

Mittelstürmer, der 189
Mitternacht, die 327, 328
mittlere Schulabschluss,
   der 148
Mittwoch, der 329
Mixer, der 45
Möbel restaurieren 220
Möbelgeschäft, das 139
Mobile, das 50
möbliert 40
Modellbau, der 220
Modelleisenbahn, die 220
modellieren 220
Moderator, der 180
Moderatorin, die 163, 180
modisch 30
mogeln 231
Mohnblume, die 309
Moldawien 286
Monaco 286
Monat, der 329
Monatskarte, die 113
Mondphasen, die 278
Mondsichel, die 278
Mongolei, die 295
Monopoly®, das 231
Monsun, der 300
Montag, der 329
Montenegro 286
Moos, das 306
Mord, der 271
Morgen, der 330, 328
morgen 328
Morgendämmerung, die 328
Mörser, der 47
Mosaik legen 220
Mosambik 291
Moschee, die 132
Moskitonetz, das 235
Motocross, das 208
Motor, der 109
Motorboot, das 126
Motorhaube, die 109
Motorjacht, die 126
Motorradgespann, das 115
Motorradhelm, der 115
Motorradkombi, die 115
Motorradrennen, das 208
Motorroller, der 114
Mountainbike, das 117
Mountainbiken, das 208
Möwe, die 314
Mozzarella, der 73
MP3-Player, der 177
Mückenspray, der/das 263
müde 26
Muffinförmchen, das 46
Müllbeutel, der 60
Müllbinde, die 269
Mülleimer, der 44
Müllmann, der 161
Mülltrennung, die 44
Müllwagen, der 118
multiple Sklerose, die 253
multiplizieren 325
Mumps, der 252
Mund, der 22
Mundharmonika, die 218
Mundhygiene, die 257

mündliche Prüfung, die 157
Mundschutz, der 256, 260
Mundspülbecken, das 256
Mundwasser, das 55, 257
Mund-zu-Mund-Beatmung,
   die 268
Mungobohne, die 78
Münze, die 137
Museum, das 132
Musik, die 150
Musikerin, die 163
Musikhochschule, die 158
Muskatnuss, die 84
Muskelkater, der 211
muskulös 24
Müsli, das 94
Müsliriegel, der 94
Mutter, die 17, 58
Muttermal, das 22
Mutterschutz, der 169
Muttertag, der 20
Mütze, die 27, 32
Myanmar 295

N
Nabelschnur, die 248
Nachbar, der 18
Nachbarin, die 18
nachdenklich 25
Nachhilfe, die 149
Nachmittag, der 328
Nachricht, die 176
Nachrichten, die 180
Nachrichtensprecherin, die 180
Nachtblüher, der 307
Nachtfalter, der 318
Nachtisch, der 99
Nachttisch, der 49, 259
Nachttischlampe, die 49
Nacken, der 239
Nacktschnecke, die 319
Nadel, die 224
Nadelbaum, der 305
Nadelkissen, das 225
Nagel, der 58
Nagelfeile, die 34, 263
Nagelhaut, die 240
Nagellack, der 35
Nagellackentferner, der 34
Nagelschere, die 34
Nähe (von), in der 133
nähen 226
Nähfuß, der 224
Nähfußdruckregler, der 224
Nähgarn, das 224
Nähkästchen, das 225
Nähmaschine, die 224
Nähnadel, die 225
Nahrungsergänzungsmittel,
   das 263
Naht, die 30
Nahtauftrenner, der 225
Namibia 292
Narbe, die 24, 260
Narzisse, die 308
Nase, die 22
Nasenbein, das 241
Nasenbluten, das 251
Nasenhöhle, die 241

Nasenloch, das 22
Nasenriemen, der 202
Nashorn, das 312
Nation, die 284
Natrium, das 101
Naturreis, der 86
Naturwissenschaften, die 156
Nauru 296
Navigationsgerät, das 110
Nebel , der 280
Nebelscheinwerfer, der 108
Nebenwirkung, die 263
neblig 298
Neffe, der 17
Negativ, das 229
neidisch 26
Nektarine, die 79
Nelke, die 308
Nelken, die 84
Nepal 295
Neptun, der 279
Nerv, der 257
Nervensystem, das 245
nervös 26
nett 25
Netz, das 192, 193, 196, 197
Netzhalter, der 197
Netzhaut, die 258
Netzkante, die 192
Netzoberkante, die 197
Neubau, der 40
Neugeborene , das 249
neugierig 25
neun 322
neun Uhr 326
neunte(r, s) 323
neunzehn 322
neunzehn Uhr 327
neunzehnte(r, s) 323
neunzig 322
neunzigste(r, s) 324
Neurologie, die 259
Neuseeland 296
Neustart, der 174
Nicaragua 288
Nicht knicken! 185
Nichte, die 17
Nichtraucherflug, der 123
Niederflurbus, der 113
Niederlande, die 286
niedlich 25
niedrige Blutdruck, der 252
niemals 325
Niere, die 68, 244, 245
Niesen, das 251
nieten 59
Nietenzange, die 59
Niger, (der) 292
Nigeria 292
Nilpferd, das 312
Nordhalbkugel, die 284
Nordkorea 295
nördliche Polarkreis, der 284
nördliche Wendekreis, der 284
Nordmazedonien 286
Nordpol, der 281
Nordpolarmeer, das 282
Nordsee, die 282
Norwegen 286

Notarzt, der 268
Notärztin, die 268
Notation, die 219
Notaufnahme, die 261
Notausgang, der 123, 272
Note, die 148, 219
Noten, die 216
Notenlinie, die 219
Notenständer, der 216
Notizbuch, das 142, 167
Notlandung, die 123, 275
Notrufknopf, der 259
Notrufnummer, die 275
Notrufsäule, die 104
November, der 329
Nudelholz, das 48
Nugget, das 97
nukleare Katastrophe, die 275
null 322
Nummernschild, das 108
Nuss knacken, eine 82
Nussknacker, der 82
Nussschale, die 82
Nylon®, das 226

O
oben 185
Oberarm, der 239
Oberärztin, die 261
Oberkiefer, der 241
Oberleitung, die 120
Oberschenkel, der 238
Oberschenkelknochen,
   der 243
Oberschenkelmuskel, der 242
Oberteil, das 31
Objektiv, das 153, 228
Objektivdeckel, der 228
Objektivrevolver, der 153
Objektklemme, die 153
Objekttisch, der 153
Objektträger, der 153
Oboe, die 217
Obst und Gemüse, das 141
Obstbaum, der 309
Ocker, das 223
Ofen, der 265
Ofen vorheizen, den 44
offen 25
offene Handelsgesellschaft
   (OHG), die 164
Öffnungszeiten, die 144
Offroadfahren, das 208
ohne Eier 101
ohne Sattel reiten 203
Ohnmacht fallen, in 255
Ohr, das 22
Ohrring, der 32
Ohrstöpsel, der 263
Okraschote, die 77
Oktober, der 329
Okular, das 153
Öl wechseln(, das) 111
Oldtimer, der 107
Ölfarbe, die 221
Olive, die 77
Olivenöl, das 85
Olivgrün, das 223
Ölkreide, die 221

Ölmalerei, die 222
Ölmessstab, der 108
Oman 295
Omelett, das 95
Onkel, der 17
Onkologie, die 259
Onlinebanking, das 136
Online-Check-in, der/das 125
Online-Einkauf, der 176
Onyx, der 304
Opal, der 304
Oper, die 216
Operation, die 260
Operationsbesteck, das 260
Operationsleuchte, die 260
Operationssaal, der 260
Operationstisch, der 260
Opernhaus, das 132
Opernsängerin, die 216
OP-Mantel, der 260
OP-Schwester, die 260
Optiker, der 139
Optikerin, die 160, 258
Orange, das, 81, 223
Orang-Utan, der 313
Orbiter, der 279
Orchestergraben, der 216
Orchidee, die 308
Ordner, der 167, 174
Oregano, der 83
Organisation des Nordatlantik-
   vertrags (NATO), die 297
organisiert 168
Organspende, die 269
Origami, das 220
Orthopäde, der 160
Orthopädie, die 259
örtliche Betäubung, die 257
Öse, die 204
Osteopathie, die 264
Ostern, das 20
Österreich 286
östliche Hemisphäre, die 284
Ostsee, die 282
Osttimor 295
Otter, der 313
Ouvertüre, die 216
Overlock, die 224
Ozon, der 299
Ozonschicht, die 299

P
Paar, das 18
paar, ein 325
Paar, ein 325
Päckchen, das 185
Pädagogik, die 156
Paket, das 184
Paketzusteller, der 162
Pakistan 295
Palau 296
Palette, die 221
Palliativmedizin, die 264
Palme, die 309
Panama 288
Pandabär, der 311
Pandemie, die 300
Panflöte, die 218

Paniermehl, das 89
panierte Schnitzel, das 98
Panzer, der 316
Papagei, der 315
Papaya, die 80
Papierkorb, der 166, 174
Pappmaschee, das 220
Paprika, der 77, 84
Papua-Neuguinea 297
Par, das 199
Paraguay 289
Paranuss, die 82
Parfüm, das 34
Parfümerie, die 139
Park, der 131
Parkett, das 214
Parkinsonkrankheit, die 253
Parkour, der/das 209
Parkscheinautomat, der 104
Parkverbot, das 106
Parmesan, der 73
Passah, das 20
Passionsfrucht, die 80
Pastellkreide, die 221
Pastete, die 98
pasteurisiert 73
Pastinake, die 75
Patchwork, das 226
Patenonkel, der 18
Patentante, die 18
Patientenumhang, der 256
Patientin, die 250, 256
Pauke, die 216
Pause, die 154, 215
Pause machen, eine 52
Pausenbrot, das 154
Pausetaste, die 179
Pavian, der 313
Pazifische Ozean, der 282
Pech, das 231
Pedal, das 116
Pedale treten, in die 116
Pediküre, die 265
Peeling, das 265
Pekannuss, die 82
Penholdergriff, der 197
Penis, der 246
Penne, die 87
per Luftpost 185
Periodikum, das 157
Perle, die 304
Personal, das 169
Personalabteilung, die 165
Personalleitung, die 165
Personalreferentin, die 159
Peru 289
Perücke, die 23
Peso, der 331
Pessar, das 247
Petersilie, die 83
Petrischale, die 153
Petroleumlampe, die 235
Petunie, die 307
Pfahlwurzel, die 305
Pfannenwender, der 48
Pfannkuchen, der 95
Pfau, der 315
Pfeffer, der 84, 85

Pfefferminzbonbon, der/
  das 142
Pfeffermühle, die 85
Pfeife, die 142
Pferd, das 202, 312
Pferdepfleger, der 203
Pferderennen, das 203
Pferdeschwanz, der 23
Pfifferling, der 74
Pfirsich, der 79
pflanzen 65
Pflaster, das 269
pflücken 65
Pfote, die 310
Pfund, das 331
Philippinen, die 295
Physalis, die 80
Physik, die 150
Physiotherapeut, der 160
Pickel, der 22
Pick-up, der 107
Pik, das 230
Pikkoloflöte, die 217
Pilates, die 211
Pille, die 247
Pilot, der 122, 162
Pilotin, die 122
Pils, das 92
Pilz, der 306
Pilze, die 95
Pinguin, der 315
Pinienkern, der 82
Pink, das 223
Pinne, die 200
PIN-Nummer, die 136
Pinnwand, die 166
Pinsel, der 35, 221
Pint, das 330
Pinzette, die 34, 152, 263
Pipette, die 153
Piranha, der 317
Pistazie, die 82
Pistole, die 270
Pizza, die 97
Planet, der 280
Plateau, das 302
Platte, die 281
Platz, der 131
Platzanweiser, der 215
Platzanweiserin, die 215
Platzverweis, der 188
Plazenta, die 248
pochieren 93
Pokal, der 189
Poker spielen 230
Polen 286
polieren 57
Politikwissenschaft, die 156
Polizeiabsperrung, die 271
Polizeiabzeichen, das 270
Polizeiauto, das 271
Polizeiwache, die 131
Polizeiwagen, der 119
Polizist, der 270
Polizistin, die 270
Pollenflug, der 299
Poller, der 127
Polo, das 203
Polohemd, das 29

Polyester, der 226
Pommes frites, die 97
Pony, der 23
Pool, der 134
Poolbillard, das 209
Popcorn, das 96, 227
Popmusik, die 219
Pore, die 22
Portemonnaie, das 33
Porto, das 185
portofrei 184
Porträtmalerei, die 222
Portugal 286
Posaune, die 217
Pose, die 204
Post, die 131
Postanweisung, die 185
Postausgang, der 176
Posteingang, der 176
Postfach, das 166, 184
Postkarte, die 184
Postleitzahl, die 184
Poststempel, der 184
potent 246
PR-Abteilung, die 165
Praktikum, das 158
Praline, die 96
Präsentation, die 168
Praxissemester, das 158
Preis, der 141
Preisanzeige, die 111
Preiselbeere, die 79
Preisschild, das 141
Premiere, die 215, 227
Prepaidkarte, die 177
pressen 248
primäre Geschäftsfeld, das 164
Primel, die 308
pritschen 192
Privatschule, die 148
Probe, die 215
Produktion, die 165
Produktionsleitung, die 165
Professor, der 156
Profisportler, der 163
Programm, das 175, 215
Programm deinstallieren,
  ein 175
Programm installieren, ein 175
Programmwählscheibe,
  die 228
Prokurist, der 165
Promotion, die 156
Propangas, das 234
Prostata, die 246
Prothese, die 254
Protokoll, das 168
protokollieren 168
Provinz, die 284
Provision, die 137
Prozent, das 325
Prozessor, der 173
Prüfung, die 148
Psychologin, die 160
Publikum, das 180, 215
Puck, der 155, 194
Puderdose, die 35
Pullunder, der 29
Puls, der 268

Pulsmessung, die 268
Pulsuhr, die 211
Pulverschnee, der 206
Puma, der 311
Pumps, der 33
pünktlich 121
Pupille, die 258
Puppe, die 50, 318
Püree, das 77
Pürierstab, der 45
püriert 77
Pusteblume, die 306
Pute, die 69
Putenfleisch, das 69
Putter, der 199
putzen 57
Putzlappen, der 46
Puzzle, das 230

Q
Quad, das 114
Quadratfuß, der 330
Quadratmeter, der/das 330
Quadratwurzel, die 325
quaken 316
Qualifikation, die 159
Qualitätszeitung, die 182
Quarantäne, die 259
Quark, der 72
Quartett, das 216
Quarz, der 304
Quecksilber, das 303
Querflöte, die 217
Querformat, das 229
Querlatte, die 190
Querruder, das 122
Quiche, die 98
Quinoa, die 86
Quitte, die 79
Quizshow, die 180

R
Rabe, der 314
Rachen, der 241
Rachitis, die 252
Raclettegrill, der 45
Raclettekäse, der 73
Racquetball, der 195
Rad, das 108
Radarantenne, die 126
Radaufhängung, die 108, 114
Radfahren lernen 116
Radiergummi, der 167
Radieschen, das 75
Radio, das 181
Radiosender, der 181
Radioteleskop, das 280
Radkappe, die 109
Radlader, der 119
Radmutternschlüssel, der 112
Radsport, der 208
Rahmen, der 195
Rail, das 207
Rallyefahren, das 208
Ramadanfest, das 20
Rambutan, die 80
Rand, der 331
Rap, der 219
Rasen, der 309

Rasen mähen, den 65
Rasen sprengen, den 65
Rasenmäher, der 64
Rasensprenger, der 64
Rasentrimmer, der 64
Rasierapparat, der 55
rasieren, sich 55
Rasierer, der 55
Rasierschaum, der 55
Rasierwasser, das 55
Rassel, die 27, 218
Raststätte, die 105
Rathaus, das 131
Ratte, die 310
Raubüberfall, der 271
Räucherfisch, der 71
Rauchmelder, der 39, 272
Rauchverbot, das 111
Raumduft, der 53
Raumklang, der 179
Raumschiff, das 279
Raumstation, die 280
Raupe, die 318
Raureif, der 299
Ravioli, die 87
Reagenzglas, das 152
Real, der 331
Rebound, der 193
Rechen, der 64
rechnen 151
Rechner herunterfahren,
den 175
Rechner hochfahren, den 175
Rechnung, die 137
Rechnung übernehmen,
die 143
rechte Aufschlagfeld, das 195
rechte Flügel, der 191
rechts abbiegen 133
Rechtsabteilung, die 165
Rechtsanwalt, der 160
Rechtswissenschaft, die 156
Referat halten, ein 157
Reflektor, der 116
Reflektorstreifen, der 115
Reflexstreifen, der 272
Regen, der 299
Regenbogen, der 299
Regenhaut®, die 235
Regenjacke, die 28
Regenschirm, der 32
Reggae, der 219
Region, die 284
Regisseur, der 215
Regler, der 54
regnerisch 298
Reh, das 312
Rehabilitation, die 260
Reibe, die 47
reiben 93
reif 81
Reifen, der 109, 116
Reifen wechseln, den 112
Reifendruck, der 111
Reifenfüllgerät, das 111
Reifenpanne, die 112
Reifenprofil, das 108
Reihenhaus, das 38
Reiki, das 264

reinigen 265
Reinigungsmittel, das 57
Reinigungsmittel, die 141
Reis, der 86
Reisebus, der 113
Reiseführer, der 144
Reisende, der 121
Reisepass, der 124
Reisescheck, der 137
Reisetasche, die 32
Reiseziel, das 125
Reiskocher, der 45
Reisnudeln, die 87
Reißverschluss, der 32,
226, 235
Reißzwecke, die 167
Reiterin, die 202
Reitgerte, die 203
Reithelm, der 202
Reithose, die 202
Reitstiefel, der 202
Religionsunterricht, der 150
Renaissance, die 145
Rennmaschine, die 114
Rennpferd, das 203
Rennrad, das 114
Rennrodeln, das 207
Rente gehen, in 21, 169
Rentier, das 312
Reportage, die 180
Reporterin, die 180
Republik, die 284
Republik Kongo, die 292
Reservebank, die 192
Reserverad, das 112
Restaurant, das 134
retten 275
Rettungsboje, die 274
Rettungsboot, das 126,
200, 274
Rettungsdienst, der 268
Rettungseinsatz, der 273
Rettungshubschrauber,
der 273
Rettungshund, der 273
Rettungsring, der 200, 274
Rettungsschlitten, der 273
Rettungsschwimmer, der 274
Rettungstau, das 274
Rettungswagen, der 268
Rezept, das 250
Rezeption, die 134
Rhabarber, der 74
Rheuma, das 253
Rhododendron, der/das 307
rhythmische Sportgymnastik,
die 209
Richterin, die 160
Riemen, der 33
Rigatoni, die 87
Rindfleisch, das 68
Ring, der 32
Ringe, die 155
Ringelblume, die 308
Ringfinger, der 240
Rinnstein, der 104
Rippe, die 243
Rochen, der 317
Rock, der 31, 219

Rocky Mountains, die 283
Rodeo, der/das 203
Rogen, der 317
Roggenmehl, das 87
roh 75, 77
Röhrenglocken, die 216
Röhrenhose, die 31
Rohrzange, die 58
Rokoko, das 145
Rollator, der 254
Rollcontainer, der 52
Rollkoffer, der 125
Rollkragenpullover, der 29
Rollo, das 43
Rollrasen verlegen 65
Rollstuhl, der 254
Rolltreppe, die 121
Roman, der 183
romanisch 145
Römersalat, der 76
Röntgenaufnahme, die 257
Röntgenbild, das 261
Röntgengerät, das 261
Rosa, das 223
Röschen, das 74
Rose, die 307
Rosenkohl, der 76
Rosenquarz, der 304
Rosenschere, die 64
Rosenstrauch, der 308
Roséwein, der 92
Rosine, die 82
Rosmarin, der 83
rösten 93
rostfreie Stahl, der 60
Rösti, die 95
Rot, das 223
Rote Bete, die 75
rote Karte, die 188
rote Linse, die 78
Rote Meer, das 282
rote Zwiebel, die 75
Rote-Augen-Effekt, der 229
Röteln, die 252
roten Johannisbeeren, die 79
rothaarig 23
Rotkehlchen, das 314
Rotkohl, der 76
Rotwein, der 92
Rotweinglas, das 99
Rouge, das 35
Rough, das 198
Router, der 176
Ruanda 292
Rübe, die 75
Rubel, der 331
Rubin, der 304
Rücken, der 239
Rückenlehne, die 52
Rückenmuskel, der 242
Rückfahrscheinwerfer, der 109
Rückgabedatum, das 157
rückgängig machen 175
Rückhand, die 196
Rückleuchte, die 109, 114
Rücklöschtaste, die 172
Rucksack, der 32, 125, 235
Rückspiegel, der 108, 114
rückwärtsfahren 105

Rückwärtsnähtaste, die 224
Rucola, der 76
Ruder, das 200
Rudergerät, das 210
Rufen Sie die Feuerwehr! 275
Rufen Sie die Polizei! 275
Rufen Sie einen Rettungswa-
gen! 275
Rufknopf, der 261
Rugby, das 194
Ruheraum, der 265
Rührei, das 95
Rührschüssel, die 46
Ruine, die 132
Rum, der 92
Rumänien 286
Rumpf, der 122, 126, 200
Rumpfbeuge, die 211
Rupie, die 331
Rüsche, die 30
Russland 286

S
Sachbuch, das 183
Sachliteratur, die 183
säen 65
Safe, der 166
saftig 81
Saftpresse, die 90
Sägeblatt, das 59
sägen 59
Sahara, die 283
Sahne, die 72
Sakko, der/das 29
Salamander, der 316
Salami, die 68
Salat, der 99
Salatsoße, die 85
Salbe, die 262
Salbei, der 83
Salomonen, die 297
Salsa, die 94
Salz, das 85
Salzbrezel, die 96
salzen 93
salzig 97
Salzstreuer, der 85
Sambia 292
Samen, der 78
Samenbläschen, das 246
Samenerguss, der 246
Samenleiter, der 246
Sämling, der 65
Sammelpunkt, der 274
Samoa 297
Samstag, der 329
sämtliche 325
San Marino 286
Sand, der 232
Sandale, die 33
Sandburg, die 233
Sandstein, der 303
Sanduhr, die 46, 175
Sandwich, das 89
Sandwichgrill, der 45
Sängerin, die 163
Sangria, die 92
Sanitäter, der 162, 268
Sanitäterin, die 268

São Tomé und Príncipe   292
Saphir, der   304
Sardine, die   70
Satellit, der   280
Satellitenschüssel, die   179
Sattel, der   116, 202
Sattelgurt, der   202
Sattelschlepper, der   118
Sattelstütze, die   116
Satteltasche, die   117
Sattelzug, der   118
Saturn, der   279
Satz, der   196
Saudi-Arabien   295
sauer   26, 81
Sauerstoffmaske, die   123, 268
Sauerteigbrot, das   88
Säugling, der   249
Säule, die   145
Saum, der   30
Sauna, die   211, 265
Saxofon, das   217
Scanner, der   140, 173
Schabe, die   319
Schach, das   231
Schachbrett, das   231
Schädel, der   243
Schaf, das   312
Schaffnerin, die   121
Schaft, der   195
Schal, der   32
Schale, die   81
schälen   77
schälen   93
Schäler, der   47
Schalotte, die   75
Schalter, der   62, 136
Schalthebel, der   110, 116
Schamgegend, die   238
Schamlippe, die   247
scharf   75
Scharlach, der/das   252
Schaufenster, das   138
Schauspieler, der   180, 215
Schauspielerin, die   163, 215
Scheck ausstellen, einen   136
Scheibe, die   89
Scheibenwischer, der   108
Scheide, die   247
scheiden lassen, sich   21
Scheidung, die   21
Scheinwerfer, der   109, 118
Schellenrassel, die   218
Schenkel, der   69
Schere, die   58, 167, 225
Schichtarbeit, die   159
schick   30
Schiebegriff, der   254
Schiedsrichter, der   188, 196
Schiedsrichterin, die   196
Schiefer, der   303
Schienbein, das   238
Schienbeinschoner, der   190
Schiene, die   120
Schienennetz, das   121
schießen   190
Schiffbruch, der   274
Schilddrüse, die   244

Schilddrüsenkrankheit,
   die   253
Schildkröte, die   316
Schimpanse, der   313
Schinken, der   68, 94
Schirmständer, der   38, 41
Schlafanzug, der   28
Schlafbrille, die   49
Schlafcouch, die   42
Schläfe, die   22
schlafen   51
Schlafkabine, die   118
Schlafsack, der   235
Schlafstörung, die   253
Schlaftablette, die   263
Schlaganfall, der   253
schlagen   93
Schlagfläche, die   197
Schlagholz, das   194
Schlaghose, die   31
Schlagstock, der   270
Schlagwurf, der   191
Schlagzeile, die   182
Schlagzeug, das   218
Schlagzeugstock, der   218
Schlange, die   316
schlank   24
Schleife, die   31
Schleifpapier, das   58
Schleudertrauma, das   255
Schlitten fahren   207
Schlittschuh laufen   207
Schloss, das   132
Schlucht, die   302
Schlüsselbein, das   243
Schlüsselbrett, das   41
Schlüsselkarte, die   134
Schmerzmittel, das   263
Schmetterling, der   318
schmettern   192
schminken, sich   55
schmoren   69
Schmortopf, der   48
Schmuck herstellen   220
Schmutzwäschekorb, der   56
Schnabel, der   314
Schnalle, die   33
Schnaps, der   92
schnarchen   51
Schnecke, die   319
Schneckenpost, die   184
Schnee, der   299
Schnee- oder Eisglätte, die   106
Schneeanzug, der   27
Schneebesen, der   47
Schneefräse, die   118
Schneeglöckchen, das   307
Schneehose, die   28
Schneekette, die   111
Schneemobil, das   273
Schneeschuhwandern,
   das   207
Schneesturm, der   300
Schneidebrett, das   47
schneiden   59, 77, 93, 226
Schneiderei, die   139
Schneiderin, die   163
Schneiderpuppe, die   225
Schneidezahn, der   256

Schnellkochtopf, der   45
Schnittlauch, der   83
Schnittmuster, das   225
Schnittwunde, die   255
Schnitz, der   81
schnitzen   220
Schnorchel, der   201
schnorcheln   233
Schnuller, der   27
Schnupfen, der   252
schnurlose Telefon, das   178
Schnurrbart, der   24
Schnurrhaar, das   310
Schnürschuh, der   33
Schnürsenkel, der   33
Schock, der   269
Schokoladenaufstrich, der   89
Schokoriegel, der   96, 142
Scholle, die   70
schön   24
Schöpfkelle, die   47
Schornstein, der   40, 126
Schote, die   78
schräg gegenüber   133
Schraube, die   58
schrauben   59
Schraubenschlüssel, der   58
Schraubenzieher, der   58
schreiben   151
Schreibtisch, der   51, 52, 166
Schreibtischlampe, die   51, 166
Schreibunterlage, die   166
Schreibwarengeschäft, das   138
Schreiner, der   161
Schriftart, die   175
Schritt, der   203
schrubben   57
Schubkarre, die   64
Schublade, die   44, 51, 166
schüchtern   25
Schuhgeschäft, das   139
Schuhlöffel, der   41
Schulabschlussball, der   21
Schulbuch, das   149
Schulbus, der   113
Schuld, der   271
Schule, die   131
Schüler, der   149
Schüleraustausch, der   151
Schülerin, die   149
Schulfach, das   151
Schulglocke, die   154
Schulheft, das   149
Schulhof, der   154
Schulleiterin, die   148
Schulranzen, der   50
Schultasche, die   149
Schulter, die   238
Schulterblatt, das   239
Schulterpolster, das   31
Schuluniform, die   148
Schuppe, die   71
Schuppen, der   316
Schuppenflechte, die   252
Schürfwunde, die   255
Schürze, die   46
Schüssel, die   100
Schutzblech, das   114, 116
Schutzbrille, die   60, 152

Schutzumschlag, der   183
Schwager, der   16
Schwägerin, die   16
Schwalbe, die   314
Schwamm, der   57
Schwammtuch, das   55
Schwan, der   315
schwanger   248
Schwangerschaft, die   21
Schwangerschaftsabbruch,
   der   247
Schwangerschaftstest,
   der   248
Schwanz, der   310
Schwarz, das   223
Schwarzaugenbohne, die   78
Schwarzbraun, das   223
Schwarzbrot, das   88
schwarze Bohne, die   78
schwarze Brett, das   158
schwarze Feld, das   231
schwarze Loch, das   280
Schwarze Meer, das   282
schwarzen Johannisbeeren,
   die   79
schwarzfahren   121
Schwarztee, der   91
Schweden   287
Schwefel, der   303
Schwein, das   312
Schweinefleisch, das   68
Schweiz, die   287
Schweizer Franken, der   331
schwerbehindert   254
schwerhörig   254
Schwerkraft, die   280
Schwertwal, der   313
Schwester, die   17
Schwiegermutter, die   16
Schwiegersohn, der   16
Schwiegervater, der   16
Schwimmflosse, die   201
Schwimmweste, die   274
Schwindel, der   251
schwingen   199
Science-Fiction-Film, der   227
Scrapbooking, das   220
Scrollbalken, der   175
scrollen   174
Scrollrad, das   172
sechs   322
sechs Uhr   325
sechsfach   325
sechste(r, s)   323
sechzehn   322
sechzehn Uhr   327
sechzehnte(r, s)   323
sechzig   322
sechzigste(r, s)   324
See, der   281, 301
Seebarsch, der   70
Seegang, der   200
Seehund, der   313
Seelöwe, der   313
Seenot geraten, in   274
Seepferdchen, das   317
Seerose, die   307
Seetang, der   233

Seeteufel, der 70
Seewetterbericht, der 274
Seezunge, die 70
Segelboot, das 126
Segler, der 200
Sehne, die 244
Sehnerv, der 258
Sehsinn, der 245
Sehtest, der 258
Seide, die 30, 226
Seife, die 34
Seifenspender, der 53
Seil, das 273
Seilbahn, die 206
sein Studium abschließen 157
seine Stelle kündigen 169
seinen Abschluss machen 148
Seit gestern. 327
Seit wann? 327
Seite, die 183
Seite überfliegen, eine 183
Seitenfenster, das 109
Seitenleitwerk, das 122
Seitenlinie, die 188, 192, 193, 197
Seitenlinie Doppel, die 195
Seitenlinie Einzel, die 195
Seitenlinie für das Doppelspiel, die 196
Seitenlinie für das Einzelspiel, die 196
Seitenschneider, der 59
Seitenschutzleiste, die 109
Seitenspiegel, der 109, 110
Seitenständer, der 114
Seitenstraße, die 130
Seitenwurzel, die 305
Seitenzahl, die 183
Sekretariat, das 164
Sekt, der 92
sekundäre Geschäftsfeld, das 164
Sekunde, die 326
Selbstauslöser-Lichtsignal, das 228
Selbstbedienungskasse, die 140
selbstbewusst 25
selbstständig sein 52
Semester, das 158
Semesterferien, die 158
Seminar, das 157
senden 176, 181
Sendung, die 181
Senegal, (der) 292
Senf, der 85
sensibel 26
September, der 329
Serbien 287
Servierlöffel, der 48
Serviette, die 100
Sessel, der 41, 42, 52
Set, das 180
Seychellen, die 292
Shakehandgriff, der 197
Shampoo, das 34
Sherry, der 92
Shorts, die 31
Sicherheitsanweisung, die 123

Sicherheitsgurt, der 110, 123
Sicherheitskontrolle, die 124
Sicherheitsnadel, die 225
Sicherheitsventil, das 54
Sicherung, die 62
Sicherungskasten, der 62
Sicherungskopie erstellen, eine 174
Sichtverpackung, die 262
Siebdruck, der 222
sieben 87, 93, 322
sieben Uhr 326
siebeneinhalb 324
Siebenmeter, der 191
siebte(r, s) 323
siebzehn 322
siebzehn Uhr 327
siebzehnte(r, s) 323
siebzig 322
siebzigste(r, s) 324
Sieger, der 194
Sierra Leone 292
Silber, das 303
Silvester, der/das 20
Simbabwe 292
SIM-Karte, die 177
Sinfonieorchester, das 216
Singapur 295
Siphon, der 54
Sit-up, der 211
Sitz, der 120, 201
Sitzabstand, der 123
Sitzbein, das 243
Sitzheizung, die 107
Sitznummer, die 123
Sitzplatz, der 123, 214
Sitzplatzreservierung, die 120
Sitzreihe, die 123, 214, 227
Sitzung, die 168
Skalpell, das 152
Skateboardfahren, das 208
Ski, der 206
Skianzug, der 206
Skibrille, die 207
Skifahren, das 207
Skihang, der 206
Skihütte, die 207
Skiläufer, der 206
Skipiste, die 206
Skispringen, das 206
Skistiefel, der 206
Skistock, der 206
Skizze, die 222
Skorpion, der 319
Slalom, der 206
Slip, der 30
Slipeinlage, die 263
Slowakei, die 287
Slowenien 287
Smaragd, der 304
Smaragdgrün, das 223
Smartphone, das 177
Smog, der 299
SMS, die 177
Snackbar, die 227
Snooker, das 209
Snowboard, das 207
Snowboardfahrer, der 207
Snowboarding, das 207

Social Media, die 176
Söckchen, das 27
Socke, die 33
Sofa, das 42
Sofakissen, das 42
Sofortbildkamera, die 228
Softball, der 194
Software, die 177
Sohle, die 33
Sohn, der 16
Sojabohne, die 78
Sojamilch, die 73
Sojasoße, die 85
Sojasprossen, die 78
Solarheizung, die 62
Solarium, das 265
Soldatin, die 161
Solistin, die 216
Somalia 292
Sommer, der 328
Sommerreifen, der 111
Sommersprossen, die 22
Sonate, die 216
Sonderangebot, das 140
Sonne, die 278
sonnen, sich 233
Sonnenaufgang, der 328
Sonnenblume, die 308
Sonnenblumenkerne, die 86
Sonnenbrand, der 233, 255
Sonnenbrille, die 32
Sonnencreme, die 34, 233
Sonnenfinsternis, die 280
sonnengebräunt 24
Sonnenhut, der 27, 32
Sonnenschein, der 299
Sonnenschirm, der 233
Sonnenschutzmittel, das 263
Sonnensystem, das 278
Sonnenterrasse, die 143
Sonnenuntergang, der 232, 328
sonnig 298
Sonntag, der 329
Sorbet, der/das 99
Soul, der 219
Souvenir, das 144
Soziussitz, der 114
Spachtel, der/die 61
Spachtelmasse, die 61
spachteln 61
Spaghetti, die 99
Spaghetti Bolognese, die 98
Spammail, die 176
Spanien 287
Spannung, die 62
Spanplatte, die 60
Spargel, der 74
Sparkonto, das 136
spastische Lähmung, die 254
Spaten, der 64
Spatz, der 314
Specht, der 314
Speck, der 95
Speerfischen, das 205
Speiche, die 116, 243
Speicherkarte, die 229
speichern 174
Speisekarte, die 99

Speiseröhre, die 241
Speisesaal, der 154
Spermium, das 248
Sperrholz, das 60
Spezialitäten, die 100
Spiegel, der 35, 41, 42, 53
Spiegelei, das 95
Spiegelreflexkamera, die 228
Spieler sperren, einen 189
Spielfeld, das 188
Spielkarte, die 230
Spielstand, der 194
Spielzeug, das 50
Spielzeugladen, der 139
Spieß, der 47
Spinat, der 76
Spind, der 154
Spinne, die 319
Spinnennetz, das 319
Spinnerkasten, der 205
Spinning®, das 211
Spirale, die 247
Spitze, die 30, 74, 206
Spitze klöppeln 226
Sport, der 150
Sport-BH, der 30
Sportfest, das 151
Sportplatz, der 148
Sportwagen, der 107
Spray, der/das 262
Sprechanlage, die 38
Sprechstunde, die 250
Sprechzimmer, das 250
Springer, der 231
Springform, die 46
Springreiten, das 203
Springseil, das 155
Spritzbeutel, der 46
Spritze, die 262
Spritze bekommen, eine 251
spritzen 65
Sprossenwand, die 155
Sprühflasche, die 57
Sprung, der 202
Sprungball, der 193
Sprungwurf, der 191
Spülbecken, das 44
Spule, die 204, 224
Spuler, der 224
Spülkasten, der 53, 54
Spüllappen, der 47
Spülmaschine, die 44
Spülmaschine laufen lassen, die 44
Spülmittel, das 57
Spülung, die 34
Squash, das 195
Sri Lanka 295
St. Kitts und Nevis 288
St. Lucia 288
St. Vincent und die Grenadi-nen 289
Staat, der 284
Stäbchen, das 99
stabile Seitenlage, die 268
Stachelbeere, die 79
Stadion, das 188
Stadtbesichtigung, die 144
Stadtmauer, die 145

Stadtplan, der 144
Stadtrundfahrt, die 144
Stall, der 203
Stamm, der 305
stampfen 93
Standstreifen, der 105
Stängel, der 307
Stangensellerie, der/die 74
Start- und Landebahn, die 123
starten 123
Starthilfekabel, das 112
Station, die 259
stationäre Patient, der 259
Stativ, das 153, 228
Stau, der 105, 106
Staub saugen 57
Staubsauger, der 57
Staubwedel, der 57
Stauraum, der 118
Steak, das 68, 98
Steakmesser, das 100
Stechmücke, die 318
Stechpaddel, das 201
Steckdose, die 62
Stecker, der 62
Stecknadel, die 225
Steg, der 233
Steigbügel, der 202
Steingarten, der 63
Steinpilz, der 74
Steinstrand, der 233
Steißbein, das 243
Stellenanzeige, die 159
Stellenmarkt, der 182
stellvertretende Geschäftsführung, die 165
Stemmeisen, das 59
Steppbrett, das 211
sterben 21
Stereoanlage, die 110
steril 269
Stern, der 280
Sternanis, der 84
Sternfrucht, die 80
Sternwarte, die 280
Stethoskop, das 250
Steuerbordseite, die 126
Steuererklärung, die 52
Steuerungstaste, die 172
Stich, der 226
Stichbreitenwähler, der 224
Stichplatte, die 224
Stichsäge, die 59
Stichwähler, der 224
sticken 226
Stiefbruder, der 18
Stiefelette, die 31
Stiefmutter, die 18
Stiefmütterchen, das 308
Stiefschwester, die 18
Stiefvater, der 18
Stiel, der 307
Stier, der 312
Stiftehalter, der 167
stille Mineralwasser, das 90
stillen 249
Stillleben, das 222
Stinktier, das 311
Stinkwanze, die 319

Stipendium, das 158
Stirn, die 22
Stirn runzeln, die 26
Stirnhöhle, die 241
Stirnlampe, die 234
Stirnmuskel, der 242
Stirnriemen, der 202
Stockteller, der 206
Stockwerk, das 40
Stoff, der 225
Stoffwindel, die 27
Stollen, der 190
stolz 25
Stone (= 6,35 kg), das 331
stopfen 226
Stopptaste, die 179
Stoppuhr, die 152
Storch, der 315
Stößel, der 47
Stoßfänger, der 118
Stoßstange, die 108
Strafraum, der 188
Straftat, die 271
Strafzettel, der 105
Strahlung, die 261
Strähnchen, die 23
Strampler, der 27
Strand, der 232
Strandbar, die 233
Stranddüne, die 232
Strandgut, das 233
Strandhäuschen, das 233
Strandkorb, der 232
Strandmuschel, die 233
Strandpromenade, die 232
Strandresort, das 233
Strandtuch, das 232
Straße, die 130
Straßenbahn, die 120
Straßenbeleuchtung, die 130
Straßencafé, das 143
Straßenkehrmaschine, die 118
Straßenkünstler, der 144
Straßenlaterne, die 104, 133
Straßenmarkierung, die 104
Straßenmusiker, der 144
Stratosphäre, die 299
Strauß, der 315
streichen 59
Stretchlimousine, die 107
streuen 93
Strichcode, der 140
stricken 226
Strickjacke, die 31
Strickleiter, die 155
Stricknadel, die 225
Stromanschluss, der 234
Stromkabel, das 173
Stromnetz, das 62
Stromstärke, die 62
Strömung, die 233
Stromzähler, der 62
Strumpf, der 30
Strumpfhose, die 30
Strunk, der 74
Stück Pizza, das 97
Student, der 157
Studentenausweis, der 158
Studentenfutter, das 82

Studentenwohnheim, das 157
Studienabschluss, der 21
Stufenschnitt, der 23
Stuhl, der 43, 51
stumm schalten 179
Stunde, die 326
Stundenplan, der 151
Sturm, der 274, 300
stürmisch 298
Sturzhelm, der 206
stutzen 65
Stutzen, der 190
Styroporflocken, die 185
subtrahieren 325
Suche, die 274
suchen 174
Suchmannschaft, die 275
Sucht, die 253
Südafrika 292
Sudan, der 292
Südhalbkugel, die 284
Südkorea 295
südliche Polarkreis, der 284
südliche Wendekreis, der 284
Sudoku, das 233
Südpol, der 281
Südpolarmeer, das 282
Südsudan, der 292
Suite, die 135
Sultanine, die 82
Supermarkt, der 138
Suppe, die 98, 99
Suppenlöffel, der 100
Surfstick, der 177
Suriname 289
Sushi, das 97
süß 97
Süßigkeiten, die 141
Süßkartoffel, die 75
Süßwasserangeln, das 205
Süßwasserfisch, der 317
Swasiland 292
sympathisch 25
Symptom, das 263
Synagoge, die 132
Syrien 295
Szene, die 180

T
Tabak, der 142
Tablet-Computer, der 177
Tablett, das 46, 143, 154
Tablette, die 262
Tabloidformat, das 182
Tabulatortaste, die 172
Tachometer, der/das 112, 115
Tacker, der 167
Taco, der 97
Tadschikistan 295
Tafel, die 149
Tafelwasser, das 90
Tag, der 329
Tagesdecke, die 49
Tageslicht, das 52
Tagesordnung, die 168
Tageszeitung, die 182
Tagliatelle, die 87
Tai-Chi, das 264
Taille, die 239

tailliert 30
Takelage, die 200
Taktangabe, die 219
Taktstock, der 216
Taktstrich, der 219
Tal, das 301
Talkshow, die 180
Tamburin, das 218
Tampon, der 263
Tandem, das 117
Tankanzeige, die 112
Tankdeckel, der 111, 115
tanken 111
Tankleuchte, die 112
Tankwagen, der 118
Tanne, die 305
Tansania 293
Tante, die 17
Tante-Emma-Laden, der 138
Tänzer, der 163
Tapete entfernen, die 61
Tapetenrolle, die 61
tapezieren 61
Tapeziertisch, der 61
Taschenbuch, das 183
Taschendiebstahl, der 271
Taschenlampe, die 201, 235
Taschenmesser, das 60, 234
Taschenrechner, der 149, 325
Taschentuch, das 55
Taskleiste, die 175
Tasse, die 330
Tastatur, die 172
Tastenfeld, das 136, 178
Tastsinn, der 245
Tatort, der 270
Tatze, die 310
Taube, die 314
Tauchanzug, der 201
Tauchmaske, die 201
Tauchstiefel, der 201
Taufe, die 20
tausend 323
tausendste(r, s) 324
Taxi, das 119
Taxi herbeiwinken, ein 119
Taxifahrer, der 162
Taxistand, der 119
Team, das 164
Teamleiter, der 168
Teamleitung, die 164
technische Zeichnen, das 151
Techno, der/das 219
Teddy, der 50
Tee, das 198
Teebeutel, der 91
Teeblätter, die 91
Teekanne, die 91
Teeküche, die 166
Teelöffel, der 330
Teig, der 87
Teigrad, das 46
Teigschaber, der 48
Teilkreis am Strafraum, der 188
Teilnehmer, der 168, 180
Teilnehmerin, die 180
Teilzeit, die 159
Teint, der 265

Telefonbuch, das 178
Telefonhörer, der 178
Teleprompter®, der 180
Tellerlinse, die 78
Tempel, der 132
Temperatur, die 298
Tennisball, der 155, 196
Tennisschläger, der 196
Teppich, der 49
Teppich knüpfen, einen 226
Teppichboden, der 42, 51
Teppichmesser, das 58
Tequila, der 92
Termin, der 166, 250
Terminal, das 124
Terminkalender, der 166
Termite, die 319
Terrasse, die 40, 63
Territorium, das 284
Terrorangriff, der 275
Tesafilm®, der 167
Textmarker, der 167
Thailand 296
Thanksgiving, das 20
Theater, das 132
Theaterkasse, die 215
Theaterkostüm, das 215
Theaterstück, das 215
Theke, die 143
Therapie, die 264
Thermalquelle, die 302
Thermometer, das 152
Thermoskanne®, die 47
Thermostat, das 54
Thermowäsche, die 235
Thriller, der 227
Thunfisch, der 70
Thymian, der 83
Ticketkontrolle, die 124
Tiebreak, der/das 196
tief schlafen 51
Tiefenmesser, der 201
Tiefgarage, die 133
tiefgefroren 71
Tiefkühlkost, die 141
Tiefseetier, das 317
Tierarzt, der 160
Tierfutter, das 141
Tierhandlung, die 138
Tiger, der 311
Tigerauge, das/der 304
Tigerhai, der 317
Tintenfisch, der 71
Tintenpatrone, die 149, 173
Tintenstrahldrucker, der 173
tippen 174
Tipp-Ex®, das 167
Tisch für zwei Personen,
  der 99
Tischdecke , die 100
Tischdekoration, die 43
Tischläufer, der 43
Tischtennisball, der 197
Tischtennisschläger, der 197
Tischtennistisch, der 197
Titelseite, die 182
Toastbrot, das 88, 95
Toaster, der 45
Tochter, die 16

Tod, der 260
Todesanzeige, die 182
Togo 293
Toilette, die 53
Toilettenartikel, die 135
Toilettenbrille, die 53
Toilettendeckel, der 53
Toilettenpapier, das 53
Toilettenspülung, die 53
tolerant 25
Tollwut, der 252
Tomate, die 77
Tomatensaft, der 92
Tonaufnahme, die 181
Tonerkartusche, die 173
Tonga 293
Tonhöhe, die 216
Tonicwater, das 90
Tonne, die 331
Topas, der 304
Töpfchen, das 50
töpfern 220
Topfhandschuh, der 46
Topfpflanze, die 64
Tor, das 189
Torlinie, die 188
Tornado, der 300
Tornetz, das 190
Torpfosten, der 190
Torraum, der 188, 191
Torraumlinie, die 191
Törtchenform, die 46
Tortellini, die 87
Tortendiagramm, das 168
Tortilla, die 88
Tortilla-Chips, die 97
Torwart, der 189
Torwartgrenzlinie, die 191
Torwarthandschuh, der 190
tot 260
Touchscreen, der 177
Tourenfahrrad, das 117
Tourer, der 115
Touristeninformation, die 144
Trabrennen, das 203
Trabrennsport, der 203
traditionelle chinesische Medi-
  zin , die 264
Trage, die 268
trägerlos 30
Trägertop, das 31
Tragfläche, die 122
Tragödie, die 214
Trainer, der 194
Trainerin, die 194
trainieren 210
Trainingsanzug, der 28
Traktor, der 119
Trampolin, das 155
Transplantation, die 253
traumatisiert 269
träumen 51
traurig 26
Trekkingsandale, die 33
Trekkingstock, der 235
Trennvorhang, der 259
Treppe, die 41, 130
Treppenabsatz, der 41
Treppengeländer, das 41

Treppenhaus, das 39
Treppenstufe, die 41
Tresor, der 135, 137
Triangel, die/der/das 218
Triathlon, das 209
Trichter, der 48
Trieb, der 309
Triebwagen, der 120
Triebwerk, das 122
Trikot, das 190
Trillerpfeife, die 194
Trinidad und Tobago 289
Trinkgeld, das 100
Trittstufe, die 118
Trizeps, der 242
Trompete, die 217
Tropen, die 284
Tropfen, die 262
tropische Wirbelsturm,
  der 300
Troposphäre, die 299
Trüffel, die/der 74
Truthahn, der 315
Tschad, der 293
Tschechien 287
Tschüss! 19
T-Shirt, das 29
Tsunami, der 274, 300
Tuba, die 217
Tuberkulose, die 252
Tubus, der 153
Tukan, der 314
Tulpe, die 308
Tunesien 293
Tunnel, der 104, 106
Türanhänger „Bitte nicht
  stören", der 135
Turbulenzen, die 123
Türgriff, der 109
Türkei, die 296
Türkis, der 304
Türklingel, die 38
Turkmenistan 296
Turm, der 130, 231
Turmalin, der 304
Turnier, das 194
Turnschuh, der 28, 33, 211
Türöffner, der 110
Türschloss, das 38
Türschwelle, die 40
Tusche, die 221
Tuschezeichnung, die 222
Tuvalu 297

U
U-Bahn, die 120
Übelkeit, die 251
überbelichtet 229
Überfall, der 271
Überführung, die 105
Übergepäck, das 125
Überholspur, die 105
Überlauf, der 54
überleben 269
übermorgen 328
überrascht 25
Überschwemmung, die 300
Überstunde, die 52
Überwachungskamera, die 275

Überweisung, die 250
Überweisungsschein, der 137
U-Boot, das 127
Übung, die 151
Uganda 293
Uhr, die 32
Ukraine, die 287
Ulme, die 305
Ultraschallaufnahme, die 248
Ultraschalluntersuchung,
  die 248
um eine Stelle bewerben,
  sich 159
Um sieben Uhr. 326
Um wie viel Uhr? 326
umarmen , sich 19
Umbau, der 38
umgraben 65
Umkleidekabine, die 211
Umlaufbahn, die 280
umschalten 179
Umschalttaste, die 172
Umstandsmode, die 30
umsteigen 121
umziehen 21
Unentschieden, das 190
UNESCO, die 297
Unfall, der 268
Unfallopfer, das 268
Unfallort, der 268
unfruchtbar 247
Ungarn 287
ungeduldig 26
Uniform, die 270
Universität, die 131
Universum, das 280
Unkraut, das 309
Unkraut jäten 65
Unkrautvernichter, der 65
unscharf 229
unsympathisch 26
unter Schock stehen 269
Unterarm, der 239
unterbelichtet 229
Unterfangkescher, der 204
Unterführung, die 105
Unterhose, die 29
Unterkiefer, der 22, 241
Unterlage, die 52
Unternehmensberaterin,
  die 160
Unterschenkel, der 238
Untersetzer, der 48
Untersuchungsliege, die 250
Unze, die 330, 331
Uranus, der 279
Urknall, der 280
Uruguay 289
Usbekistan 296
USB-Schnittstelle, die 172
USB-Stick, der 173
UV-Strahlen, die 299

V
Valentinstag, der 20
Vanuatu 297
Varieté, das 214
Vater, der 17
Vatertag, der 20

vegan 101
vegetarisch 101
Vene, die 245
Venezuela 289
Ventilator, der 42, 109
Venus, die 278
Venusmuschel, die 71
verabschieden, sich 19
Verandatür, die 52
verängstigt 26
verärgert 26
Verband, der 269
Verbandschere, die 269
Verbandszeug, das 269
verbeugen, sich 19
verbleit 111
Verbrecher, der 270
Verbrecherin, die 270
Verbrennung, die 255
Verdächtige, der/die 270
Verdauungssystem, das 245
verdienen 169
Verdünnungsmittel, das 61
Vereinigte Königreich, das 287
Vereinigten Arabischen Emirate, die 296
Vereinigten Staaten, die 289
Vereinten Nationen (UN), die 297
vereist 298
Verfallsdatum, das 263
Vergewaltigung, die 271
Vergiftung, die 255
Vergrößerung, die 229
verheiratet 17
Verkäufer, der 162
Verkehrsflugzeug, das 122
Verkehrsnachrichten, die 181
Verkehrspolizist, der 105
Verkehrsunfall, der 112
verlängern 157
Verlängerung, die 190
Verlängerungskabel, das 62
verlegen 25
Verletzte, der 275
Verletzung, die 275
verlieben, sich 21
verliebt 25
verlieren 231
Verlierer, der 194
verloben, sich 21
verlobt 17
vermehren 65
vermieten 39
Vermieter, der 39
Vermieterin, die 39
Vermisste, der/die 274, 275
Verpackung, die 44
verputzen 61
verrühren 87
versandkostenfrei 185
Verschlüsselung, die 176
verschneit 298
Versiegelungsmittel, das 61
Verspätung, die 121
Verstauchung, die 255
Versuch, der 152
Vertäuung, die 127
Verteidigung, die 189

Verteidigungszone, die 192
Vertrag, der 168
Vertretung, die 169
Vertrieb, der 165
Vertriebsleitung, die 165
verwandt 17
Verwandte, der/die 17
Verwarnung, die 191
verwelken 307, 309
verwirrt 25
verwitwet 17
verzweifelt 26
Videospiel, das 179
viele 325
vielfach 325
vier 322
vier Uhr 326
vierfach 325
viermal 325
vierte(r, s) 323
Viertel nach neun 327
Viertel vor zwölf 327
Viertel, ein 324
viertürig 107
vierzehn 322
vierzehn Uhr 327
vierzehnte(r, s) 323
vierzig 322
vierzigste(r, s) 324
Vietnam 296
Violett, das 223
Violinschlüssel, der 219
Virus, das 251
Visier, das 115, 272
Visitenkarte, die 169
Visum, das 125
Vitamintablette, die 262
Vitrine, die 42, 43
Vögel beobachten 220
Volleyball, der 155
volljährig werden 21
Vollkornbrot, das 88
Vollkornmehl, das 87
Vollmilch, die 73
Vollmond, der 278
Vollnarkose, die 260
Vollpension, die 135
Vollzeit, die 159
Volontariat, das 158
Volt, das 62
von Bord gehen 127
von zu Hause arbeiten 52
vor Nässe schützen 185
Vor zehn Minuten. 327
Voraufführung, die 227
vorbestellen 157
vordere Aufschlaglinie, die 195
vordere Backenzahn, der 256
vordere Schienbeinmuskel, der 242
Vorderrad, das 116
Vordersteven, der 201
Vorderzwiesel, der 202
Vorfahre, der 17
Vorfahrt, die 105
Vorfahrt gewähren! 106
vorgestern 328
Vorhand, die 196
Vorhang, der 42, 214

Vorhaut, die 246
Vorlesung, die 157
vorletzte(r, s) 324
Vorschule, die 148
Vorspann, der 182
Vorspeise, die 99
vorspulen 179
Vorstadt, die 130
Vorstand, der 165
Vorzeichen, das 219
Vulkan, der 302
Vulkanausbruch, der 300

W
Waage, die 185
wach sein 51
Wachsenthaarung, die 265
Wachsmalstift, der 221
Wachtel, die 69, 315
Wachtelei, das 72
Wachtelfleisch, das 69
Wachturm, der 274
Wade, die 239
Wadenmuskel, der 242
Waffel, die 95
Waffeleisen, das 45
Wagenheber, der 111
Waggon, der 120
wählen 178
Währung, die 137
Währungsumtausch, der 125
Wahrzeichen, das 145
Wald, der 301
Waldbrand, der 300
Waldhonig, der 79
Walnuss, die 82
Walross, das 313
Wandern, das 208
Wanderschuh, der 235
Wanderstiefel, der 33
Wandmalerei, die 222
Wanduhr, die 43
Wange, die 22
Wann? 327
Ware, die 140
Warenregal, das 140
Warentransportband, das 140
warm 298
Wärmflasche, die 49
Warmwasserablauf, der 54
Warnblinkschalter, der 110
Wartehäuschen, das 113
Warteraum, der 261
Warteschlange, die 144
Wartezimmer, das 250
Was kostet das Zimmer, bitte? 134
Waschbär, der 311
Waschbecken, das 53, 54
Waschbeckenunterschrank, der 53
Wäsche schleudern, die 56
Wäsche waschen, die 56
Wäsche zum Trocknen aufhängen, die 56
Wäscheklammer, die 56
Wäschekorb, der 56
Wäscheleine, die 56
waschen, sich 55

Wäscheständer, der 56
Wäschetrockner, der 56
Waschlappen, der 55
Waschmaschine, die 56
Waschmaschine füllen, die 56
Waschmittelkammer, die 56
Waschpulver, das 56
Wasser, das 90
Wasserball, der 232
Wasserfall, der 301
Wasserfarbe, die 221
Wasserglas, das 100
Wasserhahn, der 53
Wasserhindernis, das 198
Wasserkanister, der 235
Wasserkocher, der 45
Wasserläufer, der 319
Wassermelone, die 81
Wasserspender, der 166
Wasserwaage, die 58
Watstiefel, der 204
Watt, das 62
Wattepad, das 55
Wattestäbchen, das 55
wattieren 226
WC-Reiniger, der 57
Webcam, die 173
weben 226
Wechselkurs, der 137
Wechselstube, die 137
wechselwarme Tier, das 316
Weckanruf, der 135
Wecker, der 49
Wecker stellen, den 49
Wedge, der 199
Wegweiser, der 121
Wegwerfwindel, die 27
Wehen, die 248
weibliche Fortpflanzungssystem, das 245
weiblichen Geschlechtsorgane, die 247
Weichspüler, der 56
Weide, die 305
Weihnachten, das 20
Weinbrand, der 92
weinen 19
Weinglas, das 100
Weinhandlung, die 138
Weinkühler, der 143
Weinschorle, die 92
Weintraube, die 79
Weisheitszahn, der 256
Weiß, das 223
Weißbrot, das 88
weiße Feld, das 231
Weiße Hai, der 317
weiße Schokolade, die 96
Weißkohl, der 76
Weißrussland 287
Weißwein, der 92
weit 28
weiterführende Schule, die 148
weitsichtig 258
Weizen, der 86
Weizenkeime, die 94
Weizenmehl, das 87
Welches Datum haben wir heute? 328

Wels, der 317
Weltmeister, der 194
Wendeltreppe, die 39
wenden verboten 106
wenige 325
Wer ist dran? 231
Werbeprospekt, der 182
Werbespot, der 181
werfen 193
Werkbank, die 60
Werkunterricht, der 150
Werkzeugkasten, der 60
Wertpapier, das 137
Wesakfest, das 20
Wespe, die 318
Weste, die 29
Western, der 227
westliche Hemisphäre, die 284
Wetterbedingungen, die 274
Wetterbericht, der 181
Wettervorhersage, die 298
Whisky, der 92
Wickelauflage, die 50
Wickeltasche, die 50
Wickeltisch, der 50
Widerhaken, der 204
Wie heißen Sie? 19
Wie heißt du? 19
Wie ist das Wetter? 298
Wie ist der aktuelle Wechsel-
kurs? 137
Wie viel Uhr ist es? 326
wieder gesund werden 261
wieder zu Bewusstsein kom-
men 261
Wiederbelebung, die 268
wiederherstellen 175
Wiese, die 302
Wildreis, der 86
Wimper, die 22
Wimperntusche, die 35
Wimpernzange, die 35
Wind, der 200, 299
Windgeschwindigkeit, die 299
windig 298
Windpocken, die 252
Windsack, der 122
Windschutzscheibe, die 108,
118
Winkelmesser, der 149
winken 19
Winter, der 328
Winter-Fünfkampf, der 207
Wintermantel, der 28
Winterreifen, der 111
Wirbel ausrenken, sich
einen 255
Wirbelsäule, die 243
Wirbelsturm, der 300
Wirsing, der 76
Wirtschaftsprüfer, der 160
wischen 177
Wischmopp, der 57
Wissenschaftler, der 163
WLAN, das 176
Wo sind bitte die Toilet-
ten? 143
Wobbler, der 205
Woche, die 329

Wochenende, das 329
Wochentag, der 329
Wochenzeitung, die 182
Wodka, der 92
Wohnblock, der 130
Wohngebiet, das 131
Wohnmobil, das 119, 234
Wohnungstür, die 41
Wohnwagen, der 119, 234
Wok, der 48
Wolf, der 311
Wolkenkratzer, der 132
wolkig 298
Wolle, die 225
Wörterbuch, das 149
Wrap, der 97
Wunde, die 255
Wundstarrkrampf, der 252
Würfel, der 231
würfeln 231
Wurm, der 319
Wurmfortsatz, der 244
Wurst, die 68, 95
Wurzel, die 75, 305
Wurzelbehandlung, die 257
Wurzelbürste, die 57
würzen 85
Wüste, die 302
wütend 26

X
Xylophon, das 216

Y
Yard, das 330
Yen, der 331
Yoga, das 264
Yuan, der 331

Z
zählen 151
Zahn, der 22, 257
Zahn ziehen, einen 257
Zahnarzt, der 160, 256
Zahnarztbesteck, das 256
Zahnarzthelferin, die 256
Zahnarztstuhl, der 256
Zahnbelag, der 257
Zahnbürste, die 55
Zähne putzen, sich die 55
Zahnfleisch, das 257
Zahnfüllung, die 257
Zahnpasta, die 34
Zahnprothese, die 257
Zahnrad, das 116
Zahnschmelz, der 257
Zahnschmerzen, die 251
Zahnseide, die 55
Zahnspange, die 24, 257
Zahnstocher, der 100
Zahnwurzel, die 257
Zander, der 70
Zäpfchen, das 262
Zapfhahn, der 143
Zapfpistole, die 111
Zapfsäule, die 111
Zapfschlauch, der 111
zappen 179
Zartbitterschokolade, die 96

Zauberkünstler, der 214
Zaumzeug, das 202
Zebra, das 312
Zebrastreifen, der 104
Zecke, die 319
Zehennagel, der 240
zehn 322
zehn Uhr 326
zehnmillionste(r, s) 324
zehntausend 323
zehntausendste(r, s) 324
zehnte(r, s) 323
Zeichendreieck, das 149
Zeichenkohle, die 221
Zeichentrickfilm, der 227
zeichnen 151
Zeigefinger, der 240
Zeitarbeit, die 159
Zeitnehmer, der 191
Zeitschrift, die 142
Zeitschriftenregal, das 142
Zeitstrafe, die 191
Zeitung, die 142, 182
Zeitungsspalte, die 182
Zelt, das 234
Zelt aufschlagen, ein 235
Zeltboden, der 235
Zelteingang, der 235
Zeltplatz, der 234
Zeltstange, die 235
Zentimeter, der/das 330
Zentralafrikanische Republik,
die 293
Zentralheizung, die 62
zerbrechlich 185
zerstoßen 85, 93
Zeuge, der 270
Zeugin, die 270
Zeugnis, das 151
Ziege, die 312
Ziegenkäse, der 72
Ziegenmilch, die 73
zielen 193
Ziffer, die 325
Zigarette, die 142
Zigarettenanzünder, der 110
Zigarre, die 142
Zikade, die 318
Zimmer aufräumen, das 51
Zimmer mit Bad, das 49
Zimmer mit Frühstück, das 135
Zimmermädchen, das 135
Zimmernummer, die 135
Zimmerpflanze, die 43, 52
Zimmerservice, der 135
Zimtrinde, die 84
Zinssatz, der 136
Zirkeltraining, das 211
zischen 316
Zitrone, die 81
Zitronenaufstrich, der 89
Zitronenmelisse, die 83
Zoll, der 124, 330
Zone, die 284
Zoom, der/das 228
Zopf, der 23
zu verkaufen 38
Zucchini, die 77
züchten 65

Zucker, der 101
Zuckererbse, die 78
zuckerfrei 101
Zuckermelone, die 81
Zug, der 120, 231
Zügel, der 202
Zuleitung, die 54
Zum Wohl! 100
Zündung, die 107
zunehmende Mond, der 278
Zunge, die 241
zurückschneiden 65
zurückspulen 179
zusammengelegte Wäsche,
die 56
Zuschauer, die 188
Zuschauertribüne, die 188
Zustellbett, das 135
Zustellung, die 185
zwanzig 322
zwanzig Uhr 327
zwanzig vor sieben 327
zwanzigste(r, s) 323
zwanzigtausend 323
zwei 322
zwei Fünftel 324
zwei Siebenhtel 324
zwei Uhr 326
Zweibettzimmer, das 134
zweieiigen Zwillinge, die 249
zweifach 325
Zweigstelle, die 164
zweihunderterste(r, s) 324
zweihundertfünfund-
zwanzigste(r, s) 324
zweihundert-
zweiundzwanzig 323
zweijährig 309
zweimal 325
zweite Klasse, die 120
zweite Rang, der 214
zweite(r, s) 323
zweitürig 107
zweiundzwanzig 322
zweiundzwanzig Uhr 327
zweiundzwanzigste(r, s) 323
Zwerchfell, das 244
Zwetschge, die 79
Zwiebel, die 75
Zwillinge, die 18
Zwischenlandung, die 125
zwitschern 314
zwölf 322
zwölf Uhr mittags 326
Zwölffingerdarm, der 244
zwölfte(r, s) 323
Zypern 287

IN DEUTSCH-LAND

A
Abendbrot, das   338
Abendschule, die   343
Adventskalender, der   334
Adventskranz, der   334
Agentur für Arbeit, die   344
Alm, die   339
Aprilscherz, der   335
ARD, die   343
Aufenthaltserlaubnis, die   344

B
Backsteinhaus, das   340
Baggersee, der   342
Bahncard, die   343
bar bezahlen   341
Beamte/Beamtin, der/die   345
Bergkäse, der   338
Berliner Mauer, die   340
Bescheinigung, die   344
Besen, der   341
Besenwirtschaft, die   339
Biergarten, der   338
Bierzelt, das   334
Bircher Müsli, das   336
Bleigießen, das   335
Bodensee, der   339
Bollenhut, der   339
Brandenburger Tor, das   340
Bratwurst, die   336
Brezel   336
Brotzeit, die   338
Bundesadler, der   345
Bundeskanzlerin, die   345
Bundesland, das   345
Bundesliga, die   342
Bundestag, der   345
Bundeswehr, die   345

C
Christstollen, der   335
Currywurst, die   336

D
Dampfnudel, die   337
Deich, der   340
Dirndl, das   334

E
Edelweiß, das   341
Eierlikör, der   338

ein abgelehnter Antrag   345
Einbürgerung, die   344
einen Antrag stellen   345
Einwohnermeldeamt, das   344
Elbphilharmonie, die   340
Enzian, der   341
Erdnussflips, die   336
Erntedankfest, das   334
Erstklässlerin, die   343

F
Fachwerkhaus, das   340
Fanmeile, die   342
Faschingsumzug, der   335
Finanzamt, das   344
Fleischsalat, der   337
Formular, das   344
Frauenkirche, die   340
Freibad, das   342
Freiwillige Soziale Jahr,
   das   343

G
Gämse, die   341
Gelbe Sack, der   341
Gesetz, das   345
Goethe-Institut, das   343
Grundgesetz, das   345
Grünkohl mit Pinkel, der   336
Grüß Gott   335

H
Hamburger Hafen, der   340
Häppchen, das   336
Harzer Käse, der   338
Hefezopf, der   337
Hirsch, der   341

I
ICE, der   342
Integrationskurs, der   343

J
jemanden duzen   335
jemanden siezen   335
Jugendamt, das   344

K
Kaffee und Kuchen, der   337
Karnevalsumzug, der   335
Kartoffelkloß, der   337
Kartoffelsalat, der   337
Kehrwoche, die   341
Kita (Kindertagesstätte),
   die   343
Kneipe, die   338

Kölner Dom, der   340
Kornblume, die   341
Krankenkasse, die   344
Kuckucksuhr, die   339

L
Labskaus, das   336
Lachsbrötchen, das   336
Ladenöffnungszeiten, die   341
Leberkäsbrötchen, das   336
Leberwurst, die   338
Lebkuchenherz, das   334
Lederhose, die   334
Loreley, die   340

M
Maibaum, der   334
Martinsgans, die   334
Maß Bier, die   334
Matjes, der   337
Maultasche, die   337
Mettbrötchen, das   336
moin moin   335

N
Nachmittagsbetreuung,
   die   343
Nationalmannschaft, die   342
Nikolaus, der   335

O
Oktoberfest, das   334

P
Pumpernickel, der   338

R
Reetdach, das   340
Regionalzug, der   342
Reisepass, der   344
Rollmops, der   337
Rosenmontag, der   335
rote Wurst, die   336
Ruhrgebiet, das   340
Rundfunkbeitrag, der   343

S
Saiten-/Wiener Würstchen,
   das   336
Salzstangen, die   336
Sauerbraten, der   336
Sauerkraut, das   337
saure Gurke, die   338
Schlagersänger, der   342
Schloss Neuschwanstein,
   das   339

Schnaps/Absacker, der   338
Schokokuss, der   337
Schrebergarten, der   342
Schullandheim, das   343
Schultüte, die   343
Schupfnudeln, die   337
Schwäbische Alb, die   339
Schwarzwald, der   339
Schweinshaxe, die   334
Seepferdchen, das   343
Semmelkloß, der   337
Skat, der   342
Sonntags geschlossen   341
Sozialamt, das   344
Spätzle, die   337
Sperrmüll, der   341
Stammtisch, der   339
Standesamt, das   344
Stempel, der   344
süße Senf, der   336

T
Tag der Deutschen Einheit,
   der   345
Tanz in den Mai, der   335
Teewurst, die   338
Tempo-30-Zone, die   342
Tracht, die   334

V
Versicherungskarte, die   344
Vesper, das   337
Volkfest, das   334
Volkshochschule, die   343
Volksmusik, die   342

W
Wahl, die   345
Weihnachtsmarkt, der   334
Weißwurst, die   336
Wiedervereinigung, die   345
Wildschwein, das   341

Z
„Zahlen Sie getrennt oder
   zusammen?" „Getrennt,
   bitte."   339
ZDF, das   343
Zwieback, der   337

BILDNACHWEIS

14 */CsabaPeterdi, 16 */AlexanderRaths, 16 */JeanetteDietl, 16 */Forgiss, 16 */paulmz, 16 */fotodesign-jegg.de, 16 */mimagephotos, 16 */SydaProductions, 16 */iko, 16 */JeanetteDietl, 16 */drubig-photo, 16 */oocoskun, 17 */damato, 17 */vbaleha, 17 */Rido, 17 */LjupcoSmokovski, 17 */JeanetteDietl, 17 */JaninaDierks, 17 */ValuaVitaly, 17 */Rido, 17 */AndresRodriguez, 17 */SydaProductions, 17 */ValuaVitaly, 18 */DmitryLobanov, 18 */SamuelBorges, 18 */DenisNata, 18 */PavelLosevsky, 18 */GabrielBlaj, 18 */WONGSZEFEI, 18 */vgstudio, 18 */Picture-Factory, 18 */Ariwasabi, 19 */endostock, 19 */mma23, 19 */JasminMerdan, 19 */TomWang, 19 */MichaelGray, 19 */JanMika, 19 */BeTa-Artworks, 19 */michaeljung, 19 */Savannah1969, 19 */patpitchaya, 19 */Sabphoto, 19 */CelloArmstrong, 19 */eyetronic, 20 */DaniloRizzuti, 20 */RuthBlack, 20 */Smileus, 20 */chesterF, 20 iStockphoto/CatherineYeulet, 20 */DenisNata, 20 */MelindaNagy, 20 */Kaarsten, 20 */MISHELA, 20 */Eray, 20 */Unclesam, 20 */satin_111, 20 */MichaelFritzen, 21 */yanlev, 21 */BeTa-Artworks, 21 */MargitPower, 21 */BrendaCarson, 21 */AfricaStudio, 21 */PiotrMarcinski, 21 */Fotowerk, 21 */AVRORA, 21 */stockyimages, 21 */TylerOlson, 21 */ExQuisine, 21 */GlendaPowers, 21 Thinkstock/iStockphoto, 22 */ValuaVitaly, 22 */codiarts, 23 */JaimieDuplass, 23 */krimar, 23 */magann, 23 */StefanBalk, 23 */KaponiaAliaksei, 23 */koji6aca, 23 */yuriyzhuravov, 23 */yuriyzhuravov, 23 */ErmolaevAlexandr, 23 */V.R.Murralinath, 23 */badmanproduction, 23 */AntonZabielskyi, 23 */auremar, 23 */koji6aca, 24 */mimagephotos, 24 */Tiler84, 24 */velazquez, 24 */giorgiomtb, 24 */apops, 24 */dusk, 24 */KnutWiarda, 24 */stokkete, 24 */Taiga, 24 */Taiga, 24 */Taiga, 24 */Taiga, 25 */KarrambaProduction, 25 */RobertKneschke, 25 */cantorpannatto, 25 */Garrincha, 25 */Picture-Factory, 25 */bevangoldswain, 25 */WavebreakMediaMicro, 25 */Rido, 25 */MinervaStudio, 25 */cantorpannatto, 25 */Fotowerk, 25 */Fotowerk, 26 */Gelpi, 26 */stockyimages, 26 */WavebreakmediaMicro, 26 */pathdoc, 26 */llike, 26 */pathdoc, 26 */AndresRodriguez, 26 */Garrincha, 26 */cantorpannatto, 26 */pressmaster, 26 */vladimirfloyd, 26 */Elnur, 26 */KlausEppele, 27 */boumenjapet, 27 */VeraAnistratenko, 27 */carol_anne, 27 */AndreyArmyagov, 27 Thinkstock/NikolayK, 27 */srdjan111, 27 */ZbyszekNowak, 27 */PamelaUyttendaele, 27 */MichaelaPucher, 27 */KatrinaBrown, 28 */ghoststone, 28 */nito, 28 */zhekos, 28 */chiyacat, 28 */AlexandraKaramyshev, 28 */BEAUTYofLIFE, 28 */LuckyDragon, 29 */KarrambaProduction, 29 */BEAUTYofLIFE, 29 */Khvost, 29 */Elnur, 29 */PopovaOlga, 29 */ArtemGorohov, 29 */Elnur, 29 */RuslanKudrin, 29 */GordanaSermek, 29 */AlexandraKaramyshev, 30 */alaterphotog, 30 */Elnur, 30 */Elnur, 30 */RuslanKudrin, 30 */AlexandraKaramyshev, 30 */AlexandraKaramyshev, 30 */OliverPreißner, 30 */RobertLehmann, 30 */AlexandraKaramyshev, 31 */mimagephotos, 31 */AlexandraKaramyshev, 31 */AlexandraKaramyshev, 31 */ludmilafoto, 31 */okinawakasawa, 31 Thinkstock/AlexandruChiriac, 31 */cedrov, 31 */Khvost, 31 */hifashion, 31 */AlexandraKaramyshev, 31 */AlexandraKaramyshev, 32 */Little_wine_fly, 32 */JiriHera, 32 */rangizzz, 32 */JiriHera, 32 */AndrewBuckin, 32 Thinkstock/DannyChan, 32 */ArtemMerzlenko, 32 */Cobalt, 32 */fotomatrix, 32 */Rozaliya, 32 */adisa, 32 */KiraNova, 32 */ShariffChe'Lah, 32 */venusangel, 32 */Unclesam, 32 */srki66, 33 */adisa, 33 */adisa, 33 */lalouetto, 33 */PRILLMediendesign, 33 */AfricaStudio, 33 */adisa, 33 */AndreyBandurenko, 33 */Nadinelle, 33 */design56, 33 */SergeyRusakov, 33 */JiriHera, 33 */gemenacom, 33 */AndrePlath, 33 */AlexanderRaths, 33 */Liaurinko, 33 */thaikrit, 33 */humbak, 34 */wiedzma, 34 */kontur-vid, 34 */Tharakorn, 34 */picsfive, 34 */pattarastock, 34 */NilsZ, 34 */picsfive, 34 */picsfive, 34 */ksena32, 34 */cristi180884, 34 */bpstocks, 34 */nito, 34 */Tarzhanova, 34 */bpstocks, 34 */terex, 34 */ibphoto, 35 */GennadiyPoznyakov, 36 */stockone, 38 */JSB, 38 */stocker1970, 38 */photo5000, 38 */TiberiusGracchus, 38 */RalfGosch, 38 */visivasnc, 38 */LasseKristensen, 38 */Speedfighter, 38 */Bokicbo, 38 */typomaniac, 38 */O.M., 38 */designsstock, 38 */Tatty, 39 */Kurhan, 39 */selensergen, 39 */BrilliantEagle, 39 */IranaShiyan, 39 */terex, 39 */Sashkin, 39 */bcdesign, 39 */pyzata, 39 */ThomasAumann, 39 */TiberiusGracchus, 39 */IgorKovalchuk, 39 */MaksymYemelyanov, 39 */pabijan, 40 */MagdaFischer, 41 */KasiaBialasiewicz, 41 */bennnn, 41 */BertFolsom, 41 */AleksandarJocic, 41 */yevgenromanenko, 41 */AleksandrUgorenkov, 42 */IranaShiyan, 42 */luchshen, 42 */sokrub, 42 */sokrub, 42 */okinawakasawa, 43 */pics721, 43 */Delphimages, 43 */arteferretto, 43 */KitchBain, 43 */ChrisBrignell, 44 */stock_for_free, 44 */kornienko, 45 */mrgarry, 45 */mariocigic, 45 Thinkstock/Hemera, 45 */AlexanderMorozov, 45 */DenisGladkiy, 45 */SergiiMoscaliuk, 45 */sutsaiy, 45 */sutsaiy, 45 */okinawakasawa, 45 */AlexanderMorozov, 45 */venusangel, 45 */bergamont, 45 */AlexanderMorozov, 45 */sutsaiy, 45 */manipulateur, 45 */kmiragaya, 46 */fotyma, 46 */DenisaV, 46 */jonnysek, 46 */KitchBain, 46 */pholien, 46 */AlonaDudaieva, 46 */M.R.Swadzba, 46 Thinkstock/iStockphoto, 46 */bennyartist, 46 */NikolaBilic, 46 */cretolamna, 46 */IgorSyrbu, 46 */PiotrPawinski, 47 */cretolamna, 47 */HaraldBiebel, 47 */gavran333, 47 */M.R.Swadzba, 47 */IrisArt, 47 */DianaTaliun, 47 */cretolamna, 47 */MS, 47 */nito, 47 */BombaertPatrick, 47 */scol22, 47 */cretolamna, 47 */picsfive, 48 */SunshinePics, 48 */VRD, 48 */petrsalinger, 48 */cretolamna, 48 */gavran333, 48 */UweLandgraf, 48 */nito, 48 */Schwoab, 48 */cretolamna, 48 */StefanBalk, 48 */karandaev, 48 */LuckyDragon, 48 */PhotoSG, 49 */2mmedia, 50 */AndresRodriguez, 50 */simmittorok, 50 */LiliiaRudchenko, 50 */venusangel, 50 */LjupcoSmokovski, 50 Thinkstock/Stockbyte, 50 */Xuejunli, 50 */LjupcoSmokovski, 50 */Coprid, 50 */Yingko, 51 */poligonchik, 52 */arsdigital, 53 */adpePhoto, 53 */AfricaStudio, 53 */Tiler84, 53 */NilsZ, 53 */AfricaStudio, 53 */Coprid, 54 */magraphics.eu, 54 */sommersby, 54 */ermess, 54 */AndG, 55 */ILYAAKINSHIN, 55 */Lusoimages, 55 */HamsterMan, 55 */jlcst, 55 */Foto-Ruhrgebiet, 55 */DmytroAkulov, 55 */picsfive, 55 */ibphoto, 55 */JonathanStutz, 55 */Jackin, 55 */ganko, 55 */artmim, 55 */KlausEppele, 56 */Sashkin, 56 */Creatix, 56 */AndrejaDonko, 56 */KatrinaBrown, 56 */LjupcoSmokovski, 57 */Okea, 58 */kmit, 58 */luckylight, 58 */tuja66, 58 */tuja66, 58 */corund, 58 */tuja66, 58 */RynioProductions, 58 */mick20, 58 */DenisDryashkin, 58 */tuja66, 58 */claudio, 58 */CEPhotography, 58 */tuja66, 58 */БурдюковАндрей, 58 */vav63, 59 */RynioProductions, 59 */RynioProductions, 59 */RynioProductions, 59 */PRILLMediendesign, 59 */fefufoto, 59 */antonsov85, 60 */andersphoto, 60 */scis65, 60 */venusangel, 60 */Coprid, 60 */f9photos, 60 */tuja66, 60 */KonovalovPavel, 60 */Freer, 60 */Nik, 60 */chungking, 60 */mariuszszczygiel, 61 */auremar, 61 */AfricaStudio, 61 */ankiro, 61 */IonescuBogdan, 61 */piai, 61 */DenysRudyi, 62 */Nomad_Soul, 62 */gradt, 62 */twister025, 62 */egorovvasily, 62 */womue, 62 Thinkstock/iStockphoto, 62 Thinkstock/iStockphoto, 62 */cherezoff, 62 */by-studio, 63 */coco, 63

*/D.Ott, 63 */D.Ott, 63 */federicofoto, 63 */babsi_w, 63 */StibatStudio, 63 */Kara, 63 */JeanetteDietl, 63 */sonnefleckl, 63 */keller, 63 */miket, 63 */WoGi, 63 */M.Schuppich, 63 */MarcoBecker, 63 */kobra78, 63 */KalleKolodziej, 64 */mallivan, 64 */ZbyszekNowak, 64 */opasstudio, 64 */hsagencia, 64 */photka, 64 */photka, 64 */photka, 64 */photka, 64 */GeraldBernard, 64 */JaimieDuplass, 64 */steamroller, 64 */tompet80, 64 */schankz, 64 */keerati, 65 */hopfi23, 65 */AlexPetelin, 65 */Patryssia, 65 */D.Ott, 65 */Horticulture, 65 */KasiaBialasiewicz, 65 */mopsgrafik, 65 */B.Wylezich, 65 */fotoschab, 65 */Miredi, 65 */udra11, 65 */NinaMalyna, 65 */rupbilder, 66 */mates, 68 */unpict, 68 */Teamarbeit, 68 */ChristianJung, 68 Dreamstime/Christianjung, 68 */HLPhoto, 68 */ExQuisine, 68 */rdnzl, 68 */uckyo, 68 */ExQuisine, 68 */lefebvre_jonathan, 68 */Cornerman, 68 */MaraZemgaliete, 68 iStockphoto/Vasko, 68 */DianaTaliun, 68 Thinkstock/AlenaDvorakova, 68 Shutterstock/marcomayer, 69 */ExQuisine, 69 */ExQuisine, 69 */fotomaster, 69 */EricIsselée, 69 */boguslaw, 69 */EricIsselée, 69 */nito, 69 */IrinaKhomenko, 69 */Viktor, 69 */OranTantapakul, 69 */lightpoet, 70 */RémyMASSEGLIA, 70 */NataliaMerzlyakova, 70 Dreamstime/Witoldkr1, 70 */Picture-Partners, 70 */antonioscarpi, 70 */GaetanSoupa, 70 */o.meerson, 70 */ExQuisine, 70 Dreamstime/Pipa100, 70 */lunamarina, 70 */HelleM, 70 */Dalmatin.o, 70 */WitoldKrasowski, 70 */AndreiNekrassov, 70 */Dionisvera, 70 */Dionisvera, 71 */angorius, 71 */DaniVincek, 71 */felinda, 71 */AndreyStarostin, 71 */pedrolieb, 71 */ExQuisine, 71 Dreamstime/Onepony, 71 */dulsita, 71 */GiuseppeLancia, 71 */margo555, 71 */BSANI, 71 */womue, 71 */JiriHera, 72 */ExQuisine, 72 Dreamstime/Sethislav, 72 */volff, 73 */dimakp, 73 Shutterstock/Multiart, 73 Shutterstock/KrzysztofSlusarczyk, 73 */DaddyCool, 73 */BradPict, 73 Dreamstime/Jack14, 73 */cynoclub, 73 */PicturePartners, 73 */Lsantilli, 73 */Coprid, 73 */Fotofermer, 73 */BradPict, 73 */MaraZemgaliete, 74 */DaniVincek, 74 */Natika, 74 */LuisCarlosJiménez, 74 */angorius, 74 */marrfa, 74 */Natika, 74 */fotogal, 74 */ShawnHempel, 74 */Jessmine, 74 */Daorson, 74 */JérômeRommé, 74 */gcpics, 74 */PicturePartners, 75 */valeriy555, 75 */valeriy555, 75 */Barbara-Pheby, 75 */volga1971, 75 Dreamstime/Robynmac, 75 */AnnaKucherova, 76 */jeromesignoret, 76 */boguslaw, 76 */fotomatrix, 76 */Worldtravelimages, 76 */margo555, 76 */margo555, 76 */margo555, 76 */margo555, 76 */WolfgangJargstorff, 77 */valeriy555, 77 */silencefoto, 77 */valeriy555, 77 */silencefoto, 77 */valeriy555, 77 */photocrew, 77 */valeriy555, 77 */AnnaKucherova, 77 */valeriy555, 77 */MalyshchytsViktar, 77 */charlottelake, 77 */valeriy555, 78 */tycoon101, 78 */ZbyszekNowak, 78 */M.R.Swadzba, 78 */Schlierner, 78 */EkaterinaLin, 78 */AndreyStarostin, 79 */azureus70, 79 */azureus70, 79 */valeriy555, 79 */Dionisvera, 79 Thinkstock/anna1311, 79 */valeriy555, 79 */AndreaWilhelm, 79 */valeriy555, 79 */valeriy555, 79 */valeriy555, 79 */valeriy555, 79 */valeriy555, 79 */AnnaKucherova, 80 */MalyshchytsViktar, 80 */MalyshchytsViktar, 80 */MalyshchytsViktar, 80 */MalyshchytsViktar, 80 */MalyshchytsViktar, 80 */MalyshchytsViktar, 80 */MalyshchytsViktar, 80 */MalyshchytsViktar, 80 */MalyshchytsViktar, 80 */Natika, 80 */MalyshchytsViktar, 80 */MalyshchytsViktar, f9photos, 80 */MalyshchytsViktar, 80 */Oleksiyllyashenko, 80 */TimUR, 80 */valeriy555, 80 */valeriy555, 80 */Natika, 80 */valeriy555, 81 Dreamstime/Skyper1975, 81 */WernerFellner, 81 */marilynbarbone, 81 */nblxer, 81 */goodween123, 82 */PopovaOlga, 82 */PopovaOlga, 82 */mates, 82 */PopovaOlga, 82 */PopovaOlga, 82 */PopovaOlga, 82 */PopovaOlga, 82 */PopovaOlga, 82 */pimponaco, 82 */Schlierner, 82 */svl861, 82 Dreamstime/Margouillat, 83 */Team5, 83 MDB/seli8, 83 */unpict, 83 */Tomboy2290, 83 */nbriam, 83 */VeraKuttelvaserova, 83 */VesnaCvorovic, 83 */Maceo, 83 */scis65, 84 Thinkstock/iStockphoto, 84 Thinkstock/iStockphoto, 84 Thinkstock/iStockphoto, 84 Thinkstock/iStockphoto, 84 Thinkstock/iStockphoto, 84 Thinkstock/iStockphoto, 84 Thinkstock/iStockphoto, 84 Thinkstock/iStockphoto, 84 */PopovaOlga, 84 Thinkstock/iStockphoto, 84 Thinkstock/iStockphoto, 84 Thinkstock/iStockphoto, 84 Thinkstock/iStockphoto, 84 Thinkstock/iStockphoto, 84 Thinkstock/iStockphoto, 84 Thinkstock/iStockphoto, 85 Dreamstime/Sergioz, 85 */AfricaStudio, 85 */OrlandoBellini, 85 */IngaNielsen, 85 */IngaNielsen, 85 */IngaNielsen, 85 */BorisRyzhkov, 86 */PopovaOlga, 86 */PopovaOlga, 86 */PopovaOlga, 86 */PopovaOlga, 86 */PopovaOlga, 86 */PopovaOlga, 86 */PopovaOlga, 86 */PopovaOlga, 86 */PopovaOlga, 86 */PopovaOlga, 86 */PopovaOlga, 86 */PopovaOlga, 86 */ElenaSchweitzer, 86 */Picturefoods.com, 87 Dreamstime/Jirkaejc, 87 Dreamstime/Glasscuter, 87 */AndrzejTokarski, 87 Dreamstime/Pryzmat, 87 */StefanoNeri, 87 */Roxana, 87 */enzo4, 87 */StefanoNeri, 87 */akulamatiau, 87 */zorandim75, 87 */marilynbarbone, 88 */pico, 88 */SergejsRahunoks, 88 Dreamstime/Givaga, 88 */Piovanello, 88 */Piovanello, 88 */the_pixel, 88 */Liaurinko, 88 */nemez210769, 88 */midosemsem, 88 */JiriHera, 88 */jurisemjonow, 88 */BradPict, 88 Dreamstime/Travelling-light, 88 Dreamstime/Synchronista, 88 */JulianWeber, 88 */IrisArt, 89 */BeTa-Artworks, 89 */SergiiMoscaliuk, 89 */DianaTaliun, 89 */DanielWiedemann, 89 Dreamstime/Nagme, 89 */lantapix, 89 */Olegich, 89 */scis65, 89 */Vidady, 89 */komar.maria, 90 */JiriHera, 90 */Nitr, 90 */Nitr, 90 */ExQuisine, 90 */Natika, 90 IngaNielsen, 90 */Nitr, 90 */Nitr, 90 */Taffi, 90 */karandaev, 90 */unpict, 90 */baibaz, 90 */AfricaStudio, 91 */pabijan, 91 */amenic181, 91 */Viktor, 91 */blende40, 91 */Fotofermer, 91 */RobStark, 91 */gtranquillity, 91 */gtranquillity, 91 */gtranquillity, 91 */gtranquillity, 91 */gtranquillity, 91 */IngaNielsen, 92 Thinkstock/puchkovo48, 92 */neirfy, 92 */Nitr, 92 */Nitr, 92 */Nitr, 92 */Taffi, 92 */Taffi, 92 */Taffi, 92 */Taffi, 92 */karandaev, 92 */karandaev, 92 */karandaev, 93 */Hemeroskopion, 93 */Hemeroskopion, 93 */Hemeroskopion, 93 */Hemeroskopion, 93 */Hemeroskopion, 93 */Hemeroskopion, 93 */Hemeroskopion, 93 */Hemeroskopion, 93 */Hemeroskopion, 93 */Hemeroskopion, 93 */Hemeroskopion, 93 */Hemeroskopion, 94 */kab-vision, 94 Shutterstock/Multiart-Shutterstock.com, 94 */VolodymyrShevchuk, 94 */SergejsRahunoks, 94 */sspice, 94 */CorinnaGisseman, 94 */azureus70, 94 */PopovaOlga, 94 */baibaz, 95 */ViteboxMedia, 95 */angorius, 95 */AndreaWilhelm, 95 Dreamstime/Margouillat, 95 */Viktor, 95 */Kesu, 95 */Peredniankina, 95 */margo555, 95 */AleksandarJocic, 96 */JiriHera, 96 */victoriap., 96 */djama, 96 */vagabondo, 96 */JiriHera, 96 */scis65, 96 */blende40, 96 */MUNCH!, 96 */AfricaStudio, 96 */arinahabich, 96 */MariusGraf, 96 */MariusGraf, 96 */MariusGraf, 96 */Liaurinko, 96 */BradPict, 96 */juniart, 97 */DmytroSukharevskyy, 97 */DmytroSukharevskyy, 97 */DmytroSukharevskyy, 97 */SergejsRahunoks, 97 */canoncam, 97 */uckyo, 97 */torsakarin, 97 */ThibaultRenard, 97 */eyewave, 97 */OrlandoBellini, 97 */BlueWren, 97 */DmytroSukharevskyy, 97 */DmytroSukharevskyy, 98 */JacekChabraszewski, 98 */IngaNielsen, 98 */dusk, 98 */RoadKing, 98 */JackJelly, 98 Dreamstime/TomislavPinter, 98 */JacekChabraszewski, 98 */ExQuisine, 98 */aktifreklam, 98 */zhekos, 98 */JessYu, 98 */illustrez-vous, 98 */AndreaWilhelm, 99 */MinervaStudio, 99 */BorisRyzhkov, 99 */Nitr, 99 */unpict, 99 */JacckChabraszewski, 99 */photocrew, 99 */Viktor, 99 */eyewave, 99 Dreamstime/Lightzoom, 99 iStockphoto/GordanaSermek, 100 */AfricaStudio, 100 */VitalyKorovin, 100 */Coprid, 100 */Schlierner, 100 */Fotofermer, 101 */ashka2000, 101 */womue, 101 */EMArt, 101 */ExQuisine, 101 */photocrew, 101 */jeehyun, 101

project1photography, **205** */VolkerSkibbe, **205** */MarceloDufflocq, **205** Thinkstock/iStockphoto, **205** */roblan, **205** */andreshka, **205** */stoonn, **205** */daseaford, **205** */sablin, **205** */garry_images, **206** */dell, **206** */SilvanoRebai, **206** */dell, **206** */victorzastol'skiy, **206** */mradlgruber, **206** Thinkstock/iStockphoto, **206** */©Olympixel, **206** */ValThoermer, **206** */terranova_17, **207** Thinkstock/iStockphoto, **207** Thinkstock/moodboard, **207** */GalinaBarskaya, **207** Thinkstock/Hemera, **207** */Dreef, **207** */SteeveROCHE, **207** Thinkstock/iStockphoto, **207** Thinkstock/Photodisc, **207** */corepics, **207** */Lsantilli, **208** Thinkstock/iStockphoto, **208** */NetzerJohannes, **208** */StefanSchurr, **208** */inigocia, **208** */NetzerJohannes, **208** */JanKranendonk, **208** */monster85, **208** */Avantgarde, **208** */photomag, **208** */storm, **208** */Fotoimpressionen, **208** */Marco2811, **208** */yanlev, **208** */lassedesignen, **208** */StefanSchurr, **208** */Grigorenko, **209** */lilufoto, **209** */3dmentat, **209** */maxoidos, **209** */Bergringfoto, **209** */MarinConic, **209** */DimitarMarinov, **209** */just2shutter, **209** Thinkstock/iStockphoto, **209** */Shmel, **209** */olly, **209** Thinkstock/iStockphoto, **209** Thinkstock/CameronSpencer@GettyImages, **209** */ChantalS, **209** */FelixMizioznikov, **209** Thinkstock/Digital-Vision, **209** */artjazz, **210** Thinkstock/iStockphoto, **210** */okinawakasawa, **210** */VIPDesign, **210** */okinawakasawa, **210** */starush, **210** */Hetizia, **211** Thinkstock/WavebreakMedia, **211** */Lerche&Johnson, **211** */Lerche&Johnson, **211** */Lerche&Johnson, **211** */Lerche&Johnson, **211** Thinkstock/iStockphoto, **211** Thinkstock/iStockphoto, **211** */Lerche&Johnson, **211** */Wisky, **211** */nito, **211** */Kzenon, **212** */AfricaStudio, **214** Thinkstock/iStockphoto, **214** Thinkstock/DigitalVision, **214** Thinkstock/iStockphoto, **214** Thinkstock/Purestock, **214** Thinkstock/iStockphoto, **214** */AndreyBurmakin, **214** */AndreyBurmakin, **214** */NejronPhoto, **214** Thinkstock/JupiterImages©GettyImages, **215** Thinkstock/DigitalVision, **215** Thinkstock/DigitalVision, **215** Thinkstock/DigitalVision, **216** Thinkstock/iStockphoto, **216** */AfricaStudio, **216** */Kalim, **216** Thinkstock/iStockphoto, **216** */ysbrandcosijn, **217** */KlausEppele, **217** */scalaphotography, **217** */cynoclub, **217** */BrianJackson, **217** */mekcar, **217** */by-studio, **217** */HenrySchmitt, **217** */HenrySchmitt, **217** */alephcomo1, **217** */HenrySchmitt, **217** */deusexlupus, **217** */apops, **217** */MUE, **217** */MUE, **217** */MUE, **217** Thinkstock/Hemera(CagriOner), **218** */ReMuS, **218** */soerenkuhrt, **218** */Maruba, **218** */cjansuebsri, **218** Thinkstock/iStockphoto, **218** */Constantinos, **218** */ILYAAKINSHIN, **218** */dvs71, **218** */JürgenFälchle, **218** */UrosPetrovic, **218** */Distrikt3, **218** */LuckyDragonUSA, **218** */DenisIvatin, **218** */photlook, **218** */KlausEppele, **218** */venusangel, **219** Thinkstock/iStockphoto, **219** */visivasnc, **219** */sumnersgraphicsinc, **219** */ArtFamily, **219** Thinkstock/iStockphoto, **219** */ysbrandcosijn, **219** */jehafo, **220** */starman963, **220** */KirillZdorov, **220** */tobago77, **220** */SteveMann, **220** */MichaelFlippo, **220** Thinkstock/iStockphoto, **220** */MartinaBerg, **220** */st-fotograf, **220** */imagika, **220** Thinkstock/iStockphoto, **220** */WavebreakMediaMicro, **220** */jillchen, **220** */AlexanderRaths, **221** */WarrenMillar, **221** Thinkstock/Stockbyte, **221** Thinkstock/iStockphoto, **221** Thinkstock/iStockphoto, **221** Thinkstock/iStockphoto, **221** Thinkstock/iStockphoto, **221** */ksena32, **221** Thinkstock/iStockphoto, **221** */AllebaziB, **221** */BarbaraPheby, **221** Thinkstock/Hemera, **221** */womue, **221** */LiliiaRudchenko, **221** Thinkstock/iStockphoto, **221** */jogyx, **221** */MariusGraf, **222** */ReginaJersova, **222** */bittedankeschön, **222** Thinkstock/iStockphoto, **222** */franzgustincich, **222** */openlens, **222** */bruniewska, **222** */Amid, **222** Thinkstock/iStockphoto, **222** */GinoSantaMaria, **222** Thinkstock/iStockphoto, **222** */krimzoya46, **222** */sandis94, **222** */tsaplia, **222** */tigger11th, **222** */neirfy, **222** */bahrialtay, **223** */akekoksom, **224** Thinkstock/iStockphoto, **224** Thinkstock/iStockphoto, **224** */Sergiogen, **224** Thinkstock/iStockphoto, **224** */babimu, **225** */uckyo, **225** */RTimages, **225** */AfricaStudio, **225** */AfricaStudio, **225** */luiscarceller, **225** */Neyro, **225** */kornienko, **225** Thinkstock/thinstockAblestock.com@GettyImages, **225** */Mushy, **225** */maestria_diz, **225** Thinkstock/iStockphoto, **225** */U.Hardberck, **225** */AndrejaDonko, **225** */koosen, **225** Thinkstock/iStockphoto, **225** Thinkstock/Hemera@GettyImages, **226** */Printemps, **226** */AfricaStudio, **226** Thinkstock/iStockphoto, **226** */shooarts, **226** */VyacheslavPlyasenko, **226** */Artranq, **226** Thinkstock/JupiterImages©GettyImages, **226** */FirmaV, **226** */ronstik, **226** */lunamarina, **226** */iampuay, **226** */Kuzmick, **226** */marysa03, **227** Thinkstock/Fuse, **227** Thinkstock/CreatasImages, **227** Thinkstock/Fuse, **227** */Kzenon, **227** */nyul, **227** */SergeyNivens, **227** */NejronPhoto, **228** */RobertNeumann, **228** */ratana_k, **228** */MariusGraf, **228** Thinkstock/iStockphoto, **228** */Unclesam, **228** */indigolotos, **228** */BirgitReitz-Hofmann, **228** */fotomanu21, **228** */Hamik, **229** */Lichtmaler, **229** */Cmon, **229** Thinkstock/iStockphoto, **229** */DoraZett, **229** */NoName, **229** */RTimages, **229** */avtor_ep, **229** Thinkstock/Comstock, **229** */DanRace, **229** Thinkstock/Digital-Vision, **229** Thinkstock/IngramPublishing, **229** Thinkstock/iStockphoto, **229** */seen, **230** Thinkstock/Zoonar, **230** */donfiore, **230** Thinkstock/iStockphoto, **230** */eldadcarin, **230** */eldadcarin, **230** */AnjaRoesnick, **230** */AnjaRoesnick, **230** */AnjaRoesnick, **230** */AfricaStudio, **230** */Foto-Ruhrgebiet, **230** Thinkstock/Zoonar, **230** */eldadcarin, **230** */STUDIO12, **231** Thinkstock/iStockphoto, **231** */sergign, **231** */schoki_01, **231** */aleciccotelli, **231** */Fyle, **231** */frankpeters, **231** */ChristerTvedt, **232** */benjaminnolte, **232** Thinkstock/iStockphoto, **232** Thinkstock/DigitalVision, **232** */AleksandarTodorovic, **233** Thinkstock/iStockphoto, **233** */f9photos, **233** Thinkstock/iStockphoto, **233** */photocrew, **233** Thinkstock/iStockphoto, **233** */AleksandarTodorovic, **233** */mikesch112, **233** */rangizzz, **233** */chulja, **233** Thinkstock/iStockphoto, **233** */pressmaster, **233** Thinkstock/iStockphoto, **233** */arnau2098, **234** */B.Wylezich, **234** */philipus, **234** */Angus, **234** */od-pictureworks, **234** */bergamont, **234** */risto0, **234** */fullimage, **234** */Coprid, **234** */f9photos, **234** */sss78, **234** */federicofoto, **235** */AfricaStudio, **235** */LjupcoSmokovski, **235** */Danicek, **235** Thinkstock/iStockphoto, **235** */AlexeyPotapov, **235** */scphoto48, **235** */tolism, **236** */babimu, **238** */CLIPAREA.com, **238** */CLIPAREA.com, **239** */CLIPAREA.com, **239** */CLIPAREA.com, **240** Thinkstock/Zoonar, **240** Thinkstock/Hemera@GettyImages, **240** Thinkstock/iStockphoto, **241** */mrgarry, **241** */turhanerbas, **242** */adimas, **243** */adimas, **244** */pixelcaos, **245** */3drenderings, **245** */3drenderings, **245** */3drenderings, **245** */3drenderings, **245** */3drenderings, **245** */3drenderings, **245** */arsdigital, **245** */pixelcaos, **246** */pixelcaos, **247** */pixelcaos, **247** */DianaTaliun, **248** */vectorus, **248** */Lsantilli, **248** */SvenBähren, **248** */TylerOlson, **248** */GordonGrand, **248** */iStockphoto, **249** */reflektastudios, **249** Thinkstock/oksun70, **249** */RobertAngermayr, **249** */silverrobert, **249** */PopovaOlga, **249** */gradt, **250** */AlexanderRaths, **250** */fhmedien_de, **250** */Creativa, **250** */ISOK°-photography, **250** */Sashkin, **250** */AfricaStudio, **250** */MonkeyBusiness, **251** */dalaprod, **251** */drubig-photo, **251** */drubig-photo, **251** */vladimirfloyd, **252** */AfricaStudio, **252** */iko, **252** */DoraZett, **252** */Creativa, **252** */GinaSanders, **252** */SubbotinaAnna, **252** */drubig-photo, **252** */OcskayBence, **252** */detailblick, **252** */Kurhan, **253** */underdogstudios, **253** */DmitryLobanov, **253** */rangizzz, **253** */DanRace, **253** */Eisenhans, **253** */smikeymikey1, **254** Thinkstock/iStockphoto, **254** */GuidoGrochowski, **254** */DmitryVereshchagin, **254** */HBK, **254** */treetstreet, **254** */PeterAtkins, **254** */Bandika, **254** */wckiw, **255** */ksena32, **255** */IgorMojzes, **255** */st-fotograf, **255** */Vidady, **255** */Maridav, **255** Thinkstock/iStockphoto, **255** Thinkstock/iStockphoto, **255**

BILDNACHWEIS

In Deutschland

Frisch Weiterlernen mit den PONS Bildwörterbüchern:

ISBN 978-3-12-516241-9

ISBN 978-3-12-516233-4

ISBN 978-3-12-516234-1

ISBN 978-3-12-516229-7

ISBN 978-3-12-516230-3

ISBN 978-3-12-516354-6

ISBN 978-3-12-516232-7

ISBN 978-3-12-516277-8

ISBN 978-3-12-516276-1

ISBN 978-3-12-516273-0

ISBN 978-3-12-516242-6

ISBN 978-3-12-516243-3

ISBN 978-3-12-516245-7

ISBN 978-3-12-516231-0

ISBN 978-3-12-516246-4

Weitere Sprachen:

Bulgarisch	Norwegisch	Tigrinisch
Chinesisch	Portugiesisch	Tschechisch
Dänisch	Rumänisch	Ukrainisch
Griechisch	Schwedisch	Ungarisch
Kroatisch	Serbisch	Urdu
Kurdisch	Thai	

PONS

**Bildwörterbuch
Deutsch als Fremdsprache**

Bearbeitet von: Anette Dralle

Entwickelt auf der Basis des PONS Bildwörterbuchs Deutsch als Fremdsprache
ISBN 978-3-12-516085-9
Bearbeitet von: Anette Dralle, Georgina Moore, Gregor Vetter, Dr. Christiane Wirth

Warenzeichen, Marken und gewerbliche Schutzrechte
Wörter, Fotos und Abbildungen, die unseres Wissens eingetragene Warenzeichen oder
Marken oder sonstige gewerbliche Schutzrechte darstellen, sind als solche – soweit bekannt –
gekennzeichnet. Die jeweiligen Berechtigten sind und bleiben Eigentümer dieser Rechte.
Es ist jedoch zu beachten, dass weder das Vorhandensein noch das Fehlen derartiger
Kennzeichnungen die Rechtslage hinsichtlich dieser gewerblichen Schutzrechte berührt.

1. Auflage 2020 (1,08 – 2024)

© PONS Langenscheidt GmbH, Stöckachstraße 11, Stuttgart 2020

www.pons.com

Projektleitung: Christiane Mackenzie
Innenlayout: Petra Michel, Essen
Satz: Satzkasten, Stuttgart
Umschlagfoto: Shutterstock/Fotoldee
Logoentwurf: Erwin Poell, Heidelberg
Logoüberarbeitung: Sabine Redlin, Ludwigsburg
Druck und Bindung: Publikum d.o.o.

ISBN: 978-3-12-516234-1